近世・近代寺院蔵書の社会史

引　野　亨　輔　著

塙　書　房　刊

目次

目次

目　次

凡　例

・引用史料中の漢字は全て常用漢字および通用の字体に改めた。ゟ（より）・ヿ（こと）・𪜈（とも）・〆（して）などの特殊文字は適宜平仮名もしくは片仮名に改めた。
・引用史料中の子（ネ）・井（イ）・ヰ（イ）・ヱ（エ）などの片仮名は現代仮名遣いに改めた。
・引用史料の句読点は、原史料の位置にかかわらず、読みやすさを考慮して適宜施した。
・引用史料中の解読不能な文字や欠損文字は□□で示した。
・引用史料中の明らかな誤字・脱字には、（○○カ）・（○○脱カ）のように正字を傍注で記し、正字が不明なものなどについては（マヽ）と傍注した。
・引用史料中の台頭・平出・欠字は全て通常の書式に改めた。
・漢文で表記されている箇所の一部は、読みやすさを考慮して書き下し文に改めた。
・年号表記は和暦を用い、必要に応じて（ ）内に西暦を示した。
・漢数字は、一、二……一〇、一一……を用いたが、史料や引用文献における十、十一……はそのまま使用した。また、概数の場合には、十、百、千を使用した。
・史料や文献からの引用は「 」で示し、長文の場合は行替えとし、二字下げで示した。
・引用史料中、一部に現代の人権意識からみて明らかな身分的差別表記がみられるが、歴史的身分制度を科学的に研究し、その理解に供するため、そのまま掲載した。

近世・近代寺院蔵書の社会史

序章　寺院蔵書から出版文化の過去と現在を窺う

はじめに

ＩＴ革命（ＩＣＴ革命）や高度情報化社会といった言葉が、我々に対してかつてほど鮮烈な印象を与えることはなくなったものの、情報を伝達し、知識を蓄積する技術が、今現在もめまぐるしい速度で進化し続けていることは間違いない。もっとも、情報伝達手段の発達は、情報・知識の万人への開放や、地域横断的にして双方向的な文化交流の活発化など、プラスの作用ばかりを現代社会にもたらしているわけではない。むしろ、情報化社会という言葉から近年我々が想起するのは「デジタル・デバイド」、すなわちインターネット等の通信技術を上手く活用できるか否かによって、既存の社会的・経済的格差がより拡大し、さらには新たな種類の格差まで発生していくという問題についてではないだろうか。(1)

あるいはまた、デジタル化された情報・知識が、過剰なまでにあふれていく社会そのものを、懐疑的に捉える見解も増えてきている。例えば、山田順『出版大崩壊　電子書籍の罠』は、デジタル情報社会を、大量のゴミコンテンツのなかに名作が埋もれていく社会であると辛辣に評価している。(2)こうしてみると、今や情報化社会とは、かつて想像されていたような明るい未来ばかりをもたらすものではなく、それと同時に様々なマイナスの作用をももたらすものとして再認識されつつあるといえよう。

いきなり大きな問題から始めてしまったので、あらかじめお断りしておくと、筆者の専門分野は歴史学（日本近世史）であり、本書の目的も情報伝達手段の革新が進む現代社会そのものを分析することではない。それでも、筆者がまず情報化社会とされる現代に注目してみたのは、以下のような考えがあったからである。

我々現代人は、自分が生きる時代や、そのなかで生じた変容に、特別な意味を見出しがちである。デジタル・デバイドに対する危惧も、電子書籍が氾濫していくことへの警戒も、基本的には現代人が今を特別視することで見出した問題群といえよう。しかし、情報・知識を広く行き渡らせるはずの新技術が逆説的にもたらす社会格差や、情報・知識が際限なく拡散してしまうことで生じる新技術への不信は、長い歴史のなかで人類が繰り返し経験してきたものではないだろうか。本書執筆に当たって筆者が強く抱いたのは、このような問題意識であった。

例えば、有山輝雄『近代日本のメディアと地域社会』は、明治の終わりから昭和の初めまでの福島県伊達郡梁川町という一地域に焦点を当て、新聞・雑誌・書籍といった活字メディアが地域社会に与えた影響を詳細に探った著作である(3)。このなかで有山が指摘したのは、印刷物を大量かつ安価に生産する活版印刷の導入と、その印刷物を迅速に運搬する鉄道網の全国的拡大により、活字メディアが一気に大衆化していくといった従来型の結論ではない。有山によれば、すばやく新聞メディアに興味を示した梁川町の社会上層は、その後も複数の新聞を定期購読し、さらには娯楽雑誌や教養性の高い書籍まで取り寄せるに至った。しかし、他方で新聞にも娯楽雑誌にも興味を示さない社会下層は、一定の割合で延々と残り続けた。つまり、近代の活字メディアは、地域社会における情報格差を、これまで以上に拡大させたというのが有山の結論である。ここで示された近代活字メディアの影響力は、ＩＴ革命（ＩＣＴ革命）がさらなる格差の拡大をもたらすというデジタル・デバイド問題と、構造的にも酷似しており興味深い。

また、鈴木俊幸『近世読者とそのゆくえ　読書と書籍流通の近世・近代』は、江戸時代後期に民間社会にまで浸透した読書行為が、近代を向かえてどのように変容していったのかを、時代横断的に考察した著作である。(4) 鈴木によれば、江戸時代とは、書物に対する絶対的な憧憬が人々のあいだに存在し、それが商業出版を成り立たせていた時代である。江戸時代において、書物は多少古くなったとしても値段が暴落することはなく、その高値を見込んで本屋たちは落ち着いた商売を行うことができた。ところが、活版印刷が主流になった明治時代以降、書物に対する人々の価値観は激変していく。例えば、鈴木が注目した兎屋書店は、明治の初めに新たに登場した出版社であるが、派手な安売り広告を武器とし、お手軽な内容の小冊子を矢継ぎ早に印刷・販売していった。明治時代に文芸評論家として活躍した内田魯庵は、兎屋書店の商品を「愚書悪書の異名」とまで酷評しているが、内田のこうした姿勢は、電子書籍という新技術に対して、現代の知識人が時に吐露する嫌悪感情とも高い類似性を示している。

ちなみに、世界の歴史に目を向けると、新技術によって大量生産された書物に批判的な評価を下したのは、何も近代人だけでなかったことが良く分かる。例えば、井上進『中国出版文化史―書物世界と知の風景―』で述べられるように、中国で既に唐代から行われていた書物の印刷・販売活動は、排他的性格の強い貴族階級が没落し、士大夫層が新たな書物購読者となった宋代に、ますます盛んになっていった。もっとも、士大夫層の大半が印刷本の増加を歓迎したわけではない。井上によれば、士大夫層は貴族階級とは異なる開放的な性格を持っていたものの、他方で知的エリート意識も強かったため、学問を過度に俗化させる印刷術には常に警戒の眼差しを向けていた。そのような士大夫層のなかには、書物が大切に筆写されていた漢代を理想化し、印刷が盛んになった宋代を書物に誤記があふれる学問堕落の時代と捉える者さえ存在した[5]。

印刷という新技術に危機感を表明したのは、中国の知識人だけではない。グーテンベルクが活版印刷による聖書の印刷・販売を試みた一五世紀半ば以降、ヨーロッパ社会でこの技術を用いた出版活動が急速に普及していくことは良く知られている。もっとも、アン・ブレア『情報爆発　初期近代ヨーロッパの情報管理術』によれば、ヨーロッパ社会においても、精度の高い活版印刷本の供給を期待する一方で、過剰なまでの書物の氾濫に危機感を抱く知識人が多く存在した。同書のなかでブレアは、印刷業者による悪書の大量生産が良書の普及を妨げているのだと主張した一六世紀の人文主義者たちを紹介している[6]。既に豊富な知識を独占している社会階層が、前時代を理想化しつつ、新技術に警戒感を示すという構図に注目するならば、宋代の士大夫層・一六世紀ヨーロッパの人文主義者と、電子書籍を嫌悪する現代の知識人との間に、時代や地域を超越した類似性を見出すことも可能であろう。

以上に述べてきたような歴史事象に着目してみると、人類は情報伝達手段が革新されるたびに知識の偏在という難題に直面したり、既存の知識世界が改変されることへの期待とそれ以上の不安を抱いたりしてきたことが分かる。そうであれば、情報化社会の光と闇に世間の注目が集まり、活字メディアの危機が盛んに議論されつつある現代において、かつて起こった情報伝達手段の革新を振り返り、その社会的影響を正負両面から見直しておくことは、歴史研究者の責務とも呼び得る作業ではないだろうか[7]。このような問題意識に基づき、本書では、日本の歴史のなかで、情報伝達手段（なかんずく書物の印刷・販売行為）が飛躍的に発達した画期を探り、その時に生じた社会の変容や対立・混乱・葛藤、さらには人々の心性の変化について考察してみることにしたい。

第一節　先行研究の整理と課題の設定

（一）日本の歴史における二つの画期――商業出版の成立と活版印刷の導入――

さて、前節で示した問題意識に基づいて考察を進めるために、本書で取り扱う主な時期を決定しておこう。本書では、書物の印刷技術や販売・流通方法が発達した歴史的な画期として、以下の二つの時期を取り上げる。まず本書第一部では、日本的な商業出版の仕組みが整った江戸時代前期の出版業界に注目し、さらにその影響力の伝播を確認するために、江戸時代中後期以降の地域寺院で収集された蔵書の分析も行う。次に本書第二部では、活版印刷の導入が図られた明治前期の出版業界に注目し、やはりその影響力の伝播を確認するために、明治前期から後期にかけて地域寺院で収集された蔵書の分析も行う。なお、当然ながら歴史学においては、国家の成立時期や時代区分の始期にまで不断の見直しが加えられ、かつて微細と考えられていた出来事が一大画期として再認識されていく。筆者が右に提示した情報伝達手段にとっての画期も、その意味ではあくまで作業仮説として提示したものに過ぎない。ただし、印刷技術や出版業の歴史については、多くの先行研究が存在するので、以下ではそれらの紹介と問題点の整理を行い、右に示した作業仮説の意図するところを明確化させておきたい。膨大な先行研究を整理して意義付け直すこの作業は、本書で探究すべき課題のさらなる抽出にもつながるはずである。

まず本書の構成とは逆に、明治前期の活版印刷導入から話を始めると、この時期を情報伝達手段の発達における歴史的な画期とみなすことに、大きな異論は出ないはずである。何しろ活版印刷の導入は短期間に数万部という新聞・雑誌の製造を可能にし、しかもそれらは鉄道網に載せられ全国各地へ運搬された。こうして江戸時代では考えられないほど大量の情報を、迅速に入手できるようになったのが、明治前期なのである。[8]

もちろん、筆者も右のような明治前期の捉え方に基本的には賛成である。ただし、例えば石井研堂『明治事物起原』のように、江戸時代の「迂遠」な木版印刷と対比させつつ、活版印刷導入の画期性を讃美していくステレオタイプ化された歴史叙述[9]には、やや違和感も抱いている。古くはT・F・カーター『中国の印刷術1』でも指摘されていることだが、限定的な数の表音文字を用いて文章を作るヨーロッパではそれに適合的な活版印刷が、膨大な数の表語文字を用いて文章を作る東アジアではそれに適合的な木版印刷が選び取られ、それぞれの地域で独自の印刷術が発展を遂げていった。[10]そうであれば、いちいち板木に文字を彫り込む必要がある木版印刷を「遅れた」技術、あらかじめ活字が準備されている活版印刷を「進んだ」技術とみなし、両者を時系列的な流れのなかに落とし込む理解は、慎まなければなるまい。[11]

そこで、本書第二部では、明治前期を情報伝達手段に革新がもたらされた画期として自明視するのではなく、そもそも活版印刷の導入が日本の出版文化にどの程度の変容を強いたかを再検討する姿勢で、明治前期に注目してみたい。本書第二部の時期設定が右のような意図を持っているとすれば、本書第一部の時期設定に込められた意図もおのずと明らかになるだろう。すなわち本書では、第一部で日本における伝統的な出版流通機構の成立事情について把握した上で、第二部でその伝統が通説で主張されるごとく急速に没落したか否かを分析しようと考えている。第一部の考察時期を江戸時代前期に定めたのは、この時期に日本史上で初めて商業出版が誕生したからである。

（二）日本の歴史学界における商業出版への着目――今田洋三『江戸の本屋さん』以前とそれ以後――

ちなみに、商業出版の誕生という歴史事象は、ヨーロッパに当てはめるならば、活版印刷を活用したグーテンベルクの聖書出版に該当するわけであるから、日本近世史研究において、これを盛んに取り上げる風潮が、古くから存在したとしても不思議ではない。しかし、実際には印刷本や出版業を近世社会にとって不可欠の構成要素とみなす視座はなかなか共有されず、一九七七年に今田洋三『江戸の本屋さん　近世文化史の側面』が刊行されたことによって、ようやく定着をみたと考えられる[12]。

それでは、『江戸の本屋さん』登場以前の歴史学界において、商業出版が誕生した江戸時代前期を歴史的な画期として注目する風潮は、なぜ高まりをみせなかったのだろうか。一つの背景として挙げられるのは、当時の歴史学界全体の研究傾向である。試みに『日本歴史学界の回顧と展望8　日本　近世Ⅰ』で一九五〇～六〇年代の日本近世史研究を振り返ってみると[13]、思想・文化面では幕藩体制を支えた支配イデオロギーの解明が大きな課題となっており、その特質を探るべく頂点思想家の思想分析において優れた研究成果が積み重ねられている。後述するように一九八〇年代に入ると、領主と領民、あるいは主君と家臣のあいだで形成された「合意」――当然ここには虚偽的・欺瞞的に構築された「合意」も含まれる――に注目する研究が増加し、階級横断的な「合意」形成に大きな役割を果たした印刷本や出版業への注目も俄然高まっていった[14]。しかし、頂点思想家の思想分析を大きな課題としてきたそれ以前の歴史学界において、思想の媒介者という扱いでしかない印刷本や出版業への注目は、低調な状態に留まらざるを得なかったのである[15]。

もっとも、商業出版の成立期たる江戸時代前期に研究者の関心が集まりにくかった理由を、右のような歴史学界の動向のみに集約させるのではなく、日本史上の商業出版成立という素材そのものに着目して読み解いてみる必要もあるだろう。というのも、日本では文字を印刷する技術が伝播した後、数百年の時間差を経て、ようやく営利目的の出版業者が誕生するという特徴的な歴史の展開がみられるからである。

グーテンベルクが活版印刷技術の導入当初から聖書の販売を企図していたことや、中国で既に唐代には科挙の受験参考書を印刷・販売する出版業者が存在していたことなどを踏まえると[16]、精緻な複製物を大量に生み出す印刷技術は、それが普及した社会に必然的に商業出版を誕生させていくように思われる。しかし、日本の場合、右のような論法は全く当てはまらない[17]。供養・祈願目的の百万塔陀羅尼や摺経に注目するならば、既に奈良・平安時代の日本社会に印刷技術は伝播していたとみなし得るし、鎌倉・室町時代に高野版や五山版が大寺院で作成され始めると、現在「書物」の一般的イメージとなっている冊子形態の印刷物も続々と姿を現した[18]。ところが、このあいだに本格的な商業出版は発展せず、結果として印刷物の形態だけが着々と進化を遂げることになった。例えば、平安時代まで正規の書物として権威を誇っていた巻子本は、取り扱いの難しさから、徐々に蛇腹状の折本へ、さらに粘葉装や列帖装といった冊子形態へと変化を遂げた[19]。鎌倉・室町時代に禅宗寺院で印刷された五山版では、袋綴じの製本方法や、匡郭（和本における外枠線）・界線（同じく和本における行間の罫線）の設定など、江戸時代へと継承されていく冊子本の諸様式が整えられた[20]。つまり、日本における印刷本は、商業出版誕生に至る長い歳月のなかで何度も大きな変化を経験しており、ある一時点に集約した画期の設定がそもそも難しいのである。

ただし、情報伝達手段の発達に注目する本書のような立場からすれば、配り物として知識人サークルのなかだけで共有された高野版・五山版と、時に数百部・数千部と流通していった江戸時代の版本を、似たような形態の印刷本とのみ理解するわけにはいかない。ここであらためて『江戸の本屋さん』を取り上げてみると、商業出版成立の画期性を強調した今田洋三の問題意識が良く理解できる。すなわち今田は、日本で商業出版が誕生した一七世紀初頭に、社会的コミュニケーションの特質が激変したのではないかと推測し、だからこそ出版された書物一点一点の文化的機能が分析されなければならないと主張している[21]。もちろん、商業出版成立以前であっても、書物の存在は社会的コミュニケーションを変化させてきたのだろう。しかし、商業出版が成立すると、大量に複製され、販売される書物の社会的影響力は、それ以前とは比べものにならないレベルで増大する[22]。こうしてみると、今田は時代的な制約や研究素材そのものの扱いにくさに阻まれることなく、近世社会にとって印刷本や出版業が不可欠の構成要素であることを鋭く見抜き、日本近世史の新たな論点を立ち上げたといえよう。本書においても、右のような今田の問題意識を継承しつつ、江戸時代前期にいかなる性格の商業出版が誕生したのかを考察していく予定である。

（三）第一の課題設定——仏書出版に注目しつつ、商業出版成立の社会条件を探る——

ところで、印刷技術が伝播してからも、数百年にわたって姿を現すことのなかった商業出版は、なぜ江戸時代前期に成立し得たのだろうか。今田洋三を始めとする先行研究の説明をまとめておくと、以下の通りである[23]。豊臣秀吉の朝鮮侵略に伴う掠奪で、日本に活字印刷の技術がもたらされると、文禄・慶長年間（一五九二〜一六一五）には盛んに古活字版が刊行された。古活字版は、印刷部数こそ高野版や五山版と大きく変わらなかったものの、日本の出版文化に決定的な影響をもたらした。というのも、古活字版では、『伊勢物語』や『徒然草』のような漢字仮名交じり文が初めて印刷されたからである。古活字版以前には、仏書や儒書など漢文の書物こそ印刷するに相応しいものという社会通念が強固に存在し、それを打ち破ってまで漢字仮名交じり文が印刷されることはあり得なかった。しかし、古活字版の新たな試み[24]によって、既存の知識人以外にも受容され得る多様な書物が続々と生み出され、書物を売るという行為の可能性が見出されることになった。つまり、古活字版が日本社会における商業出版誕生の土台を用意したというわけだが、実際に営利目的の書物製造を始めるとなると、当時の古活字版の技術ではせいぜい百部程度しか印刷本を複製できないという弱点が顕在化した。そこで、黎明期の出版業者たちは、従来日本社会で用いられてきた木版印刷を再び採用するようになり、商業出版の登場を促した古活字版は、皮肉にも急速に衰退したとされる。

なるほど、文禄・慶長年間に古活字版の刊行に携わった者のなかには、その後木版印刷を採用して本格的な商業出版に参入した者も確認されるため[25]、右のような説明は確かに説得的である。ただし、ここまで繰り返し強調してきたように、日本では印刷本を作る技術が数百年にわたって着実な進化を遂げてきたものの、そのあいだに本格的な商業出版の展開はほとんどみられなかった。古活字版において漢字仮名交じり文の印刷が始まったことは、もちろん画期的な出来事であるとしても、庶民向けの書物が刊行可能になったというだけで、商業出版の成立条件が整ったと捉えるのはやや短絡的であろう。安定的な書物購読層がまだ存在していない近世社会で、初めて商業出版が成立するには、一定部数の書物を確実に買い取ってくれる購読者集団の確保こそ必須条件となったはずである。

今田洋三もこの点については明確に意識していたようで、『江戸の本屋さん』では以下のような見解が示されている。寛永年間（一六二四〜一六四四）の京都で激増した出版業者たちは、古活字版の新機軸を継承し、漢字仮名交じり文で記された仮名草子を盛んに刊行したものの、仮名草子が彼らの経営を安定させるほどに売り上げを伸ばすことはなかった。そこで、彼らのうち数軒は、大寺院など既存の権威に取り入って保守化し、仏書の独占的な販売体制を確立することで生き残りを図った。(26) 江戸時代に有志の出版業者たちが刊行した幾つかの「書籍目録（しょじゃくもくろく）」、すなわち当時の販売図書目録に注目してみても、確かに寛文年間（一六六一〜一六七三）頃の仏書出版点数は全出版点数の四〇パーセント以上と圧倒的であり、(27) 仏書が黎明期の商業出版を下支えしたこと自体は疑いない事実であろう。

もっとも、今田はここからさらに進んで、以下のような主張を展開していく。すなわち、仮名草子を刊行してもなかなか商業出版の活性化につながらなかった状況は、元禄年間（一六八八〜一七〇四）の畿内村落で、書物購読層が成長するに伴い、一変していった。例えば、今田が一例として挙げた河内国大ヶ塚村の河内屋可正や同国柏原村の三田浄久といった富農・富商は、俳諧などの文化交遊を行うことで地域知識人としての力量を高め、上方の本屋から多種多様な書物を買い付けるようになった。そこで、彼らを新たな書物購読層として見出した大坂の新興出版業者は、井原西鶴の『好色一代男』に代表される浮世草子を次々とヒットさせ、一気に資本確立を果たしたというわけである。(28)

今田は、特権階級相手の商売を続けた京都の老舗出版業者に、プレ商業出版期の限界を見出し、その一方で庶民向けの書物をヒットさせた大坂の新興出版業者に、本格的な商業出版の確立を見出したといえよう。なるほど、不特定多数の読者を惹き付ける挑戦的な書物作りこそ商業出版の真骨頂だと考える現代人にとって、今田の歴史叙述は受け入れやすいものである。しかし、本書第一部第一章で詳述するように、京都の老舗出版業者たちは、何も中世の延長上で知識人向けの仏書を刊行し続けたわけではないし、大寺院に懐柔されて出版業者としての主体性を失ったわけでもない。さらに付け加えておくと、書籍目録における仏書出版の優位は、少なくとも享保年間（一七一六〜一七三六）頃までは継続する大きな流れなのである。この興味深い動きを、老舗出版業者が既存の特権階級に取り入った結果とのみ捉えてしまって良いのだろうか。むしろ、江戸時代前半のかなり長い期間、なぜ仏書の需要が商業出版の発生とその後の発展を下支えするほど高まったのかという観点で、分析を進める必要はないだろうか。そこで、本書第一部では、右のような観点から、仏書に注目して日本的な商業出版の成り立ちを考察し、商業出版が近世社会にもたらした変容の諸相を明らかにしてみたい。

なお、本書第二部の課題は、既述の通り、第一部で解明された商業出版の特質が、明治前期の活版印刷導入でさらにどう変容するかを探ることである。そうであれば、何も仏書にこだわり続けなくとも、日本的な商業出版の近代的な変容を追いかけることは可能であろう。実際に第二部では歌書や科学書などにも言及しようと考えているが、それでも仏書という素材には引き続きこだわりを持ち続けたい。というのも、明治前期の活版印刷導入をめぐる先行研究では、どうしても新聞・雑誌に注目が集まり、伝達速度や情報量の飛躍的な向上へと結論が向かいがちであった。しかし、江戸時代に「物の本」と呼ばれていた仏書などの硬派な学問書も、明治前期には活版印刷の導入という一大転換に直面している。新聞・雑誌ほどには情報の迅速さが求められないはずの学問書に対して、活版印刷という新技術はどのような影響を及ぼしたのであろうか。右のような観点から、本書第二部でも「物の本」の代表格である仏書出版を中心に分析を進める予定である。

（四）第二の課題設定――地域寺院の蔵書に注目しつつ、商業出版が引き起こした変容の実態を探る――

さて、筆者が既述のような第一の課題設定を行ったのは、以下のような疑問への解答を導き出すためである。すなわち、江戸時代前期における商業出版の成立は、かつて人々が書物から得てきた情報や知識の性格に、どのような変容をもたらしたのだろうか。仏書が中世まで大寺院のなかで独占的に印刷されてきたことを念頭に置くならば、民間社会において出版業者が活動を開始し、次々と仏書を出版していったことは、仏教教団の中枢にとっても、末端の僧俗にとっても、一大転機であったと考えられる。そうであれば、仏書に注目しつつ、商業出版の成立を考察するという手法は、書物がもたらす情報・知識の変容を解き明かす上で最適なものといえよう。ただし、仏書出版が民間の出版業者に委ねられたことに伴う対立・混乱・葛藤を、より踏み込んだかたちで検証するには、第一の課題設定だけでは不十分である。

ここで、読書の歴史に関して多くの研究成果を上げているロジェ・シャルチエの発言を取り上げてみたい。シャルチエによれば、一つの書物に対して読ませ方の方向付けを行うのは、著者以上に出版業者や印刷工・製本職人たちである。ページのレイアウトや本文への注釈、挿絵や索引など、彼らが仕掛けた様々な工夫は、読者に多大な影響を及ぼす。その一方で、シャルチエは以下のようにもいう。すなわち、著者や出版業者が書物に対して入念に刻み込んだ読ませ方の指示は、読者の自由を無効にするほど絶対的なものではない。行間を読み込もうとしたり、押し付けられる教訓を覆そうとしたり、読書行為とは往々にして反抗的で気紛れなものだというのが、シャルチエのもう一つの主張である(29)。

シャルチエのこのような発言を踏まえるならば、江戸時代に初登場した出版業者たちの動向を探ることは、彼らが書物に付与した読ませ方の方向付けを明らかにすることになり、延いては商業出版がもたらした情報伝達手段の変容を解き明かしていくことにもつながるだろう。しかし、商業出版という新たな存在が、日本社会に種々の対立・混乱・葛藤を引き起こしていくのは、シャルチエが指摘するように、一点一点の書物が読者のもとに届き、各々の読み方で読み解かれる時なのである。そこで、出版業者が書物に仕掛けた工夫を分析するだけではなく、その工夫を前提として個々の読者が書物をいかに読み込んだかという点にも着目する必要が出てくる。そうした課題に対処するために、本書では地域寺院で収集された蔵書に着目し、具体的な読書の実態に迫ろうと考えたわけである[30]。

ちなみに、筆者が右に示したような課題は、今田洋三が先駆的に取り組みつつ、十分な解答を示し得なかったものでもある。今田は『江戸の本屋さん』のなかで「元禄の読者」という節を設け、河内屋可正・三田浄久ら具体的な読者の姿から出版文化の発展を読み解こうとした。しかし、全体としてみれば、読者の分析に割かれた分量はわずかであり、『江戸の本屋さん』はそのタイトル通り、出版流通機構の性格分析に重点を置いた研究成果と捉えられている。今田が掲げた一点一点の書物の文化的機能を解き明かすという課題は、もっぱら出版業者が書物に仕掛けた工夫を分析するかたちで果たされ、個々の読者が書物を読み解くことで生じる対立・混乱・葛藤への注目は十分には果たされなかったのである。

もっとも、近世社会にとって印刷本や出版業が不可欠の構成要素であるとみる今田の着眼点は、その後の日本近世史研究に絶大な影響を及ぼしたため、彼の課題を引き継ぎ、読者という存在に焦点を当てた研究は、今に至るまで次々と登場し続けている。以下では、そうした研究の代表例として若尾政希『「太平記読み」の時代　近世政治思想史の構想[31]』と横田冬彦『日本近世書物文化史の研究[32]』を取り上げ、両著の方法論に学ぶことで本書の課題設定にさらなる厚みを加えていきたい。

例えば、若尾政希『「太平記読み」の時代』では、『太平記評判秘伝理尽鈔』という一つの書物に着目することで、近世社会における商業出版の絶大な影響力が解き明かされていく。すなわち、『太平記』講釈はお伽衆が上層武士を対象として行ってきたものだが、商業出版が成立した一七世紀には講釈の種本が刊本となり、その一つである『太平記評判秘伝理尽鈔』も地域や身分を越えて広く受容されることになった。このような刊本の情報発信力に注目する点で、『「太平記読み」の時代』は今田洋三『江戸の本屋さん』の着眼点を受け継いでいるわけだが、具体的な分析の方向性において、両者の違いは露わになっていく。というのも、山鹿素行や熊沢蕃山ら儒者の著作における『太平記評判秘伝理尽鈔』の参照事例を分析し、前田光高や池田光政ら幕藩領主が実行した藩政改革に対する『太平記評判秘伝理尽鈔』講釈の影響を考察し、河内屋可正や安藤昌益ら被支配民における『太平記評判秘伝理尽鈔』受容にまで言及していく若尾の手法は、読書による思想形成の過程に徹底してこだわったものだからである。ちなみに、『太平記評判秘伝理尽鈔』が、仁政の担い手である領主と年貢の負担者である領民の関係を相互協力的なものと説いていることに注目した若尾は、同書の流布に伴う領主―領民間の政治常識共有が、近世社会の秩序形成に大きな役割を果たしていたのだと結論する。身分横断的な読者分析という手法を採用したことで、若尾は、読書の諸相から近世社会の全体像を展望するという書物史研究の新たな可能性を提示したといえる[33]。

次に横田冬彦『日本近世書物文化史の研究』を取り上げると、やはり読者という存在への強い関心が確認できる。例えば同書では、江戸時代前期の儒学者である貝原益軒の著作がたびたび取り上げられている。『養生訓』に代表される益軒の教訓書といえば、過度に通俗化されたその内容ゆえに、学術書としての価値は低いものとみなされてきた。しかし横田は、河内国日下村の森家・同国柏原村の三田家・甲斐国下井尻村の依田家など、江戸時代前期の村落社会で一定程度の蔵書を形成した家々に注目することで、読者の立場から益軒本の意義を再評価していく。これらの家々には確かに多くの益軒本が所蔵されていたが、それとともに個々の家の関心に沿って儒書・仏書・医書など専門性の高い書物の収集も行われていた。つまり、江戸時代前期の村落社会に登場した民衆的読者にとって、益軒本とは基礎的読解力を養うには最適な入門書であり、彼らがそれを頼りにして、より高次の学問世界へと歩を進めることも大いにあり得たのである。

ちなみに同書では、江戸時代前期に進められた注釈本の整備により『徒然草』が貴族的文化人のみならず民衆的読者にとっても必読の教養書になったことなど、益軒本以外でも多岐にわたる読者分析の成果が披露されていく。そして、その分析を下支えしているのが、今田洋三とは異なる横田冬彦の近世社会に対する理解である。既述の通り、今田の『江戸の本屋さん』は、近世社会にとって印刷本や出版業が不可欠の構成要素であることを主張した画期的な研究成果であった。もっとも、『江戸の本屋さん』のなかでは、幕藩権力による出版メディアの統制が繰り返し取り上げられており、その点からも分かるように、今田が理解するところの商業出版とは幕藩体制に適合的な存在ではなかった。むしろ、情報伝達技術の発展を警戒する幕藩権力と、その統制政策の犠牲になる出版メディアとを対抗的に描いていくのが、今田の歴史叙述の大きな特徴といえる。このような視座に立つならば、幕藩権力の統制が弛緩しないうちには、民衆的読者の本格的成長もまた起こり得ないことになるわけだが、横田はそれとは真逆の主張を行う。すなわち、村落民衆の識字計算能力に依存することで成り立っているのが幕藩制支配であり、民衆的読者は村請制など近世社会の仕組みそのものから生み出されたとするのが横田の立場である。(34)『日本近世書物文化史の研究』では、江戸時代前期の村落社会における知的読書の実態が様々なかたちで分析されていくのだが、その作業は民衆的読者を近世社会の必然的な産物と捉える横田の理解に下支えされていたわけである。

さて、このように書物史の先行研究を振り返ってみると、今田洋三『江戸の本屋さん』から若尾政希『「太平記読み」の時代』・横田冬彦『日本近世書物文化史の研究』に至るまでに、分析手法に関しても、近世社会の理解に関しても、大きな転換があったことに気付かされる。『江戸の本屋さん』で主要なテーマとなっていた出版流通機構の制度的な分析は、もちろん今でも書物史研究における重要課題の一つであるが、[35]最近では近世社会の特質を広範囲にわたって俯瞰し得る読者という存在に、より多くの注目が集まりつつある。また、近世社会における異端的存在とみなされることの多かった出版メディアや民衆的読者に対しても、むしろ近世社会の必然的な産物だという評価が定着してきている。本書においても、若尾や横田の研究成果に学び、出版業者だけでなく読者の具体像にも迫ることで、商業出版が引き起こした社会の変容や対立・混乱・葛藤について考察を試みるつもりである。しかし、そのような課題設定を行う前に、一つだけ筆者の留意点を述べておきたい。

『太平記評判秘伝理尽鈔』の刊行・流布が江戸時代人の政治常識形成に寄与したとする若尾政希の研究しかり、『徒然草』が江戸時代に初めて国民的な古典になったとする横田冬彦の研究しかりであるが、近年の代表的な書物史研究は、商業出版の絶大な影響力に後押しされた階層横断的・地域横断的な知識の共有に着目したものと捉えられることが多い。なるほど、江戸時代にかつてないレベルで知識の共有が広がりをみせたのは事実だが、その点に注目し過ぎると、若尾や横田の研究成果に対する評価が一面的になる恐れもある。

例えば、益軒本に注目した横田冬彦は、既述の通り、それらが民衆的読者に幅広く受容され、学問の入門書として機能したことを主張している。しかし横田は、多くの民衆的読者たちが益軒本を入門書として共有する一方で、各々の関心に沿って独自の専門的蔵書を収集していったことも、同時に指摘している。つまり、知識の共有とともに差異化の進展が、横田の読者分析において重要な位置を占めているわけである。

若尾政希の場合、『太平記評判秘伝理尽鈔』という一つの書物に着目しつつ、階層横断的な江戸時代人の政治常識形成を論じているので、横田冬彦以上に知識共有の側面に力点を置いた研究であることは否定できない。ただし、一つの書物がどのように読まれたのかという観点で評価すると、若尾の研究もまた、知識の共有ばかりに目を向けたものでないことが分かる。『太平記』講釈は、そもそも上層武士向けの政治論という性格を強く帯びていた。ところが、商業出版が盛んになると、河内屋可正のような民衆的読者も『太平記』講釈の種本を入手できるようになった。ここで『太平記評判秘伝理尽鈔』の政治論は、村役人向けの修身・斉家論へ読み替えられ、受容されたのだと若尾は指摘する。さらにいえば、安藤昌益のように、『太平記評判秘伝理尽鈔』で展開される仁政イデオロギーを一端受容した上で、後にその虚偽性を痛烈に批判していく読者の存在にも、若尾は言及している。『「太平記読み」の時代』は、『太平記評判秘伝理尽鈔』が江戸時代人の政治常識共有に一役買ったことを強調するとともに、その書物を多様に読み解く読者個々の姿を探究した研究成果であることも忘れてはなるまい。

さて、ここで若尾政希や横田冬彦の研究成果を再検討し、江戸時代人の知識共有を強調する側面だけでなく、むしろ知識獲得過程で生じる差異化に着目したり、一つの書物に対する多様な受容のあり方を追究したりする側面もあることを確認してみたのは、筆者も同様の切り口で寺院蔵書を分析しようと考えているからである。詳しくは本書第一部第一章で論じる予定だが、江戸時代になると僧侶養成機関である檀林や学林が宗派単位で整備され、宗派教学への精通が住職就任の必須課題となった[36]。そうであれば、江戸時代の寺院蔵書からは、もっぱら一元的な宗派教学を学ぶ住職たちの姿しかみえてこないようにも思われる。しかし、実際には同じ宗派の寺院だからといって代わり映えのしない同系統の蔵書ばかりが揃えられているわけではなく、むしろその構成は極めて多彩である。そこで本書では、幾つかの寺院蔵書を取り上げ、個々に独特な書物収集が進展する理由や、一つの書物から幾つもの読解が生み出されていく実態を、丹念に掘り起こしてみたい。もっとも、ロジェ・シャルチエが反抗的で気紛れと評した読書行為を、個別事例の列挙や問題意識の細分化に陥らず分析するのは、なかなか容易なことではない。そこで以下では、若尾や横田に続く書物史研究の新たな潮流を検討することで、筆者が読書行為を分析する際の基本的な視座を固めておくことにする。

江戸時代的な読書のあり方に言及した新たな研究成果として取り上げておきたいのが、小林准士「近世における知の配分構造—元禄・享保期における書肆と儒者—」である[37]。というのも、若尾や横田の研究成果を強く意識しつつ書かれたこの論文では、土佐藩儒の谷秦山が、読者分析の特徴的な素材として取り上げられるからである。時期的にいえば一八世紀初頭、地域的にいえば地方城下町を取り上げ、小林が描き出した秦山の読書実践とは以下のようなものであった。三都を中心に商業出版が興隆しつつあるものの、まだ書物の購入が容易でない一八世紀初頭の地方城下町において、京都の書肆とコネクションを持つ秦山は、門人の書物購入希望を書肆に取り次ぐ役割を担っていた。もっとも、秦山が取り次いだ書物は、門人個々の興味関心を反映したものではなく、秦山推薦の講釈教材であった。そこで、秦山と門人のあいだでは、書物を媒介として強固な党派意識が形成されていった。以上のような小林の考察は、商業出版が有する時代ごとの段階差を探る上で非常に示唆的なものといえる。すなわち、我々にとって商業出版が浸透した現代社会とは、お金さえ出せば誰でも書物が購入できる社会である。しかし、商業出版が成立したばかりの近世社会とは、むしろコネクションさえあれば特定の主張に立脚した書物を優先的に入手できる社会だったのである。

右のような近世社会の特質に関する指摘は、地域寺院の蔵書を取り上げようとする本書にとっても、非常に有益である。詳しくは本書第一部第三章や第二部六章で論じる予定だが、江戸時代の寺院蔵書も、浄土真宗寺院だから宗祖親鸞の著作が購入されるといった単純な理由だけで収集されていたわけではない。例えば、歴代住職の師弟関係や遊学履歴を丁寧にたどると、思いがけず入手の必然性が浮かび上がってくる書物も存在する。ある寺院にとって明らかに好ましからざる書物（偽書や異端書など）が、敢えて購入されているケースも存在する。そこで本書では、小林の方法論に学びつつ、寺院蔵書の背後に垣間見える僧侶の学派形成のあり方や宗派間・宗派内における対立関係など、蔵書形成の諸契機を構造的に読み解いていきたい。そのような方法を採用することで、江戸時代前期の商業出版成立や、明治時代前期の活版印刷導入が、読者に与えた影響を、単なる個別事例の列挙に終わらせず考察できると考えるからである。

地域寺院の蔵書を取り上げる本書にとって、もう一つ触れておかねばならない研究成果が、工藤航平『近世蔵書文化論―地域〈知〉の形成と社会』である[38]。同書では、村請制を土台としつつ、地域運営方法をさらに広域化・複雑化させていた江戸時代後期の村落社会が舞台となり、そこでの蔵書形成のあり方が考察される。筆者が特に注目しておきたいのは、蔵書分析の方法論を鍛え上げるために、同書のなかで提起された「村の編纂物」という概念である。江戸時代は、商業出版の隆盛によって刊本が書物文化の中心になるとともに、様々な事情で出版に至らなかった著述物が写本のかたちで盛んに流布した時代である。しかし、村役人層の蔵書を分析する際には、これらの刊本・写本とともに、村役人自身の手で編纂された諸史料にも注目しなければならないと、工藤は指摘する。工藤が注目したこの「村の編纂物」は、村役人たちが、地域運営に不可欠な情報を、一方で村政文書・口承・金石文といった経験知、他方で刊本・写本などの書物知から抜き出し、それらを相互補完的にまとめ直して作り上げていったものである。そして、こうした「村の編纂物」は、土地に住む人々にとって不可欠の地域知となり、時に村役人のあいだで共有されることもあった。

商業出版が盛行し、知識共有が広がりを示す江戸時代に、刊本を利用しつつも、着々と地域固有の知識が形成されていくとする工藤の指摘は、地域寺院の蔵書を取り上げようとする本書にとって学ぶべきところが多い。先に筆者は、商業出版が成立した江戸時代の読者を分析するに当たり、知識共有の広がりだけでなく、反抗的で気紛れな読書行為にも注目する必要性を述べた。しかし、前近代社会でそうした読書行為を行う人々とは、言うまでもなく屹立した個人ではなく、所属する共同体に行動や思考の枠組みを縛られた存在なのである。もちろん地域寺院の住職の場合、全国横断的な本山―末寺制度にも属しており、中央檀林で修学機会を持つため、地域社会内部での価値共有ばかりを強調するわけにはいかない。ただし、僧侶身分といえども、檀家制度を通じて村落社会と関係を取り結んでいるわけだから、地域固有の条件を加味した蔵書分析に努める必要はあるだろう。

なお、工藤航平『近世蔵書文化論』では、経験知と書物知の相互補完的な活用から生み出される地域社会の連帯の方に議論の力点が置かれているのだが、知識獲得の進展は地域社会に対して一枚岩のまとまりばかりをもたらすわけではない。再び横田冬彦『日本近世書物文化史の研究』に注目すると、同書では、近世社会における医学的な知の展開に関して、以下のような興味深い指摘がなされている。[39] すなわち、江戸時代の村落社会では、①中国医書を典拠とする専門的な医学知、②より民俗的で伝統的な医学知、③呪術に依拠する医療行為が三層構造をなして存在し、時と場合によっていずれかが選び取られていた。しかし、専門的な医学知の浸透が進むと、村役人たちは医学書に依拠して呪術批判を展開し、村内における指導的立場の確保に努めた。横田の指摘は、新たな書物知獲得の場が、往々にしてヘゲモニー争いの場にもなることを、我々に教えてくれる。

右のような横田の分析視座は、寺院蔵書の分析を進める上でも無視できない。寺院蔵書の形成過程は、歴代住職の教学研鑽の結果という側面を強く有しているが、それでも学問的な探究心のみが蔵書形成を促す要因ではないからである。例えば、既述のような宗派間・宗派内の対立も蔵書形成を促すヘゲモニー争いの一種であるが、地域社会内部に目を向けるならば、むしろ注目すべきは俗人信徒の存在であろう。というのも、商業出版が盛行した江戸時代中後期以降になると、俗人信徒も僧侶向けの講釈種本を共有するようになり、卓越した知識人としての僧侶の社会的地位は、次第に揺らぎ始めたからである。(40)横田が指摘するように、江戸時代の村役人層は、医学書の知識に依拠して呪術的な医療行為を批判したわけだが、地域寺院の住職の場合、俗人信徒が読みこなしつつあった通俗的な仏書の知識に対抗して、より専門的な教学書の収集に力を入れるケースもあったはずである。そこで本書では、一つの寺院が地域社会の共同性のなかでどのような立ち位置にあり、また知的レベルを向上させていく俗人信徒といかなる協調・対立関係を有していたかという点にも留意して、僧侶の集書と読書の具体像に迫りたい。少し結論を先取りするならば、かつて知識を独占してきた特権的な社会階層と、新たな書物購読層とのあいだで展開されるヘゲモニー争いは、知識共有の進展を阻害する大きな要因になっていたと予想される。それゆえ、右のような課題を設定することによって、江戸時代前期の商業出版成立や、明治時代前期の活版印刷導入が社会にもたらした対立・混乱・葛藤を、個別事例の列挙に陥ることなく歴史の大きな流れのなかに位置付けることができるだろう。

最後に本書第二の課題設定について、簡単にまとめておこう。仏書に注目して日本的な商業出版の成立と変容を考察するという本書第一の課題設定には、その影響を最も受けるはずの読者個々の姿に迫りにくいという弱点があった。そこで、寺院蔵書という素材に着目し、ここから仏書を読む読者の具体像に迫ることを、本書第二の課題とした。読者分析は、ややもすれば読書行為の多様性に目を奪われ、個別事例の列挙に陥る可能性も高い。しかし本書では、地域寺院にとって重要な関心事であった宗派間・宗派内の対立や、知的レベルを向上させていく俗人信徒への警戒心など、蔵書形成の諸契機に着目することで、僧侶の集書と読書を総合的に把握しようと考えている。ちなみに、これまでの歴史学研究において、蔵書はその複製品としての性格ゆえに史料的価値の低いものとみなされがちであった。そのような従来の分析視座に立つならば、本書で取り上げる地域寺院の蔵書も、京都など文化先進地で複製された書物知の地域社会への伝播の一例として、一方通行的に評価されていた可能性が高い。しかし本書では、個々の蔵書が利用された具体的な局面に着目することで、複製品である地域寺院の蔵書からも、その地域固有の史料的価値が見出せることを立証しようと考えている。

第二節　本書の構成と各章の概要

本書で掲げた二つの課題をもう一度確認しておくと、以下の通りである。第一に、江戸時代前期の仏書出版に注目し、日本史上で商業出版が成立した諸条件と、その商業出版が近世社会に与えた影響を考察してみたい。江戸時代前期から中期にかけて、仏書は他の分野を圧倒するような出版点数を誇っていた。そこで、仏書出版が盛行した要因を探るとともに、仏書を重要な商品として成立した江戸時代的な商業出版の特質解明を目指す。それに加えて、明治前期の活版印刷導入に注目し、伝統的な商業出版のあり方が、どのように変容していったかも考察する。第二に、江戸時代中後期以降の地域寺院で収集された蔵書に注目し、商業出版の成立が、書物から得られる情報・知識の性格にどのような変容をもたらしたかを考察する。寺院蔵書を検討素材として取り上げるのは、書物に多様な意味を発生させる読者個々の具体的な姿に迫るためである。また、明治時代前期から後期にかけての地域寺院で収集された蔵書にも注目し、活版印刷の導入がもたらす近代的な読書のあり方にも考察を加えたい。そこで、以下では本書の構成と各章の概要を示し、右のような課題への解答を導き出すために、筆者がこれから行おうとしている考察の大きな流れを紹介しておきたい。

本書が二部構成になることは既に述べたが、そのうち第一部「**江戸時代の商業出版と仏教教団・寺院・僧侶**」

では、江戸時代前期における出版業者と仏教教団の関係性に着目して、日本特有の商業出版成立事情とその構造的な特質を考察した。また、商業出版成立の影響力伝播を確認するために、江戸時代中後期以降の地域寺院で収集された蔵書に着目し、書物購読層のあいだで生じた対立・混乱・葛藤の読み解きに努めた。

なお、近世社会の仕組みそのものが必然的に民衆的読者を生み出していくという横田冬彦の主張を踏まえるならば、都市部における商業出版の成立だけでなく、地域社会における商業出版の影響についても、江戸時代前期にこだわって分析すべきだという考えはあり得るだろう。しかし本書では、以下のような狙いもあり、商業出版成立期ではなく、むしろその成熟期における地域寺院の蔵書に着目した。すなわち、先行研究からも明らかなように[41]、江戸時代の都市住民と村落住民とのあいだには、商業出版の恩恵に浴し得る度合いに大きな差があった。そのような江戸時代の文化環境を念頭に置くのであれば、商業出版の影響による地域社会の変容を探究する上で、江戸時代前期を対象とするのは最適とは言いがたい。そこで本書では、個々の読者にまで商業出版の影響が強く及んでいく様相を探るために、敢えて江戸時代中後期以降の寺院蔵書を取り上げることにした。

また、出版業者・著者・読者という三者の相互影響関係から曲亭馬琴の戯作文芸を巧みに分析した濱田啓介の研究成果[42]に学ぶならば、本書の各章でもこれら三者の関係性にまんべんなく触れつつ、考察を進めるのが理想的なのかもしれない。しかし、全ての分析素材に対して三者の関与状況を詳らかにしていくには史料的制約もあるため、第一部第一章では、ひとまず出版業者の動向に焦点を当てて、商業出版成立の全体像を概観してみることにした。そして、第二章・第三章・第四章では、第一章とは逆に、地域寺院で収集された蔵書の個別性にこだわり、商業出版の影響が個々の読者にまで及んでいく具体像を微視的に考察した。その際、第一章で把握した江戸時代的な商業出版の特質を考察の前提に置き、読者分析が個別事例の列挙に陥らないよう努めた。

第一章「商業出版成立の衝撃と仏教知のゆくえ」では、まず江戸時代前期における仏書出版の状況に注目した。江戸時代に有志の出版業者がまとめた販売図書目録を分析すると、商業出版成立当初から享保年間（一七一六〜一七三六）頃まで、仏書は他の分野を圧倒する出版点数を誇っていたことが分かる。本章では、仏教諸宗教団と京都の出版業者の結託関係から、江戸時代前期における仏書出版隆盛の要因や、商業出版成立の背景、さらには江戸時代的な商業出版の特質を解き明かしてみた。ただし、両者の結託関係は、常に理想的に進展したわけではない。時として激しく対立する両者の関係についても、本章では、商業出版が有する普遍的な性格に基づいて読み解いた[43]。そして最終的には、商業出版の成立が、中世以来の仏教知にいかなる変容をもたらしたかについても、考察を加えた。なお、本章の土台となった論文は「仏書と僧侶・信徒」（横田冬彦編『シリーズ〈本の文化史〉1　読書と読者』平凡社、二〇一五年）であるが、「近世日本の書物知と仏教諸宗」（『史学研究』二四四号、二〇〇四年）や「講釈と出版のあいだ」（島薗進・高埜利彦・林淳・若尾政希編『シリーズ日本人と宗教　第五巻　書物・メディアと社会』春秋社、二〇一五年）の研究成果も活用しつつ、大幅な改稿を行っている。

第二章「江戸時代の地域寺院における蔵書形成とその機能」では、第一章で考察した商業出版の影響力が、都市から地方へとどのように伝播していったのかを考察するために、備後国福山藩領藁江村の大東坊（浄土真宗西本願寺派）で江戸時代中後期に収集された寺院蔵書を取り上げた。現在大東坊の経蔵には、一五〇〇部以上の蔵書が残されているのだが、蔵書が収集された江戸時代当時の蔵書目録は存在しない。そこで本章では、蔵書印や所蔵者の書き込みなど、蔵書そのものに刻み込まれた痕跡をたどりながら、蔵書形成の過程とその機能とを丹念に解き明かした。少し結論を先取りすると、大東坊の蔵書のうち、半分以上は一八代住職の五男である大慶が、西本願寺学林で長期にわたって修学を積んだ後に、郷里へと持ち帰ったものであった。地域寺院で生まれた僧侶にとって、書肆の軒数も多い京都で学ぶことは、書物知を収集する貴重な機会となっていたわけである。もっとも、大慶のような遊学経験者がいなければ、地域寺院に書物知が全くもたらされなかったというわけではない。江戸時代も中後期になると、地方城下町には複数の書肆が生まれていたし、村落を巡回する貸本屋の活動も盛んであった。そこで本章では、大東坊で蔵書が形成される経緯を幾つかの局面に分けて分析し、蔵書の社会的機能についても合わせて考察した。なお、本章は「近世真宗僧侶の集書と学問―備後国沼隈郡大東坊を素材として―」（『書物・出版と社会変容』三号、二〇〇七年）の前半部分、ならびに「文字化する宗教知のゆくえ―備後国沼隈郡大東坊を事例として―」（『福山大学人間文化学部紀要』一一号、二〇一一年）の前半部分を一つの論文としてまとめ直したものである。

第三章「経蔵のなかの「正統」と「異端」」では、引き続き備後国福山藩領藁江村の大東坊に注目しつつ、そこで展開された読書実践を抽出することに努めた。商業出版が成立した江戸時代には、仏教諸宗本山にとって好ましからざる仏書が、民間書肆の手で出版される事態も頻繁に生じた。実際に、大東坊の蔵書のなかにも、著者を親鸞・覚如・蓮如ら歴代宗主に仮託した偽書が存在する。そして、そこには「此書ユ、シキ偽造ナリ」といった辛辣な批評が書き込まれている。また、西本願寺において異端とされる書物と、それを糾弾する書物との両方が、意図的に買い揃えられることも多くあった。大東坊の蔵書からは、民間書肆が盛んに偽書や異端書を刊行していく江戸時代に行われた、僧侶の読書の具体像が浮かび上がってきた。なお、本章は「近世真宗僧侶の集書と学問」（『書物・出版と社会変容』三号、二〇〇七年）の後半部分、ならびに「文字化する宗教知のゆくえ」（『福山大学人間文化学部紀要』一一号、二〇一一年）の後半部分を一つの論文としてまとめ直したものである。

第四章「「読書」と「異端」の江戸時代」では、江戸時代後期に備後国福山藩領神辺宿の光蓮寺（浄土真宗西本願寺派）で発生した異安心（異端的信仰）に注目した。第三章では、大東坊という浄土真宗寺院の蔵書を取り上げて、読者の具体像を検討したわけだが、そこからみえてきたのは、異端的な書物があふれる江戸時代に、種々の立場で著された書物を読み比べながら、正統なる教えを探究していく僧侶の姿であった。しかし、ロジェ・シャルチエも指摘しているように、読書行為とは、本来反抗的で気紛れなものである。そこで本章では、本山西本願寺から異安心の疑いで糾弾された光蓮寺の住職霊昌を取り上げ、異端的読解が生み出される江戸時代の文化環境について考察を深めた。なお、本章の初出は「「読書」と「異端」の江戸時代—真宗教団を事例として—」（『書物・出版と社会変容』一二号、二〇一二年）である。

第二部「明治時代の出版技術革新と仏教教団・寺院・僧侶」では、活版印刷の導入が図られた明治前期の出版業界に注目し、その影響を受けて伝統的な商業出版のかたちがどのように変容するのかを考察した。また、活版印刷の導入が地域社会にもたらす影響を確認するために、明治時代前期から後期にかけて収集された寺院蔵書の分析も行った。

なお、仏書が圧倒的な出版点数を誇っていた江戸時代とは異なり、明治時代における商業出版の変容を分析する上で、仏書への注目はもはや必須要件ではない。ただし、先述のように本書では、明治時代に新しく誕生した新聞・雑誌のような印刷物ではなく、硬派な学問書に対する活版印刷導入の影響力を考察するため、歌書や科学書とともに仏書を引き続き検討素材の中心にすえた。

また、出版業者・著者・読者という三者への注目についても、第二部第五章では、第一部同様に、ひとまず出版業者の動向に関心を集中させ、活版印刷の導入に影響を受けた近代的な商業出版の誕生を概観してみた。そして第六章では、検討素材を地域寺院で収集された蔵書へと移し、第五章で把握した近代的な商業出版のあり方が、個々の読者にどのように及んでいったのかを考察した。

第五章「近代仏書出版史序説」では、『国立国会図書館所蔵明治期刊行図書目録　第一巻[44]』を基礎資料として使用し、東京・京都を拠点とする出版業者の仏書出版に数量的分析を加えた。第一部第一章で考察したように、京都の老舗出版業者のなかには、特定の仏教宗派と結託し、僧侶の修学に必須の仏書を独占的に取り扱う者も多くいた。そこで、江戸時代から仏書出版に関与してきた出版業者が多い京都と、明治時代になって新たに仏書出版を始めた出版業者が多い東京とを、比較分析してみたわけである。その結果、活版印刷や洋装製本といった新技術をすばやく導入していく東京と、なかなか導入が進まない京都で、数量分析に明確な差が出る結果となった。もっとも、老舗の保守的な姿勢により、新技術の導入がかたくなに拒否されたというようなステレオタイプの解釈を、右の分析結果に当てはめて良いわけではない。本章では、活版印刷や洋装製本が持つ新技術としての強みと弱み、木版印刷や和装製本が持つ伝統技術としての強みと弱み双方に配慮しながら、伝統技術が時として強固に残存する理由と、新技術が時として急速に浸透する理由を考察した。なお、本章の土台となった論文は「日本近代仏書出版史序説」(『宗教研究』三八五号、二〇一六年)であるが、「幕末／明治前期の仏書出版」(岩田真美・桐原健真編『カミとホトケの幕末維新―交錯する宗教世界―』法蔵館、二〇一八年）の研究成果も活用しつつ、大幅な改稿を行っている。

第六章「経蔵のなかの「近世」と「近代」」では、第五章で考察した活版印刷導入の影響を、読者の立場から捉え直すために、安芸国下蒲刈島の弘願寺（浄土真宗西本願寺派）で江戸時代末期から明治時代にかけて収集された寺院蔵書を取り上げた。第五章の分析結果によれば、明治時代における活版印刷の導入は、従来主張されてきたほど急速なものではなく、むしろ地域の事情や印刷物のジャンルに影響されながら、漸進的に展開したと考えることができる。それでは、弘願寺の蔵書から、明治時代における活版印刷導入や、それに伴う近代的な仏教知の確立は、どの程度確認できるのだろうか。明治二六年（一八九三）に弘願寺で作成された蔵書目録からは、近代的な仏教知の受容をストレートに読み取ることはできない。ただし、明治時代を迎えた弘願寺に、仏教知をめぐる変容が全く訪れていなかったわけではない。本章では、活版印刷や洋装製本が意外なかたちで地域社会へ浸透していく様相を、寺院蔵書の微視的な分析によって明らかにした。なお、本章の初出は「経蔵のなかの近世と近代―印刷技術の近代化と仏教知の変容―」（『日本仏教綜合研究』一七号、二〇一九年）である。

以上の各章での考察を踏まえ、**終章**「**寺院蔵書からみた日本の出版文化と社会変容**」では、情報伝達手段の急速な発達が社会にもたらした種々の変容を総括し、それに伴って生じた日本人の心性の変化が現代社会にどのような影響を及ぼしているかを展望した。

【註】

（1）デジタル・デバイドの定義については、財団法人C&C振興財団編『デジタル・デバイド―構造と課題―』（NTT出版株式会社、二〇〇二年）を参照した。

（2）山田順『出版大崩壊　電子書籍の罠』（文芸春秋、二〇一一年）。なお、同書は、長年出版社に勤務してきた著者が、ビジネスとして成り立ちにくい電子書籍に対して、懐疑的立場から検証を加えたものであり、ここで過度に強調される情報化社会の負の側面を、額面通り受け取るのは危険であろう。もっとも、例えば佐藤卓己編『岩波講座現代　第九巻デジタル情報社会の未来』（岩波書店、二〇一六年）に収録された各論文に注目しても、川口茂雄論文・荻上チキ論文など、情報化社会が引き起こす対立・混乱・葛藤への言及は多い。

（3）有山輝雄『近代日本のメディアと地域社会』（吉川弘文館、二〇〇九年）。

（4）鈴木俊幸『近世読者とそのゆくえ　読書と書籍流通の近世・近代』（平凡社、二〇一七年）。

（5）井上進『中国出版文化史―書物世界と知の風景―』（名古屋大学出版会、二〇〇二年）一二四～一四二頁。

（6）アン・ブレア『情報爆発　初期近代ヨーロッパの情報管理術』（中央公論新社、二〇一八年、住本規子・廣田篤彦・正岡和恵訳）七二～七九頁。

（7）なお、津野海太郎『読書と日本人』（岩波書店、二〇一六年）が指摘しているように、活字メディアの危機自体は、書物を短期間で大量に売りさばこうとする出版社の商業主義的な戦略や、大量に売れる書物こそ良書であるとみなす購読者側の価値観変容に伴い、ＩＴ革命（ＩＣＴ革命）以前から着々と進展していたものである。情報伝達手段の革新というと、ややもすれば活版印刷や電子書籍など、目に見えやすい技術的要素に注目が向かいがちだが、本書では、営利を追求する出版業者の思惑や、書物に対する購読者の価値観と複雑に絡み合いながら、書物をめぐる技術が変容していく有り様を慎重に描き出してみたい。

（8）永嶺重敏『〈読書国民〉の誕生　明治三〇年代の活字メディアと読書文化』（日本エディタースクール出版部、二〇〇四年）特に三～四六頁。

（9）石井研堂『明治事物起原』（橋南堂、一九〇八年）八二～八八頁では、活版印刷の導入について以下のように述べられている。「維新以来、最もわが教育上に殊勲あるものを索むれば、活版印刷の利便を忘るゝ能はざるなり。（中略）天保弘化以後に至りては、外舶の渡来と同時に、精巧の印書続々舶来したれば、人々始めて我が印刷術の迂遠なるを感じたるならん。茲に長崎の人にて、和蘭通詞役本木昌造と云ふ人あり。年少の頃より西洋工芸の道に熱心なりしが、偶然の事より活字鋳造の工夫を思ひ立ち、或は洋書の中に探り、或は親しく洋人に質し、漸く其一端を知るを得、種々工夫の末に、嘉永四・五年の頃、種板を水牛の角に刻み、之を鉛板に打込み、銃丸の如きものに嵌めこみて、母型と為し、以て流し込み活字といふ鉛活字を造ることを得たれは、自著和蘭通弁に関する一小冊を秘刊し、知己の朋友を始め和蘭人にも若干冊を贈りしに、蘭人等痛く賞賛して、日本のスコーフアル（グーテンベルクの助手であったペーター・シェーファーを指すか―引用者注）なりといひしことありといふ。是我国にて、鋳造の活字にて印刷したる嚆矢にして、活字改良の第一着歩なるべし。」

（10）T・F・カーター『中国の印刷術1』（平凡社、一九七七年、藪内清・石橋正子訳注）特に五五～六二頁。
（11）樺山紘一「本木昌造の世界史」（印刷博物館編『印刷博物館開館三周年記念企画展「活字文明開化―本木昌造が築いた近代」図録』凸版印刷株式会社　印刷博物館、二〇〇三年）によれば、ヨーロッパの印刷技術に決定的な変化をもたらしたのは、精度の高い活字を高速で製造する電胎法（電気分解を用いた活字製造法）の開発や、印刷の速度を飛躍的に向上させた動力印刷機械の発明など、いずれも産業革命期の成果であった。逆にいえば、グーテンベルク段階の活版印刷と、同時期の東アジアにおける木版印刷とのあいだに、印刷技術としての決定的な差は存在しなかったことになる。
（12）今田洋三『江戸の本屋さん　近世文化史の側面』（日本放送出版協会、一九七七年）。
（13）『日本歴史学界の回顧と展望8　日本　近世Ⅰ』（山川出版社、一九八七年）六～五〇三頁。
（14）こうした研究の代表的な事例が、後に紹介する若尾政希『「太平記読み」の時代　近世政治思想史の構想』（平凡社、一九九九年）である。
（15）他方、文学作品を主たる考察対象とする国文学では、歴史学とは対照的に、印刷本や出版業をめぐる先駆的な研究が次々と生み出されることになった。そのなかでも、書肆・作者・読者の相互影響から文学作品を読み解いた濱田啓介「馬琴をめぐる書肆・作者・読者の問題」（同『近世小説・営為と様式に関する私見』京都大学学術出版会、一九九三年、初出は一九五三年）や、読書行為の諸相へと分析の手を伸ばした前田愛「音読から黙読へ―近代読者の成立」（同『近代読者の成立』有精堂出版、一九七三年、初出は一九六二年）は、本書執筆に当たっても参照することの多かった研究成果である。
（16）註（5）井上前掲書八三～一〇四頁。
（17）印刷技術の伝播から商業出版の誕生までに長い年月を費やした地域は、実は日本だけではない。이재정『조선출판주식회사』（안티쿠스、二〇〇八年）では、朝鮮時代に何度か国家主導で書店の設立が試みられたものの、それらの試みは結局失敗に終わったと述べられている。朝鮮時代の廷臣たちには、書物を支配層の独占物とみなす傾向が強くあったため、彼らの抵抗によって書店の設立計画は頓挫していったわけである。他方で、印刷技術の導入を拒みつつ、効率的

な写本の生産システムによって商業出版を成立させた地域も存在する。小杉泰・林佳世子編『イスラーム　書物の歴史』（名古屋大学出版会、二〇一四年）によれば、中国のように国家が学知を統制していないイスラーム世界においては、民間人であるウラマー（イスラム学者）たちによって多様な聖典解釈が展開することになった。そのため、多品種小生産型の書物を作り出すのに、印刷技術はことさら必要とされず、写本を効率的に製造して販売する独特な書物文化が長く継続したとされる。以上のように、その地域の文化風土と商業出版の成立は密接な関連を持っている。そうであれば、本書においても、日本近世固有のいかなる文化風土が商業出版成立の決定的な契機になったのかという観点で、分析を進める必要があるだろう。

(18) 諏訪春雄『出版事始―江戸の本』（毎日新聞社、一九七八年）一六～二〇頁、川瀬一馬『入門講座日本出版文化史』（日本エディタースクール出版部、一九八三年）一五～一三三頁。

(19) 橋口侯之介『和本への招待―日本人と書物の歴史』（角川学芸出版、二〇一一年）二九～六四頁。

(20) 堀川貴司『書誌学入門―古典籍を見る・知る・読む』（勉誠出版、二〇一〇年）一四四～一四八頁。

(21) 註(12)今田前掲書 i ～ iv頁。

(22) なお、江戸時代前期における書物とは、財産目録にも記載される貴重品であり、中下層民衆が容易に購入できる廉価な商品ではなかった。ただし、長友千代治『近世貸本屋の研究』（東京堂出版、一九八二年）の丹念な実証研究によって、巡回型の貸本屋から借りて書物を読む人々の姿が明らかになったため、江戸時代の読書人口は書物の発行部数以上に増大していたと想定できる。

(23) 註(12)今田前掲書二一～二七頁、註(18)諏訪前掲書二〇～四一頁、註(19)橋口前掲書九〇～一〇三頁などを参照した。

(24) 入口敦志「古活字版の黎明―相反する二つの面」（大高洋司・陳捷編『日韓の書誌学と古典籍』勉誠出版、二〇一五年）では、古活字版が従来の社会通念を打ち破って平仮名交じり文の印刷を実行し得たのは、それが旧慣に縛られない新技術だったからではないかと指摘されている。「新しいメディアであればこそ、新しいものを盛り込むという発想が出来た」という入口の指摘は、欧米諸国の影響を受けて再び活版印刷を導入した明治期の出版活動にも当てはまるものと考えられるが、その点については本書第二部第五章で詳述したい。
(25)川瀬一馬『増補古活字版の研究（上）』（日本古書籍商協会、一九六七年）三五〇頁には、中野市右衛門・中野小左衛門・田原仁左衛門・風月宗知らの名前が挙げられている。
(26)註(12)今田前掲書三〇～三四頁。
(27)慶應義塾大学附属研究所斯道文庫編『江戸時代書林出版書籍目録集成　二』（井上書房、一九六二年）一九～一五一頁。
(28)註(12)今田前掲書三六～七七頁。なお、井原西鶴の浮世草子と出版メディアの結び付きについては、中嶋隆『西鶴と元禄メディア　その戦略と展開』（日本放送出版協会、一九九四年）に詳しい。
(29)ロジェ・シャルチエ『書物の秩序』（筑摩書房、一九九六年、長谷川輝夫訳）九～一五頁。
(30)なお、後述するように本書第一部第二章・第三章と第二部第六章では、いずれも浄土真宗寺院の蔵書を具体的な検討素材として取り上げているが、これはあくまで筆者にとって浄土真宗的な仏教知が最も分析を加えやすい素材だったからであり、江戸時代における浄土真宗と出版文化の親和性が他宗に抜きん出て高かったと考えているわけではない。近年では、中山一麿監修・山﨑淳編『寺院文献資料学の新展開　第九巻　近世仏教資料の諸相Ⅱ』（臨川書店、二〇二〇年）など、江戸時代に収集された寺院蔵書の分析方法を確立しようとする研究成果が登場しているが、それらと比較しつつ宗派ごとや地域ごとの寺院蔵書の特色を解明する作業は、今後の課題としておきたい。
(31)註(14)若尾前掲書。
(32)横田冬彦『日本近世書物文化史の研究』（岩波書店、二〇一八年）。
(33)その後、若尾の提言を引き継ぐかたちで、幕藩制国家の政治改革を書物伝播による価値共有という観点から読み解く研究が、幾つも登場することとなった。その代表的成果として、小川和也『牧民の思想　江戸の治者意識』（平凡社、二〇〇八年）と小関悠一郎『〈明君〉の近世―学問・知識と藩政改革―』（吉川弘文館、二〇一二年）を挙げておきたい。
(34)青木美智男『全集日本の歴史　別巻　日本文化の原型』（小学館、二〇〇九年）一四六～一六四頁でも同様の主張が行われている。

(35) 例えば、藤實久美子『武鑑出版と近世社会』(東洋書林、一九九九年)では、徳川幕府の御用達商人として武鑑(大名や幕府役人の人名録)の出版に携わった書物師出雲寺の出版活動が丹念に実証されるとともに、その分析に基づいて近世社会の特質解明が試みられている。
(36) 西村玲『近世仏教論』(法蔵館、二〇一八年)五~七九頁。
(37) 小林准士「近世における知の配分構造―元禄・享保期における書肆と儒者―」(『日本史研究』四三九、一九九九年)。
(38) 工藤航平『近世蔵書文化論―地域〈知〉の形成と社会』(勉誠出版、二〇一七年)。
(39) 註(32)横田前掲書三八五~四三五頁。
(40) 引野亨輔「講釈と出版のあいだ」(島薗進・高埜利彦・林淳・若尾政希編『シリーズ日本人と宗教　第五巻　書物・メディアと社会』春秋社、二〇一五年)。
(41) 例えば、註(32)横田前掲書一五一~一七八頁では、様々な機会を活用して書物を収集していく元禄・享保期の地方読者について、丹念な掘り起こしが進められているが、その一方で、情報の時間差や購入機会の少なさなど、地方読者の限界に関しても言及がなされている。
(42) 註(15)濱田前掲論文。
(43) 万波寿子『近世仏書の文化史―西本願寺教団の出版メディア―』(法蔵館、二〇一八年)でも、同様の観点から、仏教教団と出版業者の複雑な協力関係ならびに対立関係が分析されており、学ぶところが多い。
(44)『国立国会図書館所蔵明治期刊行図書目録　第一巻』(紀伊国屋書店、一九七一年)。

第一部　江戸時代の商業出版と仏教教団・寺院・僧侶

第一章　商業出版成立の衝撃と仏教知のゆくえ

はじめに

本書序章でも既に指摘したが、たとえある地域で印刷技術が活用されるようになっても、その技術を駆使して印刷本を販売する行為、すなわち商業出版は必ずしも円滑に発達していくわけではない。というのも、商業出版の成立には、複製された商品を恒常的に買い上げてくれる書物購読層の確立と、書肆による彼らの効率的な把握が、必須条件となるからである。右のような観点からいえば、膨大な人数の科挙受験者が書物購読層となり得る隋唐以降の中国は、商業出版の成立にとって最適な社会環境が整っていた地域といえる。だからこそ、木版による整版印刷が実用化されると、印刷本を商品として取り扱う書肆が、早くも唐代に姿を現した(1)。

他方、中国から整版印刷の技術が伝わった日本でも、春日版・五山版など、大寺院を担い手とする仏書中心の印刷事業は盛んに行われた。しかし、読書人口が社会上層に限定されていた江戸時代以前の日本では、書物が販売を目的として印刷されることはなく、せいぜい配り物として狭い範囲の知人に進呈されるだけであった(2)。

印刷技術は発達を遂げても、商業出版は登場しない右のような日本の社会状況が、大きく変化していくのは、江戸時代に入ってからである。江戸時代初頭に、活字印刷の技術を用いた古活字版の刊行が流行すると、漢籍（中国人により漢文で書かれた書物）だけでなく、日本人を著者とする書物、なかんずく漢字仮名交じり文で書かれた書物が、続々と印刷されていった。古活字版は、百部前後を印刷部数の上限としており、五山版などと同じく配り物としての性格を強く残していたが、印刷対象となる書物の範囲を拡大させる上では大きな役割を果たしたといえる。その後、寛永年間（一六二四〜一六四四）になると、大量複製が難しい古活字版の流行は衰えをみせ、従来の木版による整版印刷が再び日本の印刷技術の主流へと返り咲く。しかし、古活字版以前と以後では、木版本にも大きな変化が生じていた。古活字版以後の木版本では、日本人の著作にまで印刷対象が拡大したのはもちろん、整版印刷の利点を生かして訓点や振り仮名を付けるなど、売り物としての工夫が如実に進展した。そして、それらの多くには、印刷を遂行した書肆の名前も明記されるようになった。すなわち、日本史上初の本格的な商業出版は、寛永年間にようやく姿を現したわけである。(3)

書物が売り物になると、その担い手である書肆も数を増やしていく。ちなみに、黎明期の書肆は、当時文化の中心地であった京都で集中的に創業しているが、創業期が寛永年間と判明する書肆の数は七〇軒に及び、寛文年間（一六六一〜一六七三）に至っても五八軒が新たに創業するなど、その勢いは衰えをみせていない。(4)

一般的に日本史上の商業出版興隆期といえば、元禄年間（一六八八〜一七〇四）を思い浮かべがちだが、(5)寛永年間や寛文年間に萌芽的という言葉で片付けられない軒数の書肆が創業していた事実には、注目すべきではないだろうか。青木美智男や横田冬彦が指摘するように、村請制が採用された江戸時代とは、被支配民の識字能力に依拠して農村支配が遂行された時代であった。そこで、村政の担い手である上層農民は江戸時代前期から書物知への高い関心を有しており、その後も村落内の識字率は着実に向上し続けた。(6)江戸時代の商業出版が、右のような拡大し続ける識字層に、通俗性の高い書物を提供することで発展したのは、大きな流れとしていえば事実であろう。もっとも、商業出版成立の最初期にこだわって考えるならば、書肆たちは新たな書物購読者の成長とはほとんど無関係に、徳川幕府開創直後から続々と創業しているようにみえる。印刷技術の伝播から数百年にわたって誕生することのなかった商業出版は、なぜ寛永年間や寛文年間に急速な成長を遂げることができたのだろうか。本章では、江戸時代前半に圧倒的な存在感を示していた仏書出版に注目することで、右の疑問への解答を模索してみたい(7)。そして、この作業を通じて、日本史上初めて誕生した商業出版が、伝統的な仏教知にいかなる影響を与えたのかも、併せて考察する予定である。

第一節　書籍目録のなかの仏書

さて、本書序章では、江戸時代前半の仏書出版が、商業出版の誕生そのものを下支えするほど盛んであったことに言及した。もっとも、その具体像については、いまだ史料的な根拠を示していない。そこで、本章では、江戸時代前半にどの程度仏書出版が盛んであったかを、数値的に明らかにしてみたい。右のような課題に取り組む際、非常に便利な史料が、江戸時代に出版された幾つかの「書籍目録（しょじゃくもくろく）」である(8)。

書籍目録とは、有志の本屋が当時刊行されていた書物のタイトルや著者・巻数など諸情報を逐一列記し、新たな書物購入を検討する時の検索ツールとして売り出したものである。読者の購買意欲を巧みに刺激するものであり、商業出版が成立した江戸時代ならではの出版物といえよう。ちなみに、寛文年間（一六六一～一六七三）に『和漢書籍目録』が一連の書籍目録の先陣を切って出版されると、これと同様の企画が繰り返し行われたが、享

字辞書	実学書（暦占・軍書・医書 etc.）	実用書（謡・茶道・立花・手本書 etc.）
76	433	364
179 ［重出：72 　新出：107	726 ［重出：399 　新出：327	806 ［重出：338 　新出：468
58	357	693
71	159	848
86	253	1019

和元年（一八〇一）の『合類書籍目録大全』を最後に総合的な書籍目録の出版は行われなくなった。出版業の成長によって採録すべき新刊本が膨大になったため、企画を担う書肆がいなくなったのではないかと推測されている。ともあれ書籍目録は、商業出版の誕生ならびにその成長を促した出版ジャンルを探り出す上で最適な史料といえる。

そこで、慶應義塾大学附属研究所斯道文庫編『江戸時代書林出版書籍目録集成』(9)に収録されている寛文一〇年（一六七〇）版『増補書籍目録』・元禄五年（一六九二）版『広益書籍目録』・享保一四年（一七二九）版『新撰書籍目録』・宝暦四年（一七五四）版『新増書籍目録』・明和九年（一七七二）版『大増書籍目録』という五種類の書籍目録を取り上げ、そこに列記されている書物の数を分野別でまとめたところ、表一―一のような結果になった。

なお、江戸時代の書籍目録は、当時の出版動向を把握する上で貴重な情報を提供してくれるとともに、取り扱いにかなりの注意を要する史料でもある。そこで、やや煩雑な説明となるが、表一―一を分析する際に留意すべき書籍目録の史料的な性格を確認しておきたい。まず刊行年代の異なる五種類の書籍目録は、それぞれいかなる時期の出版動向を反映した史料なのだろうか。享保一四年版・宝暦四年版・明和九年版の三点に関していえば、その答えは比較的容易に導き出せる。というのも、これら三点の書籍目録は、いずれも先行する書籍目録以降に刊行された新刊本を中心に採録しているからである。(10)そこで、表一―一で示される数値も、享保一四年

表１－１　書籍目録からみた分野別出版書数

	仏書	儒書（諸子・漢詩文・伝記・故事を含む）	正史・神書・有職	文学書（和歌・俳諧・草紙 etc.）
寛文10年版	1690	536	79	686
元禄５年版	2807［重出：1534 新出：1273］	880［重出：473 新出：407］	135［重出：72 新出：63］	1659［重出：662 新出：997］
享保14年版	1328	454	96	354
宝暦４年版	435	421	40	701
明和９年版	452	570	34	471

版・宝暦四年版・明和九年版についていえば、それぞれの出版時からさかのぼること二〇年前後のあいだに、どのような分野の書物が好まれたかを推し量る指標として活用可能である。他方、寛文一〇年版の場合、「増補」と銘打たれているところから分かるように、先行する書籍目録に採録された書物を重複して載せている。もっとも、日本の商業出版自体が寛永年間にようやく本格始動したわけだから、寛文一〇年版も、商業出版成立後二〇〜三〇年の出版動向を示す史料と捉えれば、他の書籍目録の数値と比較分析することが、ある程度可能となる。

表一―一を分析する上で、一番取り扱いが難しいのは、元禄五年版の書籍目録である。元禄五年版の場合、寛文一〇年版に採録された書物も高い割合で重複採録しており、単純に出版時からさかのぼること二〇年前後の出版動向を示すものとはいえない。そこで、表一―一では、寛文一〇年版で既に採録されている書物を「重出」、元禄五年版から新たに採録された書物を「新出」と区分して、それぞれの数値を併記してみた。他の書籍目録との比較分析を行う際には、このうち「新出」の数値が寛文一〇年から元禄五年のあいだに出版された書物の目安となる。

次に、表一―一を作成するために設けた書物の分類基準についても触れておきたい。江戸時代の書籍目録は、出版される書物の多様化などに影響を受けて、分類項目自体を微妙に変化させていくため、当時の分類をそのまま生かすかたちで、人気の出版ジャンルを概観するのは難しい。そこで、岡村敬二が『江戸の蔵書家たち』のなかで用いた「経典（仏書）／外典（儒書）／正史・神書・有職／文学書／字辞典／実学書／実用書」という分類を、表一―一でも活用させて頂いた。[11]ちなみに、ここでいう「外典」には、諸子類や漢詩文、先賢の伝記など、いわゆる儒書以外の漢籍も含まれている。また、「文学書」には、和歌・連歌・俳諧・狂歌に加えて、物語・草紙類が含まれている。「実学書」の主なものとしては暦占書・軍書・医書、「実用書」の主なものとしては謡本・往来物・茶道書・立花書・料理書・名所記・手本・石摺を挙げることができる。

なお、若尾政希が鋭く指摘したように、現代人の感覚で江戸時代の書物を分類・分析することには、ある種の危険性が伴う。例えば、江戸時代人にとっての軍書とは、時に娯楽書であり、時に教訓書であり、時に歴史学習の書でもあった。そこで、本章のように、軍書を暦占書や医書と並べて「実学書」に分類してしまうと、書物の多面性を見落とすことにもつながるわけである。[12]筆者としても、そうした書物の多面性には十分注意を払って分析を進めたいと考えているが、本章では、黎明期の商業出版を下支えした書物の特徴を、ひとまず大枠で捉えるべく、便宜的に表一―一のような分類を用いてみた。

さて、書籍目録の史料的な性格を把握したところで、いよいよ表一―一の具体的な分析に入りたい。表一―一から端的に読み取り得るのは、何よりも仏書の圧倒的な存在感である。寛文一〇年版の書籍目録で採録書物全体のなかに占める仏書の割合を探ると約四四パーセントに及び、元禄五年版の新出書の数値に注目しても仏書は約三五パーセント、享保一四年版でも約四〇パーセントを占める。ちなみに、元禄五年版では、井原西鶴の浮世草子など庶民文芸が花開いた時期に相応しく、新出の「文学書」が仏書を追走するように急激な増加傾向を示しているが、その勢いは江戸時代を通じて継続するわけではない。他方、仏書の場合、その勢いは商業出版の黎明期から他の分野を圧倒しており、しかも一過性的な傾向にとどまることなく、元禄・享保年間（一六八八〜一七三六）という出版文化の全面的な開花期まで持続していく。江戸時代に入って存在感を増すとされる儒学と比較しても、享保一四年版までの書籍目録において儒書が占める割合は、仏書の三分の一程度に過ぎない。

もちろん、書籍目録が示す数値はあくまで出版点数であり、表一―一から江戸時代に流通した書物の実際量を測定することはできない。一冊の書物が何度も版を重ね、ロングセラーになっている可能性もあり得るわけである。また、宝暦四年版に至って仏書の割合が一六パーセント程度に落ち込み、明和九年版でも同様の傾向が続くなど、享保年間（一七一六〜一七三六）を境として仏書出版に急速な停滞状況が訪れることも、表一―一を分析する上で無視できない点である。ただ、そうした点を考慮に入れるとしても、寛文一〇年版の書籍目録、すなわち商業出版黎明期の出版動向を示す史料で、仏書の出版点数が全体の四〇パーセント以上に及んでいるという事実は大きな意味を持っている。仏書は、間違いなく日本の商業出版成立を下支えした主力商品なのである。

それでは、書籍目録にみる江戸時代前半の仏書出版隆盛は、どのような時代状況のなかで生み出されたものなのだろうか。かつて辻善之助は『日本仏教史　近世篇』のなかで、江戸時代の仏教信仰を著しく形骸化・形式化したものと捉えた[13]。こうした堕落論的理解に基づくならば、享保年間まで続く仏書出版の勢いは、はなはだ不可思議なものといわざるを得ない。

もっとも、辻が主張したような近世仏教イメージは、その後の研究進展のなかで大きく書き替えられつつある。例えば、大桑斉は、寺檀関係に基づく日常的な僧侶と信徒の交流に伴い、広範な人々が自らに最も適合的なかたちで仏教思想を受容し、再構成した時代こそ江戸時代なのだと主張している。大桑の主張に従うならば、これまで民衆によって主体的に受け止められることのなかった諸行無常や煩悩即菩提といった仏教的概念は、江戸時代になると通俗的な文芸作品にまで用いられるようになり、仏教は日本社会への「土着」を遂げたのである[14]。

また、末木文美士も、大桑の提言を受けて、地域の文化センターとなった寺院を評価するとともに、近世学僧による教学研究の精緻化にも注目する。徳川幕府の後押しもあり、江戸時代初期の仏教諸宗教団は、僧侶養成機関である檀林を整備していった。そこでの学問研鑽は、後述するように出版物を大いに活用するものであったため、中世以来の口伝・秘伝的な世界は衰退し、文献主義的な教学研究が花開いたという[15]。

右のような新しい近世仏教イメージ[16]を踏まえるならば、江戸時代前半の仏教勢力は、儒学や神道よりも、よほど大きな文化的発信力を保持していたわけであり、この時期の仏書出版が圧倒的な存在感を有しているのも、理の当然というべきだろう。ただし、中世に開版された五山版も、圧倒的な文化的発信力を有する禅宗寺院のなかで生み出されたものだが、その流布状況は、配り物として知人に進呈できる範囲から大きく抜け出ることはなかった。仏教の文化的発信力がいまだ強大であったと主張するだけでは、江戸時代前半における仏書出版隆盛の理由を十分に解き明かしたことにはなるまい。問題の根幹は、なぜ江戸時代に仏書出版の担い手が大寺院から民間書肆へと移り、それとともに書肆の取り扱う仏書が大量複製型の売り物へ変化し得たのかという点にある。次節以降では、この点に焦点を絞って、江戸時代前半に仏書出版が隆盛を極めた背景に迫ってみたい。

第二節　黎明期の商業出版と仏教諸宗檀林の整備

古活字版の流行以降、日本人を著者とする書物、なかんずく漢字仮名交じり文で書かれた書物の出版が盛んになったことを踏まえるならば、仏書においても、同時期に平易な和文体の書物が登場し、仏書購読層が俗人信徒も含み込むかたちで拡大したというのは、ひとまず成り立ち得る仮説であろう。自らも『盲安杖』・『驢鞍橋』などの仮名法語を著した鈴木正三（一五七九〜一六五五）は、寛文一一年（一六七一）に刊行された『反故集』のなかで、当時の仏書出版隆盛について、以下のように述べている。[17]

爰元にて、此比仏法の興り可申瑞相数多見候間、一々書付越申候。

一、十二、三箇年以来、珠数屋隙無成申候。

一、京都大坂に於て、仏師数多出来、皆々隙無之候。

（中略）

一、仏書の類、殊外うれ申候。此故に、次第に古の法語等乞求尋出して開板致し候。

長い戦乱の時代が終わった江戸時代前期を、仏教興隆の時と捉えた鈴木正三は、近年では仏書の売り上げが好調なため、「古の法語」も次々出版されていくと指摘している。寛文一〇年版の『増補書籍目録』を参照するならば、ここで指摘される「古の法語」とは、恐らく無住の『沙石集』や鴨長明の『発心集』などを指しているのだろう。[18]これら中世の仮名法語や、さらに鈴木正三・白隠慧鶴（一六八六〜一七六九）らが著した江戸時代の仮名法語が、新たな仏書購読者を生み出す上で、大きな役割を果たしたことは間違いない。[19]もっとも、書籍目録をみる限り、宗派の垣根を越えて広く俗人信徒にまで読まれたであろうこれらの仮名法語は、出版された仏書全体のなかでは一割にも満たない。黎明期の商業出版を下支えした仏書出版の隆盛は、あくまで宗派別に区分された仏教経典やその注釈書の販売を中核とするものであった。

なお、書肆の側も、取り扱う商品の通俗性をアピールするのではなく、特定宗派との関係性をアピールして売

表1－2　貞享2年（1685）版『京羽二重』にみる江戸時代前期の出版業者

職種	専門	店舗の所在	屋号
歌書所并絵草紙		小川通一条下る町	林和泉
		東洞院丸太町角	喜左衛門
		烏丸丸太町上町	与菱屋
唐本屋		衣の棚竹屋町上る	山形屋清兵衛
		衣の棚二条上る町	山形屋善兵衛
		二条通西洞院角	嚢屋宇兵衛
書物屋	歌書	小川通一条上る町	林白水
	法花書	二条車屋町	平楽寺
	儒医書	二条衣の棚	風月
	安斎書	二条東洞院	武村市兵衛
	禅書	二条富小路	田原仁左衛門
	真言書	寺町誓願寺下	前川権兵衛
	真言書	寺町五条	中野小左衛門
	法花書	寺町五条	中野五郎左衛門
	一向宗	五条橋通高倉	西村九郎右衛門
	謡本	二条御幸町	金屋長兵衛
経師屋		烏丸錦上る町	伊兵衛
		烏丸錦上る町	五兵衛
		烏丸六角下る町	久兵衛
		烏丸四条下る町	清右衛門

り上げの向上を図っていたことは、表一―二をみれば一目瞭然である。表一―二は、貞享二年（一六八五）に刊行された京都の名所案内記『京羽二重』から、出版に関わる業者を抜き出したものである。[20] ちなみに、江戸時代の人々にとって「書物」といえば仏書や儒書のことであったため、「草紙」を取り扱う絵草紙屋は書物屋とは別記されている。[21] 仏教経典の製本を専門とする経師屋が別記されるのも、取り扱う商品が、巻子本・折本など、冊子本と形態を異にするためであろう。それはさておき、注目したいのは、ここで紹介される一〇軒の書物屋であ

る。名所案内記に載った京都を代表する一〇軒のうち、実に六軒までが仏書を専門としており、しかも彼らは「法花書」・「禅書」・「真言書」・「一向宗」など特定宗派への精通を売りにしていた。

もちろん、例えば平楽寺が「法花書」の専門書肆であることをアピールしているからといって、天台宗や日蓮宗関連の書物のみを取り扱っていたわけではない。しかし、名所案内記という媒体において、半数以上の書肆が「法花書」・「禅書」・「真言書」・「一向宗」といった肩書きで紹介されていることは注目に値する。なぜ彼らは、俗人信徒にまで広く読まれ得る仮名法語のたぐいではなく、購読者を狭く限定してしまう特定宗派の仏書にこだわりを示したのだろうか。

商業出版黎明期の書肆たちが、仏書のなかでもとりわけ宗派ごとの難解な経典注釈書に目を付け、それらを次々と出版することで経営を安定化させようとした理由を探るには、檀林（あるいは学林・学寮）の存在に着目する必要がある。檀林とは、徳川幕府の公認下で仏教諸宗教団が整備した僧侶養成機関である[22]。もちろん、僧侶の養成自体は江戸時代以前から延々と行われてきたものであり、既に中世にも全国各地に談義所が存在した。ただし、その実態は地域ごとに独自の門流が乱立する分権的なものであり、特定宗派の僧侶を養成する機関として体系的に整備されていたわけではなかった。しかも、中世の談義所は、パーソナルな師資相承システムを堅守していたため、師匠から弟子へ秘伝書の筆写を許すことで修学の完了とみなすような閉鎖的性格も持っていた。こうした状況に大きな変容を強いたのが、徳川幕府の宗教政策である。

仏教勢力に対する徳川幕府の基本方針は、諸宗本山に僧侶の支配権を分与し、全国横断的な人別掌握を遂行させるところにあった[23]。しかも、徳川幕府は、僧侶に対して宗門改めという一種の公務を担わせたため、僧侶資格の認定には、今まで以上の厳格化が求められることになった。右のような事情もあり、各宗派の本山に対して僧侶の学問研鑽を奨励する幕府法令は、慶長・元和年間（一五九六～一六二四）に何度も発布されているが[24]、その締めくくりとして発布された寛文五年（一六六五）の諸宗寺院法度第二条では、遂に「不存一宗法式之僧侶、不可為寺院住持事」という規定が明記されるに至った[25]。寺院の住職に対して、所属する宗派の教えや決まりへの精通を求めることは、現代人の感覚からすると当たり前だが、地方分権的な性格が強い中世の談義所を前提として考えるならば、この規定は必ずしも容易に実行できるものではなかった。つまり、徳川幕府は、仏教諸宗本山に対して僧侶支配権を分与する代わりに、一元的な僧侶養成機関の整備を強く迫ったのだといえよう。

こうして江戸時代初期の仏教諸宗では、中央集権的な檀林の整備が次々と進められることになった。例えば、天台宗では、徳川家康・秀忠・家光の三代にわたって帰依を受けた天海（一五三六～一六四三）が、家康の後ろ盾を得て、関東八檀林を選定した。徳川家の後ろ盾を得て檀林の整備を進めたのは、浄土宗も同様である。すなわち、増上寺の十二世法主となった源誉存応（一五四四～一六二〇）は、家康の庇護によって寺地を芝へ移すとともに、増上寺を筆頭とする関東十八檀林を選定した。また、同じ頃に京都では、尊照（一五六二～一六二〇）が知恩院を浄土宗の総本山に定め、存応と協力して檀林規則を取り決めた。浄土真宗でも、寛永一六年（一六三九）に西本願寺内に学寮が創設され、異安心（いわゆる異端派）騒動によって一度は破却されたものの、元禄八年（一六九五）には学林と呼称を変えて再建された。他方、東本願寺では寛文五年（一六六五）に学寮が創設され、江戸時代を通じて機能した。新義真言宗では、根来寺の系譜を引く大和国の長谷寺と京都の智積院で教学研鑽が盛んとなり、学山としての地位が確立された。

これら江戸時代の檀林や学林・学寮に特徴的な傾向は、浄土宗が檀林での修学一五年、浄土真宗西本願寺派が学林での修学三年を住職就任に最低限必要な条件と定めたように、一宗派の僧侶資格が明確に檀林・学林での修学と結び付けられた点である。西本願寺学林には、最盛期で千人以上の所化僧（修行中の僧侶）が懸席しているが、この数は西本願寺派僧侶にとって学林こそ唯一の住職資格認定機関であったことを象徴的に示している。[26]当然、こうした体制の下で、中世的な八宗兼学の僧侶は存在することが難しくなり、徳川幕府に公認された特定の宗派への所属が江戸時代に僧侶として活動するための必須条件となった。

また、檀林での修学内容自体が一元的に整備されていったことも、江戸時代の仏教界を考える上で、注目すべき点である。例えば、西本願寺学林では、初代能化（教学指導者）となった西吟が『正信偈要解』を、二代能化の知空が『往生論註翼解』をそれぞれ執筆・刊行している。正信偈（正信念仏偈）や往生論註は、いずれも浄土真宗教学の基礎となる書物である。そこで、学林のトップがこれらの書物に注釈を加えた『正信偈要解』や『往生論註翼解』は、檀林で行われる仏典講釈においても、テキストとして使用されていくことになった。[27]詳しくは後述するが、檀林や学林のトップが自ら基礎経典の注釈書を著し、それを用いて僧侶養成を行うことは、浄土真宗のみならず多くの仏教宗派において確認できる特徴である。こうして江戸時代的な檀林システムの整備が進むと、檀林における修学は、門流が各地に乱立していた中世段階と比べて格段に統一性を増し、多人数の所化僧を前にして行われる一斉教化の性格を強く帯びていくようになった。

さて、ここまでの検討によって、日本における商業出版の成立と仏書出版の隆盛とを結び付ける社会環境が、次第に鮮明になってきたかと思われる。中国歴代王朝のように科挙を導入することのなかった日本では、科挙の受験参考書に象徴される大量の書物需要は生み出されず、営利目的で書物を印刷・販売する行為、すなわち商業出版はなかなか誕生しなかった。しかし、江戸時代初期に、仏教諸宗本山が、徳川幕府の要請を受けて檀林の整備を進めると、そこには確かな変化が現れてくる。

すなわち、国家主導で実施された科挙試験と比べるとはるかに小規模ではあるものの、宗派ごとに分立された檀林には、僧侶資格を求める所化僧が全国各地から結集することになった。しかも、檀林における修学内容は宗派ごとに一元化され、仏典講釈のためのテキストが指定されることも多かったため、こうした「檀林教科書」は所化僧にとって必ず購入すべき書物となった。配り物としての仏書開版であれば、自らの手で行うこともできた大寺院であるが、檀林に結集する全ての所化僧に「檀林教科書」を準備するのは難しい。以上のような社会環境の下で、民間の書肆が「檀林教科書」の出版を委託され、大量複製型の商品として売り出していったのではないだろうか。次節以降では、この仮説の妥当性を検証すべく、商業出版黎明期の書肆が、仏教教団とのあいだで築き上げていった関係性の具体像に迫っていきたい。

第三節　仏教教団と民間書肆の結託

（一）日蓮宗檀林と村上勘兵衛

江戸時代初期に推し進められた宗派ごとの檀林整備と、檀林における修学内容の一元化が、中世段階には存在し得なかった大量の仏書需要を生み出したのではないか。このような仮説に対して、明快な解答を示してくれるのが、日蓮宗教団の事例である。そこで、本節では、日蓮宗教団の檀林整備とその社会的影響に関する冠賢一の研究成果によりつつ、仏書出版隆盛の背景を解き明かしていきたい(28)。

ここまで敢えて触れてこなかったが、日蓮宗教団の場合も、他の仏教勢力同様に、中世までは諸門流の乱立状態が存在していた。しかし、日遠（一五七二～一六四二）とその弟子たちの活躍により、日蓮宗教団の地方分権的な雰囲気は大きく変容していく。日遠は天台教学・南都教学を広く学んだ後、慶長四年（一五九九）に弱冠二八歳で下総飯高檀林の三代化主（檀林の長）となった人物である。日蓮宗学書の著作も多く、優れた学匠であるが、それ以上に注目すべきは、優秀な弟子を多く育成して、次々と諸檀林の指導者に就任させた点であろう。そのため、弟子たちが化主を務めることになった関東八檀林・関西六檀林では、日遠の著作である『法華玄義聞書』・『法華文句随聞記』・『止観随聞記』が何よりも重視され、これらをテキストとする仏典講釈が盛んに行われた。つまり、彼らは、法華三大部（『法華玄義』・『法華文句』・『摩訶止観』）の数ある注釈書のなかでも、師匠の著作を最上位に位置付け、江戸時代の日蓮宗諸檀林における修学内容を統一させていったのである。

さて、こうして日蓮宗諸檀林では、時に数百人に達する所化僧に対して、均質性の高いテキストを大量供給する必要が生じた。そこで、今まで経験したことのない新事態に対処すべく、教団側から協力要請を受けた書肆こそ、村上勘兵衛だったのではないかと、冠は推測している。村上勘兵衛は、平楽寺の屋号を持つ京都の老舗書肆であり、既述の『京羽二重』でも「法花書」専門の書肆として紹介されている。三代当主宗信（?～一六三三）の頃から熱心な日蓮宗信者となったようだが、父親の志を継いだ四代当主元信（?～一六八二）は、武村市兵衛・山本平左衛門・八尾甚四郎とともに「法華宗門書堂」という連合書肆を立ち上げた。法華宗門書堂は、寛文九年（一六六九）の一年間だけで実に一〇〇点以上に及ぶ日蓮宗関連の書物を売り出しているが、それらのなかには既刊本の板木を他の本屋から買い取って印刷した商品も多く含まれている。この点に関して冠は、そもそも板木買い取りという明確な目的が先にあり、その資金確保のために、元信が他の三書肆に連合を持ちかけたのではないかと推測している。それでは彼が、わざわざ板木を買い取ってまで日蓮宗関連の書物を独占販売しようとした狙いは何だったのか。法華宗門書堂が出版した書物のなかに、既述の『法華玄義聞書』・『法華文句随聞記』・『止観随聞記』など日遠の著作が九点含まれている事実からしても、日蓮宗檀林の整備に伴う仏書需要の増大が意識されていたことは間違いない。すなわち、日蓮宗教団と結び付きの深い元信は、檀林入門者たちの大量購入が予想される仏書について教団側から何らかの情報提供を受け、確実に売れる「檀林教科書」を出版することで、安定的な書肆経営を目指したのだといえよう。

全ての所化僧が同一のテキストを手にし、指導者の講釈を一斉に聴聞するという檀林の教化体制は、中世以来の口伝・秘伝的な世界を解体させる革新的なものであった。その変化は、僧侶養成機関の一元化を目指す仏教教団の取り組みによって達成されたものだが、付け加えるならば、テキストの完全な画一性を実現させる整版印刷技術の発達や、大量の「檀林教科書」印刷をいとわない民間書肆の登場など、出版をめぐる社会環境の整備も、仏教界の一大変革を下支えしていた。そして、右のような僧侶養成システムの変化は、商業出版黎明期の書肆にとって、檀林入門者の仏書需要という絶好の商機を意味することになり、この商機を生かした書肆が、着実に経営を安定させていったのである[29]。

(二) 新義真言宗智積院・長谷寺と前川茂右衛門

さて、冠の研究は、日蓮宗教団に焦点を当てたものであったが、江戸時代初期に一斉に整備された仏教諸宗檀林のなかで、日蓮宗のみが民間書肆と結託して「檀林教科書」の大量出版を成し遂げたわけではない。

ここで新義真言宗の本山である智積院に注目してみよう。智積院は、もともと紀伊国根来寺の塔頭であったが、豊臣秀吉の根来寺焼き討ち後、徳川家康の支援を得て慶長年間（一五九六～一六一五）に京都の地で復興を果たし

表１－３　運敞を著者とする主な刊行仏書とその板元

書名	刊行年	板元
三教指帰註删補	寛文３年(1663)	前川茂右衛門・中野小左衛門
秘密漫荼羅教付法伝纂解	寛文３年(1663)	前川茂右衛門
性霊集便蒙	延宝３年(1675)	前川茂右衛門
結網集	貞享元年(1684)	前川茂右衛門
開奩編	貞享３年(1686)	前川茂右衛門
開匳編弁疑	貞享５年(1688)	前川茂右衛門
寂照堂谷響集	元禄２年(1689)	前川茂右衛門・中野宗左衛門
秘蔵宝鑰纂解	元禄３年(1690)	前川茂右衛門・前川権兵衛・村上勘兵衛
寂照堂谷響続集	元禄５年(1692)	前川茂右衛門・前川権兵衛・中野宗左衛門
大日経劫心義章	元禄５年(1692)	前川茂右衛門
諸法本不生顕密同異義	元禄６年(1693)	前川茂右衛門

た寺院である。根来教学を伝える智積院には次第に所化僧も増えていったが、彼らのために寮舎を整え、「学山智山」の名声を不動のものにしたのが、七代能化の運敞（一六一四～一六九三）であった。[30] 寛文元年（一六六一）の運敞能化就任時に六〇〇人程度であった所化僧の数は、天和二年（一六八二）の能化退任時になると一二〇〇人あまりに倍増していたと伝えられる。また、運敞は、多くの弟子を育成するとともに、『大日経劫心義章』や『秘密漫荼羅教付法伝纂解』など、智積院における仏典講釈のテキスト作りにも余念がなかった。それでは、日蓮宗檀林の「教科書」となった日遠の著作同様、智積院の所化僧に「教科書」として読まれたであろう運敞の著作は、どのようにして出版されたのだろうか。

表一―三は、国文学研究資料館の国書データベースに基づいて、刊行が確認できる運敞の主な著作を抜き出したものである。なお、江戸時代前期の出版物は、刊行年や板元が分からないものも存在するため、書誌情報が比較的良く分かる著作のみを限定的に取り上げることにした。また、

江戸時代の板木は頻繁に転売されるため、出版物と板元の複雑な関係を明らかにするためには、冠賢一が試みたように、板元の変遷にも注目する必要があるだろう。これらの点を踏まえると、表一—三によって運敞著作の詳細な出版動向を示し得たとはいえないが、それでも興味深い傾向は読み取れる。何よりも明らかなことは、運敞著作の出版に、必ず前川茂右衛門という書肆が関与している事実である。

前川茂右衛門は、宝永二年（一七〇五）に改刻再板された『京羽二重』に、「真言書」専門の書肆として姿を現している。[31] 貞享二年刊行の『京羽二重』で、同じく「真言書」専門の書肆とされる前川権兵衛（表一—二）の親族であろうか。ちなみに、宝永二年の改刻で、なぜ権兵衛が茂右衛門へと書き替えられたかは不明だが、書肆としての活動始期は、茂右衛門の方がやや早い。[32] また、表一—三で運敞著作の出版実績を確認しても、当時「真言書」専門書肆としてふさわしい立場にあったのは、茂右衛門の方であったと考えられる。この前川茂右衛門が、新義真言宗智山派教団と具体的にどのような関係を取り結んでいたかは、現時点では不明である。ただ、『大日経劫心義章』や『秘密漫荼羅教付法伝纂解』など智山派の仏典講釈で使用された仏書を、抜け目なく出版しているところから推測するならば、彼も村上勘兵衛同様に、智積院における所化僧の仏書需要を絶好の商機と捉え、真言宗関連書物に特化した経営方針を選択していたことは間違いない。

ちなみに、豊臣秀吉の根来寺焼き討ち後、難を逃れた学僧のなかには、大和国の長谷寺へ入寺を果たした者もいたため、やがてここが新義真言宗豊山派の本拠地となった。長谷寺が新義真言教学を修める学山として隆盛を極めたのは、智積院に比べてやや遅かったとされるが、一一代能化となった亮汰（一六二二～一六八〇）はその基礎を築いた人物として注目される。[33] 亮汰は、能化の職にあった期間こそ最晩年のわずか一年だが、『光明真言経鈔』や『般若理趣経純秘鈔』など真言密教経典の達意的な解説書を多く著し、長谷寺の学山としての発展に寄与

表１－４　亮汰を著者とする主な刊行仏書とその板元

書名	刊行年	板元
科註住心品	寛文４年(1664)	中野小左衛門
舎利礼文鈔	寛文６年(1666)	前川茂右衛門
科註父母恩重経	寛文６年(1666)	出雲寺文次郎
光明真言経鈔	寛文７年(1667)	前川茂右衛門
金剛界礼懺文鈔	寛文９年(1669)	前川茂右衛門
胎蔵界礼懺文鈔	寛文９年(1669)	前川茂右衛門
阿字義私記科	寛文10年(1670)	文台屋治兵衛
観音経選註	寛文10年(1670)	上田甚兵衛
五供養偈注	寛文10年(1670)	前川茂右衛門
薬師経纂解	寛文10年(1670)	前川茂右衛門・村上勘兵衛
科註錫杖経	寛文11年(1671)	前川茂右衛門
光明真言経照闇鈔	寛文12年(1672)	前川茂右衛門
数珠功徳経鈔	寛文12年(1672)	前川庄兵衛
般若理趣経純秘鈔	寛文12年(1672)	前川庄兵衛
宝篋印陀羅尼経鈔	寛文13年(1673)	前川茂右衛門
科註尊勝陀羅尼経	延宝２年(1674)	前川茂右衛門
九条錫杖抄	延宝２年(1674)	村上勘兵衛
金剛経秘註	延宝２年(1674)	中野小左衛門
千手陀羅尼経報乳記	延宝３年(1675)	前川茂右衛門
父母恩重経鈔	延宝３年(1675)	中野小左衛門
菩提心論教相記	延宝５年(1677)	前川茂右衛門・村上勘兵衛
却温黄神呪経鈔	延宝６年(1678)	前川茂右衛門
延命地蔵経鈔	延宝７年(1679)	前川茂右衛門・前川権兵衛
十一面陀羅尼経鈔	延宝７年(1679)	前川茂右衛門
十一面陀羅尼経鈔玄談	延宝７年(1679)	前川茂右衛門
菩提心論第三段秘記	延宝８年(1680)	前川茂右衛門
科九条錫杖鈔	元禄３年(1690)	前川茂右衛門・前川権兵衛

した。その亮汰の著作のうち、書誌情報が比較的良く分かるものを抜粋したところ、表一―四のような結果となった。亮汰の著作の場合、教学論争の起点として幅広く人気を博したものが多いため、板元の顔ぶれも多彩である。しかし、そのなかでも前川茂右衛門の関与が群を抜いているのは明白である。所化僧の仏書需要を絶好の

商機と捉えた前川茂右衛門は、長谷寺の教学指導者である亮汰の著作についても精力的に出版に関与し、経営の安定化を図っていたことが分かる。

第四節　民間に生まれた文化的権威とその御用書肆

さて、ここまで日蓮宗教団と村上勘兵衛、新義真言宗教団と前川茂右衛門の深い関わりについて指摘したが、こうした仏教教団と黎明期の書肆の関係性については、さらに範囲を広げて論じることが可能である。例えば、西本願寺学林で仏典講釈のテキストとなった既述の『正信偈要解』と『往生論註翼解』についていえば、いずれも西村（丁字屋）九郎右衛門が板元となり、それぞれ明暦四年（一六五八）と寛文元年（一六六一）に出版されている。[34]『京羽二重』で「一向宗」専門の書肆と紹介される西村九郎右衛門は、西本願寺学林における所化僧の仏書需要に着目し、経営の安定化を図ったわけである。[35]活動始期は正徳年間（一七一一〜一七一六）とやや遅れるものの、知恩院の門前に店舗を構え、「浄土宗総本山書籍調進所」を名乗ることになる沢田吉左衛門[36]も、所化僧の仏書需要を狙い、取り扱う商品を浄土宗関連のものへ特化させた書肆と考えて間違いない。[37]

以上のような検討を踏まえると、商業出版黎明期における仏書出版隆盛の意味が、より鮮明になったのではないだろうか。すなわち、この時期における仏書出版の隆盛は、例えば大正教養主義の時代に、その時流に乗るべく、多くの出版社がこぞって哲学書を刊行したような社会状況[38]とは背景を全く異にしている。黎明期の書肆たちは、仏書ならば何でも売れると意気込んで、出版に乗り出したのではない。むしろ、特定の仏教本山と巧みに結託し、所化僧が確実に買い上げてくれる「檀林教科書」を過不足なく出版して、経営の安定化に努めた。現代人にとって商業出版といえば、不特定多数の書物購読層を相手取り、未知の売り上げを予測しつつ行う行為とイメージされがちである。しかし、黎明期の商業出版とは、仏教諸宗教団のような知的特権層と結び付くことで、確実に購入が見込まれる読者層（例えば檀林の所化僧）を掌握し、着実に一定部数売りさばくのが、より一般的なかたちであったといえる。

なお、仏教諸宗檀林によって生み出された仏書需要が全体として膨大なものであったため、黎明期の商業出版は仏書に下支えされたという結論が導き出されるわけだが、右のような商業戦略は、何も仏書専門の書肆のみによって採用されたものではない。例えば、既述の『京羽二重』に登場する一〇軒の書物屋のうち、武村市兵衛の専門は「安斎書」と紹介されている。つまり、儒書のなかでも、とりわけ山崎闇斎の著作に精通していることが、黎明期の京都書肆を代表する武村市兵衛の売りだったわけである。事実、武村市兵衛は初代・二代の当主がいずれも垂加神道を学んだという経歴の持ち主であった[39]。儒書全般ではなく、敢えて「安斎書」の専門書肆を標榜したところに、「法花書」の専門書肆として活躍した村上勘兵衛と同様の商業戦略を読み取ることができる。

同じく『京羽二重』には、「謡本」の専門書肆として金屋長兵衛が紹介されている。そして、この金屋長兵衛も、能の家元である観世宗家と深く結び付き、観世流の謡本を取り扱う書肆であった[40]。観世宗家は多くの門人を有する家元組織であったため[41]、その家元と結託することが堅実な売り上げにつながったわけである。

商業出版の成立が京都よりも遅れた大坂に目を転じると、浄瑠璃正本（人形浄瑠璃の詞章を一曲全段収録した本）を取り扱った山本九兵衛と西沢九左衛門も注目すべき存在である[42]。このうち山本九兵衛は、竹本座との関係を強め、ここで上演された浄瑠璃の正本を販売した。他方、西沢九左衛門は、豊竹座と結び、ここで上演された浄瑠璃の正本を販売した。竹本座や豊竹座の座元（興行責任者）は、能の家元ほど巨大な門人集団を組織していたわけではない。ただ、長友千代治が指摘するように、浄瑠璃正本を購入し、熱心に稽古する素人愛好家集団は、元禄・享保年間（一六八八〜一七三六）には着実に増加していた。諸宗檀林の所化僧ほど堅実な固定客ではないものの、こうした素人愛好家集団もまた、座元と結託することで民間書肆が掌握し得た貴重な書物購読層だったのである。つまり、特定の文化的権威を後ろ盾とし、敢えて狭いジャンルに特化して売り上げを確保した点に注目するならば、山本九兵衛や西沢九左衛門も、村上勘兵衛と近似する商業戦略を採用していたといえる。

さて、以上のように黎明期の書肆たちは、仏教諸宗教団や儒教諸学派、諸芸能の家元などと個別に結び付くことで、安定的な売り上げを確保していた。それでは、そもそも江戸時代の民間社会には、なぜここまで多様な文化的諸権威が乱立し得たのだろうか。徳川幕府は、泰平を維持する武威をもって支配正当化の根拠とした国家である。そのため、皇帝が儒学的教養の頂点に位置付けられる同時期の中国などとは異なり、徳川将軍が学問や文化を一元的に統制・管理することはなかった(43)。朝廷権威に連なる仏教諸宗本山や神道・陰陽道の本所はもちろん、開祖個人を権威の源泉とする茶道・華道・能の家元、さらには浄瑠璃・歌舞伎の座元に至るまで、多彩な文化的権威が、徳川幕府の弾圧を受けることなく存立し得たのは、右のような江戸時代の社会環境によっている。商業出版黎明期の書肆たちが個々の才覚で、仏教諸宗本山や諸芸能の家元などと結託したのは、文化的諸権威の乱立状況を見据えた必然的な決断だったといえよう。

もっとも、こうした文化的諸権威との結託によって確保される書物購読者は、僧侶養成機関の一元化に高いレベルで成功した西本願寺学林でも最盛期で千人程度と、規模が限定されるものであった。しかも、刊行仏書に依拠して行われる中央檀林での一斉教化は、江戸時代を通して諸宗の所化僧を魅了し続けたわけではない。この点については、江戸時代の智積院や長谷寺をめぐる坂本勝成の考察が興味深い。すなわち、智積院や長谷寺に登って長期修行する所化僧の数は、元禄・享保年間をピークとして次第に減少し始め、両学山はその対処に追われることになった。所化僧激減の背景として坂本が指摘するのは、以下のような動向である。まず、商業出版の隆盛によって、地方寺院も一定程度の書物を所有できるようになると、専門的な仏書を閲覧できるという中央学山の魅力が低下した。さらに、中央と地方との文化的格差の解消や田舎談林の自立化に伴い、わざわざ経典読解のために中央学山に登る必然性が希薄化した(44)。つまり、民間書肆による精力的な仏書出版と、それを用いた檀林での一斉教化が、地方僧侶の平均的な知的水準向上に寄与した結果、皮肉にも教学研鑽の場としての中央檀林は魅力を半減させ、単なる僧侶資格取得のための機関に化していったというわけである(45)。

そもそも、江戸時代初期の徳川幕府が仏教諸宗本山に対して強く要請したのは、所属する宗派の教えや決まりを遺漏なく教え授ける学問所の整備であったわけだから、坂本が指摘したような知識の平準化は、中央檀林にとって必然的な結果であったともいえる。しかし、「檀林教科書」を始めとする仏書が着々と各地の寺院に備蓄され始めると、中央檀林の円滑な運営に貢献し、利潤を確保してきた民間書肆たちも、大きな岐路に立たされることになった。既に確認したところだが、享保一四年（一七二九）版の書籍目録で全出版点数の約四〇パーセントを占めていた仏書は、宝暦四年版では約一六パーセントに激減している。基礎的な「檀林教科書」を出版することで保持されてきた仏書需要は、そうした作業が一段落したことにより、一気に停滞へと転じていったわけである。

もちろん、江戸時代は現代とは異なり、非常に長いタイムスパンで一つの板木が使用され、後刷り本が繰り返し販売された時代であるから、新刊本が出ていないという事実のみで、仏書出版の停滞を即断するわけにはいかない。また、江戸時代後期になり、仏教諸宗本山が自宗の聖教に関する板木を「御蔵版」として直接所有し始めると、村上勘兵衛・西村九郎右衛門らは特定の仏教教団と一層関係を深め、この御蔵版の委託管理や代理出版で生じる手数料によって経営の安定化を図っていった[46]。以上のように、仏書は、幕末に至るまで京都の老舗書肆にとって魅力的な商品であり続けた。ただし、享保年間（一七一六～一七三六）頃を境として、仏書販売が出版界全体を活性化させる時代は過ぎ去り、仏教教団と書肆の蜜月時代も次第に幕を下ろしていったのである。

第五節　商業出版の成立と偽書の氾濫

さて、享保年間以降の仏書出版停滞についてはひとまずここで話を終え、民間書肆の手による仏書出版が、仏教諸宗教団に及ぼす影響について、あらためて考えてみたい。仏教諸宗教団の立場からするならば、檀林や学林・学寮に次々と地方寺院の住職候補生が入門し、一斉教化を受けるという状況は、これまで経験したことのないものであった。そこで、村上勘兵衛や前川茂右衛門のような民間書肆が、一字一句違わない大量の刊本テキストを、「檀林教科書」として提供してくれたことは、基本的には歓迎すべき事態であったといえる。こうした民間書肆の協力によって、「檀林教科書」を手にした所化僧への効率的な教化が可能となり、さらにそこから文献考証主義的な教学研鑽の道も開けた。

しかし、全国各地に諸門流が乱立する中世段階を抜け出し、中央檀林によって統一的な教学が独占される体制の確立を目指していた仏教諸宗教団にとってみれば、肝心の仏書出版権を営利目的の民間書肆に握られたことは、必ずしも好ましい状況ではなかったはずである。商業出版が社会へ浸透するに従い、仏教諸宗教団と民間書肆は、宗教知をめぐっていかなる協調・対立関係を展開させていったのだろうか。以下では、諸宗のなかでも特に民間書肆との対立が激しかった浄土真宗に注目して考察を進めていきたい。

既述の通り、浄土真宗教団もまた、民間書肆によって提供される「檀林教科書」を不可欠の要素として、西本願寺ならば学林、東本願寺ならば学寮といった僧侶養成機関を整備していった。しかし、その一方で浄土真宗教団は、商業出版が成立することによって勢いを増した「偽書」の刊行・流布という事態にも悩まされていた。ここでいう偽書とは、著者を親鸞・覚如・蓮如といった歴代宗主に仮託しつつ、おおよそ宗主が著したとは思われない叙述内容を有する書物のことである。例えば、正保四年（一六四七）に中野小左衛門が開版した『一宗行儀抄』は、親鸞の著作であることを装いつつ、荒唐無稽な主張を行うものであり、江戸時代に出版された偽書の典型的な事例といえる[47]。同書の具体的な内容を検討する前に、まずはその末尾に注目してみよう。

右此二十箇条ノ一宗行儀ノ置キ文一言モ仏説本書ニ通ゼズト云コトナシ。若偽テ人ヲ勧化センタメニ定置バ、極楽世界ノ九品ノ蓮台ニ列座シマシマス弥陀覚王ヲ始奉リ。微塵数ノ仏菩薩幷二尊ノ冥鑑ニモレ、日本国中ノ神祇、次ニハ三国代々ノ祖師ノ罰ヲ蒙リ、永ク無間ニ堕在シテ出期アルベカラズ。源空上人ノ仰ヲ違ヘズ、我又此行儀ヲ定置者也。末世ニ能々一宗ノ行儀ヲ守ベシ。仍証文如是。

于時承元四年庚午八月時正日常陸国笠間郡稲田郷於西念寺定之。

親鸞春秋三十八歳書之

商業出版が成立すると、古い時代の書物を開版するに当たって、敢えて著者や筆写者の奥書を含めて印刻し、権威付けに利用することは常套手段となっていった[48]。そこで、『一宗行儀抄』においても、稲田西念寺にて親鸞自ら筆を振るって記した体裁の奥書が付されたわけである[49]。ただし、この奥書では、神祇への不帰依を提唱しているはずの親鸞[50]が、日本国中の神々に誓いを立てて浄土真宗の掟を定めている。奥書だけから判断しても、同書が親鸞真撰の著作でないことは明白である。そして、具体的な内容に目を移しても、ここでは親鸞の思想とは真逆の主張が次々と展開していくことになる。

抑親鸞ハ慈鎮和尚ヨリ神道灌頂ヲ伝受シ奉ル間、聊モ神威ノ事ヲ沙汰シ不申、念仏者仮ニモ神ノ御事ヲ穢キ口ニテ申出スベカラズ。（中略）構テ構テ末世ニ親鸞ガ名ヲ引立テ、、念仏宗ノ顔ヲヨゴサセ給フナ。此一宗ノ行儀ハ、信州戸隠ノ権現ト箱根ノ権現トノ御示現ニヨテ、定オキ候。我末流ニ神ヲ軽メテ神罰アタリテ他宗ニ笑レ玉フナ。

『一宗行儀抄』のなかで、親鸞は自分が慈鎮（『愚管抄』の著者として知られる天台座主慈円のこと）から神道灌頂を授けられた者であると公言し、[51]浄土真宗の掟は信州戸隠の権現と箱根の権現が自分の前に示現して定めたものなのだと言い張る。ちなみに、このような神祇崇拝の帰結として、同書では「寺ヲ建立セバ三尊ノ如来幷ニ熊野権現ヲ勧請申ベシ」といった掟まで定められることになる。ここに示される親鸞像の荒唐無稽さは、中世仏教史について多少の知識を持つ者なら、容易に読み取り得るところであろう。もっとも、『一宗行儀抄』開版当時の状況を探ると、浄土真宗学僧はそこまで厳格に同書の虚偽性を批判できたわけではなかった。例えば、知空（一六三四～一七一八）は西本願寺学林で二代能化となったほどの学僧であるが、寛文四年（一六六四）に刊行された彼の著作『御伝照蒙記』のなかでは、以下のような『一宗行儀抄』評価が記されている。[52]

サテコノ行儀鈔ハ、承元四年八月時正日、信濃戸隠ノ権現ト箱根ノ権現トノ示現ニヨリテ、常陸ノ稲田ノ郷西念寺ニヲヒテ二十箇条ノ行儀ヲサタメヲキ玉ヘリ、御年三十八ノコロアソハシケルトミヘタリ、コノ書ノ中ニ当流ニ御依用ナキコトアマタアルニヨリテ、一説ニハ偽書ノヤウニ申ス、或ハ御正筆ナルヤウニモミユ、真偽サタメカタシ、モシミンヒトハ用捨アルヘキコトニヤもちろん、知空は『一宗行儀抄』で定められる掟に浄土真宗にふさわしからぬ条目が多いようだと、注意を喚起している。ただ、最終的に知空が下したのは、偽撰とも真撰とも思われ、真偽の定めがたい書物だという玉虫色の裁定なのである。同書のあからさまな虚偽性を確認してきた筆者からすると、知空の姿勢はなんとも不思議なものに思われる。彼はなぜ明確に『一宗行儀抄』を偽書であると断定しなかったのだろうか。

知空が『一宗行儀抄』に対して示した姿勢には、複眼的な分析が必要であろう。例えば、西本願寺学林における文献考証主義的な学問が、いまだ発展途上にあったことも一つの原因と考えられる。[53] また、文献考証のテクニックのみならず、浄土真宗教団の強固な宗派意識も、江戸時代半ばから徐々に確立していったものだと捉えるならば[54]、西本願寺学林において神祇信仰を徹底的に排除する意識が、そこまで先鋭化していなかった可能性も高い。ただし、それらの要素とともに、『一宗行儀抄』が「愚禿親鸞作」と銘打って開版された仏書であるという単純な事実も見逃してはなるまい。本書序章でも詳述したように、江戸時代以前の仏書は、大寺院が自ら主導して開版しており、そこでは当時最も評価の高かった仏教経典やその注釈書が選び取られ印刷された。その後、古活字版ブームが起こり、漢籍こそ印刷するにふさわしい書物だという規範は崩れ去ったが、開版された書物の権威は、まだまだ江戸時代人にとって否定しがたいものであったと考えられる。そのため、『一宗行儀抄』のいかがわしさを十分に自覚していた知空であっても、親鸞直筆の奥書まで印刻されている同書の権威を前にして、それを軽々しく否定し去ることは難しかったのである。檀林で効率的な僧侶養成を進めるには、民間書肆が印刷する「檀林教科書」が不可欠となる。しかし、売れる書物の出版を望む民間書肆に仏書出版権を掌握されると、予想外の偽書まで刊行されることになる。商業出版成立期に浄土真宗教団が抱え込んだジレンマとは、右のようなものであった。

さて、ここまで浄土真宗教団の立場から偽書の開版について検討してきたが、そもそも民間書肆の側は、どのような意識で『一宗行儀抄』のような仏書を開版したのだろうか。同書の板元は『京羽二重』のなかで「真言書」専門の書肆と紹介される中野小左衛門なので、仏書に関する知識に著しく欠けていたとは考えにくい。開版するや否や偽書の疑いをかけられた『一宗行儀抄』を取り扱うに当たって、彼は有力な取引先の一つである浄土真宗教団への配慮を感じなかったのだろうか。右のような疑問への解答を出すために、以下では、著者を歴代宗主に仮託した偽書が、江戸時代にさほどためらいもなく出版されていった仕組みに注目してみたい。

近世的な檀林が整備される以前、僧侶の養成はパーソナルな師資相承システムに依拠するところが大きく、師匠から弟子へと秘伝の聖教を伝授することで修学の完了とみなす傾向も強かった。浄土真宗の場合、顕密仏教の伝統を批判して登場した革新的な仏教勢力とみなされるため、そうした伝統的な縛りからは自由であったとイメージされることも多い。しかし、浅井了宗の指摘によれば、中世の浄土真宗でも、聖教伝授の慣行は強固に残存しており、破門した弟子に対して師匠が聖教の返還を求める騒動まで時に発生していた(55)。聖教の所持自体が僧侶の権威を保証する中世的な状況下で、一度伝授された聖教を取り上げられるということは、信徒からの信頼失墜に直結する。そこで、信徒掌握の必要性から中世に各地で偽造されたのが、著者を歴代宗主に仮託しつつも、破門された僧侶の主観的な教学理解を多分に含む『一宗行儀抄』のような書物であったと考えられる。

もっとも、中世段階における偽書は秘伝書としての性格を多分に持っていたわけだから、それが読まれる範囲も、閉鎖的な集団の内部に限定されていた。限られた人々にこっそりと披露することで、偽書はその効果を最大限に発揮してきたわけである。ところが、江戸時代に商業出版が成立すると、右のような中世の常識はたちまち破綻していった。先に取り上げた鈴木正三の『反故集』によれば、江戸時代初期に仏書が飛ぶように売れたため、古めかしい仮名法語が見付かるたびに、民間書肆は競ってそれを開版したとされる。親鸞が作成した和讃や、蓮如が作成した御文（御文章）を思い浮かべるならば、平明な仮名書きで記される浄土真宗系の仏書が、民間書肆の目に売り上げの見込める魅力的な商品と映ったことは間違いない。そこで、中世には寺院の経蔵に秘蔵されていた浄土真宗系の仏書が、教団側の許可を得ることなく民間書肆によって次々と開版され、そこに多くの偽書が紛れ込むことになったのであろう[56]。

右のような推測を裏付けるように、著者を歴代宗主に仮託する浄土真宗系の偽書は、『一宗行儀抄』以降も絶え間なく出版され続けた。浅井了宗が「真偽未決の聖教類の氾濫」と評した当時の出版状況[57]を把握するために、ここで「〇部聖教」の存在に注目してみよう。すなわち、元禄・享保年間（一六八八～一七三六）頃になると、「四部聖教」や「五部聖教」などと銘打ち、浄土真宗系の通俗仏書をセット販売する民間書肆が現れた。表一―五は、禿氏祐祥が作成した「真宗聖教刊行年表」に基づいて、「〇部聖教」の出版状況をまとめたものである[58]。合計すると三三部に及ぶ「〇部聖教」であるが、表一―五で確認すると、そのうち二九部が、現在では著者を歴代宗主に仮託する偽撰の書物とみなされている。ちなみに、貞享四年（一六八七）版の五部聖教に所収されている伝源空著『聖人登山状』と、正徳六年（一七一六）版の四部聖教に所収されている伝蓮如著『真宗大綱御消息』の真偽については、今なお諸説あって評価が定まっていない。そこで、「〇部聖教」のなかで、現在も確実に真撰の評価を得ているのは、貞享四年版の五部聖教に所収されている覚如著『願々鈔』と、元禄三年（一六九〇）版の七部聖教に所収されている伝存覚著『本願信心鈔』（現在は覚如の著作とみなされている）の二部だけということになる。偽書の氾濫と呼ぶにふさわしい状況がここに展開しているわけである。

当然ながら、これらの偽書のなかには、『一宗行儀抄』のように、浄土真宗の教えを逸脱するものも多く存在

表１－５　「○部聖教」の出版状況

書名	刊行年	板元	所収本	著者（仮託を含む）	備考
五部聖教	貞享４年(1687)	梅村弥右衛門	本願鈔	親鸞に仮託⇒現在は否定	『真宗法要』・『真宗仮名聖教』に所収された『本願鈔』とは異本
			願々鈔	覚如⇒現在も覚如の著作とみなされている	後に『真宗法要』・『真宗仮名聖教』に所収された真宗聖教
			本願成就聞書	親鸞に仮託⇒現在は否定	
			安心略要集	親鸞に仮託⇒現在は否定	
			聖人登山状	源空（法然）⇒現在も諸説あり	
七部聖教	元禄３年(1690)	保野七郎兵衛・武田治右衛門	真宗意得鈔	蓮如に仮託⇒現在は否定	
			因果鈔	存覚に仮託⇒現在は否定	
			信行一念鈔	蓮如に仮託⇒現在は否定	
			念仏往生義	蓮如に仮託⇒現在は否定	
			三身六義	覚如に仮託⇒現在は否定	
			本願信心鈔	存覚に仮託⇒現在は覚如の著作とみなされている	後に『真宗法要』・『真宗仮名聖教』に『本願鈔』の書名で所収された真宗聖教
			肝要集	存覚に仮託⇒現在は否定	
三部聖教	元禄５年(1692)	鳥養屋久右衛門	本願文聞書	蓮如に仮託⇒現在は否定	
			真宗銘文鈔	覚如に仮託⇒現在は否定	
			決疑問答	存覚に仮託⇒現在は否定	
四部聖教	宝永３年(1706)	坪内善兵衛・荒川源兵衛	彼岸記	存覚に仮託⇒現在は否定	
			無常説記	存覚に仮託⇒現在は否定	
			自要集	蓮如に仮託⇒現在は否定	
			真宗鈔	存覚に仮託⇒現在は否定	
四部聖教	正徳５年(1715)	金屋半右衛門	一念発起鈔	蓮如に仮託⇒現在は否定	
			唯信鈔議	如信に仮託⇒現在は否定	
			南無之釈	蓮如に仮託⇒現在は否定	

			本願帰命之十ヶ条	源空（法然）に仮託⇒現在は否定	
四部聖教	正徳6年(1716)	金屋半七	無為常住聞書	親鸞に仮託⇒現在は否定	
			謝徳大意鈔	存覚に仮託⇒現在は否定	
			真宗大綱御消息	蓮如に仮託⇒現在も諸説あり	後に『真宗法要』・『真宗仮名聖教』に『教行信証大意』の書名で所収された真宗聖教
			真宗教化集	覚如に仮託⇒現在は否定	
六部聖教	享保2年(1717)	松本屋九兵衛・金屋半右衛門	随聞書	存覚に仮託⇒現在は否定	
			疑破執真鈔	親鸞に仮託⇒現在は否定	
			仏道修行教文	蓮如に仮託⇒現在は否定	
			念仏行者用心集	覚如に仮託⇒現在は否定	
			推末鈔	親鸞に仮託⇒現在は否定	
			直心集	覚如に仮託⇒現在は否定	

した。例えば、正徳六年版の四部聖教に所収されている伝覚如著『真宗教化集』では、阿弥陀の字義について、以下のような解釈が述べられている[59]。

阿弥陀トマフス三字ヲトナヘナハ、五千三百四十五巻ノ一切経ヲトナフルナリ。亦十方三世ノ一切ノ仏菩薩ノ名号ヲトナフルナリ。阿字ヲ念スルトキハ、四十二品ノ無明ヲトチ、見思ノ煩悩ヲ滅シ、応身如来トナリ給。阿字ハコレ胎蔵界ノ大日、弥字ハ是金剛界ノ大日、陀字ハコレ蘇悉金剛界ノ大日、マタ蘇悉金剛界ノ薩埵ナリ。（中略）コノ三字ヲタモツモノ、ヨク〳〵シルヘシ、八万法蔵十二部経ヲタモツ人ナリ。真ニ無量ノツミヲ懺悔シテ、決定往生ノ業トナル名号也。一念十念ナレトモ、信心決定シヌレハ、往生ウタカヒナシ。

一見すれば分かるように、ここでは、阿弥陀という三字の功徳が、胎蔵界・金剛界・蘇悉金剛界といった密教用語を用いて解説されている。既述の通り、親鸞を著者に仮託する『一宗行儀抄』では、神祇信仰を思う存分に讃美・崇拝する叙述が展開されていた。それに対して、覚如を著者に仮託する『真宗教化集』では、念仏を密教的に意味付け直して称讃する姿勢がみられたのである。(60)

もっとも、「〇部聖教」のなかに、現在も真偽評価の定まらないものが二部、覚如の真撰と認められているものが二部存在していることから分かるように、三三部全てが『一宗行儀抄』のように荒唐無稽な叙述内容に満ちていたわけではない。それどころか、現在では偽撰と評価されている二九部の「〇部聖教」のなかにも、浄土真宗学僧たちの判断を悩ませるものがかなり存在した。例えば、宝暦年間（一七五一～一七六四）に記された『蔵外法要菽麦私記』という書物のなかでは、元禄三年版の七部聖教に所収される伝存覚著『因果鈔』について、以下のような評価が下されている。(61)

一、因果鈔
或云。覚如上人撰。或云存覚上人撰。私謂。数本校合スルニ。猶脱落アルニ似タリ。真偽モ未定。両師ノ御筆格ニ似タル処アリ。又似ザル処アリ。不審。

詳しくは後述するが、『蔵外法要菽麦私記』の著者は西本願寺学林で活躍した学僧泰巌（一七一一～一七六三）であり、彼の時代に学林における文献考証主義的な教学研鑽は最盛期を迎えていた。ところが、文献考証を得意とする泰巌にとっても、『因果鈔』は、覚如の著作か存覚の著作か、はたまた第三者の偽撰か、大変悩ましい問題であり、結局真偽判断を保留することになった。

また、「〇部聖教」を偽撰であると断罪しつつ、その出来栄えに感服の言葉を記す学僧もいた。同じく宝暦年間に記された『真宗法要蔵外諸書管窺録』という書物のなかでは、貞享四年版の五部聖教に所収されている伝親鸞著『安心略要集』について、以下のような評価が下されている。[62]

○安心略要集　刻本

［管窺曰］文義アヤマラス。筆格マタ、カシ。シカレトモ安心・起行・作業ノ分別。念死念仏ノ教誡。別時念仏ノ勧進。臨終ノ用心等。全ク今家相承真宗正流ノ旨ニ非ス。ヲモフニ。コレハ吉水門下ノ古徳ノ撰ニシテ。一念多念分別事ナド、同格ノ書ナルヘシ。（中略）コノマ、サシヲカハ。大ニ後人ヲ惑ハスヘシ。

やはり詳しくは後述するが、『真宗法要蔵外諸書管窺録』の著者は、泰巌と同時期に西本願寺学林で活躍した学僧僧樸（一七一六〜一七六二）である。僧樸は、著者を歴代宗主に仮託する仏書に対して、泰巌以上に厳格な姿勢で真偽判断を行った。[63]その彼からしても、「吉水門下ノ古徳」、つまり法然の高弟が著したと思われる『安心略要集』は、文義正しく格調高い仏書だったわけである。

ちなみに、中世の人々が空海や最澄といった偉大な先師に仮託して膨大な量の偽書を生み出していくことに着目した佐藤弘夫は、彼らの精神構造を以下のように解き明かしている。[64]中世の人々は、はるか遠い彼岸の地に穢れなき神仏の世界があることを実感するとともに、穢れに満ちた人間の世界（此岸）にも神仏が仮の姿で現れ、自分たちを教え導いてくれると信じていた。こうした考えを持つ彼らにとって、空海や最澄といった偉大な先師もまた、彼岸から仮の姿で現れた存在に他ならない。そこで、異界との通路である夢のなかに空海や最澄が現れて告げた内容を、先師自身の著作として書き綴ることは、中世という時代において正当な行為であった。しかも、中世における神仏の示現は、特別な宗教者のみならず、誰の身にも起こり得る出来事と考えられたため、作成者にとって間違いなく空海や最澄の著作であるところの偽書が、際限なく増え続けることになった。

中世の偽書を現代的感覚で荒唐無稽な虚言の産物と決め付けてしまうことに注意を喚起した佐藤の提言は、江戸時代に刊本となって再登場した偽書の性格を考察する上でも有用なものといえる。我々は、『一宗行儀抄』のあからさまな神祇崇拝を目の当たりにすると、こうした取るに足らない偽書が、商業出版の時代に、不特定多数の人の目にさらされるようになり、たちどころに信用を失墜したのだと、安易に結論しがちである。しかし、『一宗行儀抄』は中世の異端者が主観的に生み出した親鸞像の一例に過ぎない。中世には、親鸞や覚如・蓮如なら必ずこう述べたであろうという偽造者の主観的な確信に依拠しつつ、後世の学僧たちの真偽判断を悩ませる偽書も多く生み出されていた。『因果鈔』や『安心略要集』はその代表的な事例といえよう。そして、それらは江戸時代になると民間書肆の手で次々と開版され、真撰の仏書に紛れて社会に定着しつつあった。僧樸が「コノマ、サシヲカハ。大ニ後人ヲ惑ハスヘシ。」と危ぶんだのは、『一宗行儀抄』に代表されるあからさまな偽書よりも、むしろ「〇部聖教」に収録される真偽判断の難しい偽書がちまたに流布していく状況であった。

しかも、表一―五から良く分かるように、「〇部聖教」は年ごとにその担い手を変えて企画されており、複数の出版企画に関与しているのは金屋半右衛門一人である。「檀林教科書」の出版に際して、日蓮宗なら村上勘兵衛、新義真言宗なら前川茂右衛門というように、特定の書肆が特定の仏教宗派と結託し、独占的な販売を展開していったのとは対照的である。浄土真宗系の通俗仏書をセット販売するという趣旨に関して完全な一致をみている「〇部聖教」企画は、なぜ特定の書肆によって独占されることにならなかったのだろうか。

それはやはり「檀林教科書」と「〇部聖教」のあいだに、商品として性格の違いが存在するからであろう。「檀林教科書」の場合、既述の通り、特定の書肆が事前に特定の仏教宗派と結託した上で、出版を実行に移した。檀林側から書肆に対して、仏典講釈のテキストとして使用する書物の情報が事前に通知されることもあったため、特定の書肆以外が「檀林教科書」の出版に関与できる余地は著しく狭められることになった。他方、「〇部聖教」

の場合、一見すると浄土真宗教団のお墨付きを得て「聖教」を出版しているようだが、内実は大きく異なっている。「〇部聖教」の出版を企画した民間書肆たちは、あくまで俗人信徒にも評判の良さそうな仏書を勝手に見付けて開版し、そこに仏教本山の権威を偽装したに過ぎない。だからこそ、先行する「〇部聖教」企画の売れ行きが良ければ、他の民間書肆も競って似たような企画を立ち上げることになり、商業出版が隆盛を極めた元禄・享保年間頃に「〇部聖教」を名乗る浄土真宗系の通俗仏書が世にあふれる事態となったのだろう。こうして浄土真宗教団は、真偽未決の仏書が次々と出版されるだけでなく、それらを出版する民間書肆の統一的な取り締まりも困難であるという二重の悩みを抱え込むことになった。

ここであらためて、本節で考察してきた偽書の氾濫が持つ問題性をまとめ直しておきたい。まず江戸時代になって開版された偽書の多くは、中世に秘伝書として既に存在していたものである。もっとも、寺院の経蔵に秘蔵されている段階であれば、偽書への批判がそこまで高まる可能性はなかった。問題が大きく変容するのは、商業出版が成立した江戸時代以降である。江戸時代になると、売れる見込みがあれば教学上の妥当性などお構いなしに開版していく商業出版の力により、本来なら公開される可能性のなかった秘伝書まで次々と出版され、不特定多数の人々に公開されていった。「檀林教科書」の提供者として仏教教団に不可欠の存在であった民間書肆は、ここで初めて仏教教団の教学統制を動揺させる危険な存在としても認知されるに至った。

しかも、民間書肆が次々と開版する浄土真宗系の通俗仏書には真撰・偽撰が入り交じっており、そのなかには学僧でさえ真偽判断を下しかねるものが含まれていた。学僧が真偽判断を示し得ない仏書に、民間書肆が「〇部聖教」という権威付けを行って、教団側の許可を得ず出版していく。事態がここに至り、浄土真宗教団は、偽書の氾濫への対抗策を打ち出さないわけにはいかなくなった。

第六節　浄土真宗教団の商業出版対策

それでは、江戸時代の浄土真宗教団は、商業出版の成立という新たな動向に対して、どのような対策を取ったのだろうか。例えば、西本願寺は、延享三年（一七四六）に全国各地の末寺に対して、以下のような通達を行っている(65)。

一法談讃題之儀者、三部経、七祖之解釈、正信偈、御和讃、御文章にて不足有間舗処、他門列祖之選述など不憷書物取扱事、且者宗意に疎故や、法儀正路ニ相改り候様可致事

一幼年之新発意、愛心におほれ宗意も不弁致法談、又者伴僧等猥に法談仕事不届ニ候。従古来御定之通御本山ニ而致修学、三年之結夏相勤不申内ハ、法談令停止候。在京之内福地たりとも倹約を守り、貧地之面々者猶以致心防可相務、御本山御作法まて熟得之上可致法談事

ここで本山によって説き示されたのは、西本願寺派に所属する僧侶であれば、必ず本山が定める場所（すなわち学林）で三年の修学を重ね、その後に法談を行えという宗派内の取り決めである。江戸時代の仏教諸宗が、徳川幕府の要請に応え、宗派ごとの僧侶養成機関である檀林の整備を推し進めたことは既述の通りなので、右のような通達も檀林の円滑な運営を進めるための施策の一つと捉えることができよう。

もっとも、筆者が注目したいのは、もう少し細かな点である。すなわち、所化僧を宗派の教えに精通させることは、西本願寺学林にとって最大の課題であったため、法談で取り上げるべき経典類が、浄土三部経（無量寿経・観無量寿経・阿弥陀経）や七祖（龍樹・天親・曇鸞・道綽・善導・源信・法然）作成の注釈書、親鸞作成の正信偈

（正信念仏偈）や三帖和讃（浄土和讃・高僧和讃・正像末和讃）、蓮如作成の御文（御文章）に限定されていくのは良く分かる。しかし、誤った法談を行わないよう、取り扱いの制限が呼びかけられた「他門列祖之選述など不慥書物」とは、具体的には何を指す表現なのだろうか。例えば、法然高弟の手によるものでありながら浄土真宗教団でも重要視された聖覚著『唯信鈔』や隆寛著『一念多念分別事』などは、間違いなく「他門」の書物と呼び得る。しかし、表一―五で確認したように、元禄・享保年間（一六八八～一七三六）頃には、著者を親鸞・覚如・蓮如など歴代宗主に仮託する偽書が、民間書肆によって盛んに出版されていたのである。その事実を踏まえるならば、西本願寺は、本章第五節で考察してきた偽書の氾濫に危機感を募らせつつ、全国各地の末寺に対して、法談で取り上げるべき経典類への配慮を呼びかけたのだと考えられる。

ただし、右のような通達が、偽書の氾濫に対する有効な対抗策になり得たかといえば、いささか疑問も残る。何しろ、西本願寺が氾濫する偽書への対抗策と期待した学林での教学研鑽こそ、民間書肆が出版した仏書の購入を不可欠の要素として成り立つものだったからである。しかも、いまだ書物知を十分に享受し得ていない地方出身の所化僧にとって、京都の地にひしめく老舗書肆は、学林修学中に必ず訪れたい場所であった。学僧でさえ明確な真偽判断を示せない状況下で、いくら学林での修学出精を呼びかけても、所化僧を偽書から遠ざける決定的な対抗策とはなり得なかった。

そうしてみると、浄土真宗教団がこの問題に対して一つの区切りを付けられたのは、西本願寺であれば『真宗法要』が出版された明和二年（一七六五）、東本願寺であればさらに遅れて『真宗仮名聖教』が出版された文化八年（一八一一）であったと考えざるを得ない[66]。というのも、右の両書は、東西本願寺が板木を直接所持しつつ出版した御蔵版の聖教集成だったからである。両本山は、後述する三九部の仏書を、『真宗法要』・『真宗仮名聖教』

にそれぞれ所収し、それらこそが本山お墨付きの聖教であると末寺僧侶に示すことで、民間書肆が勝手に出版した「〇部聖教」など、偽書の氾濫に歯止めをかけたといえる。

もっとも、元禄・享保年間には既に偽書の氾濫が大きなうねりとなっていたことを念頭に置くと、両本山の対応は決して迅速なものとはいえない。両本山の対応が遅々として進まなかった理由は、東本願寺に先駆けて『真宗法要』の出版を成功させた西本願寺の動向を追うと良く理解できる。というのも、本山お墨付きの聖教集成を編纂し、また出版するまでに、浄土真宗教団は幾つもの難関を乗り越えていく必要があったからである。

そもそも、西本願寺にとって『真宗法要』の出版は、宝暦一一年（一七六一）の親鸞五百回忌を見据えた鳴物入りの記念事業であった。そこで、この事業を実現させるため、宝暦九年（一七五九）に西本願寺宗主から命を受けたのが、既述の泰巌や僧樸である。『真宗法要』の開版という重大な任務を任された彼らが最初に取り組んだのは、民間書肆が出版を重ねてきた百数十部に及ぶ浄土真宗系の通俗仏書を、信頼できる善本（例えば中世の古写本）と校合するという地道な作業であった。この作業の目的の一つは、民間書肆が出版した誤記の多い仏書を訂正するところにあったが、目的はそれだけではなかった。真撰・偽撰が入り交じるこれらの仏書のなかから、明らかな偽撰を除外し、『真宗法要』に所収し得る真撰の聖教を厳選することこそ、この作業の真の目的であった。学林で活躍する学僧でも氾濫する偽書と真撰の聖教との弁別に苦心する状況下で、泰巌や僧樸が、徹底した校合と真偽判断を最初の作業に選んだのは、当然の帰結といえよう。

ちなみに、先に紹介した泰巌著『蔵外法要菽麦私記』や僧樸著『真宗法要蔵外諸書管窺録』は、『真宗法要』出版のために彼らが行った校合作業の副産物である。タイトルをみれば容易に察せられることだが、彼らは『真宗法要』に所収しないこととなった浄土真宗系の通俗仏書に対して、丹念な校合作業に基づき、真偽判断を示してみせたのである[67]。自らの判断で『真宗法要』への所収を見合わせた仏書を取り上げているわけだから、必然的に両書の真偽判断は厳しいものとなった。例えば、正徳五年（一七一五）版の四部聖教に所収されている伝源空（法然）著『本願帰命之十ヶ条』に対して、『蔵外法要菽麦私記』では、以下のような評価が下されている[68]。

一、本願帰命之十箇条　邪

奥ニ云。建長弐年九月十日。於東山黒谷源空書之。私謂。コレ黒谷滅後三十八年後ナリ。ソノ妄作ナルコト知リヌヘシ。況ヤ始終ノ文義。浄土一家ノ宗義ニ大ニ乖角セルヲヤ。邪義ノ書トイヒツヘシ。

『本願帰命之十ヶ条』には、建長二年（一二五〇）にこれを作成したとする法然の奥書が印刻されていた。しかし、建長二年といえば法然の没年である建暦二年（一二一二）から三八年後に当たるため、彼がこのような奥書を記すことは不可能である。ちなみに、同書は叙述内容から判断しても明らかに浄土門の教えに反する偽書なのだが、泰巌は奥書の丹念な検討によって、客観的にも明白な偽造の根拠を示すことに成功したわけである。右のような史料批判は、実証主義史学が確立した時代の我々にとってみれば、当然行うべき基礎作業に過ぎない。しかし、僧侶の修学が、師匠から弟子に伝授される秘伝書に依拠して行われていた中世段階であれば、こうした作業は必ずしも容易に実行できることではなかった。民間書肆が大量の仏書を出版する江戸時代だからこそ、仏教諸宗檀林において諸本比較に基づく文献考証が盛んとなり、厳格な真偽判断を行う泰巌のような学僧も登場し得たのだといえよう。

文献考証主義的な姿勢で厳しく偽書を批判したのは、僧樸も同じである。例えば、享保二年（一七一七）版の六部聖教に所収されている『推末鈔』は、著者を親鸞に仮託しつつ、門弟が守るべき決まり事を一一箇条にわたって説いた偽書だが、『真宗法要蔵外諸書管窺録』では、同書に対して以下のような評価が下されている[69]。

○推末鈔　刻本

［管窺曰］大邪書ナルコト弁ヲマタズ。シカレトモ近世今家大坊主分ノ人ノ中ニ。自身ノ領解ヲノヘラル、ニ。コノ書ヲ引証セラレタルヲマサシク見シコトアリ。コノ書ニ眩惑セラレタル人モ。ヲホクアルニヤ。

あからさまな偽書である伝親鸞著『一宗行儀抄』に対して、西本願寺学林の二代能化である知空が「真偽サタメカタシ」と遠慮がちな評価を下したことは既述の通りである。そして、同じく著者を親鸞に仮託する『推末鈔』についても、開版された書物の権威に屈して自著に引用する僧侶が少なからず存在したことを、僧樸は指摘している。もっとも、彼自身は、そうした人々のことを「コノ書ニ眩惑セラレタル人」と冷静に否定し、『推末鈔』は紛れもなく「大邪書」であると断言してみせた。浄土真宗系の通俗仏書に対して丹念な校合作業を実施した僧樸は、もはや親鸞真撰という民間書肆の喧伝によって、真偽判断に迷いを生じさせることはなかったのである。

右のような厳格さを有する僧樸であるから、偽書に向けた彼の言葉は時として辛辣なものになった。例えば、元禄五年（一六九二）版の三部聖教に所収されている伝覚如著『真宗銘文鈔』に対して、『真宗法要蔵外諸書管窺録』では、以下のような評価が下されている。[70]

○真宗銘文鈔　刻本

［管窺曰］ミタリニ諸文ヲ引ツラネテ。前後貫通セス訓釈ノ言詞。ハナハタツタナクシテ。ミルニタエズ。何タル愚僧ノヲホエカキナルヤ。一向トルニタラヌモノナリ。

たとえそれが民間書肆による仮託とはいえ、歴代宗主の著作として出版された書物に対して、「何タル愚僧ノヲホエカキナルヤ」と罵倒する姿勢は、少なくとも江戸時代前期段階の浄土真宗学僧にはみられない。『真宗法要』編纂のための校合作業に取り組んだ泰巌や僧樸は、その作業過程で「〇部聖教」に代表される偽書の氾濫状況を痛感し、偽書批判の精神を先鋭化させていったのであろう。なお、『蔵外法要菽麦私記』や『真宗法要蔵外諸書管窺録』が出版されることはなかったものの、西本願寺学林で学んだ所化僧がそれらを筆写して地域寺院の蔵書にすることはあった。[71] そこで、著者を歴代宗主に仮託する偽書への厳格な批判精神は、西本願寺学林内部にとどまることなく、地域寺院の住職やその周辺にまで伝播していったと考えられる。

さて、右のような泰巌・僧樸らの尽力により、氾濫する偽書への真偽判断は進展し、『真宗法要』の収録候補となる三九部の聖教も出揃った。ただし、彼らが『真宗法要』の出版を実現させるには、民間書肆との交渉という、もう一つの難関をクリアしなければならなかった。以下では、万波寿子の研究成果によりつつ、その苦難の道のりを確認しておきたい。[72] そもそも、西本願寺が『真宗法要』という御蔵版の聖教集成を出版するに当たって、なぜ民間書肆との交渉が必要だったのだろうか。それは、所収予定の聖教三九部が、ほぼ全て民間書肆により町版として出版されたことのある書物だったからである。表一―六は、佐々木求巳『真宗典籍刊行史稿』[73] に基づき、『真宗法要』に所収された仏書の民間書肆による開版状況をまとめたものである。この表から分かるように、『真宗法要』に所収されることになった聖教は、『出世元意』を除くと、三八部全て民間書肆によって出版されたことのある書物であった。これは、少し考えてみれば容易に予想し得る事実といえよう。既述の「〇部聖教」には、結果的に多くの偽書が含まれることになったが、民間書肆たちは何も偽書ばかりを選んで出版していたわけではない。彼らは、仮名書きの平明な内容を有し、売り上げの見込めそうな浄土真宗系の通俗仏書を好んで開版していた。そこで、偽書が氾濫する一方で、親鸞著『三経往生文類』や蓮如著『正信偈大意』といった紛れもない真撰の書物も、同時期には続々と開版されていたのである。

表１－６　『真宗法要』に所収された仏書の民間書肆による開版状況

帙数/巻数		書名	著者	町版の板元	町版の刊年	備考
１帙	１巻	三経往生文類	親鸞	秋田屋平左衛門	承応３年（1654）	
		尊号真像銘文	親鸞	秋田屋平左衛門	承応３年（1654）	
	２巻	一念多念証文	親鸞	東七条（東本願寺）寺内→丁字屋六兵衛を指すか	寛文４年（1664）	
		唯信鈔文意	親鸞	秋田屋平左衛門	承応２年（1653）	
	３巻	末燈鈔	親鸞	秋田屋平左衛門	承応３年（1654）	
	４巻	御消息集	親鸞	俣野七郎兵衛・武田治右衛門	元禄２年（1689）	
２帙	５巻	口伝鈔	覚如	東七条（東本願寺）寺内→丁字屋長兵衛を指すか	寛文６年（1666）	
	６巻	執持鈔	覚如	西村（丁子屋）九郎右衛門	寛文10年（1670）以前	
		願々鈔	覚如	梅村弥右衛門	貞享４年（1687）	
		最要鈔	覚如	婦屋仁兵衛	元禄４年（1691）	
		本願鈔	覚如	俣野七郎兵衛・武田治右衛門	元禄３年（1690）	
		教行信証大意	覚如	金屋半七	正徳６年（1716）	『真宗仮名聖教』では、存覚の著作とされる
		出世元意	覚如			町版なし
	７巻	改邪鈔	覚如	丁子屋長兵衛	寛文10年（1670）以前	
	８巻	歎異鈔	覚如	東七条（東本願寺）寺内→丁字屋長兵衛を指すか	寛文２年（1662）	現在では、唯円の著作とされることが多い
	９巻	安心決定鈔	覚如	不詳	寛文６年（1666）以前	『真宗仮名聖教』では、他派の書とされる

3帙	10巻	持名鈔	存覚	西村（丁字屋）九郎右衛門	寛文6年(1666)以前	
		女人往生聞書	存覚	婦屋仁兵衛	寛文9年(1669)	
	11巻	浄土真要鈔	存覚	西村（丁字屋）九郎右衛門	寛文6年(1666)以前	
	12巻	諸神本懐集	存覚	西村（丁字屋）九郎右衛門	寛文6年(1666)以前	
	13巻	破邪顕正鈔	存覚	西村（丁字屋）九郎右衛門	寛文6年(1666)以前	
	14巻	決智鈔	存覚	丁子屋長兵衛	寛文10年(1670)以前	
4帙	15巻	歩船鈔	存覚	八尾（松本屋）清兵衛	元禄3年(1690)	
	16巻	報恩記	存覚	婦屋仁兵衛	元禄4年(1691)	
	17巻 18巻	法華問答	存覚	丁字屋仁兵衛	元禄4年(1691)	
	19巻	顕名鈔	存覚	東七条（東本願寺）寺内	寛文4年(1664)	
	20巻	存覚法語	存覚	東七条（東本願寺）寺内	寛文4年(1664)	
		浄土見聞集	存覚	福森兵左衛門	貞享4年(1687)	
5帙	21巻	正信偈大意	蓮如	丁子屋六兵衛・婦屋仁兵衛	元禄3年(1690)	
	21巻 22巻	蓮如上人御一代聞書	不詳	俣野七郎兵衛・武田治右衛門	元禄2年(1689)	
	23巻	蓮如上人遺徳記	蓮悟	升屋五郎右衛門	延宝7年(1679)	
	24巻	実悟記	実悟	金屋半七	正徳6年(1716)	
	25巻	反古裏書	顕誓	大塚浄円	延宝3年(1675)以前	
6帙	26巻 27巻	拾遺古徳伝	覚如	丁子屋卯兵衛	寛文9年(1669)	

6帖	28巻	慕帰絵詞	従覚	八尾（松本屋）清兵衛	寛文13年（1673）	
	29巻 30巻	最須敬重絵	乗専	不詳	延宝3年（1675）以前	
	31巻	唯信鈔	聖覚	秋田屋平左衛門	承応2年（1653）	
		後世物語	隆寛	東七条（東本願寺）寺内→丁字屋長兵衛を指すか	寛文4年（1664）	
		一念多念分別事	隆寛	東七条（東本願寺）寺内→丁字屋六兵衛を指すか	寛文4年（1664）	

そうすると、『真宗法要』開版に、民間書肆との交渉が不可欠となる理由も、おのずと明らかになる。ある書肆が既に出版しているにもかかわらず、それと同じ内容の書物を無断で出版する行為は、江戸時代には「重板」と呼ばれており、犯罪行為であった[74]。そこで、『真宗法要』の出版企画を成功させるには、当然起こり得る民間書肆からの抗議を、どうにかして穏便に収める必要が生じていたのである。西本願寺は、いかなる対策によって、この難局を乗り越えようとしたのだろうか。

『真宗法要』開版に対する西本願寺の認識は、宝暦九年に京都町奉行所に対して出された口上書に良く示されている。そこで、まずこの口上書の検討から始めたい[75]。

口上覚

開山親鸞聖人幷本山御先祖之直作之聖教類、数多是迄書林ニ致板行売買
候、併誤多宗意ニ不叶義共有之、及末世宗意心得違有之候而ハ、歎ケ敷
御座候ニ付、本山什物之聖教之通相改、本山蔵板被致置、当末寺ニ限、
願望之者江者指免、他末派又ハ俗人ハ一切差免不申、開山伝来之宗意、
無相違相守候様致度、御門主御志願御座候、依之右之段御届被仰入候、
尤前々より開山御製作之和讃等蔵板在之、末寺門下江被差免候処、書林
ニも致板行売買候得共、自本山差留不申候、右此度之蔵板之儀も、書林

方ニ而、是迄之通ニ致売買候儀者、相構不申候間、此段御聞届被成被下候様、宜敷御沙汰可被下候、以上

今さらの確認になってしまうが、この口上書からは、『真宗法要』開版時における西本願寺の危機意識が良く読み取れる。すなわち、同書は親鸞五百回忌に向けた出版企画であったわけだが、何も遠忌記念に格調高い仏書を準備することだけが、西本願寺の狙いではなかった。口上書では、当時民間書肆が出版していた歴代宗主の著作に対して、内容に誤りが多く、浄土真宗の教えに反するところもあると、批判の言葉が投げかけられている。偽書の氾濫が異端的な見解を発生させることへの懸念こそ、『真宗法要』開版を思い立たせた社会的背景だったのである。

そこで西本願寺は、本山で代々受け継がれてきた什物を底本として、信頼できる聖教集成『真宗法要』を開版し、その板木を本山が直接所持しつつ、末寺から要望があれば免物（冥加金を上納した末寺に本山から与えた本尊や聖教）として下付したいと、京都町奉行所に願い出た[76]。自宗の末寺のみに免物として下付するのだから、たとえ民間書肆が版権を持っている書物を『真宗法要』に所収しても、重板に当たらないというのが、西本願寺側の主張であった。ちなみに、民間書肆との交渉という話題からは少々ずれるが、『真宗法要』の下付対象があくまで末寺のみに制限され、俗人信徒への下付が想定されていない点は興味深い。横田冬彦が指摘するところによれば、江戸時代前期の村落社会では、訓読本を手がかりとして仏教経典を読みこなしていく民衆的読者が、着実に育ちつつあった[77]。彼らの存在を念頭に置くならば、民間書肆が出版する誤り多き仏書によって、俗人信徒が浄土真宗の教えから逸脱した見解を芽生えさせる可能性は十分にあった。しかし、『真宗法要』開版に際してみせた姿勢からすれば、西本願寺はあくまで僧侶の読書を管理することで、偽書の氾濫に対処しようとしていた。仏書を読みこなすことで思想形成していく俗人信徒の存在は、ここでは考慮の外に置かれていたといえる[78]。次章以降では、

地域社会の実情に分析の力点を移していく予定だが、右のような商業出版に対する西本願寺側の現状認識は、分析の前提としてしっかり把握しておくべきだろう。

さて、論点を再び民間書肆との交渉に戻そう。自宗派の末寺のみに下付する『真宗法要』が、それゆえ重板に当たらないとする西本願寺の主張は、僧侶の仏書購入によって経営を安定させてきた京都の老舗書肆たちにとって、素直に納得できるものではなかった。しかし、口上書を読み進めると、西本願寺は、さらに強引な論法で『真宗法要』が重板に当たらないことを主張している。すなわち、正信偈（正信念仏偈）や和讃を例に取れば、本願寺教団は文明五年（一四七三）からこれを開版して末寺に下付してきたのだが、民間書肆が遅れて町版を出しても、その行為を重板として咎めることはなかった。だから、民間書肆は今回の『真宗法要』の開版を認め、その上で『真宗法要』に所収された三九部の聖教について、引き続き町版を出し続けてくれれば良いというのである。もっとも、万波寿子が指摘するように、中世段階における開版の事実から版権の所持を主張することは、江戸時代の出版制度下ではおおよそ通用しない。つまり、①『真宗法要』は西本願寺派の末寺に対する免物なので重板には当たらない、②正信偈（正信念仏偈）や和讃の出版を今まで民間書肆に許してきたのだから、民間書肆も『真宗法要』の出版を認めるべきである、という西本願寺が準備した二つの主張は、民間書肆との交渉において、さほど有効に機能するものではなかった。

右のような事情により、『真宗法要』所収本の版権を持つ民間書肆と西本願寺との交渉は、なかなか決着をみなかった。宝暦一一年（一七六一）の親鸞五百回忌に合わせて企画された『真宗法要』編纂事業であるが、民間書肆との交渉が妥結し、出版が実現したのは明和二年（一七六五）のことである。しかも、西本願寺は、同書を増刷するたびに、町奉行所を通じて京都本屋仲間へ通達を行い、彼らに礼金を支払って印刷・製本を請け負ってもらう取り決めとなった。

以上のように、『真宗法要』開版に至る交渉過程を検討してみると、仏教諸宗本山と民間書肆との関係性が、繊細なバランスの下で成り立っていたことに気付かされる。中央檀林の下で統一的な宗派教学の統制を行いたい仏教諸宗本山にとって、売れる書物の出版を最優先課題とする民間書肆が、異端的な書物の流布を招く危険な存在であったことは、既に確認した通りである。しかし、問題はそれだけではない。たとえ民間書肆がある宗派の教学に反する書物を出版したとしても、教学統制を理由としてその書物の出版差し止めを断行できるのであれば、民間書肆はそこまで危険な存在とはいえない。ところが、仏教諸宗本山が、実際に自宗の教えに反する書物の出版を差し止めることは、ほぼ不可能に近かった。

この点については、小林准士の以下のような指摘が参考になる。[79] すなわち、種々の身分集団に一定程度の自律性を認める徳川幕府の支配体制下において、仏教諸宗本山には、自宗の僧侶に対する教学統制権が付与されていた。その一方で、出版をめぐる諸規則を独自に整えてきた本屋仲間もまた、自律的な身分集団として幕府の公認を得ていた。そこで、異端的な書物の出版を差し止めて教学統制権を行使しようとする仏教本山と、出版規則を遵守しようとする本屋仲間のあいだで対立が生じた場合、当事者同士で交渉し、解決策を導き出す必要があった。例えば、西本願寺が『真宗法要』開版を願い出た宝暦九年の口上書を思い浮かべてみよう。この口上書のなかで、西本願寺は、本屋仲間側の商業慣行をほとんど無視し、鷹揚に自宗の出版事業を推し進めているようにみえる。しかし、本山御蔵版の聖教集成出版にこだわる西本願寺が、このままでは「宗意心得違」が発生するとの危惧を表明している点は見逃せない。つまり、西本願寺は、宗派内部の教学統制という側面を強調しつつ、『真宗法要』の開版を意義付けたのであり、その遂行のためであれば、本屋仲間内部の重板規定は、ひとまず棚上げできるものと考えたのである。もっとも、結果的にいえば、右のような西本願寺の一方的主張は、本屋仲間の受け入れるところとはならず、『真宗法要』開版には、長い交渉と妥協が必要となった。本屋仲間が徳川幕府も認める自律性の高い身分集団へと成長を遂げた江戸時代において、仏教本山が板木の使用権を完全に掌握するという西本願寺の理想は、もはや実現困難だったのである[80]。

第七節　江戸時代的な文献考証の確立と偽書のゆくえ

さて、前節では、『真宗法要』開版までの軌跡をたどりつつ、仏教教団と民間書肆が築き上げていった関係性を考察してみたわけだが、それによって西本願寺の商業出版対策が持つ有効性と、その一方での限界性が、鮮明に浮かび上がったのではないだろうか。ここで、あらためて本章全体の流れを確認しておくと、以下の通りである。まず日本の商業出版は、仏教諸宗本山などの多様な文化的権威と民間書肆とが個別に結託することで、江戸時代前期に成立をみた。なかんずく当時の仏教諸宗本山は、自宗の僧侶を養成する中央檀林の整備を急務としていたので、均質性の高い「檀林教科書」を提供してくれる民間書肆は、たちまち不可欠の存在となっていった。ただし、特定の仏教本山と濃密に結託することの多い京都の老舗書肆にとっても、最優先課題はあくまで売れる書物の出版であった。そこで、浄土真宗系の通俗仏書が、民間書肆の自己裁量で次々出版され始めると、著者を歴代宗主に仮託する書物もそのなかに紛れ込み、結果として偽書の氾濫を招くことになった。そうした最中に編纂された『真宗法要』は、偽書の氾濫に危機感を抱く西本願寺が、真撰の聖教を自らの手で確定すべく取り組んだ出版企画であったといえる。

ちなみに、万波寿子の指摘によれば、実際に出版されることとなった『真宗法要』は、五つ目綴じの大本という大きさからも、極上の美濃紙という料紙の質からも、一目で格式の高さが分かる姿を有していた[81]。学僧たちによる丹念な校合作業の末、本山お墨付きの聖教集成が、このような格式高い姿で出版されたことは、西本願寺派の僧俗にとって、聖教の意義を再認識する大きな契機となったはずである。

もっとも、前節で取り上げた『真宗法要』出版までの交渉過程に注目すると、西本願寺の聖教確定作業が抱えていた限界性もみえてくる。議論の前提として最初に確認しておくと、徳川幕府は諸身分集団の内部規律を巧みに容認して成り立っている国家権力であった。そこで、本屋仲間から『真宗法要』が重板規定に違反していると抗議された西本願寺は、たとえ自宗の教えに関する書物であっても意のままには出版できない現実を痛感させられることになった。

さらにいえば、西本願寺は、本屋仲間の抗議を受けるまでもなく、『真宗法要』出版に伴う町版の出版差し止めや、『真宗法要』を底本とした町版の内容修正などを、当初から望んではいなかった。宝暦九年に京都町奉行所に宛てて提出された口上書をみる限り、西本願寺が誤記の多い町版の仏書に危機感を抱き、教学統制のために『真宗法要』の出版を目指したのは明らかである。それでは、なぜそこに町版の出版差し止めや内容修正といった強圧的な要素が加わらなかったのだろうか[82]。西本願寺の真意は不明だが、本章で指摘したような文化的権威の乱立状態が、強圧的な教学統制権の行使を困難にしたことは間違いない。徳川幕府が仏教本山に教学統制権を付与したのは確かだが、西本願寺はその権限を一律に認められた仏教諸宗の一つに過ぎないのである。例えば、浄土真宗教団にとって糾弾の対象である異端的な経典解釈も、浄土宗教団の立場からすれば正統な解釈に置き換わってしまうことが往々にしてあった[83]。また、後述するように、同じ浄土真宗のなかでも、西本願寺派・東本願寺派・高田派など流派の違いによって、聖教の真偽判断には微妙な差異があった。多様な解釈がそれぞれに正統性を持ち得る江戸時代的な文化環境において、仏教本山が、教学統制を理由として、出版物の強制的な差し止めや内容修正を断行することは、そもそも難しかったともいえる[84]。

結果として、『真宗法要』が出版された後も、そこに所収された諸聖教と同じ題名を有する町版は、何の支障もなく流通し続けた。誤記の多い町版に取って代わるものとして出版された『真宗法要』であるが、その成果を享受できたのは極めて限られた人々、すなわち西本願寺派の末寺のなかでも銀一八〇匁の冥加金を本山へ上納して下付を希望した者だけであった。付け加えておくと、『真宗法要』出版後も変わらず流通し続けたのは、そこに所収された諸聖教の町版だけではない。『真宗法要』の編纂に関与した泰巌や僧樸が、自らの判断で所収を見合わせた浄土真宗系の通俗仏書に対して、辛辣な真偽判断を加えたことは既述の通りである。しかし、彼らが「大邪書」や「愚僧ノヲホエカキ」などの表現を用いて痛罵した仏書に対しても、西本願寺が出版の差し止めを画策した形跡はない。著者を歴代宗主に仮託する偽書が、出版差し止めの憂き目に遭わなかっただけでなく、売り手側の評価を一定程度受け続けていたことは、大野屋惣八の蔵書目録をみると良く分かる。大野屋は、明和年間（一七六四〜一七七二）から名古屋で活動し始めた貸本屋であるが、彼が貸本として使用していた蔵書のなかには、貞享四年（一六八七）版の五部聖教に所収されている伝法然著『聖人登山状』、宝永三年（一七〇六）版の四部聖教に所収されている伝存覚著『無常説記』、正徳五年（一七一五）版の四部聖教に所収されている伝蓮如『一念発起鈔』、享保二年（一七一七）版の六部聖教全てが含まれている[85]。大野屋の蔵書目録によるならば、『真宗法要』の出版後も、民間書肆が詐称した「〇部聖教」の権威は、そこまで動揺していないことになる。

それでは、『真宗法要』という本山お墨付きの聖教集成は、著者を歴代宗主に仮託する偽書の氾濫状況に対して、何の影響も及ぼさなかったのだろうか。結論へと急ぐ前に、ここで『栖心斎随筆』という書物が紹介する以下のようなエピソードに注目してみたい[86]。

真宗法要ハ。当時泰巌等ノ僧侶。上命ヲ蒙リ。御本山御宝庫。及興正寺・常楽寺・等ノ由緒著シキ古刹ニ所存ノ御真本ヲ用ヒ。其余ノ坊刊ノ本。並ニ写本等ヲ校合シテ。編輯セシ所ナリ。故ニ少々ハ卒ニ見レハ。コ、ロモトナキヤウナル所モ有トモ。ソレトモニ御真本ノマ、ナリ。只坊本ヲ正トシテ。御真本ヲモ異本トシテ校合セル本ナド、ハ。同シカラス。又法要ニモレタル国字聖教ノ中ニモ。間々真撰ナルモノアリ。（中略）此等ハ当時ニ晦潜シテ。弘ク行ハレサリシ故ニ。校者之ヲ知ラサルモアリ。又ハ知ト雖。未ダ文義ヲ研究スルコト能ハスシテ。漏セルモアリ。且当時書林ノ輩。仮名聖教御蔵版トナラハ。坊本ヲ買フモノ少フシテ。産業ノ妨ト為ランコトヲ憂ヘテ。頗ル故障ヲ企テ。涯分精検シテ。部数ノ少カランコトヲ欲セシ故ニ。校者機ニ逗セントテ。ナルホド少クセラレタリ。然ルニ御蔵本弘通アリシ後ハ。何トナク蔵外ノ聖教ハ。偽書ノヤウニ世人オモヒテ。買求ルモノ少ク。御蔵版ニ入レシ書ハ。坊本モ多ク買求ル者有シ。故ニ書林ノ輩大ニ後悔セシヨシ。故星聚閣語ラレシナリ。此レハ偏ニ法要ノ外ニハ。真撰ノ聖教ナシトハ謂ヘカラス。盧雲ノ菽麦私記。昨夢ノ蔵外管窺録。雪山ノ法彙左券ニ。精シク評セラレタリ。読テ可知。

『栖心斎随筆』の著者である興隆（一七五九〜一八四二）は、西本願寺学林で勧学（能化制度廃止後の学林で僧侶に授けられた最高位の学階）にまで昇り詰めた学僧だが[87]、彼がここで披露しているのは、『真宗法要』出版をめぐる裏話である。興隆によれば、『真宗法要』とは、由緒正しい古写本に依拠して「坊刊ノ本」＝町版の誤記を訂正した模範とすべき業績なのだが、そこに所収されなかったものにも真撰の聖教は間違いなく存在する。なぜならば、『真宗法要』の出版企画を耳にした京都の老舗書肆たちが、町版の販売状況悪化を危惧して何度も抗議を行った影響により、所収本が三九部と少なめに絞られてしまったからである。もっとも、興隆の指摘によれば、右のような書肆の妨害工作は、先を見通せない彼らの浅知恵に過ぎなかった。というのも、いざ『真宗法要』が出版されると、そこに所収されなかった浄土真宗系の通俗仏書は、一様に偽書であるかのような印象を持たれ始め、売れ行きが下降していった。それとは対照的に、『真宗法要』に所収された三九部は、真撰の聖教というお墨付きを手にしたため、町版の売れ行きも上昇していった。そこで、書肆たちは、妨害工作などせず、『真宗法要』にもっと多くの聖教を所収させてやれば良かったと、大いに後悔した。

先に指摘しておくと、『栖心斎随筆』が紹介するこのエピソードは、西本願寺派の学僧である興隆の主観的な解釈が多く含まれており、そのまま信用して良いものではない。そもそも、この話を興隆に語り聞かせた「故星聚閣」とは、彼の師匠である北天（一七三四～一八〇四）なのだが、学統的にみても『真宗法要』の編纂に当たった泰巌や僧樸からはやや遠く[88]、裏事情に精通できるような立場ではなかった。もちろん、重板への抗議を繰り返す民間書肆の存在が、『真宗法要』の編纂に少なからぬ影響を与えたことは間違いないのだが、所収本が三九部に絞られたのは、前節で検討したように、泰巌や僧樸が厳格な真偽判断によって疑わしい書物を除外した結果と考えられる[89]。

それでは、『真宗法要』の開版後、そこに所収されなかった書物が「何トナク」偽書のようにみなされ始めたというのも、信用するに足らない話なのだろうか。貸本屋大野屋の蔵書目録には、享保二年版の六部聖教など「〇部聖教」の数々が何の問題もなく記載されているわけだから、『真宗法要』の威光が、偽書の氾濫状況を完全に沈静化させたとはいいがたい。ただし、『真宗法要』の出版を一つの契機として、事前に得た書誌情報から購入すべき書物を慎重に選別する姿勢や、仮託された著者の権威に気後れせず厳格に書物の真偽判断を行う姿勢が、浄土真宗僧俗の標準になっていったことは、動かしがたい事実である。

そもそも、『栖心斎随筆』の著者である興隆こそ、真撰・偽撰が入り交じる浄土真宗系の通俗仏書に対して、徹底した考証主義的姿勢で臨んだ学僧の代表格といえる。右の引用箇所をあらためて読むと気付かされることだが、興隆は、『真宗法要』に所収された三九部が聖教の決定版となり、所収されなかった浄土真宗系の通俗仏書がすべからく偽書のようにみなされ始めた風潮に肯定的だったわけではない。それどころか、三九部という物理的に確定された聖教の存在に安住することは、興隆にとって批判されるべき態度であった。それでは、『真宗法要』が出版された後の西本願寺派の学僧は、どのような態度で浄土真宗系の通俗仏書に向き合うべきか。興隆は、泰巌著『蔵外法要菽麦私記』や僧樸著『真宗法要蔵外諸書管窺録』、さらに両書と同時期に僧鎔（一七二三〜一七八三）が著した『真宗法彙目録及左券』を精読せよと呼びかける。これらの書物は、浄土真宗系の通俗仏書に対して、厳格な真偽判断を行っているが、見解は三者三様であり、完全な意見の一致をみているわけではない[90]。ここから偽書の題名を探り当てるのではなく、真偽判断のテクニックを学び取れというのが、興隆の主張の核心であろう。彼にとって聖教の確定作業とは、『真宗法要』の出版によって完了するようなものではなく、むしろ不断の文献考証によって埋もれた真撰の聖教を探し続けることを意味していた。

『真宗法要』が出版された後に、徹底した考証主義的姿勢で浄土真宗系の通俗仏書に対峙したのは、興隆だけではない。詳しい考察は本書第一部第三章に譲るが、備後国沼隈郡藁江村の浄土真宗寺院（西本願寺派）に生まれた大東坊大慶（一七三七〜一八一八）も、僧樸らの文献考証に魅了された人物である[91]。大慶は、西本願寺学林での修学中に『真宗法要蔵外諸書管窺録』を筆写し、後に故郷へ持ち帰っているが、それと同時に同書のなかで偽書と断定された多くの仏書も購入して持ち帰っている。大慶は、僧樸の真偽判断を疑って、このような行動に出たわけではない。むしろ、先学によって偽書と断定された仏書が、いかなる意味で偽書といえるのかを、真摯な姿勢で追体験すべく、敢えて偽書を購入したのである。その証拠に、大東坊に所蔵されている伝親鸞著『一宗行儀抄』には、「此書ユ、シキ偽造ナリ」で始まる長文の書き込みが施されている。『真宗法要』から真摯な文献考証の姿勢を学んだ興隆は、そこに所収されなかった仏書にもまだ真撰の聖教が埋もれている可能性を見出し、不断の考証作業を提唱した。他方、大慶の場合は、より実直に泰巌や僧樸による真偽判断を受容し、偽書の精読から逆照射して、正統なる浄土真宗教学を学び取ろうとした。興隆と大慶の行動は、一見するとかなり方向性を異にするものである。しかし、『真宗法要』出版によって確定された三九部の聖教だけに価値を見出すのではなく、その編纂過程で泰巌や僧樸が実施した文献考証作業にこそ価値を見出していく点で、両者の方向性には共通するところもある。

『真宗法要』の出版に影響を受け、文献考証の技量を磨こうとしたのは、東本願寺派の僧侶も同じであった。例えば、慧琳（一七一五〜一七八九）は、東本願寺学寮の三代講師（教学指導者）を務めた学僧だが、明和四年（一七六七）に作成した『和語聖教目録』のなかで『真宗法要』に所収された三九部の聖教を取り上げ、逐一評価を加えている。しかも、慧琳は、ただ風の噂で『真宗法要』の所収本を把握し、『和語聖教目録』を作成したわけではない。彼は、「他末派」への下付が禁じられていたはずの『真宗法要』をどうにかして入手し、町版との対校作業を行った上で、『和語聖教目録』を著している。そのことは、存覚著『歩船鈔』に対する以下のような慧琳の評価をみると良く分かる。(92)

○歩船鈔

此鈔本末ノ両巻ハ。存師ノ御撰述ナリ。何ノ年誰人ノ請ニヨルヤ。法要ノ尾ニモ。カノ一期記ノ中ニモ。記載セルコトナシ。坊間ノ歩船鈔ハ。都テ三巻アリ。具ニコレヲ考覈スレハ。剞劂氏ノ奸謀ニシテ。カツテ疑フニタラス。故ニ法要ニハ。タ、本末両巻ヲ載セタリ。

西本願寺が「誤多宗意ニ不叶義共有之」と批判した町版の仏書には、確かに様々な不具合が存在したようで、『歩船鈔』に至っては、二巻本のはずが、なぜか三巻本として出版されていた(93)。慧琳は、これに憤慨して、『真宗法要』所収本にならうべきことを主張したわけである。彼が、『真宗法要』と町版とを実際に見比べながら、『和語聖教目録』を記していたことは、この点から明らかである。

もちろん、東本願寺派の慧琳は、先駆けて聖教集成の開版に成功した西本願寺を手放しに称讃したわけではない。遅れを取った者の特権として、慧琳は、『真宗法要』を丹念に検証し、その問題性を見抜いて『和語聖教目録』に記すこともしている(94)。

○安心決定鈔

此鈔ノ鍥本。赫曦ノ摺本坊間ニ行ハル。（中略）真宗法要ノ中ニ。覚如上人選述ノ終ニコレヲ載テ。跋文モナク。タ、校異ニモ文字ノ相違アルヲ挙テ。撰者ノ名字モナシ。此鈔ハ。古ヨリ作者一定セス。或ハ覚如上人ノ作トイヒ。或ハ存覚上人述トイヒ。或ハ了源ノ造トイヒ。或ハ西山上人ノ所選也ト云云。（中略）此鈔ノ中ニ。一処ニモ祖釈ヲ引クコトナシ。或ハ真言家ノ義ニ依テ。心蓮華ヲ正覚華ト釈シ。又シハ〳〵正覚ノ一念ニカヘルトイフ語アリ。（中略）是等ノ義。吾祖ノ真撰並ニ口伝改邪等ニモカツテミヘズ。カノ西山家ニハ。真言乗ノ義ヲ取リ用ルコトアリ。故ニ古ヨリ西山上人ノ製作ナルヘシトイフハ。コレガ為ナリ。（中略）吾宗ノ先徳イツレモ作者未決トイヒ乍ラ。動モスレハ此鈔ニ柱礎ス。是ソノ源蓮師ヲ遵承スルナリ。牛ハ水ヲ飲テ乳トス。蛇ハ水ヲ飲テ毒トナストイヘルハ。誠ナルカナ。蓮師ハ飲テ乳トスルモノナリ。世人此鈔ヲ錯解シテ。僻法門ヲ立ルハ。飲テ毒トスルナリ。

『安心決定鈔』は作者不詳ながら、八代宗主蓮如（一四一五～一四九九）が重視したこともあり、浄土真宗の聖教として重宝されてきたものである。ただし、無帰命安心（衆生の側が頼まずとも仏の側から救済してくれるという浄土真宗の異端的解釈）を生み出す恐れもあることから、宝永五年（一七〇八）には東本願寺学寮の初代講師に位置付けられる恵空（一六四四～一七二一）が『安心決定鈔翼註』を著してこれを批判し、次第に正統派の地位から失墜していった書物でもある。[95]東本願寺学寮の三代講師である慧琳は、恵空の立場を継承するかたちで『安心決定鈔』を批判し、西本願寺お墨付きの聖教集成『真宗法要』に対する自らの姿勢を表明したわけである。東本願寺が聖教集成『真宗仮名聖教』を出版したのは、前述のように文化八年であり、『真宗法要』の出版から五〇年近く遅れている。しかし、民間書肆によって出版される偽書に批判的な意識を持ち、文献考証によってそれらを否定しようとする問題意識は、東本願寺派の僧侶も早くから芽生えさせていたことが分かる。

ちなみに、『真宗仮名聖教』に所収された書物は、『真宗法要』に所収された三九部と全く同じであるが、以下の点で違いがあった。[96]まず『真宗法要』は『安心決定鈔』を覚如の著作として取り上げたが、『真宗仮名聖教』は同書を他宗派の著作とした。この点について、慧琳が『真宗仮名聖教』側の立場を取っていることは、右の引用箇所から明らかである。次に『真宗法要』は『教行信証大意』を覚如の著作として取り上げたが、『真宗仮名聖教』は同書を存覚の著作とした。この点についても、慧琳の『和語聖教目録』では、『教行信証大意』に「吾家ノ先輩ハ。古ク存覚上人ノ撰ト伝フ。」という評価が加えられており、『真宗仮名聖教』の見解を先取りしていることが分かる。[97]慧琳は、明らかに西本願寺の御蔵版本である『真宗法要』に刺激されるかたちで、民間書肆が出版した偽書への厳格な態度を確立していった。ただし、それは手放しで『真宗法要』の成果を称讃するものではなく、むしろ東本願寺独自の真偽判断を模索しようという試みであった。刊行時期に五〇年近くの開きがある『真宗法要』と『真宗仮名聖教』であるが、『真宗仮名聖教』編纂の基本方針自体は、『真宗法要』出版後まもなく作成された慧琳の『和語聖教目録』において、既に整えられていたとみることができよう。

さて、話が東本願寺派学僧の文献考証にまで展開してしまったので、もう一度『栖心斎随筆』へと話を戻そう。興隆が紹介する興味深いエピソードから筆者が主張したかったのは、おおよそ以下のようなことである。西本願寺が御蔵版本として出版した『真宗法要』は、泰巌や僧樸らの丹念な文献考証によって所収本を三九部に絞ったものであり、その意義は一見すると聖教の物理的な確定にあるように思われる。しかし、興隆や大慶、さらには慧琳に対して『真宗法要』が及ぼした影響力に注目するならば、むしろ文献考証主義的な意識の高揚こそ、最も重視すべき点ではないだろうか。そもそも、町版の出版差し止めを伴う強制的な聖教確定が実施困難であった江戸時代において、聖教や偽書をあらかじめリストアップして異端的な解釈の発生を抑制する方策には、おのずから限界があった。ただし、西本願寺学林や東本願寺学寮において、文献考証を学問研鑽の柱とする風潮が定着していくと、たとえ真偽未決の仏書が流通し続けても、学林・学寮に懸席した僧侶個々の判断によって、疑わしい書物を回避することが可能になる。商業出版の隆盛に連動して生じた偽書の氾濫は、浄土真宗教団に予想外の混乱をもたらした。しかし、右のような文献考証主義的な態度が浸透することで、当初のような混乱は次第に収束していったと、ひとまず理解しておきたい。

なお、慧琳はもちろんのこと、興隆や大慶も、『真宗法要』の編纂に当たった泰巌・僧樸らの直系の弟子とはみなしがたい人物である。そうであるならば、文献考証を重視する彼らの学問態度は、西本願寺学林内の人的ネットワークに依拠して広がったとみなすよりも、もう少し大きな時代風潮に後押しされたと捉える方が良いかもしれない。佐藤弘夫や末木文美士が指摘するように、江戸時代の仏教諸宗檀林が商業出版に支えられて成立すると、文献考証主義は宗派の別を越えて隆盛を極め、中世的な口伝・秘伝の世界を解体させていった[98]。教団内部でも知られていなかった偽書が民間書肆の手で一度出版された後、学僧によって猛烈に否定されていくという動向は、浄土真宗教団に特有のものであろうが、文献考証による偽書の否定自体は、近世仏教全体を貫く特徴だったのである。

ちなみに、そうした偽書否定の一事例として鈴木英之が分析した近世浄土宗教団の動向は、浄土真宗教団の偽書否定を取り上げた本章にとっても、なかなか興味深いものである[99]。すなわち、浄土宗中興の祖と称される聖冏（一三四一～一四二〇）は、法然仮託の偽書を盛んに活用しつつ、浄土宗教学を整えていった。そのため、文献考証主義が高まった近世浄土宗檀林では、かつて聖冏によって活用されてきた法然仮託書が次々偽書として批判されることになった。もっとも、既に浄土宗教学の根幹に位置付けられていた聖冏を、檀林が徹底的に排除できたわけではない。そこで、江戸時代の浄土宗檀林で活躍した学僧たちは、一方で法然仮託の偽書を文献考証によって合理的に批判しつつ、他方で所化僧へ宗派教学を学ばせるために聖冏の著作を依用し続けるという複雑な姿勢を取り続けることになった。

同様の傾向は、浄土真宗学僧が行った偽書否定においても指摘できる。既述の通り、泰巌や僧樸の偽書否定は、親鸞・覚如仮託の偽書を「大邪書」や「愚僧ノヲホエカキ」とこき下ろす徹底したものであった。しかし、彼らにも、考証作業を拒否するレベルで絶対的な信頼を置く叙述（例えば『親鸞伝絵』が描き出す親鸞像や『慕帰絵詞』が描き出す覚如像）は幾つも存在し、それらのなかに矛盾が見出された場合、現代人の目にはいかにも非合理的に映るつじつま合わせを行うことがあった[100]。江戸時代の仏教諸宗檀林において生まれた文献考証主義を、合理性の獲得という言葉で短絡的に評価してしまうのではなく、そうした傾向が生み出された社会環境にも目配せしつつ、合理性の内実を探究し続ける必要があるだろう(101)。

おわりに

さて、商業出版の確立を図る民間書肆にとって、特定の仏教教団と結託し、確実に売りさばき得る仏書という商品を販売する行為が、重要な意味を有していたことは、ここまでの考察で明らかになったかと思われる。もっとも筆者は、資本確立を目指す民間書肆の動向に、やや考察の焦点を合わせ過ぎたかもしれない。そこで、最後に仏教教団の動向へと力点を移し、商業出版が伝統的な仏教知に対していかなる影響を与えたかという視点から、あらためて本章のまとめを行っておきたい。

金龍静の指摘によれば、親鸞の没後、指導者的な立場にあった数名の直弟子たちは、それぞれの下に信奉者を結集させ、門流的な集団化を遂げていったとされる(102)。横曽根門徒・高田門徒・鹿島門徒などの呼び名で知られるこうした初期浄土真宗の諸門流は、カリスマ的な指導者個々の魅力を結束の柱とする性格が濃厚であり、それゆえに、指導者が代替わりしていくと、教説のかたちも際限なく細分化してしまう危険性を帯びていた。そこで、八代宗主蓮如は、浄土真宗の唯一の開祖が親鸞であることを強力にアピールし、さらに配下寺院への本尊下付権を本願寺によって独占管理することで、中央集権的な教団組織の土台作りに邁進していった。金龍が述べるような浄土真宗の教団発展史を、室町期から戦国期にかけて生じた「宗派」形成(103)の典型例とみなすならば、浄土真宗のみならず多くの仏教教団が、細分化することのない堅固な組織の確立を、同時期にそれぞれの方向で模索していたと考えられる。

本章では、江戸時代的な仏教諸宗檀林が、徳川幕府の宗教政策に促されて構築された側面を強調した。しかし、右のような宗派形成の観点を加えるならば、堅固な組織の確立を模索してきた仏教教団にとって避けて通ることのできない課題が、所属する宗派の教義を過不足なく所化僧へ教え授ける檀林の整備であったともいえる。つまり、仏教教団の側にも檀林整備への内発的な動機付けは十分にあり、だからこそ民間書肆に大量の「檀林教科書」を準備させ、刊行仏書によって所化僧への一斉教化を行うという大胆な方向転換も可能になったのである。[104]その後、仏教教団と結託する御用書肆の活躍によって、「檀林教科書」を活用した仏教諸宗檀林での一斉教化は着々と浸透し、中世的な口伝・秘伝の世界は解体へと追いやられていった。

なお、江戸時代における商業出版の成立が、秘匿されてきた知識の開放を促したという事実は、多くの出版文化史研究が指摘するところであるが[105]、仏書の場合、宗派形成と口伝・秘伝の解体が密接に連動していたため、知識開放の範囲が宗派という枠組みに制約を受け続けた点にも留意が必要であろう。本章で取り上げた村上勘兵衛の事例に顕著なように、特定の仏教教団と結託した御用書肆は、時に最大の取引先であった仏教教団の側から具体的な指示を受け、宗派教学の発展に利することの多い仏書を出版していった。こうした御用書肆と仏教教団の結託による宗派枠組みの堅固化は、僧侶養成システムを安定させるために不可欠の施策であったが、それと同時に檀林という教学研鑽の場に閉塞感をもたらす危険性もはらんでいた。江戸時代中後期以降、幾つかの仏教宗派で中央檀林に懸席する所化僧の減少が指摘されるようになったが、それは僧侶養成の内容が過度にルーティーン化されたことにより、中央檀林が江戸時代前期段階のような魅力を維持できなくなった状況を指し示しているのかもしれない。

ただし、本章第五節から第七節では、特定の仏教教団と濃密に結託することの多かった京都の老舗書肆が、仏教教団内部に完全に取り込まれたわけではなかった点も明確にできた。いかに深く特定の仏教教団と関係を取り結んでいた御用書肆であっても、売れる本の販売を至上命題とする商業出版の普遍的性格は守り通していたのである。それでは、仏教教団の意向を無視して、売れる仏書の刊行を模索する民間書肆の存在は、仏教知にどのような変容をもたらしたのだろうか。

パーソナルな師資相承システムに依拠するところの大きい中世の仏教界では、秘伝の聖教を所蔵すること自体に重要な意味が見出されたため、この時期には著者を歴代宗主に仮託した偽書も盛んに作成された。これらの偽書は、中世までは経蔵の奥深くに秘蔵されることで十分に役目を果たしていたわけだが、江戸時代になると、秘蔵書が民間書肆を介して出版されるケースも増加した。ちなみに本章では、民間書肆の出版活動が偽書の氾濫を招くことになった浄土真宗の事例をもっぱら取り上げたが、商業出版の成立後に偽書の存在が明るみに出て、学僧による批判が開始されるのは、近世仏教の全般的な特徴でもある。こうしてみると、江戸時代における仏教教団と民間書肆は、「檀林教科書」の販売を通じて相互依存関係にあるだけではなく、偽書の出版をめぐって微妙な緊張関係も保持していたことになる。

しかも、本屋仲間が徳川幕府から身分集団としての自律性を保証されている江戸時代において、仏教教団が教学統制権の行使を理由として仏書の出版差し止めを強行することは、容易ではなかった。そこで、偽書の氾濫への対抗策は、徹底した文献考証に基づく真偽判断に委ねられることになった。江戸時代に行われた精緻な経典注釈は、現在でも仏教諸宗で参照されることが多いが(106)、そうした文献考証的な学問風潮は、商業出版の成立に伴い、参照すべき仏書が増加したことのみを背景としてもたらされたわけではない。売れる本の販売を至上命題とする商業出版は、時として偽書の出版にもつながり得るため、仏教教団とのあいだに微妙な緊張感を生み出した。仏教教団と民間書肆の「檀林教科書」をめぐる相互依存関係だけではなく、むしろ偽書をめぐる両者の緊張関係こそが、学僧たちを徹底した文献考証作業に駆り立てたといえよう(107)。

なお、本章で考察し得た商業出版と仏教教団の関係性は、あくまで京都の老舗書肆と、仏教諸宗檀林で活躍する高位の学僧をめぐるものに限定されている。江戸時代前期の京都で誕生した商業出版は、時を経て地域社会にも影響を及ぼし得るようになったのだろうか。また、中央檀林で学んだ所化僧たちは、郷里に帰ることで地域社会に新たな価値観を浸透させ得たのだろうか。次章では、ある寺院の蔵書に着目することで、仏書の具体的な読者に肉薄し、商業出版が地域社会へもたらす影響力を考察してみたい。

【註】

（1）井上進『中国出版文化史―書物世界と知の風景―』（名古屋大学出版会、二〇〇二年）八三～一〇四頁。

（2）もっとも、廣庭基介・長友千代治編『日本書誌学を学ぶ人のために』（世界思想社、一九九八年）一〇六頁によれば、大寺院で開版された仏書の板木が民間の書肆に売り渡され、俗人信徒向けの売り物になることは、既に室町時代から確認できるようである。印刷技術の多様な活用方法が、江戸時代以前から着々と進展していたことも、商業出版成立の前提として忘れてはならない点であろう。

（3）以上、日本における商業出版の成立については、今田洋三『江戸の本屋さん　近世文化史の側面』（日本放送出版協会、一九七七年）一二～三四頁、註（2）廣庭・長友編前掲書九九～一三八頁、橋口侯之介『和本への招待―日本人と書物の歴史』（角川学芸出版、二〇一一年）九〇～一三一頁などを参照した。

（4）鈴木敏夫『江戸の本屋（上）』（中央公論社、一九八〇年）四四～七八頁。

（5）註（4）鈴木前掲書五五頁によれば、元禄年間に京都で創業した書肆は一一五軒に及び、それまでわずかな書肆しか存在しなかった大坂でも六二軒が創業している。寛永年間・寛文年間という二度の興隆期が先行するとしても、もちろん元禄年間が商業出版のさらなる発展や地域的な拡大にとって、重要な意味を持っていたことは間違いない。

（6）青木美智男『全集日本の歴史　別巻　日本文化の原型』（小学館、二〇〇九年）一四六～一六四頁、ならびに横田冬彦『日本近世書物文化史の研究』（岩波書店、二〇一八年）一～二四頁。

（7）なお、万波寿子『近世仏書の文化史―西本願寺教団の出版メディア―』（法蔵館、二〇一八年）においても、仏書出版が江戸時代の出版文化史のなかで果たした役割について、多くの示唆的な分析が加えられている。本章も、万波の研究成果に依拠するところが大きい。

（8）以下、江戸時代の書籍目録については、岡村敬二『江戸の蔵書家たち』（講談社、一九九六年）一一二～一四二頁を参照した。

（9）慶應義塾大学附属研究所斯道文庫編『江戸時代書林出版書籍目録集成』第一～三巻（井上書房、一九六二年）。

（10）註（8）岡村前掲書一三二～一三三頁。

（11）註（8）岡村前掲書一二七～一三〇頁。なお、同書では、江戸時代に出版された書物の単純な分類だけではなく、分類項目や分類順序を変容させる時代状況についても分析が行われており、学ぶところが多い。

（12）若尾政希「「書物の思想史」研究序説―近世の一上層農民の思想形成と書物―」（『一橋論叢』一三四―四、二〇〇五年）。なお、江戸時代の書籍目録では、『孫子』や『六韜』のような中国の兵法書と、『平家物語』や『太平記』のような日本の軍記物語が、同じく「軍書」という分類のなかに渾然一体として採録されている。このような「軍書」という分類そのものが有する雑多な性格については、井上泰至『近世刊行軍書論　教訓・娯楽・考証』（笠間書院、二〇一四年）一一～二六頁でも指摘がなされている。

（13）辻善之助『日本仏教史　近世篇』一～四（岩波書店、一九五二～一九五五年）。なお、辻以降の近世仏教史研究の動向については、引野亨輔『近世宗教世界における普遍と特殊―真宗信仰を素材として―』（法蔵館、二〇〇七年）三～一九頁も併せてご参照頂きたい。

(14) 大桑斉編『論集　仏教土着』(法蔵館、二〇〇三年)二一～一八頁。

(15) 末木文美士『近世の仏教　華ひらく思想と文化』(吉川弘文館、二〇一〇年)一〇三～一四二頁。

(16) なお、辻善之助の近世仏教堕落論とは、近代の僧侶に対して堕落から覚醒せよと呼びかける政治的性格を帯びており、必ずしも実証的に事実を述べたものではないと主張するオリオン・クラウタウ『近代日本思想としての仏教史学』(法蔵館、二〇一二年)も、新しい近世仏教像の提示に大きく貢献したことを付言しておきたい。

(17) 宮坂宥勝校注『日本古典文学大系83仮名法語集』(岩波書店、一九六四年)三二四頁。

(18) 註(9)慶應義塾大学附属研究所斯道文庫編前掲書第一巻七六～七七頁。

(19) 例えば、柴田光彦編『大惣蔵書目録と研究　本文篇』(青裳堂書店、一九八三年)は、江戸時代後期に活躍した名古屋の貸本屋大野屋惣八の蔵書を紹介するものだが、そのなかには、『沙石集』や『発心集』はもちろん、鈴木正三の著作一四部、白隠慧鶴の著作一五部などが含まれている。これらの仮名法語は、江戸時代を通じて読まれ続け、仏書購読層の拡大に一役買ったわけである。

(20) 野田光辰編『新修京都叢書』第二巻(臨川書店、一九九三年)二二四頁。

(21) 江戸時代に絵草紙屋が果たした役割については、鈴木俊幸『絵草紙屋　江戸の浮世絵ショップ』(平凡社、二〇一〇年)に詳しい。

(22) 江戸時代に行われた檀林の整備については、西村玲『近世仏教論』(法蔵館、二〇一八年)五～七九頁に詳しい。

(23) 高埜利彦『近世日本の国家権力と宗教』(東京大学出版会、一九八九年)八三～一一六頁。

(24) 圭室文雄『江戸幕府の宗教統制』(評論社、一九七一年)一三～四六頁。

(25) 高柳眞三・石井良助編『御触書寛保集成』(岩波書店、一九三四年)六〇八～六〇九頁。

(26) 足利瑞義編『龍谷大学三百年史』(龍谷大学出版部、一九三九年)四四三～四五一頁。

(27) 註(26)足利編前掲書八〇～八五頁。

(28) 冠賢一『近世日蓮宗出版史研究』(平楽寺書店、一九八三年)特に八〜一二六頁。
(29) なお、註(28)冠前掲書七九〜九五頁によれば、武村市兵衛・山本平左衛門・八尾甚四郎の廃業後、村上勘兵衛は単独で法華宗門書堂を名乗るようになり、日蓮宗関連書物を取り扱う老舗書肆として近代に至るまで出版業に従事した。
(30) 智積院の復興と運敞の事績については、櫛田良洪『真言密教成立過程の研究』(山喜房佛書林、一九六四年)八四四〜八六九頁を参照した。
(31) 註(20)野田編前掲書三〇二頁。
(32) 井上和雄『増訂　慶長以来書賈集覧』(高尾書店、一九七〇年)八八頁。
(33) 亮汰の事績については、註(30)櫛田前掲書一〇八一〜一八九〇頁を参照した。
(34) 両書の閲覧には、国文学研究資料館の国書データベースを利用させて頂いた。
(35) なお、西村明編『仏教書出版三六〇年』(法蔵館、一九一三年)によれば、西村九郎右衛門は、八代目の当主が浄土宗から浄土真宗に改宗し、東本願寺の寺内である下珠数屋町東洞院西入橘町に店舗を移転したことで、東本願寺教団との関係を深めていった。しかし、『正信偈要解』や『往生論註翼解』を出版している時期についていえば、西本願寺教団も含めた浄土真宗関連の書物を全般的に取り扱うことで、経営の安定化を図っていたようである。
(36) 註(32)井上前掲書三五頁。
(37) なお、万波寿子が指摘するように、京都の書肆と仏教諸宗教団の関係は、檀林が整備された江戸時代初期に築き上げられたものだけではない。例えば、永田調兵衛は、西本願寺の御用書肆として有名である。しかし、註(7)万波前掲書二六七〜三〇五頁によれば、永田調兵衛の御用書肆化は、西本願寺による「御蔵版」、つまり本山自ら聖教を開版し、板木を所持しつつ、その流布を進める動きが進展した江戸時代後期に端を発している。御蔵版本の出版には、諸手続きを補佐する御用書肆が不可欠となるため、永田調兵衛は経営難を好転させるべく、店舗を西本願寺の寺内に移し、御蔵版の支配人になったというわけである。他の書肆についても、江戸時代を通した出版界・宗教界の動向に注目しつつ、仏教諸宗教団との関係性を丹念に解き明かす必要がある。

(38)竹内洋『教養主義の没落　変わりゆくエリート学生文化』(中央公論新社、二〇〇三年)一三二〜一六七頁。
(39)註(32)井上前掲書四九頁。
(40)註(32)井上前掲書二二頁。
(41)西山松之助『家元の研究』(校倉書房、一九五九年)三二一〜三五七頁。
(42)江戸時代の浄瑠璃本出版については、長友千代治『近世上方浄瑠璃本出版の研究』(東京堂出版、一九九九年)を参照した。
(43)渡辺浩『東アジアの王権と思想』(東京大学出版会、一九九七年)一一五〜一四一頁ならびに横田冬彦「芸能・文化と〈身分的周縁〉」(久留島浩他編『シリーズ近世の身分的周縁5　身分を問い直す』吉川弘文館、二〇〇〇年)。
(44)坂本勝成「田舎談林の成立と展開」(『立正大学文学部論叢』四一、一九七二年)。
(45)なお、本書第二部第六章で詳述する予定だが、江戸時代後期の西本願寺学林でも、同様の権威低下は発生している。
(46)宗政五十緒『近世京都出版文化の研究』(同朋舎、一九八二年)一四〇〜一四二頁ならびに註(7)万波前掲書二六七〜三〇五頁。
(47)千葉乗隆編『真宗史料集成　第五巻　談義本』(同朋舎、一九七九年)二八〜四九頁。
(48)例えば、佐々木求巳『真宗典籍刊行史稿』(伝久寺、一九七三年)三二七〜三三〇頁によれば、江戸時代に刊行された『歎異抄』の諸本も、多くは「右斯聖教者、為当流大事聖教也。於無宿善機無左右不可許之者也　釈蓮如　御判」という筆写者の奥書を含めて印刻されており、そこから『歎異抄』の著者を蓮如とする誤解まで生じたとされる。
(49)もっとも、承元四年(一二一〇)に三八歳となった親鸞は、実際にはまだ流罪地の越後国にとどまっており、常陸国には赴いていない。そこで、文献考証主義的な学問が進展すると、了祥(一七八八〜一八四二)のような学僧が現れ、『異義集』(真宗典籍刊行会編『真宗大系　第三六巻』真宗典籍刊行会、一九一七年)のなかで「行儀抄ノ偽書タル文体義道アキラカナリ。已ニ承元四年三十八歳常州ニ在テ定タマフトハ本伝等ニ違セリ。」と、『一宗行儀抄』の虚偽性を批判することになった。

(50)親鸞の神祇観については、柏原祐泉「親鸞における神祇観の構造―浄土真宗の宗旨をめぐる紛争―」(同『真宗史仏教史の研究I〈親鸞・中世篇〉』平楽寺書店、一九九五年)に詳しい。なお、小林准士『日本近世の宗教秩序―浄土真宗の宗旨をめぐる紛争―』(塙書房、二〇二二年)二三～一八八頁によれば、浄土真宗の神祇に対する基本的な態度は、礼拝しないことではなく、帰依しないことを重視するものである。そこで、本章では小林が提言する「神祇不帰依」の言葉で、浄土真宗の神祇に対する態度を表現しておく。

(51)比叡山で修行中の親鸞が慈鎮の高弟であったという伝承の誕生については、塩谷菊美『語られた親鸞』(法蔵館、二〇一一年)一八～八八頁に詳しい。

(52)真宗史料刊行会編『大系真宗史料　伝記編二』(法蔵館、二〇〇八年)一九三頁。

(53)同じく西本願寺学林で活躍した学僧の著作であっても、宝暦年間(一七五一～一七六四)に記された僧樸著『真宗法要蔵外諸書管窺録』では、『一宗行儀抄』に対して「大邪偽妄。カツ文言ノ鄙俗ナルコト。タトヘンカタモナク。言語道断ノ書ナリ。(中略)或ハ一流ノ寺院ニハ。三尊ヲ安置シ。並ニ熊野権現ヲ勧請セヨ等。種々妄説。枚挙ニイトマアラス。ハヤク焼却スヘキモノナリ。」とすさまじい批判が浴びせられるようになる。

(54)註(13)引野前掲書八六～一四三頁。

(55)浅井了宗「本願寺派に於ける聖教出版の問題」(『龍谷史壇』四四、一九五八年)。

(56)もっとも、このように偽書が開版される仕組みの概要を理解したとしても、例えば『一宗行儀抄』の原型がいつ成立したのかという謎は残る。この点について『黒田俊雄著作集　第四巻　神国思想と専修ノ念仏』(法蔵館、一九九五年)三～八二頁や北西弘『一向一揆の研究』(春秋社、一九八一年)三一～一七六頁では、『一宗行儀抄』の成立を鎌倉時代と推測している。革新的な親鸞の教え(神祇不帰依など)が、彼の死後に民間習俗との妥協を余儀なくされ、偽書の誕生につながったと捉えられるわけである。他方、註(48)佐々木前掲書一二六頁では、古写本の残存状況などから帰納的に推測して、『一宗行儀抄』を室町時代末期から江戸時代初期程度のものではないかと推測している。筆者としては、丹念な書誌学的検討を経た佐々木求巳の見解に従い、正保四年の開版からあまりさかのぼらない時期に偽造されたものと考えたい。ただし、そう推測するとしても、印刷本とほぼ変わるところのない状態の原本がたまたま寺院の経蔵から発見されたのか、それとも印刷本には板元である中野小左衛門の手がある程度加えられているのかなど、まだまだ検討すべき課題は多く残されている。

(57) 浅井了宗「真宗聖教の開版と本願寺蔵板の成立過程」(『龍谷大学論集』三七七、一九六四年)。

(58) 禿氏祐祥「真宗聖教刊行年表」(妻木直良編『真宗全書　第七四巻』蔵経書院、一九一六年)四二五〜四四〇頁。なお、著者の仮託状況やそれに対する近代以降の評価(真撰か偽撰か)については、註(47)千葉編前掲書や註(48)佐々木前掲書を参照して判断した。

(59) 註(47)千葉編前掲書一一四〜一一五頁。

(60) 著者を歴代宗主に仮託する浄土真宗系の仏書で、こうした密教用語が多用される背景については、満井秀城『蓮如教学の思想史』(法藏館、一九九六年)八四〜一〇七頁の考察が参考になる。

(61) 註(58)妻木編前掲書五八頁。

(62) 註(58)妻木編前掲書九五〜九六頁。ちなみに、泰巖著『蔵外法要菽麦私記』では、『安心略要集』について以下のような評価が下されている。「世流布ノ刻本ニ親鸞トアリ。一本写本ニ。文和二年癸巳二月二十九日奉安置也。願主釈願智相承ト。私按ニ。祖師ノ御筆格ニアラス。覚如上人。長安黒谷ノ御コ、ロヲ。願智坊ノ求ニヨリテ。カキアタヘラレタルヘシ。真宗極致ノ書ニアラズ。」

(63) その結果として、泰巖が真撰と判断した仏書を、僧樸が偽撰と断罪することも、時に生じた。例えば、宝永三年版の四部聖教に所収されている『自要集』について、泰巖著『蔵外法要菽麦私記』では、「私謂。覚如真撰ニシテ。存覚上人ノ書写歟。至極アリガタキ書ナリ。」と、覚如真撰説が主張される。他方、僧樸著『真宗法要蔵外諸書管窺録』では、「似タルコトハ似タレトモ。是ナルコトハ是ナラス。甚シキ偽物ナリ。」と、舌鋒鋭く偽撰説が主張される。なお、泰巖や僧樸の真宗聖教に対する真偽判断については、註(13)引野前掲書八六〜一一六頁も参照されたい。

(64) 佐藤弘夫『偽書の精神史　神仏・異界と交感する中世』(講談社、二〇〇二年)特に一一八〜一七〇頁。

(65)千葉乗隆編『真宗史料集成　第九巻　教団の制度化』（同朋舎、一九七六年）一〇五頁。
(66)『真宗法要』と『真宗仮名聖教』の成立過程については、註(7)万波前掲書一二三〜一六一頁ならびに二二一〜二二六頁を参照した。
(67)註(13)引野前掲書八六〜一一六頁。
(68)註(58)妻木編前掲書六〇頁。
(69)註(58)妻木編前掲書九八頁。
(70)註(58)妻木編前掲書九七頁。
(71)この点については、本書第一部第三章で詳述する予定である。
(72)註(7)万波前掲書一二三〜一六一頁。
(73)註(48)佐々木前掲書。
(74)橋口侯之介『江戸の本屋と本づくり　続和本入門』（平凡社、二〇一一年）一四一〜一八二頁。
(75)「史料紹介　真宗法要開版始末」（『教学研究所紀要』一〇、二〇〇一年）。
(76)西本願寺における免物下付の仕組みについては、本願寺史料研究所編『本願寺史　第二巻』（浄土真宗本願寺派宗務所、一九六八年）四五七〜五二六頁に詳しい。なお、『真宗法要』全六帙の下付には、銀一八〇匁の冥加金を必要としたが、三〇匁の冥加金で一帙分だけ下付してもらうことも可能だった。
(77)註(6)横田前掲書七五〜一〇四頁。
(78)もっとも、註(76)本願寺史料研究所編前掲書四六六頁によれば、正信念仏偈・三帖和讃や御文（御文章）などの俗人信徒への下付は、むしろ積極的に行われていたことが分かる。そうすると、特定の仏書のみに触れさせ、それ以外の仏書からは極力遠ざけるのが、俗人信徒の読書に対する西本願寺の基本方針であったと理解すべきだろうか。ただし、どちらの解釈を取るにせよ、俗人信徒の主体的な読書能力を軽視している点において、西本願寺の現状認識には不備があったといわざるを得ない。なお、読書慣行の変容が異端的解釈を発生させていく仕組みについては、本書第一部第四章で詳述する予定である。

(79) 註(50)小林前掲書二九三〜三一九頁。

(80) なお、註(50)小林前掲書でも指摘されているが、仏教諸宗本山が既に出版されてしまった異端の書を何としても出版停止にしたいと考えた場合、お抱えの書肆に依頼して板木を買い取らせるのが、最も一般的な対処方法であった。つまり、板木を買い取ることで出版権が移譲されるという本屋仲間の規則を尊重しつつ、買い取った板木を使用しないことで出版停止を実現させたわけである。

(81) 註(7)万波前掲書一五四〜一五七頁。

(82) 江戸時代の仏教教団が、教学統制を理由として、民間書肆に出版差し止めを求めた事例は、皆無ではない。沙加戸弘『真宗関係浄瑠璃展開史序説』(法蔵館、二〇〇八年)によれば、江戸時代の東本願寺は、宗祖親鸞を主人公とする仮名草子や浄瑠璃本の出版差し止め、浄瑠璃の上演禁止を、たびたび京都町奉行所へ訴え、その都度要求を通している。ただし、禁止の命令を受けた書肆や興行主が、題名を変え、親鸞と無関係であることを装って出版・上演を再開するなど、東本願寺の統制が効力を発揮しないことも多くあった。また、東本願寺が出版停止を要請する際、京都町奉行所に対して、東西義絶中の西本願寺と連携できなかったことを弁明しているのも興味深い。多様な文化的権威が乱立する江戸時代的な文化環境のなかで、仏教本山が出版差し止めのような強い施策を遂行するには、多くの困難が伴ったわけである。

(83) 引野亨輔「近世仏教における「宗祖」のかたち」(『日本歴史』七五六、二〇一一年)。

(84) 他方で、皇帝が儒学的教養の頂点に位置付けられる中国の歴代王朝では、思想統制はより徹底したものになった。岡本さえ『清代禁書の研究』(東京大学出版会、一九九六年)では、満州族の征服王朝として特に激しい思想統制を行った清朝の事例が詳しく取り上げられている。同書によれば、清朝の六代皇帝である乾隆帝は、四二〇〇人余を動員し、三六〇〇冊に及ぶ漢籍叢書『四庫全書』を編纂させたが、その校合作業の過程で『四庫全書』に収録すべきでない禁書の存在を割り出し、板木や書物の徹底的な焼却を断行した。

(85) 註(19)柴田編前掲書。ただし、大野屋惣八は、二万部以上の蔵書(そのうち「仏書」と区分されているものは約千部)

を所蔵していた巨大貸本屋であるため、これを江戸時代の一般的な貸本屋における蔵書の一例とみなすわけにはいかない。大野屋の蔵書の場合、『東海道中膝栗毛』のような人気商品には複数部の置本（貸し出し中に紛失・破損が生じた時に取り替えるための予備の本）が用意されているのだが、「〇部聖教」には全く置本がない。網羅的な品揃えを売りとする大野屋が、好事家のために買い揃えた仏書とみなすのが妥当であろう。

(86) 妻木直良編『真宗全書　第五一巻』（蔵経書院、一九一五年）七二頁。

(87) 井上哲雄『真宗本派学僧逸伝』（永田文昌堂、一九七九年）一〇八～一〇九頁。

(88) 註(87)井上前掲書二九三頁。

(89) もっとも、興隆が『真宗法要』の選から漏れて忘れ去られた真撰聖教の一つとしている『弁述名体鈔』に注目してみると、近代の仏教学者である梅原真隆は、『弁述名体鈔とその解説』（顕真学苑出版部、一九三五年）において、あまり注目されることのない同書を取り上げ、存覚真撰であることをあらためて力説している。民間書肆の妨害工作が原因かどうかはさておき、『真宗法要』の選から漏れた書物が長く学僧による文献考証の対象外に置かれ、近代に至るまで等閑視されることになったのは事実といえよう。

(90) 註(13)引野前掲書八六～一一六頁。

(91) なお、大慶の個人史については、引野亨輔「大慶―「考証の時代」の真宗学僧―」（『芸備地方史研究』三〇〇、二〇一六年）を参照されたい。

(92) 註(58)妻木編前掲書一三四頁。

(93) なお、註(48)佐々木前掲書三二四～三二五頁をみる限り、『歩船鈔』が三巻本となってしまったのは、「剞劂氏ノ奸謀」などではなく、製本時に『口伝鈔』の後半を混入させてしまったのが原因のようである。

(94) 註(58)妻木編前掲書一三二～一三三頁。

(95) 大桑斉「近世真宗異義の歴史的性格」（橋本博士退官記念仏教研究論集刊行会編『仏教研究論集』清文堂出版、一九七五年）。

(96) 註(48)佐々木前掲書七三二頁。
(97) 註(58)妻木編前掲書一三一頁。
(98) 註(15)末木前掲書一〇三～一一〇頁、註(64)佐藤前掲書二二〇～二二九頁。
(99) 鈴木英之「中世浄土宗における偽書—聖冏・聖聰著作を中心に—」(『日本思想史学』四六、二〇一四年)。
(100) 引野亨輔「江戸時代の地域社会における名所旧跡の生成と権力・伝統・娯楽」(『千葉大学　人文研究』四八、二〇一九年)。
(101) 井上智勝『近世の神社と朝廷権威』(吉川弘文館、二〇〇七年)一八九～一五九頁では、吉見幸和・多田義俊といった「考証主義的神学者」の動向が、江戸時代の神職支配をめぐる吉田家・白川家の抗争という政治的背景に落とし込むかたちで丹念に描き出されている。仏教諸宗教団における文献考証主義の確立を取り上げる本章にとっても、学ぶべき点の多い研究成果といえる。
(102) 金龍静「一向宗の宗派の成立」(『講座蓮如　第四巻』平凡社、一九九七年)。なお、初期浄土真宗における諸門流の特徴については、同朋大学仏教文化研究所編『親鸞・初期真宗門流の研究』(法藏館、二〇二三年)が、その網羅的な把握を試みており、参考になる。
(103) ここで使用する「宗派」は、川本慎自「室町幕府と仏教」(『岩波講座日本歴史　第八巻』岩波書店、二〇一四年)の指摘にならい、師資関係に立脚しない制度的・契約的な組織と定義しておきたい。
(104) ただし、藤實久美子『近世書籍文化論　史科論的アプローチ』(吉川弘文館、二〇〇六年)二九五～三〇三頁で指摘されているように、江戸時代に刊本となって商業ルートに乗り、開放系の「知」として流布したのは、あくまで蓄積されてきた知識の一部である。伝統的な仏教知のうち、何が刊本となって開放性を強め、何が写本のまま閉鎖性を保ったかという問題については、今後もさらに丹念な検討を加えていく必要がある。
(105) 例えば、若尾政希『「太平記読み」の時代　近世政治思想史の構想』(平凡社、一九九九年)では、『太平記評判秘伝理尽鈔』という太平記講釈のネタ本が広範に普及したことにより、それを読解した江戸時代人のあいだで、ある種の政治常識が共有されることになったと指摘される。そして、その『太平記評判秘伝理尽鈔』とは、商業出版成立以前であれば、師匠から弟子へと秘伝されていたはずの書物なのである。『「太平記読み」の時代』は、秘伝書までもが出版を通じて公開されていく江戸時代的な文化環境に着目した研究成果といえる。

(106) 末木文美士『日本仏教史―思想史としてのアプローチ―』（新潮社、一九九六年）二五七～二六一頁。

(107) もちろん、江戸時代の仏教諸宗檀林において、文献考証主義的な意識が高揚した要因は、民間書肆との緊張関係だけに求め得るものではない。本章第一部第二章・第三章では、読解能力を向上させる俗人信徒の存在や、他宗他派との経典解釈の相違など、多様な観点から文献考証主義の高まりを分析する予定である。

第二章　江戸時代の地域寺院における蔵書形成とその機能

はじめに

前章では、江戸時代前期の京都に注目することで、日本史上における商業出版の成立と、仏教教団との深い関係性を探った。それにより、所化僧への一斉教化体制を確立しようとする諸宗檀林と、「檀林教科書」という堅実な商品を確保しようとする民間書肆とが、宗派ごとに結び付きを深め、かつてない仏書出版の隆盛を到来させていたことが明らかになった。師匠から瀉瓶の弟子へと口伝・秘伝のかたちで相承されてきた仏教知は、宗派ごとの御用書肆が大量の「檀林教科書」を出版したことに伴い、一気にその公開性を向上させたのである。

もっとも、次々と刊本化されていく仏教知をいち早く享受できたのは、当然ながら三都の住民、もしくは大檀林で修行する機会を得た僧侶に限られていたと考えられる。出版文化史研究が近年目覚ましい成長を遂げたことにより、江戸時代前期に商業出版が急速に発展した事実も明らかになってきたが、それと同時に、当時の書物が現代とは比べものにならない稀少品・高級品であったことも指摘されているからである。江戸時代に書物知の活用を試みようとする場合、三都とそれ以外の地域では、明白な環境上の優劣が存在した(1)。

それでは、江戸時代の地域寺院は、どのような過程を経て、蔵書を形成していったのだろうか。宗派教学に精通すべく檀林へ懸席し、もっぱら本山お墨付きの聖教や能化（教学指導者）の講義テキストを入手することが、地域寺院の僧侶にとって主たる蔵書形成の契機だったのか。それとも、教学研鑽を目的として書肆の軒数も多い都市部に赴くことは、修行僧たちにとって多様な書物知に触れる絶好の機会だったのか。あるいはまた、時代が下るにつれて、地元に留まりながら専門的な仏書を収集することも、徐々に困難な行為ではなくなっていったのか。以上のような疑問を解き明かすために、本章では、江戸時代中後期に福山藩領備後国沼隈郡藁江村の浄土真宗寺院大東坊（西本願寺派）で行われた集書活動に注目する。

ちなみに、本書序章でも繰り返し述べたように、江戸時代は日本史上で初めて商業出版が成立し、村落社会のなかにまで一定程度の蔵書を形成する家々が出現した時期である。そうであれば、知識習得を必須とする寺院・神社といった宗教施設では、地理的環境さえ整えば、さしたるきっかけもなく着実に蔵書が蓄積されていくようにも思われる。しかし、後ほど詳述するように、寺院蔵書の形成には、学術的な動向が複雑な影響を与えていることもあれば、世代間で蔵書収集への意識に大きな変化が生じることもあり、その過程は事例ごとにかなり多様なものといえる(2)。だからこそ本章では、地域寺院の蔵書形成というほぼ無限に存在する素材から、敢えて一事例を選び取って微視的な検討を加え、その具体性のなかから近世社会と書物知の関係性の特質を抽出しようと試みた。

第一節　大東坊における蔵書形成と学僧大慶

さて、集書活動の具体的な考察に先立ち、ここで大東坊という地域寺院の存在形態を探っておきたい。「備前法華に安芸門徒」と称されるように、広島県は全国でも有数の浄土真宗優勢地帯である(3)。もっとも、全仏教寺院のなかで浄土真宗寺院が七〇～九〇パーセントと圧倒的な割合を占める地域は、「安芸門徒」の言葉に象徴されるように、同県域でも旧安芸国（県西部）に集中している。旧備後国（県東部）になると、浄土真宗寺院の割合は如実に減少し、大東坊が寺基を構える沼隈郡の浄土真宗寺院率も三〇パーセント程度にとどまる。その一方で、中国地方への浄土真宗勢力の進出という観点からみれば、備後国なかんずく沼隈郡は、安芸国以上に注目を要する場所である。というのも、同郡の山南村光照寺は、中国地方における浄土真宗普及の嚆矢となった場所だからである。

光照寺は、寺伝の記述を信用するならば、鎌倉で活躍していた親鸞直弟子の明光が、師の命を受けて西国に下り、建保四年（一二一六）に創建したという寺院である。中国地方は、北陸地方や関東地方とは異なり、開祖親鸞が直接的な教化の足跡を残さなかった場所であるから、親鸞直弟子の開基という寺伝が真実であれば、光照寺が中国地方最古の浄土真宗寺院と称されるのも肯ける。ただし、最新の研究成果によれば、そもそも明光を親鸞直弟子世代とみなすのは難しく、彼の備後来訪も史実としては疑わしいとされている。実際に光照寺を創建したのは、明光の弟子明尊であり、時期も室町時代前期とみなすのが妥当なようである(4)。

さて、寺伝をそのまま信用するわけにはいかないとしても、光照寺が、いまだ浄土真宗不毛の地であった室町時代の備後国で、いち早く教線拡大に努めたことは動かしがたい事実である。そのことを裏付けるように、本章で取り上げる大東坊もまた、寺伝のなかで光照寺との濃密な師弟関係を主張している。すなわち、明光の西国下向に当たって、屈強な六人の武者が護衛のために付き従った。彼らは備後国で教化に励む明光に感化されて剃髪し、それぞれに一寺の住職となった。「随身六坊」と称されるこれらの寺院は、現在も光照寺の近隣に寺基を構

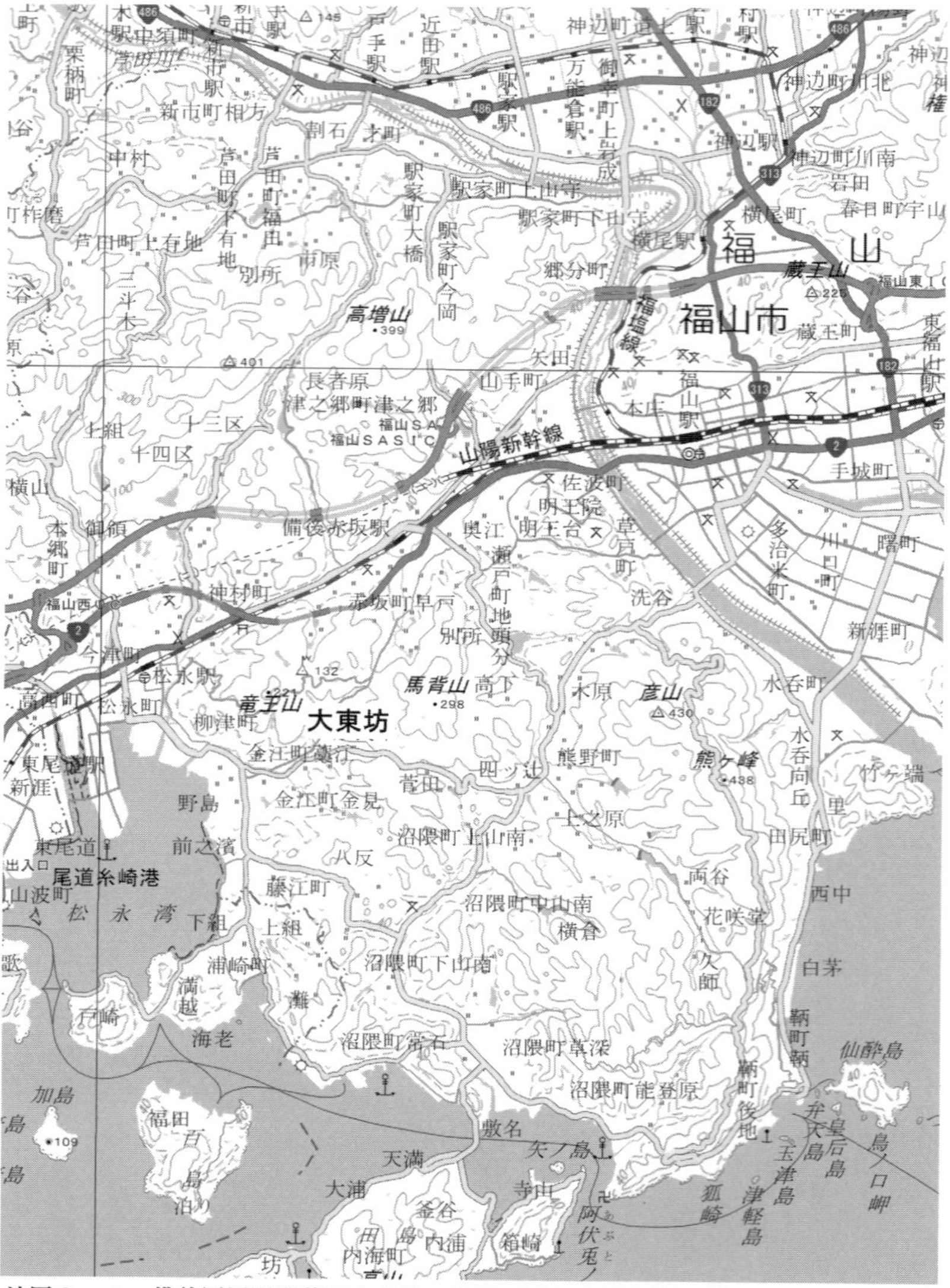

地図２－１　備後国沼隈郡藁江大東坊の位置（国土地理院電子地形図20万オンラインを加工）

えており、大東坊はその一つというわけである[5]。

それでは、右のような輝かしい開基伝承を有する大東坊は、檀家制度が整備される江戸時代に、どのような寺院経営を行っていたのだろうか。江戸時代における大東坊の檀家数を正確に把握することはできないものの、檀家の分布範囲やおおよその数であれば推測することはできる。例えば、先に紹介した大東坊の寺伝では、天保一二年（一八四二）から安政五年（一八五八）にかけて行われた本堂再建の様子が紹介されており、檀家のなかから延べ二三四一人の手伝い人足を動員していたことが分かる。その動員範囲を探ると、藁江村を中心としつつ、金見村・柳津村・神村・津之郷村・山手村（以上、沼隈郡）・上有地村（芦田郡）など周辺村落にまで広がっており、これを檀家の分布範囲とみなすことができる[6]。また、明治五年（一八七二）に作成された寺院明細の記録が残っており、それによって確認すると大東坊の檀家数は三〇八軒であった[7]。集書活動を活発化させた江戸時代中後期にも、大東坊は恐らくこの数値に近い檀家を有していたと考えて良かろう。

江戸時代の浄土真宗寺院を地域比較した児玉識の指摘によれば、北陸地方では、檀家数千軒以上の大寺院と百軒以下の零細寺院とに、寺院規模が二極化している。他方、中国地方では、平均して二百軒前後の檀家を有する中規模寺院が最も一般的な存在になっている[8]。大東坊は、地域社会に屹立する北陸地方型の大寺院ではなく、近隣の寺院や地域住民と横のつながりを発展させ得る中国地方型の中規模寺院であったとみなすことができる。ちなみに、圭室文雄は、江戸時代の地域寺院が経営の安定化を達成するために最低限必要な檀家数を、一〇〇～一五〇軒と想定している[9]。そうすると大東坊は、自らが抱える檀家の経済的援助のみで、十分に安定的な経営を維持し得る中規模寺院であったことになる。

それでは、江戸時代に備後国沼隈郡の中規模浄土真宗寺院として地歩を固めていた大東坊は、どのような経緯

年表２－１　大慶略年譜

和暦	西暦	年齢（数え年）	事項
元文２年	1737年	１歳	大東坊18代住職栄応の５男として生まれる。
宝暦６年	1756年	20歳	大和国（現奈良県）に遊学して高芙蓉に儒学を学ぶ。
宝暦８年	1758年	22歳	大和国木原大行寺（現橿原市）にて自ら唐詩選の講義を行う。
宝暦９年	1759年	23歳	大和国今井順明寺（現橿原市）にて浄土真宗の僧侶正教の選択本願念仏集に関する講義を聴聞する。
同上	同上	同上	大和国飛鳥坐神社（現高市郡明日香町）にて神職大神靭負の日本書紀神代巻に関する講義を聴聞する。
宝暦10年	1760年	24歳	四天王寺（現大阪市）にて真言宗の僧侶覚証の略述法相義に関する講義を聴聞する。
宝暦11年	1761年	25歳	親鸞500回忌のため本山西本願寺に参詣する。
同上	同上	同上	西本願寺学林にて能化義教の愚禿鈔に関する講義を聴聞する（※この年から学林修学が本格化）。
同上	同上	同上	大和国へ帰り松塚西蓮寺（現大和高田市）にて浄土真宗の僧侶慧晃に浄土論註・安楽集・愚禿鈔などを学ぶ。
明和元年	1764年	28歳	木原大行寺にて自ら仏制比丘六物図に関する講義を行う。
明和２年	1765年	29歳	浄土真宗の僧侶慧伯の講義を聴聞するため、入出二門偈を購入する。
明和４年	1767年	31歳	摂津国大念仏寺（現大阪市）にて融通念仏宗の僧侶観山の倶舎論に関する講義を聴聞する。
同上	同上	同上	摂津国生玉藤治寺（現大阪市）にて天台宗の僧侶浄明の勝鬘経宝窟に関する講義を聴聞する。
明和５年	1768年	32歳	大和国長谷寺（現桜井市）にて真言宗の僧侶卓立の唯識論に関する講義を聴聞する。
明和６年	1769年	33歳	長谷寺にて真言宗の僧侶隆山の倶舎論に関する講義を聴聞する。
明和７年	1770年	34歳	長谷寺にて真言宗の僧侶卓善の大乗起信論に関する講義を聴聞する。
明和８年	1771年	35歳	長谷寺にて真言宗の僧侶智幢の華厳五教章に関する講義を聴聞する。
同上	同上	同上	さらに智幢から六合釈・八転声・因明論・金七十論について学ぶ。
安永元年	1772年	36歳	木原大行寺にて自ら大乗起信論に関する講義を行う。

安永２年	1773年	37歳	母の大病により一時帰郷する。
安永５年	1776年	40歳	木原大行寺から同じく大和国の戸毛大乗寺（現御所市）へ転住する。
同上	同上	同上	西本願寺学林の招聘を受け、正信念仏偈に関する講義を行う。
寛政９年	1797年	61歳	備後国大東坊に帰住する（※その際、大量の書籍を大乗寺から持ち帰る）。
文化元年	1804年	68歳	本山西本願寺から堂達格に任ぜられる。
文化２年	1805年	69歳	本山西本願寺から徳聚寺という呼寺号を賜る。
同上	同上	同上	本山西本願寺の御前講にて高僧和讃曇鸞章に関する講義を行う。
文政元年	1818年	82歳	没する。

で集書活動を進めていったのだろうか。既述の通り、江戸時代の地域寺院では、地理的環境さえ整えば、自然な流れで蔵書が蓄積されていったというわけではない。大東坊蔵書の場合、その形成に大きな役目を果たしたのは、学僧大慶（一七三七～一八一八）である。そこで、大東坊の寺伝に基づいて作成した年表二―一によって彼の生涯を振り返りつつ、蔵書形成の過程を抽出していきたい。

大慶は、元文二年（一七三七）に大東坊一八代住職栄応の五男として生まれた[10]。ちなみに、大慶幼少期に長男の栄寛が栄応の跡を継いで一九代住職に就任しているので、彼は悪くいえば住職相続という安定した道を早くから絶たれており、良くいえば跡目を継ぐ責務から自由であった。そこで大慶は、宝暦六年（一七五六）になると、二〇歳の若さで遊学の旅を開始し、大和国木原村大行寺を拠点として学問研鑽に励んだ。備後国に生まれた大慶が、大和国の大行寺にどのような縁があり、また遊学中いかなる待遇を受けていたかは不明である。ただ、現在大東坊に残されている大慶作成の写本には、大和国遊学中に作成したものであっても「備後大慶」の署名が付されているので、次期住職になることを期待されての招請などではなく、あくまで修行僧として一時的に住み込みを許されたと理解するのが妥当であろう。

次に大行寺という拠点を得た大慶の具体的な学問遍歴に注目してみよう。浄土真宗教学の本格的な学習という観点からすれば、年表二―一にも記されるように、宝暦一一年（一七六一）に西本願寺学林にて五代能化義教の講義を聴聞したのが、その始まりとみなし得る。しかし、旺盛な修学意欲を有する大慶は、学林懸席以前から多方面で学問の師を探し求め、精力的な学びを進めていた。大和国遊学後、彼が真っ先に師事したのは、篆刻家としても有名な京都の儒者高芙蓉であった[11]。当然その目的は、篆刻の技術を習得することではなく、博覧強記と称される高芙蓉の下で漢籍読解の力を磨くことにあったと推測される。大和国の飛鳥坐神社にて神職の大神靫負から日本書紀神代巻に関する講義を受けているのも興味深い。神祇不帰依[12]を標榜する浄土真宗僧侶が、なぜ熱心に神道の講義を聴聞したのかという点については、次節で詳しい検討を加えたい。

儒学や神道にまで学びの手を伸ばした大慶であるから、浄土真宗以外の仏教宗派に対しても、当然のように大きな関心を示した。年表二―一でも、真言宗・天台宗・融通念仏宗など各宗僧侶の仏典講釈に足を運んだ様子が窺われるが、一番目立つのは三〇代前半に行われた大和国の長谷寺での修学であろう。長谷寺は、豊臣秀吉による紀伊国根来寺焼き討ちの後、難を逃れた学僧が入寺したことによって新義真言宗豊山派の本拠地となり、江戸時代には僧侶を養成する学山としても隆盛を極めた場所である[13]。もっとも、大慶が盛んに聴聞した仏典講釈は、新義真言宗教学の根幹に関わるものというよりも、唯識論・倶舎論・大乗起信論など仏教の基礎学に該当するものであった。また、長谷寺での修学の最後の年に「智幢」から教えを受けていることも注目される。この「智幢」は、後に長谷寺の三二代能化にまで昇り詰めた智幢房法住（一七二三～一八〇〇）を指すと考えられるが、法住は、真言密教はもちろん、唯識・倶舎・華厳・天台に広く通じ、さらに梵語への理解も深く、六合釈や八転声など梵語の文法解釈をめぐる著作も多数著した人物だからである。[14] 僧侶養成機関である檀林が宗派ごとに分立していた江戸時代において、唯識・倶舎などの仏教諸学は、どの宗派の檀林でも一通り学び得るようになった。[15] しかし、大慶は西本願寺学林で行われる余乗の修学に飽き足らず、[16] より深い仏教諸学への精通を目指して長谷寺に赴いたのであろう。右のような大慶の学問遍歴は、やがて大東坊における蔵書形成にも大きな影響を与えていくことになるのだが、その点については次々節で詳述することにしたい。

安永五年（一七七六）に四〇歳となった大慶は、二〇代の頃から遊学の拠点としてきた木原村大行寺を離れ、同じく大和国の戸毛村大乗寺へ転住した。同年には、西本願寺学林の招聘を受けて正信念仏偈に関する講義も行っており、学僧としての知名度は着実に高まっていたようである。大乗寺における大慶の立場も、修行僧として大行寺に住み込んでいた頃とは大きく変化したと考えられるが、寺院内で住職に類する責務を担っていたかどうかは定かでない。現在大東坊に残されている大慶作成の写本に注目すると、大乗寺転住後も「備後大慶」の署名は使われ続けているため、[17] 大慶にとっての大乗寺は、大行寺同様にあくまで一時的な留錫の地であった可能性も高い。

戸毛村大乗寺に転住した安永五年に続き、大慶にとって人生の転機となったのは、寛政九年（一七九七）である。既に六一歳の老齢となっていた大慶は、望郷の念が強まったためであろうか、大和の地を離れ、約四〇年振りに備後国藁江村へ帰郷した。そして、大東坊蔵書の形成に注目する本章にとって最も重要な点であるが、彼はこの時、今まで朱点を加えたり注釈を付けたりして読み慣らした「内外諸典自他経釈一千三百余部」を、大東坊に持ち帰ったという。なお、長年世話になった戸毛村大乗寺にも、大慶自筆の写本を中心に「一千余部」を残したようである。こうして故郷藁江村の大東坊に帰住した大慶は、「門脇の茅屋」を寓居として、大和国遊学中に蓄えた蔵書を整理しつつ余生を楽しんだ。彼が没したのは文政元年（一八一八）、八二歳の時である。

さて、ここでやや結論を先取りしつつ現存する大東坊の蔵書に目を向けると、そこには大慶が大和長谷寺で学んだ唯識論・倶舎論・大乗起信論などに関する仏書が豊富にあり、また彼が講義を聴聞するほど高い関心を示した日本書紀に関する書物もまとまって存在する。つまり、大東坊の蔵書は、右のような大慶の修学過程を如実に反映した構成となっているわけである。「内外諸典自他経釈一千三百余部」という表現自体は明らかな修辞であり、正確な部数を示すとは考えがたいが、蔵書の急増に彼の遊学が大きく寄与したことは間違いない。

もちろん、大慶の遊学だけが、大東坊における蔵書形成の契機だったわけではない。大慶以外にも、蔵書の増加に影響を持ったと考えられる人物が数名存在するので、以下で簡単に紹介しておこう。

まず、大東坊蔵書に付された署名の多さから推測すると、大慶の次に注目すべきは、大東坊二〇代住職の栄了である。栄了は、大慶にとって甥に当たる。大慶の兄である栄寛が、天明四年（一七八四）に隠居したため、その跡を継いで住職になった。ちなみに、大慶が帰郷した寛政九年にちょうど住職を務めていた人物でもある。栄了は、絵伝に強い関心を抱き、先代住職が本山から下付された親鸞の掛幅絵伝や、自ら入手した聖徳太子の掛幅絵伝を活用して、盛んに絵解き講釈を実践した。自作の絵解き台本も書き残しており、この分野での蔵書形成に大きく寄与したと考えられる。なお、開祖親鸞の生涯については、後述するように、大慶も並々ならぬ関心を有していた。栄了は、大慶の文献考証主義的な開祖親鸞に対する関心を、絵解き講釈の実践へと転換させるかたちで継承した人物といえよう。

また、二一代住職の栄学や二二代住職の栄性にも注目が必要である。栄学は文化八年（一八一一）、栄性は天保八年（一八三七）にそれぞれ先代である父の跡を継いで住職になったが、彼らの代に大東坊に寺子屋が設けられ、近隣村落の児童百～二百人を対象として読み書きが教えられた。そこで、栄学・栄性の代には、往来物や筆道書といった寺子屋の教材が充実していった。大東坊の蔵書が、近隣村落に対して開かれた存在となる上でも、彼らの果たした役割は大きかったと考えられる。

以上のような大慶やその後の大東坊住職たちの動向を念頭に置いた上で、いよいよ次節では、現存する大東坊蔵書の分析へと進んでいきたい。

第二節　大東坊蔵書の分類

（一）蔵書印に注目して

さて、前節で述べたように、備後国の中規模寺院である大東坊は、大慶が書肆の軒数も多い畿内方面に遊学し、長年にわたって幅広い修学を続けた後、大量の書物を故郷へ持ち帰ったことにより、一気に蔵書を増加させることになった。もっとも、大慶帰郷以前の大東坊に蔵書が全くなかったとは考えがたいし、大慶没後についても、後に続く住職たちは新たな書物の購入を継続させたと予想される。付言しておくと、寛政九年に帰郷した大慶は、文政元年に没するまで二〇年以上も学問研鑽を継続させたわけだから、そのあいだに彼が新たな集書活動を進めた可能性も大いにある。それでは、大東坊に現存する蔵書のうち、どの程度が大慶の集書活動に関わるものであり、またどの程度が彼の大和国遊学中に収集されたものなのだろうか。

既述の通り、江戸時代には、三都とそれ以外の地域で、享受し得る商業出版の恩恵に大きな差があったと考えられる。それでは、大東坊における充実した蔵書形成は、偶然にも大慶という学僧が京都や大坂に近接する大和国へ遊学し、その地の利を生かして収集した書物を持ち帰った結果なのだろうか。それとも、江戸時代の地域寺院にとって、地元に留まりながら集書活動を行うことは、そこまで難しくない行為だったのだろうか。こうした蔵書形成の条件を探る上でも、現存する大東坊蔵書を大慶収集分とそれ以外とに区分けしてみることは、興味深い作業になるはずである。ひとまず以上のような問題意識を前提として、大東坊蔵書の全体像に迫ってみたい。

大東坊に残された蔵書は、現在「麟閣」という名の経蔵に保管されている。筆者が平成一八年（二〇〇六）から平成二二年（二〇一〇）にかけて行った調査によれば、現存する大東坊蔵書は江戸時代の古和書だけでも一五七三部三六〇七冊あり、地域寺院の蔵書としては膨大な量といえる。[18] こうした史料群の分析に際して、まず心掛けるべきは、現在の保管状況からこれまで史料を保管してきた人々の意識を読み取ることであろう。[19] もっとも、麟閣は、大慶没後の文政六年（一八二三）に建立されたものであるため、ここに配架し直した段階で、彼が行った蔵書整理の秩序は一度リセットされたと考えられる。そもそも、筆者が調査に入った時点での大東坊蔵書は、続き物の上中下巻が時として全く別の場所に置かれているような雑然とした状態にあり、現状から遡及して蔵書群の序列意識や活用実態を読み取ることは難しかった。

そのような場合、次に有効な分析方法は、江戸時代当時に作成された蔵書目録を活用することであろう。そもそも、前近代社会における書物とは、所有者にとって貴重な財産であったから、経済的な理由によって売却され、散佚してしまう恐れは常にあった。そこで、残された蔵書目録から現存しない蔵書の姿を復元するという手法によって、蔵書分析は進展してきたわけである。[20] しかし、大慶やその後の大東坊住職たちが蔵書目録を作成した痕跡は、残念ながら現在の大東坊には残っていない。そこで、大東坊蔵書の分析に当たっては、その半数以上に押されている蔵書印に着目する必要が出てくる。

大東坊蔵書の蔵書印には、「大東坊蔵本」という黒文円印（図二―一）と、「備後藁江大東坊蔵」という黒文長方印（図二―二）の二種類がある。これらの蔵書印を頼りに、黒文円印が押された刊本・写本、黒文長方印が押された刊本・写本、蔵書印が押されていない刊本・写本の部数・冊数をそれぞれまとめてみると、表二―一のようになった。なお、黒文円印と黒文長方印が両方押されている蔵書も一七部（刊本八部・写本九部）存在するのだが、後述するように、これらには当初黒文円印のみが押されており、後に黒文長方印が加えられたと推測される。そこで、表二―一では、両方の蔵書印が押されているものについて、便宜上、黒文円印が押された蔵書としてカウントした。

さて、幾つかの先行研究で指摘されているように(21)、同一の蔵書群のなかに異なる種類の蔵書印が併存する場合、それらは蔵書の形成時期や収集者の別を反映していることが多い。そこで、黒文円印・黒文長方印が押されてい

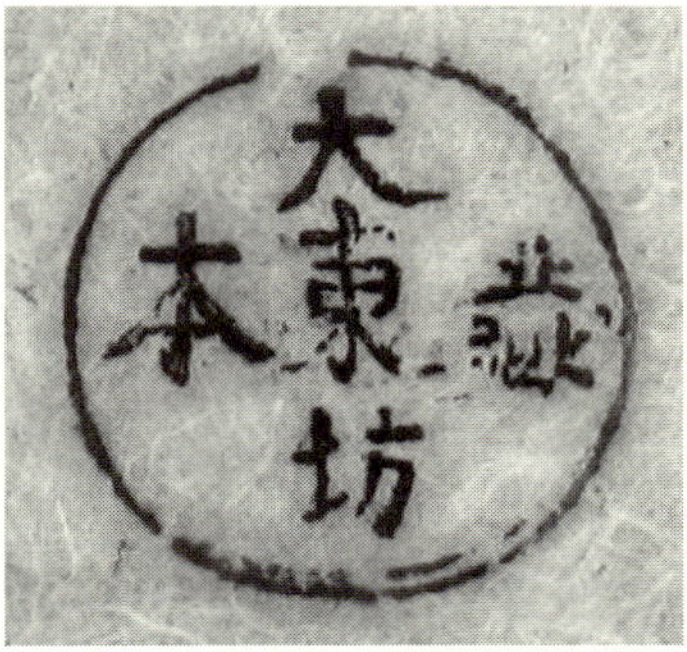

図２－１　大東坊の蔵書印（黒文円印「大東坊蔵本」）

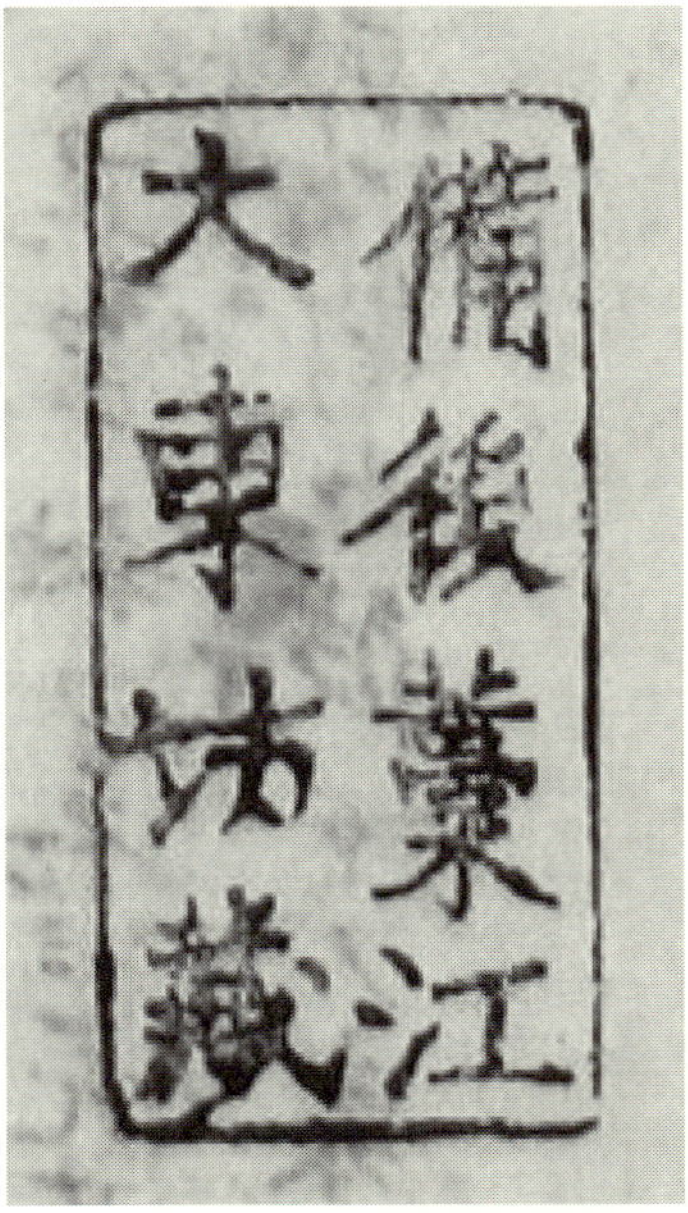

図２－２　大東坊の蔵書印（黒文長方印「備後藁江大東坊蔵」）

表２－１　蔵書印による大東坊蔵書の分類

黒文円印「大東坊蔵本」	刊本	596部2033冊
	写本	226部358冊
黒文長方印「備後藁江大東坊蔵」	刊本	109部292冊
	写本	63部88冊
蔵書印なし	刊本	190部401冊
	写本	389部435冊
合計		1573部3607冊

る蔵書の形成時期を探ってみると、蔵書印ごとに明確な時間差を確認することができた。まず黒文円印が押されている写本二二六部に着目すると、そのなかでも筆写年が特定できる写本は五〇部あり、最も古いものは寛延二年（一七四九）、最も新しいものは文化一〇年（一八一三）という結果になった。他方、黒文長方印が押されている写本六三部に着目すると、そのなかで筆写年が特定できる写本は一四部あり、最も古いものは文政三年（一八二〇）、最も新しいものは安政元年（一八五四）という結果になった。興味深いことに、写本の筆写年から推測できる黒文円印本と黒文長方印本の形成時期は、重なるところが全くなく、しかも黒文円印本は全て大慶の生存期間に筆写されていたのである。[22]

　蔵書に記された署名に着目しても、黒文円印本と大慶の深いつながりは見出し得る。すなわち、黒文円印本の場合、刊本・写本ともに「大慶」の署名が圧倒的に多いのに対して、黒文長方印本の場合、「大慶」の署名は全く見られなくなる。[23] ここで、黒文円印・黒文長方印の両方が押されている書物についても同様の検討を行っておくと、写本九部は署名や筆跡からいずれも大慶によって筆写されたことが分かる（刊本八部については後述）。つまり、黒文円印本ならびに両方の蔵書印が押された書物は、大慶によって収集された可能性が高いことになる。

　なお、江戸時代の木版本は、刊記（巻末においてその本の刊行年や出版業者などを記載した箇所）を改訂することなく後刷本を出版するケースが多く、[24] また古本屋を介在させることで延々と所有者を変えていく商品でもあったため、[25] 刊本に付された刊記から蔵書の正確な入手時期を割り出すことは難しい。それでも一応の検討を加えてお

く と、黒文円印が押された刊本五九六部のなかで刊記を確認し得る刊本は四四八部あり、最も古いものは慶長八年（一六〇三）、最も新しいものは寛政七年（一七九五）という結果になった。他方、黒文長方印が押された刊本一〇九部のなかで刊記を確認し得る刊本は七六部あり、最も古いものは寛永四年（一六二七）、最も新しいものは文久元年（一八六一）という結果になった。最も古い刊記についていえば、そこから引き出し得る情報は、江戸時代前期であろうが幕末期であろうが、これらを購入することが可能という自明の事実だけである。しかし、最も新しい刊記についていえば、もう少し有益な情報を引き出すことができる。すなわち、黒文円印が押された刊本は、いずれも大慶存命中に購入可能であるのに対して、黒文長方印が押された刊本には、大慶没後にしか購入できないものが含まれている。以上のような写本・刊本の分析結果から、ひとまず本章では、黒文円印本を大慶によって収集・整理された蔵書群、黒文長方印本を大慶没後に栄了・栄学・栄性ら大東坊の住職たちによって収集・整理された蔵書群と仮定してみた[26]。

もっとも、黒文円印の印記はあくまで「大東坊蔵本」であり、なおかつ黒文円印が押された刊本のなかには大慶帰郷以前に大東坊の住職が購入できたはずのものも多数含まれているわけだから、右に示した情報だけでこれらの蔵書の収集者を大慶個人に特定するのはやや強引であろう。そこで、筆者の仮説を補強すべく、蔵書印が押されていない刊本にも分析の手を伸ばしてみたい。表二―一を見れば分かるように、大東坊蔵書のなかで蔵書印が押されていない刊本の部数は一九〇部に及ぶ。当然ながら蔵書印が押されなかった理由は、個々の事例によって様々であると考えられるが、江戸時代前期から所蔵され続けてきた刊本に不思議と蔵書印がないのは注目すべき事実である。すなわち、大東坊には、『般舟讃』・『法事讃』・『観念法門』など浄土系の仏教諸宗にとって必携の書物が、寛永年間（一六二四～一六四四）の刊記を有する刊本のかたちで一〇部所蔵されている。それらには、一五代住職栄教、もしくは一六代住職永順の署名があり、「常住物也」という書き込みも確認できる。大東坊の什物として長きにわたり重宝されてきた蔵書群と考えられるが、いずれにも蔵書印は押されていない。

また、江戸時代前期というわけではないが確実に大慶帰郷以前から所蔵されていたものに注目すると、大東坊には「釈栄寛」の署名が記された『真宗意得鈔』という刊本が所蔵されている。本書第一部第一章でも取り上げたが、『真宗意得鈔』は元禄三年（一六九〇）に七部聖教の一つとして出版されており、著者を蓮如に仮託した偽書である。次章で詳述するように、大慶はこうした偽書を精力的に収集し、直接辛辣な批判を書き込んでいる。しかし、大慶の兄にして一九代住職も務めた栄寛[27]購入の『真宗意得鈔』に大慶の書き込みはなく、また蔵書印も押されていない。

『般舟讃』・『法事讃』・『観念法門』や『真宗意得鈔』に蔵書印が押されなかった理由は、黒文円印本を大慶収集本とみなすことで合理的に説明できる。すなわち、「大東坊蔵本」の黒文円印は、大慶が帰郷時に持ち帰った「内外諸典自他経釈一千三百余部」を整理する目的で用意した蔵書印であり、彼の身の回りにある書物を中心に押印されたのではないだろうか。だからこそ、本来なら蔵書の中核とみなされるべき『般舟讃』・『法事讃』・『観念法門』などは、大慶の管轄外であるため、黒文円印を押す対象にならず、『真宗意得鈔』も、兄の栄寛が所持していたため、蔵書印を押す機会がなかったのだと推測しておきたい。以上のように、蔵書印が押されていない刊本に分析の手を伸ばすことで、大東坊蔵書を構成する三つの層が浮かび上がってきたかと思われる。蔵書の中核となるのは、大慶が収集・整理した黒文円印本であり、その形成時期は彼の遊学開始時から没年までにほぼ重なる。なお、黒文円印が押された写本のなかで筆写年の特定できるものは五〇部あるが、そのうち備後国帰郷後に筆写されたものはわずか二部に過ぎない。刊本にもこの割合を当てはめて良いかどうか、やや疑問は残るが、やはり黒文円印本の多くは大慶が大和国から持ち帰ったものと考えるのが妥当であろう。他方、黒文長方印本は、栄了・栄学・栄性ら大東坊の住職たちが継続した集書活動の成果であり、その形成時期は大慶没後から幕末にまで及ぶ。また、大慶の帰郷以前にも大東坊には一定程度の蔵書が存在したが、恐らく蔵書印を押して管理する段階には至っていなかった。そこで、大東坊に残る蔵書印が押されていない刊本の一部は、最も古い大東坊蔵書である可能性が高い。

ただし、右のように説明すると、一九〇部存在する蔵書印のない刊本が、全て大慶帰郷以前に入手されたものであるかのような印象を与えかねないので、この点に関してはもう少し丁寧な分析を加えておきたい。まず蔵書印のない刊本を概観すると、寛政九年の大慶帰郷以降に刊行されたものも三〇部存在するため、蔵書印を押していないからといって必ずしも古い什物であるとは即断できない。そもそも、刊記が入手時期をストレートに反映しているとは限らないわけだから、江戸時代の木版本が明治時代以降に購入され、蔵書印を押されることなく現在に至ったケースなどもゼロではないだろう。あるいは、単純に蔵書印を押し忘れたケースも存在すると思われる。また、後述する浄瑠璃本や往来物のような書物は、大切に保管すべき「蔵書」とはみなされず、蔵書印を押されなかった可能性もある。

ちなみに、「蔵書」とみなされなかったために蔵書印が押されていないケースは、写本にまで分析対象を広げると、恐らく過半数を占めると考えられる。再び表二―一を見ると、大東坊蔵書のなかに蔵書印が押されていない写本は三八九部存在し、蔵書印が押されていない刊本一九〇部の約二倍に相当する。そのうち筆写年が判明する写本は一三一部あり、最も古いものは享保一八年（一七三三）、最も新しいものは慶応四年（一八六八）である。筆写年からも推測できるように、蔵書印が押されていない写本を筆写した人物は、大慶・栄了・栄学・栄性と多数に及ぶのだが、全体として大きな共通点もある。これらの大半は、法話の聴聞記録や、経典の抜き書きなど、雑然と書き散らされたものなのである。他方で、同じく法話の聴聞記録であっても、その場で書き取った内容を清書し直し、厚手の表紙を付けて丁寧に製本した写本には、黒文円印や黒文長方印が押されている。もちろん、膨大な大東坊蔵書のなかには、こより紐で簡易に綴じただけの小冊子に蔵書印を押している事例などもわずかに存在するが、全般的な傾向としていえば、草稿段階の写本には蔵書印が押されず、清書本には蔵書印が押されたと考えて良かろう。[28] 黒文円印本や黒文長方印本のなかの写本割合と、蔵書印が押されていない蔵書の写本割合を比較してみても、右のような傾向ははっきりと読み取り得る。というのも、黒文円印本や黒文長方印本では、刊本の量が写本の量を大きく上回っているのに対して、蔵書印が押されていない蔵書では、逆に写本の量が刊本の量を大きく上回っているからである。大切に保管すべき「蔵書」とみなされず、黒文円印・黒文長方印を押されなかったものが寄り集まり、右のような写本の量を生み出していると推測される。

ところで、村役人層の蔵書目録を分析した工藤航平は、彼らが農政の手引書や法令集といった編纂物をも漢籍同様に「蔵書」として書き上げていた事例を紹介し、蔵書目録の作成とは自分が何を「蔵書」とみなすかの選別作業であることへの注意を喚起している。[29] なるほど、工藤の指摘に基づいて大東坊蔵書を見直すと、「正徳元年阿部備中守御領寺院へ御触書一通」など福山藩の寺院行政に関する法令を書き綴った写本には黒文円印が押されているし、「公方ヨリ本願寺エ御書二通」など徳川幕府と西本願寺のやり取りを記録した写本にも黒文長方印が押されている。こうした編纂物は、寺院にとって必要不可欠な「蔵書」であり、それゆえ蔵書印を押して大切に保管されたわけである。他方で、書き散らした法話の聴聞記録や経典の抜き書き以外にも、意図的に蔵書印が押されなかったと考えられる写本は幾つか存在する。例えば、大東坊二〇代住職の栄了は、既述の通り、親鸞の掛幅絵伝や聖徳太子の掛幅絵伝を活用して盛んに絵解き講釈を行った人物であり、『御絵伝初幅摂化録』や『太子伝談録』といった絵解き台本を多数作成している。[30] これらの絵解き台本は、丁寧に清書されているが、蔵書印は一切押されていない。関山和夫の指摘するところによれば、かつて教学研鑽と密接不可分の関係にあった絵解き講釈のような話芸は、江戸時代に入ると次第に卑俗化し、学僧にとってやや距離を置くべき存在になっていったとされる。[31] そうであれば、絵解き台本に蔵書印が押されなかった理由についても、絵解き講釈の卑俗化や、実用書と教学書の峻別といった視点から読み解いてみる必要があるだろう。

以上のように、蔵書印の押印を何が「蔵書」であるかの選別作業として捉えるならば、大東坊蔵書の全体的な構成について、さらに精緻な仮説を立てることが可能になる。すなわち大東坊には、形成時期ごとに、①大慶帰郷以前から存在した刊本（蔵書印なし）、②大慶帰郷時に大和国から持ち帰られた刊本・写本（黒文円印本）、③大慶没後に大東坊の住職たちによって収集された刊本・写本（黒文長方印本）が、三つの層をなして存在している。それとともに、右の全ての時期にまたがって筆写あるいは購入され、大切に保管すべき「蔵書」とはみなされなかった写本ならびに刊本が、蔵書印のない状態で現存している。これらが大東坊蔵書の全体像ということになる。

さて、ここで当初の問題意識に立ち返り、大東坊蔵書の全体像から垣間見える蔵書形成の諸条件についてまとめておこう。本節で繰り返し強調したように、大慶の大和国遊学が大東坊における蔵書の急増に大きく寄与したことは間違いない。というのも、黒文円印本は部数にして黒文長方印本の五倍近くあり、収集期間の差を考慮に入れても、[32] 大慶の集書活動は栄了・栄学・栄性ら大東坊住職たちの集書活動を圧倒しているからである。蔵書も豊富な西本願寺学林にて精緻な文献考証の方法を学んだこと、文献考証に必要な書物を京都や大坂の書肆から比較的容易に購入可能であったこと、さらに大和長谷寺など他宗派の学山で学ぶ機会を得たことなどにより、大慶は蔵書収集能力を向上させたといえる。

もっとも、大慶というコレクターを亡くした文政元年（一八一八）以降の大東坊で、蔵書形成がぴたりと止まってしまったわけではない。江戸時代の西本願寺教団には、学林での修学を住職資格取得の必須条件とする明確な取り決めがあったから、[33]大東坊の歴代住職もその生涯において必ず京都へ上り、学林に懸席する必要があった。こうした学林懸席のための上京は、地域寺院の僧侶にとって、京都の書肆を訪ねる絶好のきっかけになったのである。また、江戸時代後期の福山藩領では、複数の貸本屋が精力的に活動していたし、太田屋六蔵という倉敷の書肆も福山城下で定期的に出張販売を行っていた。[34]この頃になれば、たとえ三都から遠く離れた場所であっても、地域寺院の住職が一定程度の蔵書形成を成し遂げることは十分可能になっていた。

なお、黒文円印本における刊本の割合が七〇パーセント程度であるのに対して、黒文長方印本における刊本の割合は六〇パーセント程度とやや低下する。当然これは、書肆での書物購入が容易であった大慶遊学時の地理的環境を反映するものだが、それと同時に、栄了・栄学・栄性ら大東坊住職たちが、意図的に筆写という方法で蔵書形成を目指した結果ともいえる。というのも、黒文円印本では、西本願寺学林や大和長谷寺での法話聴聞が、写本作成の最大のきっかけとなっていたのに対して、黒文長方印本では、幾つかの写本がそれと異なるきっかけで作成されているからである。例えば『阿弥陀経和訓図会』・『中将姫行状記』・『鳩翁道話』といった黒文長方印が押された写本には、末尾に刊行年と版元の情報が記載されている。何らかのかたちで刊本を一時的に借り出し、それを底本として忠実に写し取ったものであろう。三都の大手書肆と接触する機会が限られていた地域寺院の住職たちは、書物の貸借と筆写を通じて着々と蔵書を増やしていったのである。[35]

（二）蔵書のジャンルに注目して

さて、蔵書印に注目することで大東坊蔵書の全体像が徐々に明らかになってきたので、次に蔵書のジャンルに注目してさらなる具体像に迫ってみたい。浄土真宗寺院（西本願寺派）である大東坊には、当然仏書が多く所蔵されており、そのなかでも浄土真宗関係の仏書が最も多い。ただし、浄土宗・浄土真宗・時宗など浄土系の仏教諸宗は浄土三部経（無量寿経・観無量寿経・阿弥陀経）という根本経典を共有しているし、『選択本願念仏集』のような法然著作が浄土真宗の「宗乗」を学ぶための重要教材とされることも多いため[36]、大東坊蔵書から浄土真宗関係の仏書のみを区分して取り出すことは意外と難しい。そこで、宗派ごとの細かいジャンル分けはあきらめ、①浄土系の仏書、②それ以外の仏書、③仏書以外の蔵書に区分して、それぞれの部数を割り出したところ、表二―二のような結果となった。なお、煩雑さを避けるために冊数の表記は省略し、部数のみ記している。

表２－２　大東坊蔵書における仏書の割合

仏書	浄土系の仏書	894部	黒文円印442部
			黒文長方印90部
			蔵書印なし362部
	それ以外の仏書	280部	黒文円印210部
			黒文長方印８部
			蔵書印なし62部
仏書以外の蔵書		399部	黒文円印170部
			黒文長方印74部
			蔵書印なし155部

この統計結果は比較的理解しやすいものといえるだろう。一五七三部存在する大東坊蔵書のなかで、七五パーセント程度に当たる一一七四部は仏書であり、その仏書のなかでも七五パーセント程度に当たる八九四部は浄土系というわけである。なお、詳しくは後述するが、黒文長方印が押された仏書のうち、浄土系以外はわずか八部しかないのに対して、黒文円印が押された仏書だと、浄土系以外が二一〇部に達

することは、興味深い事実である。江戸時代の僧侶にとって、自分が所属する宗派の教えに精通することは必須課題であったから、大慶没後の大東坊における集書活動が、浄土系の仏書へと収斂されていったことは、さほど不思議ではない。しかし、大慶自身は、既述の通り、何度も大和長谷寺を訪れ、唯識論・倶舎論・大乗起信論・華厳教学、さらには梵語の文法に至るまで、幅広い修学に努めた人物である。そのため、大慶コレクションとしての性格が強い黒文円印本には、浄土真宗学僧の蔵書としては珍しく、浄土系以外の仏書も豊富に備わることとなった。

さて、浄土系以外の仏書を比較的豊富に有するとはいえ、大東坊蔵書の中核をなすのが八九四部に及ぶ浄土系の仏書であることはいうまでもない。しかし、量的にいえば少数である仏書以外の蔵書三九九部も、実は大東坊蔵書の具体像に迫る上で多くのヒントを提供してくれる。そこで、仏書の分析は次節に先送りすることとし、ここでは仏書以外の蔵書から、大東坊蔵書の活用実態を分析してみることにしたい。

仏書以外の蔵書と一括りにしたが、当然これら三九九部は多様なジャンルの書物を含んでいる。そこで、簡単なジャンル分けを行った後に詳細な考察へと移りたいのだが、本書第一部第一章でも述べた通り、あまりに現代的な感覚で江戸時代の蔵書を区分してしまうことには、ある種の危険性が伴う[37]。例えば、江戸時代人にとっての『太平記』は、娯楽書であるとともに教訓書であり、さらには歴史学習の書でもあった。分析のためのジャンル分けが、書物の多面性の捨象につながらないためには、例えば所蔵者が作成した蔵書目録から江戸時代人の蔵書意識を抽出することが重要であろう。ただし、既述の通り、大東坊には肝心の蔵書目録が現存しないため、筆者は、大東坊蔵書のなかに存在する延宝元年（一六七三）刊行の『新板増補書籍目録』に注目してみた。日本社会に商業出版が初登場した江戸時代には、出版物の書誌情報を網羅的に記載した書籍目録が、寛文年間（一六六六一～一六七三）から享和元年（一八〇一）にかけて次々と出版された[38]。大東坊蔵書の『新板増補書籍目録』もそうした書籍目録の一つであるが、黒文円印が押されているところから、大慶の所有物であった可能性が高い。書籍目録は新たな書物購入を検討する時の検索ツールとしての役割を担っていたので、大慶もこの目録の情報を頼りに、集書活動にいそしんだものと考えられる。そこで、『新板増補書籍目録』のジャンル分けを、大東坊蔵書にとって最もなじみのあるものと捉え、それを参考にして仏書以外の蔵書を区分してみたところ、表二―三のような結果となった。なお、ここでも煩雑さを避けるために冊数の情報は省略した。

仏書以外の大東坊蔵書をジャンル分けしてみると、量的には儒書や文集・詩集などが最も多い。既述の通り、

表２－３　大東坊蔵書における仏書以外の蔵書

儒書・文集・詩集	136部	黒文円印74部
		黒文長方印21部
		蔵書印なし41部
韻書・字書	35部	黒文円印21部
		黒文長方印４部
		蔵書印なし10部
神書・有職	67部	黒文円印33部
		黒文長方印10部
		蔵書印なし24部
暦書・占書	12部	黒文円印５部
		黒文長方印１部
		蔵書印なし６部
医書	12部	黒文円印２部
		黒文長方印４部
		蔵書印なし６部
仮名和書・教訓書	34部	黒文円印13部
		黒文長方印８部
		蔵書印なし13部
歌書・物語・俳諧	28部	黒文円印２部
		黒文長方印３部
		蔵書印なし23部
謡本・浄瑠璃本	17部	黒文円印６部
		黒文長方印１部
		蔵書印なし10部
盤上書	２部	黒文長方印１部
		蔵書印なし１部
華書	４部	黒文円印１部
		黒文長方印２部
		蔵書印なし１部
名所・紀行	14部	黒文円印３部
		黒文長方印４部
		蔵書印なし７部
往来物・手本・筆道書	38部	黒文円印10部
		黒文長方印15部
		蔵書印なし13部

大慶は大和国遊学の直後に、高芙蓉の下で儒学を学んでいるので、黒文円印が押された四書五経や『唐詩選』などの漢籍は、その時に収集したものであろう。もっとも、黒文長方印が押された四書五経や『詩語砕金』[39]なども存在するので、大慶の学問遍歴を反映して大東坊に儒書や文集・詩集が多く所蔵されるようになったと強調し過ぎるのは危険であろう。むしろ、これらの蔵書は、江戸時代人が基礎的読解力を磨くために取り揃えた一般的な学問入門書であったと捉えておくのが妥当である。多少特徴的な儒書を挙げておくと、大東坊には黒文円印が押された荻生徂徠著『訳文筌蹄』や太宰春台著『倭読要領』など、徂徠学派の著作が八部存在する。後述するように、大慶は仏書の文献考証に情熱を注いだ人物なので、荻生徂徠や太宰春台の漢文読解をめぐる研究成果[40]にも関心を示したのだろう。

量的にいえば儒書・文集・詩集には劣るものの、大東坊蔵書の特徴を示すものとして、より注目すべきなのが六七部の神書・有職書である[41]。既述のように、浄土真宗は神祇不帰依を標榜する仏教宗派である。しかし、大慶自身は大和国遊学中に地域神職の講義を熱心に聴聞し、帰郷後も自ら日本書紀に関する講義を行った[42]。大東坊蔵書のなかの神道関係書物を抜き出した表二―四を見ると、黒文円印が押された『重刻神代巻』や、伊勢神道の度会延佳、垂加神道の玉木正英らの著作が確認され、神書に対する大慶の高い関心が窺える。また、多田義俊は、『旧事紀』が偽書であることを主張するなど、文献考証主義的な神道研究を推し進めた人物だが[43]、彼の著作は黒文円印本・黒文長方印本のいずれにも存在し、大慶のみならず大東坊の歴代住職も神書への関心を継承していたことが分かる。右のような事実をどう理解すべきなのだろうか。

筆者はかつて、江戸時代後期に著された浄土真宗学僧による神道批判書を幾つか取り上げ、そのなかで国史・神書が大量に引用されていることを指摘した[44]。考証主義的な姿勢が重視される江戸時代後期的な学問潮流のなかで、浄土真宗学僧は原典に忠実なかたちで六国史などを引用し、天皇・皇族の崇仏といった自分たちにとって有用な史実を神道批判の論拠としたのである。もちろん神道家の仏教批判に対する警戒心だけでなく、文献考証そのものへの関心もあったと思われるが、ともあれ浄土真宗寺院である大東坊には、江戸時代の神道論を幅広く網羅する蔵書が蓄積されていった。

表２－４　大東坊蔵書のなかの主な神道関係書物

書名	著者	刊本／写本	蔵書印
重刻神代巻	―	刊本	黒文円印
延喜式	―	刊本	黒文円印
神道名目類聚鈔	―	刊本	黒文円印
古語拾遺	斎部広成	刊本	黒文円印
本朝神社考	林羅山	刊本	黒文円印
神代講述鈔	度会延佳	刊本	黒文円印
中臣祓瑞穂鈔	度会延佳	刊本	黒文円印
伊勢太神宮神異記	度会延佳	刊本	黒文円印
中臣祓古義	松崎義克	刊本	黒文円印
神国決疑編	竜熙近	刊本	黒文円印
神代巻藻塩草	玉木正英	刊本	黒文円印
南嶺子	多田義俊	刊本	黒文円印
秋斎間語	多田義俊	刊本	黒文円印
神明憑談	多田義俊	刊本	黒文円印
南嶺遺稿	多田義俊	刊本	黒文円印
六根清浄太祓松風抄	青木永弘	刊本	黒文円印
日本書紀巻第神代	―	写本	黒文円印
神代巻或問	―	写本	黒文円印
中臣祓古義	松崎義克	写本	黒文円印
卜部切紙伝授	―	写本	黒文円印
神語秘笈	大中臣親宣	写本	黒文円印
十数伝	正親町公通	写本	黒文円印
玉籤集	玉木正英	写本	黒文円印
以呂波声母伝	多田義俊	写本	黒文円印
鼇頭旧事紀	度会延佳	刊本	黒文長方印
鼇頭古事記	度会延佳	刊本	黒文長方印
惶根草	源兼勝	刊本	黒文長方印
偽書考	多田義俊	写本	黒文長方印
神代巻	―	刊本	蔵書印なし
中臣祓	―	刊本	蔵書印なし
神社啓蒙	白井宗因	刊本	蔵書印なし
ふもとのしるへ	玉田永教	刊本	蔵書印なし
神道学則	松岡仲良	刊本	蔵書印なし
神代巻聞書	―	写本	蔵書印なし
中臣御祓	―	写本	蔵書印なし
中臣祓鈔	―	写本	蔵書印なし
神道伝授	林羅山	写本	蔵書印なし
中臣祓気吹抄	多田義俊	写本	蔵書印なし
蓴菜草紙	多田義俊	写本	蔵書印なし

表二―三のなかで次に注目してみたいのは、三八部に及ぶ往来物・手本・筆道書である。これらのなかには、『九成宮』・『桃源行』・『明妃曲』のように、本格的な筆道の学習もしくは書蹟の鑑賞を目的とし、黒地に白抜き文字で出版された筆道書も幾つかあるが、やはり大半を占めるのは寺子屋での読み書き学習に活用された往来物である。(45)既述の通り、大東坊の二一代住職栄学と二二代住職栄性は、文化年間（一八〇四～一八一八）から幕末期にかけて寺子屋を運営し、近隣村落の児童に対して盛んに読み書きを教えていた。大東坊蔵書は、彼らの社会活動をどのように反映しているのだろうか。表二―五は、大東坊蔵書のなかの往来物二九部を全て抜き出したものだが、注目されるのは黒文長方印本の多さである。先に確認した通り、黒文円印本の部数は黒文長方印本の五倍近くである。しかし、往来物に限っていえば、黒文円印本は六部のみであり、黒文長方印本一三部に圧倒されている。しかも、後ほど詳述するように、黒文円印本の往来物六部とは、両方の蔵書印が押された三部を加えた数値なのである。寺子屋の師匠であった栄学や栄性の精力的な教材収集によって、大東坊蔵書のなかに彼らに由来する往来物が豊富に蓄えられていったことは間違いない。

ここで、黒文円印と黒文長方印が両方押された往来物について、その成立の経緯を考察しておきたい。例えば、蔵書印が両方押された往来物のなかに、恵空著『童子教諺解』という書物がある。恵空は、紀州の天台宗寺院浄福寺の住職を務めるかたわら、『徒然草参考』・『節用集大全』など多数の字書・注釈書を著した人物である。(46)自らも文献考証主義的な学問姿勢を強く保持していた大慶は、寺子屋教材として利用するためではなく、むしろやや好事家的な興味で『童子教諺解』やそれと対をなす『実語教諺解』を購入し、黒文円印を押したのであろう。しかし、栄学・栄性が大東坊に寺子屋を開設すると、『童子教諺解』は寺子屋教材として再利用されることになり、同じく寺子屋で有効利用できる『庭訓往来』・『実語教童子教』とともに、黒文長方印を後から加えられたのではないだろうか。つまり、栄学・栄性が大慶コレクションの一部を入手当初とはやや異なる目的で受け継ぎ、活用していったため、これらの往来物には、黒文円印と黒文長方印が両方押されることになったと考えておきたい。

なお、蔵書印が押された往来物には、手習いの痕跡を示すような書き込みはほとんど確認できないため、それらは読み書きを学ぶ児童に貸し与えられたのではなく、あくまで寺子屋師匠である栄学や栄性が手元に置いて教材作成のネタ本にしたのだと推測できる。寺子屋という読み書き学習の場で実践的に活用されたとはいえ、蔵書印が押された往来物は、あくまで大切に保管すべき「蔵書」の扱いを受けていた。その一方で、表二―五には蔵書印が押されていない往来物も一〇部挙げられているが、これらの多くは実際に児童たちが使用したものと考えられる。例えば、蔵書印が押されていない刊本の『庭訓往来』は、蔵書印が押された往来物とは対照的に、手習いの痕跡が残る使い古された状態で現存しており、「大慶」の署名も確認できる。恐らく大慶が大和国遊学以前に個人使用していた往来物であろう。また、蔵書印が押されていない写本の『庭訓往来』も、手習いの痕跡が残る小冊子であり、「栄真」の署名が確認できる。栄真は、栄性の長男であり、大東坊の二三代住職になった人物である。つまり、往来物のなかでも実際に児童もしくは住職子息に与えられた教材は、大切に保管すべき「蔵書」とはみなされず、それゆえ蔵書印も押されなかったことになる。ちなみに、表二―五のなかでやや異質な性格を持つのは、写本でありながら蔵書印が押されている『女大学』だろう。この写本は、栄学の次女に当たる雛代が一九歳の時に筆写したものだが、厚手のきれいな表紙が付けられているところから推測するならば、父親の栄学が娘の手習いの記念として製本し直し、末永く保管すべく黒文長方印を押したのかもしれない。

さて、往来物に注目することで、僧侶の学問研鑽に限定されない大東坊蔵書の活用方法が浮かび上がってきた。

表２－５　大東坊蔵書のなかの往来物

書名	著者	刊本／写本	蔵書印	備考
実語教諺解	恵空	刊本	黒文円印	
千字文	—	刊本	黒文円印	
仮名文字遣	—	刊本	黒文円印	
庭訓往来	—	刊本	黒文円印・黒文長方印	
実語教童子教	—	刊本	黒文円印・黒文長方印	
童子教諺解	恵空	刊本	黒文円印・黒文長方印	
御成敗式目	—	刊本	黒文長方印	
御成敗式目抄	—	刊本	黒文長方印	
京都御式目	—	刊本	黒文長方印	
古状揃	—	刊本	黒文長方印	
世話用文千歳袋	—	刊本	黒文長方印	
書礼口訣	貝原益軒	刊本	黒文長方印	
女論語	辻原元甫	刊本	黒文長方印	
女孝経	辻原元甫	刊本	黒文長方印	
内訓	辻原元甫	刊本	黒文長方印	
女誡	辻原元甫	刊本	黒文長方印	
字尽重宝記綱目	—	刊本	黒文長方印	
女大学	—	写本	黒文長方印	「雛代」の署名あり
熊谷状・国尽・寺子教文章	—	写本	黒文長方印	「栄学」の署名あり
庭訓往来	—	刊本	蔵書印なし	手習いの痕跡あり、「大慶」の署名あり
女用文章糸車	—	刊本	蔵書印なし	手習いの痕跡あり
消息文例	藤井高尚	刊本	蔵書印なし	
尺牘楷梯	—	刊本	蔵書印なし	
栄海用文章	—	刊本	蔵書印なし	「栄学」の署名あり
書翰用文章	—	刊本	蔵書印なし	
今川状	—	刊本	蔵書印なし	
世話万字文	和田耕斎	写本	蔵書印なし	刊記も含めて筆写
庭訓往来	—	写本	蔵書印なし	「栄真」の署名あり
草書	—	写本	蔵書印なし	

表２－６　大東坊蔵書のなかの浄瑠璃本に記された書き込み

書名	著者	刊本／写本	蔵書印	書き込み
双蝶蝶曲輪日記	並木千柳・三好松洛・竹田出雲	刊本	黒文円印	これや此本に心があるならば いつくにいても主をわすれな
大塔宮曦鎧	松田和吉・竹田出雲	刊本	黒文円印	これや此本に心があるならば いつくにいても主をわすれな
日高川入相花王	竹本三郎兵衛・北窓後一・近松半二・竹田小出雲	刊本	黒文円印	この本みる人は、又かし御無用ニて御座候
妹背の門松質見世の段	菅専助	刊本	黒文円印	此本何れニ而も御借用被成、御見明候ハ、早々御返却可被下候、猶又かし御無用ニ御座候、以上　大東坊
染模様妹背門松	菅専助	刊本	蔵書印なし	これや此本に心があるならば いつくにいてもあるしをわすれな
有職鎌倉山	菅専助・中村魚眼	刊本	蔵書印なし	此本何れニ而も御借用被成候ハヽ、御覧之上早々御かへし可被下候、但シ又かしは御無用ニ御座候　わらへ大東坊

しかし、さらに地域社会へと開かれた大東坊蔵書の性格を探るには、一七部存在する謡本・浄瑠璃本を取り上げる必要がある。というのも、大東坊蔵書に残されたこれらの蔵書の幾つかには、表二―六に示したような興味深い書き込みが確認できるからである。例えば、『双蝶蝶曲輪日記』や『大塔宮曦鎧』など、黒文円印が押された浄瑠璃本は、見た目も明らかに使い込まれており、貴重な娯楽本として繰り返し読まれたことが窺える。そして、その表紙裏には「これや此本に心があるならばいつくにいても主をわすれな」という意味ありげな和歌が書き込まれている。あらぬ場所に紛れ込んでしまった蔵書に対して、必ず帰ってこいと呼びかけるこの和歌は、いかなる意図で書き込まれたのだろうか。書き込みの意図するところを探るために、他の浄瑠璃本にも目を向けると、『有職鎌倉山』の表紙裏には、以下のような書き込みが確認できる。

此本何れニ而も御借用被成候ハヽ、御覧之上早々御かへし可被下候、但シ又かしは御無用ニ御座候
わらへ大東坊

この書き込みは、思わせぶりな先の和歌とは異なり、極めて事務的であり、意味するところも明白である。要するに、大東坊蔵書のなかに数部存在する浄瑠璃本は、檀家を中心とする近隣村落の住民に、貴重な娯楽として貸し出されていたわけである。もっとも、又貸しが繰り返されると、たとえ「わらへ大東坊」と所蔵者が明示された書物といえども返却が困難になってくるので、それだけは厳しく禁止された。そして、より多くの読者が浄瑠璃本を楽しめるよう、借り出した者に対して読み終われば早々に返却せよと呼びかけているのが、この書き込みの骨子ということになる。

以上のような『有職鎌倉山』の書き込みを踏まえるならば、「これや此本に心があるならばいつくにいても主をわすれな」という和歌の書き込みが意図するところも明らかだろう。事務的な文言か風流な和歌かの違いこそあれ、この書き込みもまた、自由な貸し出しが許されている浄瑠璃本に対して、確実な返却を促す注意書きであった。もちろん、実際には心なく主を忘れて返却されない浄瑠璃本も存在したのかもしれない。しかし、表二―六から確認できるように、書き込みを有する浄瑠璃本六部が、いずれも手垢にまみれ、使い古された状態で、大東坊に現存しているわけだから、貸し出しシステムはそれなりに上手く機能していたといえよう。

なお、謡本・浄瑠璃本一七部のうち、一〇部には蔵書印が押されておらず、娯楽性の高いこのジャンルは、概していえば大切に保管すべき「蔵書」とみなされていなかったことが分かる。しかし、貸し出しを前提として書き込みを施している浄瑠璃本六部のうち、四部に黒文円印が押されている事実も見逃してはなるまい。大和国に遊学して学問研鑽に励んだ大慶といえども、自らの修学に必要な仏書のみを大東坊に持ち帰ってきたわけではな

かった。大慶が収集した幾つかの浄瑠璃本は、大東坊蔵書として周辺村落の住民に貸し出され、彼らの心を楽しませていたのである。

ちなみに、松本藩領野沢村の村役人層である務台家の古文書を調査した田中薫によれば、務台家には蔵書の貸し出し帳簿が残されており、なおかつ現存する蔵書の幾つかには「此本何方詣り候とも御覧候ハ、早々御返し被下候」という注意書きが記されているとのことである。(47) 地域社会で公的な職務に携わる務台家の蔵書と、近隣村落に散在する檀家に檀那寺として接する大東坊の蔵書とでは、周辺住民から期待される役割は当然異なっていたと予想される。しかし、社会的立場も地域性も異なる二つの蔵書群に、貸し出し後の速やかな返却を求める似通った文言が書き込まれているのは興味深い。書物が現代よりはるかに稀少品・高級品であった江戸時代には、たとえ特定の家や寺院が所蔵する書物であっても、私蔵や秘匿は好ましい状態とみなされず、より広い範囲で共有されることが期待されたといえよう。(48) もっとも、書物知が稀少な江戸時代であるからこそ、蔵書を私蔵・秘匿することで、特定の家やその血縁者の利益が保証されたことも事実である。(49) 周辺村落の住民に浄瑠璃本を貸し出した大慶も、異安心（異端的信仰）を主張するような浄土真宗僧俗に対しては、極めて強圧的に書物知への接近を禁じている。浄土真宗学僧が、いかなる効果を期待して蔵書の公開を促進し、またどのような危機的事態の到来に対応して書物知の独占を図ったのかは、本書第一部第四章であらためて検討することにしたい。(50)

ここまで敢えて仏書以外の蔵書ばかりに目を向けて大東坊蔵書を分析してきたが、その狙いは以下の通りである。大東坊蔵書の中核は、大慶が大和国での遊学経験を生かしつつ収集した膨大な仏書である。しかし、大慶は閉鎖的な学問世界のみで活動していたわけではない。彼が収集した浄瑠璃本は周辺村落の住民に貸し出されていたし、往来物も栄学や栄性に受け継がれることで寺子屋教材として再利用された。江戸時代の地域寺院に蓄えられた書物知の機能を正確に把握するには、その背後に読解力を向上させつつある数多くの俗人信徒が存在したことや、僧侶も彼らの存在を自明視して蔵書収集に励んでいたことへの十分な配慮が必要とされるのである。

第三節　江戸時代における僧侶の修学と書物知

さて、前節では、浄土真宗寺院大東坊に蓄えられた蔵書のうち、仏書以外の書物に注目することで、近隣児童の読み書き学習に活用されていた往来物や、地域社会に貴重な娯楽を提供していた浄瑠璃本など、蔵書の多様な使用法を浮かび上がらせることができた。ただし、寺院蔵書にとって最も重要な役割は、やはり住職やその後継者たちに適切な仏教知を提供することであった。本書第一部第一章でも詳述したが、江戸時代初期に商業出版が成立すると、特定の仏教宗派と結託した民間書肆の手で、諸宗檀林の教科書となる書物が大量に出版されていった。それによって、師匠から瀉瓶の弟子へ口伝・秘伝のかたちで継承していくという仏教知の伝統的な修学スタイルは、千人規模の所化僧が集う檀林で均質性の高い木版本を活用して一斉教化するという新しい修学スタイルへ激変することになった。それでは、江戸時代後期に備後国の中規模浄土真宗寺院に生まれた大慶や、その後の大東坊住職たちは、書物知をどのように活用して自らの修学を進めたのだろうか。

右のような課題意識に基づいて、いよいよ大東坊蔵書のなかの仏書に焦点を当てることにするが、八九四部ある浄土系の仏書は、大慶らの修学と書物知の関係性を探る上で、最適の素材とはいえない。というのも、これらは、そもそも量が膨大であるし、浄土真宗僧侶にとって必読の書物も多く含んでいるため、いつ誰に学んだ際に入手もしくは筆写したものであるかを、判別しにくいからである。他方で、大和国遊学中の大慶は、新義真言宗豊山派の長谷寺において、仏教の基礎学に当たる唯識論・倶舎論・大乗起信論・華厳教学、さらには梵語の文法解釈学である六合釈・八転声などに関する講義を聴聞している。これらの講義に際して、大慶が入手した刊本や自ら筆写した講義記録は、浄土真宗寺院の蔵書としてはやや異色である分、大東坊蔵書のなかからピックアップすることが容易である。しかも、大慶が大和長谷寺で学んでいた期間は、明和五年（一七六八）から同八年までであるため、彼の修学と蔵書形成との関係性も考察しやすい。そこで、大和長谷寺での講義聴聞と何らかの関係があると思われる大東坊蔵書を、唯識論・倶舎論・大乗起信論・華厳経・六合釈・八転声の六つにジャンル分けして抜き出してみたのが、表二―七である。

まず大慶が真言宗の僧侶卓立から学んだ唯識論関連の蔵書に注目してみよう。大東坊には唯識論に関する仏書が八部現存しており、全てに黒文円印が押されている。大和長谷寺での講義聴聞と直接関係があるかどうかはひとまず措くとしても、これらが大慶の関心に沿って収集されたことは間違いない。さらに細かく分析を進めると、唯一の写本である『唯識論述記随聞記』が、明和五年に大慶の手で筆写されていたという事実にたどり着く。同年は大慶が大和長谷寺で卓立の講義を聴聞していた時期に一致するため、この写本は卓立の講義内容を大慶が書き取った記録と考えてまず間違いない。そうすると、卓立の講義は、『唯識論述記』という中国撰述の注釈書をテキストとして進められていたことが分かり、大慶が講義に合わせて同書を購入した可能性も高くなる。ちなみに、大東坊に現存する全二〇巻の『唯識論述記』を見ると、大部の書であるにもかかわらず、ほぼ全頁にわたって朱字で書き込みがなされている。大慶は、江戸時代後期を生きた学僧に相応しく、刊本テキストを購入してかたわらに置き、その上で講義内容も逐一書き取り、仏典解釈の促進を図っていたのである。

続けて倶舎論関連の蔵書に注目してみても、おおよそ同じような分析結果を導き出すことができる。すなわち、

表2－7　大慶の大和長谷寺における修学と大東坊蔵書の関係

ジャンル	書名	著者	刊本／写本	蔵書印	備考
唯識論	唯識論述記	玄奘口述・基撰	刊本	黒文円印	明暦元年（1655）刊行
	成唯識論述記序釈	善珠	刊本	黒文円印	元禄9年（1696）刊行
	道成唯識論	護法造・玄奘訳	刊本	黒文円印	元禄7年（1694）刊行
	二十唯識論述記	世親造・玄奘訳	刊本	黒文円印	元禄15年（1702）刊行
	唯識論枢要	基撰	刊本	黒文円印	刊年不明
	唯識論演秘	智周	刊本	黒文円印	寛文11年（1671）刊行
	唯識論了義灯	慧沼撰	刊本	黒文円印	寛文7年（1667）刊行
	唯識論述記随聞記	—	写本	黒文円印	明和5年(1768)大慶筆写
倶舎論	阿毘達磨倶舎論	世親造・玄奘訳	刊本	黒文円印	寛延4年（1751）刊行
	阿毘達磨倶舎論図紀	秀翁	刊本	黒文円印	元禄8年（1695）刊行
	倶舎論記	普光	刊本	黒文円印	刊年不明
	倶舎論疏	法宝	刊本	黒文円印	宝永元年（1704）刊行
	倶舎論指要鈔	—	写本	黒文円印	筆写年不明
	阿毘達磨倶舎論講要	—	写本	蔵書印なし	筆写年不明・大慶筆写
	倶舎論随聞記	—	写本	蔵書印なし	明和6年(1769)大慶筆写
大乗起信論	起信論義記	法蔵撰	刊本	黒文円印	元禄12年（1699）刊行
	起信論義記幻虎録	鳳潭	刊本	黒文円印	元禄14年（1701）刊行
	起信論註疏非詳略訣	鳳潭	刊本	黒文円印	享保14年（1729）刊行
	起信論疏筆削記	子璿	刊本	黒文円印	刊年不明
	起信論筆削記鈔	教山	刊本	黒文円印	天和4年（1684）刊行
	科注起信論疏	法蔵述・宗密録	刊本	黒文円印	寛文8年（1668）刊行
	起信論義記見聞	—	写本	黒文円印	筆写年不明

華厳経	華厳五教章	法蔵撰	刊本	黒文円印	宝永４年（1707）刊行
	華厳経探玄記	法蔵撰	刊本	黒文円印	元禄16年（1703）刊行
	華厳孔目章	智儼集	刊本	黒文円印	元禄14年（1701）刊行
	華厳五教章随聞記	―	写本	黒文円印	筆写年不明・大慶筆写
六合釈	六合釈	神光注	刊本	黒文円印	元禄13年（1700）刊行
	分別六合釈	法住	刊本	黒文円印	安永９年（1780）刊行
	六合釈名句	快道	写本	黒文円印	明和６年(1769)大慶筆写
八転声	摂八転義論	法住	刊本	黒文円印	明和６年（1769）刊行
	八転声鈔	玄照著・高深補	刊本	黒文円印	享保14年（1729）刊行
	漢語八転声学則	基弁	刊本	黒文円印	明和８年（1771）刊行
	白虎八転声	覚洲	刊本	黒文円印	寛延３年（1750）刊行
	摂八転義論引拠	―	写本	黒文円印	筆写年不明
	摂八転声義論書	―	写本	黒文円印	筆写年不明

『倶舎論随聞記』・『阿毘達磨倶舎論講要』という二つの写本には、蔵書印は押されていないのだが、署名によっていずれも筆写者が大慶であると分かる。しかも『倶舎論随聞記』の筆写年は明和六年である。同年は、大慶が大和長谷寺で真言宗の僧侶隆山から倶舎論に関する講義を受けていた時期に当たるため、『倶舎論随聞記』も『唯識論述記随聞記』同様に、隆山の講義内容を大慶が書き取った記録と考えられる。黒文円印が押され、なおかつ朱字で丹念な書き込みがなされている『阿毘達磨倶舎論』や『阿毘達磨倶舎論図紀』も、講義聴聞に合わせて大慶が購入したものであろう。つまり、ここでも大慶の修学を契機として倶舎論に関する講義記録が作成され、より深い仏典理解を求めて倶舎論関連の刊本も買い揃えられていたわけである。このような僧侶の集書活動のあり方は、宗派ごとの御用書肆が盛んに仏書を出版し、諸宗檀林がそれらをテキストとして仏典講釈を行っていた江戸時代の標準的なかたちと捉え得るのではないだろうか。

大乗起信論・華厳教学・六合釈・八転声に関する講義聴聞に際しても、やはり大慶は綿密な講義記録を作成し、講義関連の仏書を収集しているのだが、似たような事実の繰り返しになるので、細かい分析は省略したい。唯識論・倶舎論関連の蔵書からは読み取り得なかった注目点を一つだけ指摘しておくと、大慶は明和八年の六合釈・八転声に関する講義聴聞をきっかけとして、法住が著した『分別六合釈』・『摂八転義論』を購入している。この法住とは、既述の通り、明和八年に大和長谷寺で講義を行った智幢房法住を指すので、大慶は講義聴聞をきっかけとして講者の著作を購入したことになる。ちなみに、両書のうち『摂八転義論』は明和六年に出版されているので、大慶は法住の講義を聴聞するに当たり、出版されてまもない同書を購入して修学に備えたのであろう。他方、『分別六合釈』は、安永九年（一七八〇）に出版されているので、大慶が講義聴聞に先立って同書を購入することは物理的に不可能である。彼は、かつて教えを受けた法住が著作を刊行したという知らせに接し、六合釈のさらなる理解向上を目指して同書を購入したことになる。(51)

本書第一部第一章でも指摘したように、江戸時代前期の仏教諸宗檀林では、教学指導者が自ら講義のテキストを著述・出版し、「檀林教科書」として使用することで、御用書肆による仏書販売を活性化させていた。所化僧たちが檀林における一斉教化スタイルに当初のような魅力を感じ続けたかどうかはさておき、江戸時代後期の長谷寺においても、教学指導者が自ら講義のテキストを著述・出版し、所化僧がそれを買い求める状況は、確かに存続していたといえる。

ここまでの考察から、大慶の修学方法をまとめると、以下のようになるだろう。大慶にとって、優れた学僧の講義を聴聞することは、知識獲得の基本であった。大和長谷寺での修学時に、その講義内容を欠かさず筆写して記録に残していることからも、講義聴聞に対する彼の熱意は読み取り得る。その一方で、刊本化された仏書を購入することも、大慶にとっては大切な修学の手段であった。講義聴聞に先立って刊本テキストを揃えておけば、講義理解の一助となるし、後日関連する刊本を買い求めれば、さらなる理解向上を図ることもできる。こうしてみると、大慶は、中世以来の口伝・秘伝的な世界が解体され、仏教知が着々と文字化・刊本化していった江戸時代の社会動向に対応し、書物知をフル活用して自らの見識を深めていく僧侶であったといえる。

おわりに

さて、本章では、福山藩領備後国沼隈郡藁江村の浄土真宗寺院大東坊を素材として、江戸時代中後期の地域寺院における蔵書形成の具体像に迫った。その結果、浮かび上がってきたのは、以下のような注目すべき様相である。所属する宗派の教えを過不足なく所化僧に教え授けるべく、江戸時代前期に整備された仏教諸宗の中央檀林が、中後期に至って次第にその影響力を減退させていったことは、本書第一部第一章で既に指摘した。もっとも、大東坊蔵書の分析を踏まえるならば、中央檀林での修学経験が、中後期においても地域寺院の蔵書形成に圧倒的な影響を及ぼしていたことは明らかである。というのも、大東坊蔵書の中核をなす黒文円印が押された書物の大半は、一八代住職栄応の五男に当たる大慶が大和国に遊学し、西本願寺学林に長く懸席した後、故郷へ持ち帰ったものと考えられるからである。

大慶が西本願寺学林で具体的に何を学び取ったかは、本書第一部第三章であらためて検討する予定だが、本章で取り上げた大和長谷寺での修学実態からも、檀林の存在が蔵書形成に大きな影響を与えたことは、はっきりと読み取り得る。なぜならば、大慶は大和長谷寺で講義テキストをかたわらに置きながら修学に励み、その後も講義関連の仏書を自学自習のために追加購入するなど、檀林修学を契機として着実に蔵書を蓄積していったからである。書物知に依拠した修学の利便性や、文献考証作業の重要性を実体験したことが、これまでの大東坊住職たちとは比べものにならないレベルでの集書活動へ大慶を導いたといえる。[52]

ちなみに、大慶による蔵書形成に刺激を受けた大東坊の住職たち（栄了・栄学・栄性）は、備後国沼隈郡藁江村に留まって日常法務を執り行いつつ、一定程度の集書活動を続けた。江戸時代後期になると、三都以外の地域でも専門的な仏書を入手し得る地理的な環境が、徐々に整備されていたわけである。もっとも、書物知の圧倒的な有用性を、地元に留まりながら、大慶と同じレベルで体感するのは容易なことではなかった。大東坊蔵書が、大慶という一個人を分岐点として急激な増加をみせたのは、書物知の優越性を実感する知的な環境こそ、蔵書形成を推し進める決定的な要素であったことを物語っている。

なお、西本願寺学林で学問研鑽に励んだ大慶といえども、浄土真宗教学という閉鎖的な枠組みのなかだけで集書活動に努めたわけではない。例えば、大慶が好事家的な興味で収集したと考えられる幾つかの往来物は、次世代の大東坊住職（栄学や栄性）により、近隣村落の児童に読み書きを教える寺子屋教材として活用されていった。また、大慶が収集した幾つかの浄瑠璃本は、貴重な娯楽として地域住民に貸し出されていた。本章では、往来物や浄瑠璃本を読んだ具体的な読者の姿にまで迫ることはできなかったが、書物知が宗教施設から地域社会へどのように波及していくかも、今後検討を加えるべき重要な論点であろう。

以上のように本章では、僧侶の修学を支えた仏書、近隣村落の児童に読み書きを教えた往来物、地域住民に娯楽を提供した浄瑠璃本など、寺院蔵書の様々な機能を明らかにしてきた。ただし、こうした書物知の王道的な活用に注目するばかりでは、寺院蔵書の全体像を捉えたことにはならない。本章では、神祇不帰依を提唱しているはずの浄土真宗寺院で、意外にも神書や有職書が豊富に所蔵されている事実を指摘した。そして、それらの神書・有職書は、神道家の仏教批判に応答しなければならない浄土真宗僧侶に、効果的な反論の根拠を提供してくれるものであった。書物知の利便性を深く理解しつつあった江戸時代中後期の僧侶たちは、自分にとって賛同困難な内容の書物を敢えて収集し、批判の論法を磨き上げる複雑な書物利用術も身に付けていたことになる。

なお、念のために確認しておくと、大東坊蔵書のなかで大慶ら浄土真宗僧侶にとって賛同困難な内容を含んでいたのは、神書・有職書のような仏書以外のジャンルに留まらない。むしろ、浄土系の仏書のなかにこそ、最も警戒すべき内容の書物が存在した。本書第一部第一章で詳述したように、商業出版は売れる本の販売を至上命題としており、民間書肆が好んで出版した仏書のなかには、仏教本山にとって好ましからざるものも紛れ込んでいたからである。例えば、通俗性の高い浄土真宗系の仏書は、京都の民間書肆が江戸時代前期から盛んに出版したものだが、そこには著者を親鸞・蓮如といった歴代宗主に仮託する偽書が数多く含まれていた。

それでは、大東坊には、西本願寺学林の学僧たちから酷評された偽書が所蔵されているのだろうか。もしそのような偽書が存在するのであれば、大東坊蔵書の利用方法は、書物知から実直に教学を習得する方向だけでは、収まり切らないことになるだろう。また、周辺住民に対する寺院蔵書の機能に関しても、浄瑠璃本を自由に貸し出して娯楽を提供するといった牧歌的側面を強調するだけでは不十分になってくる。むしろ、寺院蔵書のなかに俗人信徒を異安心（異端的信仰）へと誘う偽書が存在することを前提にして、僧侶が蔵書の開放と制限にいかなる態度を示したのかを検討しなければなるまい。以上のような注目ポイントにさらなる考察を加えるべく、次章では引き続き大東坊蔵書を取り上げ、偽書の弁別を必須課題とした僧侶たちの複雑な読書実践を解き明かしてみたい。

【註】

（1）横田冬彦『日本近世書物文化史の研究』（岩波書店、二〇一八年）一五一〜一七八頁。
（2）地域の宗教施設における蔵書形成の契機については、鈴木理恵『近世近代移行期の地域文化人』（塙書房、二〇一二年）四一〜六七頁の神社を素材とした分析が、具体性に富んでおり参考になる。
（3）その数量的分析は有元正雄『真宗の宗教社会史』（吉川弘文館、一九九五年）一八八〜一九六頁に詳しい。
（4）備後国における浄土真宗勢力の動向については、福尾猛市郎「備後南部における初期明光派真宗教団に関する新知見」（小倉豊文編『地域社会と宗教の史的研究』柳原書店、一九六三年）、重松明久「芸備真宗教団の展開」（『広島県史　総説』、一九八四年）、六郷寛「安芸・備後地域における真宗の展開過程」（『講座蓮如　第五巻』平凡社、一九九七年）などを参照した。
（5）「大東精舎伝記一覧・大東精舎家財一覧　合」（『藁江大東坊文書』）。ちなみに、寺伝のなかでは、大東坊の初代住職となった武者は、「那須与市」の三男亀之丞であるとされる。そして、この由緒正しい家柄を論拠として、大東坊は「随身六坊」の筆頭に位置付けられていたという主張が展開される。
（6）前註に同じ。
（7）「王政一新記　全」（『藁江大東坊文書』）。
（8）児玉識『近世真宗の展開過程』（吉川弘文館、一九七六年）一二一〜一三六頁。
（9）圭室文雄「熊本藩領における寺院の実態」（同編『民衆宗教の構造と系譜』雄山閣出版、一九九五年）。
（10）なお、本章で示した大慶の生年は、前田慧雲『真宗学苑談叢』（興教書院、一八九一年）や鳥鼠義卿『芸備の真宗学侶』（非売品、一九六六年）で示されたものとは異なるが、これは筆者が大東坊蔵書に残る大慶自筆の書き込みから割り出したものである。詳しい検証過程は、引野亨輔「大慶―「考証の時代」の真宗学僧―」（『芸備地方史研究』三〇〇、二〇一六年）をご参照頂きたい。
（11）高芙蓉の事績については、中村真一郎『木村蒹葭堂のサロン』（新潮社、二〇〇〇年）三二五〜三二七頁に詳しい。

(12) 小林准士『日本近世の宗教秩序―浄土真宗の宗旨をめぐる紛争―』(塙書房、二〇二二年) 二三～一八八頁によれば、浄土真宗の神祇に対する基本的な態度は、礼拝しないことではなく、帰依しないことを重視するものである。そこで、本章でも小林の提言に従い、従来多用されてきた「神祇不拝」ではなく、「神祇不帰依」の言葉で、浄土真宗の神祇に対する態度を説明していきたい。

(13) 櫛田良洪『真言密教成立過程の研究』(山喜房仏書林、一九六四年) 七八四～八四四頁。

(14) 註(13)櫛田前掲書一〇八一～一〇九〇頁。

(15) 西村玲『近世仏教論』(法藏館、二〇一八年) 五～七九頁。

(16)『龍谷大学三百五十年史　通史編　上巻』(龍谷大学、二〇〇〇年) 二六一～二九七頁で述べられるように、江戸時代の西本願寺学林では、浄土真宗の根本教学を「宗乗」、天台・唯識・華厳・因明・起信論・倶舎論などの仏教諸学を「余乗」と呼び、宗乗・余乗の二本柱で講義が展開された。

(17) 例えば、大東坊に残されている『教行信証字義弁疑誤』は、大慶が大乗寺転住後に作成した写本だが、その末尾には、「于時寛政四年壬子歳正月六日、於和州葛上郡戸毛村大乗寺終写功、備後州大慶記之」という識語が記されている。

(18) なお、麟閣には、明治以降に出版された刊本や筆写された写本が合計一七〇部ほど混在しているが、今回の蔵書分析において、それらは分析対象から外した。ただし、筆者は、江戸時代の寺院蔵書を分析するに当たって、明治以降に作成された書物の情報を不必要とみなしているわけではない。江戸時代に作成された書物と明治時代以降に作成された書物の混在が、寺院蔵書分析において貴重な研究素材となることは、本書第二部第六章で詳述する予定である。

(19) こうした試みの好例として、高木俊輔・渡辺浩一編『日本近世史料学研究―史料空間論への旅立ち』(北海道大学図書刊行会、二〇〇〇年) を挙げておきたい。

(20) 例えば、註(1)横田前掲書四四～五六頁で、河内国柏原村三田家の蔵書を分析するために使用された史料は、蔵書の売却に際して作成された旧蔵目録である。他にも、蔵書目録から江戸時代当時の蔵書とその活用方法を復元した代表的な研究として、小林文雄「近世後期における「蔵書の家」の社会的機能について」(『歴史』七六、一九九一年)、池田真由美「「書物有物帳」に見る江戸近郊名主層の動向」（『関東近世史研究』五一、二〇〇二年）、若尾政希「「書物の思想史」研究序説—近世の一上層農民の思想形成と書物—」（『一橋論叢』一三四—四、二〇〇五年）などがある。
(21) 註(2)鈴木前掲書四一〜六七頁、榎本博「近世の「家」と知の継承—須田新宅家の蔵書伝来過程をめぐって—」（『国文学研究資料館紀要　アーカイブズ研究篇』一六、二〇一〇年）、広島県立歴史博物館編『黄葉夕陽文庫目録　書籍篇』（広島県立歴史博物館、二〇〇九年）など参照。
(22) なお、寛延三年（一七五〇）というと、大慶はわずか一四歳であり、本格的な写本を作成するには若すぎるようだが、大慶若年期に筆写された黒文円印本は、恐らく他の僧侶の所持品を彼が譲り受けたものと考えられる。例えば、『浄土真宗伝仏心印義』という写本には、「于時宝暦第四甲戌閏二月下旬第五日、於和州十市郡中邑道場写之者也、雲州飯石郡八神村義観」という識語が記されている。義観なる僧侶は、大慶に先んじて大和国に遊学し、『浄土真宗伝仏心印義』を筆写したようだが、同じく大和国十市郡の木原村で宝暦六年（一七五六）から修学を始めた大慶に、何かの縁があってこれを譲り渡したと推測される。また、『蓮如上人御消息』という写本には、「于時宝暦四年仲秋中旬、沙門嶺応写之」という識語があり、その横には朱字でさらに「大慶云、樸師破邪顕正弁ニ此消息ヲ評シテ云、此書ハ近来好方ノ者共ノ書タルトミエテ贋物ナリト、今ヨク披見スルニ各別安心ニ背ケル義モ見エネ共真物ニハアラス、樸公ノ評当レリ」という書き込みがなされている。つまり、大慶は、宝暦四年（一七五四）に嶺応という僧侶が筆写した『蓮如上人御消息』を後に入手し、しかもそれが偽撰の書であったと批判的な評価を書き加えたわけである。議論の本筋からかなり逸脱してしまうが、こうした事例から、修行中の僧侶にとって他の僧侶から譲渡される写本も重要な学びの手段であったことが判明する。
(23) もっとも、黒文長方印本には、そもそも黒文円印本ほど丁寧に署名が記されていないので、署名から刊本の購入者や写本の作成者を推測することは難しい。
(24) 中野三敏『書誌学談義　江戸の板本』（岩波書店、一九九五年）二六八〜二八五頁。
(25) 橋口侯之介『和本への招待—日本人と書物の歴史』（角川学芸出版、二〇一一年）一一九〜一三一頁。

(26) ちなみに、大東坊蔵書には今回の分析対象から除外した明治時代以降の刊本・写本が一七〇部ほど存在するのだが、それらに蔵書印は一切押されていないため、黒文長方印が押されたのは恐らく明治以前であると推測できる。
(27) なお、「大東精舎伝記一覧・大東精舎家財一覧　合」(『藁江大東坊文書』)によれば、栄寛は文化五年(一八〇八)に没しているので、大慶が帰郷した寛政九年(一七九七)には存命であったことが分かる。
(28) 蔵書印が押されなかった特徴的な事例を挙げておくと、大東坊蔵書のなかには『傍観金剛槌』という写本が存在し、その表紙には「草稿不許他見」という書き込みがなされている。筆跡から大慶が筆写したものと考えられるが、比較的丁寧に筆写・製本されているにもかかわらず、黒文円印は押されていない。大慶には、まだ誤字・脱字も多く存在する段階での写本を、「大東坊蔵本」として共有することにためらいがあったのかもしれない。なお、藤實久美子『近世書籍文化論　史料論的アプローチ』(吉川弘文館、二〇〇六年)二一一～二三八頁では、写本をその転写過程に基づいて稿本・中書本・清書本・転写本・重写本に区分しつつ分析する方法が提示されており参考になる。
(29) 工藤航平『近世蔵書文化論―地域〈知〉の形成と社会』(勉誠出版、二〇一七年)三〇五～三四九頁。
(30) 栄了の絵解き講釈については、引野亨輔「講釈と出版のあいだ」(島薗進・高埜利彦・林淳・若尾政希編『シリーズ日本人と宗教　第五巻　書物・メディアと社会』春秋社、二〇一五年)で詳しい考察を加えた。
(31) 関山和夫『説教の歴史的研究』(法蔵館、一九七三年)一九三～三三五頁。
(32) 黒文円印本の収集期間を、大慶が遊学を開始した宝暦六年(一七五六)から、大慶が没した文政元年(一八一八)までとみなすならば、合計六一年になる。他方、黒文長方印本の収集期間を、大慶が没した文政元年から、『大御法会庭儀図』(黒文長方印本のうちで最も新しい刊記を持つ刊本)が出版された文久元年(一八六一)までとみなすならば、合計四四年になる。
(33) 千葉乗隆『真宗教団の組織と制度』(同朋舎、一九七八年)七九～一二六頁。
(34) 引野亨輔「近世後期の地方書肆と村落民衆―倉敷書肆太田屋六蔵を事例として」(『書物・出版と社会変容』七、二〇〇九年)。

(35)なお、ここに挙げた書物はやや通俗性が高いものであり、貸本屋から借りて筆写した可能性も高いが、地域寺院の僧侶たちがお互いに所蔵する書物の情報を共有し、写本を増やしていく動向にも注目する必要がある。註(2)鈴木前掲書二一九～二七二頁では、お互いの蔵書情報を共有する地域神職たちによる写本貸借の実態が丹念に掘り起こされており、学ぶところが多い。
(36)註(16)前掲書七八～九〇頁。
(37)註(20)若尾前掲論文。
(38)岡村敬二『江戸の蔵書家たち』(講談社、一九九六年)一一二～一四二頁。
(39)『詩語砕金』が江戸時代後期に詩作の入門書として大流行したことは、鈴木俊幸『近世読者とそのゆくえ　読書と書籍流通の近世・近代』(平凡社、二〇一七年)二一一～一〇四頁に詳しい。
(40)『訳文筌蹄』や『倭読要領』が、日本人の漢文読解法に対して与えた影響については、金文京『漢文と東アジア―訓読の文化圏』(岩波書店、二〇一〇年)六四～七九頁に詳しい。
(41)なお、本章の土台となった引野亨輔「近世真宗僧侶の集書と学問―備後国沼隈郡大東坊を素材として―」(『書物・出版と社会変容』三、二〇〇七年)の図二では、「神書・有職」の数値が七五部になっている。これは、真言宗僧侶の立場から神道について論じた寂本著『神社啓蒙邪誣論』・『神社考邪排仏教論』などを「神書」としてカウントし、また江戸時代の書籍目録で「字書」に分類される貝原好古編『和爾雅』や貝原益軒編『日本釈名』などを「有職」としてカウントしたためである。本章では、『神社啓蒙邪誣論』や『神社考邪排仏教論』などを「仏書」に分類し直し、また『和爾雅』や『日本釈名』などを「字書」に分類し直したため、「神書・有職」の数値は六七部に減少している。
(42)大東坊に現存する『神代巻聴記』は、大慶の講義を甥の栄了が聞き書きしたものである。
(43)多田義俊の事績については、古相正美『国学者多田義俊南嶺の研究』(勉誠出版、二〇〇〇年)に詳しい。
(44)引野亨輔『近世宗教世界における普遍と特殊―真宗信仰を素材として―』(法蔵館、二〇〇七年)二〇～五五頁。
(45)なお、往来物の選別に当たっては、石川松太郎『往来物の成立と展開』(雄松堂出版、一九八八年)や梅村佳代『近世民衆の手習いと往来物』（梓出版社、二〇〇二年）を参照した。

(46) 恵空の事績については、中田祝夫「紀州浄福寺恵空という学僧について―徒然草参考・節用集大全・法音抄等の著者―」（永山勇博士退官記念会編『国語国文学論集』風間書房、一九七四年）に詳しい。

(47) 田中薫「蔵書の様相から見えてくる村役人像・地域像―松本領野沢村務台家の場合―」（『信濃』五九―八、二〇〇七年）。

(48) 註(20)小林前掲論文。

(49) 榎本博「近世地域社会における蔵書と「家」」（『国史学』二〇一、二〇一〇年）。

(50) なお、蔵書の公開や共有をめぐる最新の議論としては、工藤航平「日本近世社会における知識形成と蔵書文化」（『歴史学研究』一〇三一、二〇二三年）が参考になる。

(51) 以上のような事例から推測すると、大慶の六合釈学習は、テキストをかたわらに置いて師と仰ぐ僧侶の講義を聴聞するスタイルから、書物そのものを「師」として自学自習するスタイルへと展開していったことになる。帰郷によって大和長谷寺で直接学ぶことができなくなったという事情もあるのだろうが、こうした修学スタイルの変化は、江戸時代における書物知の意義を考察する上で、重要なポイントといえよう。まず中世僧侶の修学にまでさかのぼると、秘伝書は弟子の読み解きが師と完全に一致した後にようやく筆写を許されるものであった。それに対して、近世檀林での一斉教化では、あらかじめ刊本テキストが指定されるため、個々の所化僧による自由な読み解きの余地が生じることになった。ただし、こうした一斉教化の場でも、あくまで指導者の指示に従い、画一的なテキストの読み解きが奨励されたことに変わりはない。だからこそ、自学自習のために仏書を購入し、一人で読書するという行為が一般化することで、読み解きの自由度はさらに飛躍的な高まりをみせていったと予想されるわけである。それでは、自学自習スタイルで仏書を読み解く僧侶が増加すると、仏教知にはどのような変容が生じ得るのだろうか。この点については、本書第一部第四章で詳しい検討を加える予定である。

(52) 大慶における文献考証主義の芽生えについては、本書第一部第三章で引き続き詳しい考察を加える予定である。

第三章　経蔵のなかの「正統」と「異端」

はじめに

前章では、福山藩領備後国沼隈郡藁江村の浄土真宗寺院大東坊の蔵書に着目しつつ、膨大に過ぎる浄土系の仏書はいったん検討対象から除外し、もっぱらそれ以外の書物に分析の手を加えて、江戸時代中後期における寺院蔵書の形成過程とその機能を解き明かしてみた。なかでも蔵書急増の功労者である大慶が、大和長谷寺での修学を契機として収集した一連の仏書は、書物知をフル活用する僧侶の姿が具体性を持って浮かび上がる興味深い素材であった。檀林で指定される講義テキストを手に入れ、そこに丹念な書き込みを施しながら進められる大慶の学問研鑽は、江戸時代的な僧侶の修学スタイルを象徴するものとみなして良かろう。ただし、書物知を実直に活用するこうした様相に焦点を合わせるだけでは、江戸時代中後期の地域寺院における集書活動や読書実践の全体像を捉え尽くしたことにはならない。

本書第一部第一章で述べたように、江戸時代前期の京都で誕生した民間書肆の多くは、特定の仏教教団と結託し、「檀林教科書」という堅実な商品の確保に成功した。もっとも、あくまで売れる本の販売を至上命題としていた民間書肆たちは、仏教教団にとって好ましからざる仏書を流通させてしまう存在でもあった。例えば、通俗的な仏書を著すことも多かった浄土真宗教団の場合、商業出版の成立後、著者を親鸞・覚如・蓮如ら歴代宗主に仮託した偽書が、本山の許諾を得ることなく、民間書肆によって盛んに出版されるという悩ましい事態に直面した。そこで浄土真宗教団は、商業出版がもたらした偽書の氾濫に対して、幾つかの対抗策を講じることになった。例えば、宝暦年間（一七五一～一七六四）に西本願寺学林で活躍した学僧泰巌や僧樸は、民間書肆が出版した浄土真宗系の通俗仏書に対して、厳格な真偽判断を実施し、西本願寺派にとって正統なる浄土真宗聖教と異端的な書物との線引きに努めた。また、彼らの真偽判断を土台として、明和二年（一七六五）には本山お墨付きの聖教集成である『真宗法要』が西本願寺御蔵版本として出版された。以上のような対抗措置によって、著者を歴代宗主に仮託した偽書が、学林のなかで信憑性を持って受け入れられるような風潮は、次第に希薄化していった。江戸時代的な仏教諸宗檀林の一大特徴とされる文献考証主義的な学問姿勢は、単純に閲覧できる書物量が増えたために確立をみたというよりも、むしろ商業出版と仏教知の微妙な緊張関係のなかで、必要に迫られつつ築き上げられていったわけである。

もっとも、右のような状況は、商業出版がいち早く成立した京都に焦点を合わせることで浮かび上がってきた社会変容の一端に過ぎない。伝親鸞著『一宗行儀抄』や伝覚如著『真宗銘文鈔』といった浄土真宗系の通俗仏書に対して、西本願寺学林で活躍する学僧たちが辛辣な批判を加えていったことは、既に本書第一部第一章で詳述した。しかし、著者を歴代宗主に仮託するこれらの偽書が、浄土真宗教団の抗議によって販売中止に追い込まれるような事態は、江戸時代を通じて起こらなかった。京都の書肆と直接的なコネクションも持っていなければ、中世の古写本のような善本に接する機会もほとんどなかったであろう地域寺院の住職たちが、西本願寺学林の学僧たちと時期を同じくして偽書に対する強烈な警戒心を芽生えさせ、文献考証主義的な態度でそれらを読み解いていったとは考えがたい。

ちなみに、読書の歴史をめぐって多くの提言を行ってきたロジェ・シャルチエによれば、書物とは、作者のみならず出版業者・印刷工・製本職人たちによって、秩序立った読み方へと導く諸工夫（段落分け・注釈・余白など）が加えられて、初めて成立し得るものである。そして、そうであるにもかかわらず、個々の読者は、作り手が設定した読み方の秩序を時として覆し、自由な読書を実践していく[1]。前述の『一宗行儀抄』を例に取るならば、承元四年（一二一〇）に親鸞が常陸国稲田西念寺でこれを記したとする奥書は、買い手に対して親鸞著作の真正性をアピールすべく、出版業者が施した工夫の一つと捉え得る。ただし、浄土真宗学僧の文献考証主義的な姿勢が確立されると、承元四年時の親鸞がまだ常陸国に赴いていないことを論拠として、同書を偽書と断罪する者が現れることになった。つまり、出版業者が商品の真正性を保証するために加えた奥書は、学僧の読解を経ることで、偽造の証拠という真逆の価値を生み出すに至ったわけである。

それでは、地域寺院の住職や俗人信徒が『一宗行儀抄』のような偽書を手にした時、書肆側が意図した権威付けをすんなり受け入れたのだろうか。それとも、学林側が提示する批判的な評価に準拠して読み解いたのだろうか。あるいはまた、いずれとも異なる彼ら独自の読書実践を展開させていったのだろうか。商業出版が仏教知に与えた影響を、一元的に捉え過ぎないためにも、個々の仏書をめぐる社会的な反響の分析は、僧侶や俗人信徒が行った読書実践の現場に肉薄するかたちで進める必要がある。以上のような問題意識に基づいて、本章では、江戸時代中後期に福山藩領備後国沼隈郡藁江村の浄土真宗寺院大東坊で行われた集書活動と読書実践に引き続き注目する。なお、前章では浄土系の仏書を敢えて検討対象から除外したが、本章では、偽書が含まれる可能性も高いそれらの蔵書に、いよいよ分析の手を伸ばす予定である。浄土系の仏書は、浄土真宗僧侶にとって、正統なる読み解き、すなわち本山の指針から逸脱しない読み解きが、最も強く求められたものといえる。そこで、本章の考察は、正統と異端が入り混じる大東坊蔵書の核心部分に切り込み、前章では触れることができなかった大慶の読書実践の深部を解き明かすものになるはずである。

第一節　大慶の集書活動と「批判的読書」の展開

（一）書物知への精通

さて、時に読者を異安心（異端的信仰）へと導いてしまう刊本化された仏教知に対して、現存する大東坊蔵書の土台を築いた大慶はいかなる姿勢で臨んだのであろうか。個々の蔵書に対する大慶の認識を検討する前に、彼の集書活動が全般的にどのような方針に基づくものであったかを、まず確認しておきたい。

かつて長友千代治は、江戸時代における貸本屋の活動を丹念に掘り起こし、借りて読むスタイルで民間社会に着々と浸透していく江戸時代的な書物知の具体像を明らかにした。もっとも、貸本屋の書物調達能力を高く評価していた長友の研究において、書物を借りて読む村落知識人が、貸本屋の一方的な勧誘に従い、受け身的に読書を楽しむ存在に過ぎなかったと、やや低く評価されてしまった点も見逃してはならない(2)。それに対して、村落知識人の書物収集過程を綿密に検討し直した横田冬彦は、彼らが数ある選択肢のなかから購入すべき書物を主体的に選び取り、読書を楽しんでいたと主張した(3)。それでは、本章で取り上げる大慶の読書実践は、どの程度の主体性を有するものだったのか。大慶は西本願寺学林で自ら講義を行うような学僧であり、それを踏まえるならば、横田が指摘した主体的選別をより高度化したかたちで集書活動を行っていたと予想される。もっとも、現代と異なり、書物の詳細な書誌情報を事前に把握することが難しい江戸時代において、大慶がいかにして集書方針を立てていたかは、慎重に検討すべき事柄であろう。それが明らかになることで、異安心（異端的信仰）へと誘うような書物に対する彼の姿勢も、より鮮明になるはずである。

こうした問題意識に基づいて大東坊蔵書の特徴を探っていくと、黒文円印が押された『教行信証』の表紙裏に以下のような興味深い書き込みを確認することができる。

　諸本考
一、文明二年写本　播洲真浄寺主智暹閲之
初序　十五行半二百六十字
次総標之釈　三十一字　謹按等
次就教之釈　五行八十七字　夫顕等
一、寛永本　題後標出　大阿弥陀経　呉月支国居士支謙訳
平等覚経　後漢月支国三蔵支婁迦讖訳
一、正保丙戌仲春吉旦　中野氏重刊行
一、明暦丁酉仲冬吉日　五条通扇屋町丁子屋西村九郎右衛門板行
一、寛文十三癸丑歳仲冬　福森兵左衛門刊行
　別有寛文九年之一本

親鸞が著した『教行信証』は、浄土真宗にとって最も重要な聖教であるため、どの古写本に依拠して本文を確

定するかという問題は、中世以来長く議論され続けてきた。[4] 江戸時代に商業出版が成立し、民間書肆によって『教行信証』が刊本化された後も、異文・誤刻問題が完全に解決することはなかった。恐らく大慶は、『教行信証』を購入するに当たって、自分がどの種類の刊本（寛永本・正保本・明暦本・寛文本）を手にしており、それがいかなる異文・誤刻問題を抱えているのかをしっかり自覚すべく、この「諸本考」を記したのであろう。[5] ちなみに、この書き込みが加えられた『教行信証』自体は、寛文一三年（一六七三）に刊行されたものなのだが、全頁にわたって「正保本○○」・「明暦本○○」といった寛文本との異同が注記されている。つまり、西本願寺学林で本格的に学問研鑽に励む大慶のような学僧にとって、刊本化された『教行信証』は、単にそこから浄土真宗教学を学び取るだけの模範的テキストではなかった。むしろ彼は、『教行信証』のより「正しい」読み方を探究すべく、諸本の比較検討に努める洗練された読者だったのである。[6]

浄土真宗の僧侶である大慶が、『教行信証』の諸本に対して、ことさら強い関心を示したことは、ある意味で当たり前の出来事ともいえる。[7] ただし、彼が用意周到な書誌情報の把握に基づき、集書活動を進めたのは、何も浄土真宗の教学書購入時に限ったことではなかった。例えば、黒文円印が押された『徒然草諺解』の表紙裏には、以下のような書き込みが記されている。

徒然草者兼好法師之述作也　兼好吉田庶流也、故世称吉田兼好、又吉田兼好有兼好旧跡

諸抄之次第

板行

一、寿命院抄　　二巻　諸抄本也　也足叟ノ奥書有之、此草子規模ナル者歟

一、野槌　　十四巻　道春作　寿命院抄広加和漢故実、元和七年辛酉年

一、鉄槌　四巻　是野槌抜書也
一、慰草　八巻　貞徳作　是記徒然之大意、慶安丑年孟夏廿六日
一、長頭丸抄　二巻　号貞徳抄
板行
一、磐斎抄　十三巻　寛文元年霜月吉日
一、句解　七巻　寛文元年十二月吉日
一、諸家聞書　三巻
板行
一、文段抄　七巻　季吟先生作也　寛文七年十二月吉日
一、鉄槌増補　六巻　件鉄槌取右諸抄之要領加之、述以世俗之邇言、是為初学之士易暁也、又書別伝二巻、以附之後

まず『徒然草諺解』という書物の性格について、簡単に把握しておこう。横田冬彦によれば、江戸時代前期に林羅山・松永貞徳・北村季吟ら著名な学者たちが次々と『徒然草』の注釈書を著述・刊行したため、貴族的文化人のみならず民衆的読者も、数ある注釈書のなかから自分の必要性に合致したものを選び取り、『徒然草』を読み解き得るようになったという[8]。延宝五年（一六七七）に刊行された南部草寿著『徒然草諺解』も、そうした徒然草注釈書の一つであるが、大慶は豊富な選択肢のなかから偶然これを購入したわけではない。というのも、大慶が書き込んだと思われる右の「諸抄之次第」には、林羅山著『野槌』・松永貞徳著『慰草』・北村季吟著『徒然草文段抄』など、江戸時代に著された主要な徒然草注釈書が、網羅的に列挙されているからである。大慶は、多様な立場で著された注釈書の全体像を把握した上で、『徒然草諺解』を選び取っていたことになる。

もっとも、現存する『徒然草諺解』を細かく分析しても、大慶が他の注釈書との異同を意識しながら、同書を読み解いた痕跡は見当たらない。正保本や明暦本との異同を逐一チェックしながら寛文本『教行信証』を読み解いていたことと比較すると、当然ながら大慶の徒然草注釈書に対する関心は、そこまで高いものではなかった。逆にいえば、大慶は、浄土真宗教学の根幹に関わる書物にだけ文献考証主義的な姿勢で臨んだのではなく、たとえ趣味的・娯楽的な書物であっても書誌情報への精通に努める人物であった。そして、あらゆる書物知に対する飽くなき探究心を土台として、大慶は自ら収集した個々の蔵書に、学僧ならではの読み解きを加えていくことになる。

(二) 偽書の収集と「批判的読書」

さて、既述の通り、商業出版が隆盛を極めた江戸時代には、著者を親鸞・蓮如ら歴代宗主に仮託した偽書まで大量に出版されていったが、大東坊蔵書のなかには、どの程度そうした偽書が含まれているのだろうか。表三―一は、佐々木求巳『真宗典籍刊行史稿』(9)の評価を参照しつつ、大東坊蔵書のなかから、著者を法然・親鸞・覚如・存覚・蓮如・実如らに仮託した偽書を抜き出したものである。なお、『浄土真宗作法書』のみは著者を学林能化に仮託したものだが、江戸時代の偽書受容を象徴する事例であるため、行論の都合上、末尾に加えた。この表によれば、大東坊蔵書のなかには、本書第一部第一章で取り上げた伝親鸞著『一宗行儀抄』を始め、一〇部以上の偽書が存在し、しかもその大半は、大慶が収集したと考えられる黒文円印本であった。もっとも、重要なのは大慶が偽書を収集したかどうかではなく、それらに対していかなる評価を下したかであろう。そこで、大東坊に現存する『一宗行儀抄』に注目してみると、その表紙裏には、大慶の手によると思われる以下のような書き込

表３－１　大東坊蔵書のなかの著者を法然・親鸞・覚如・存覚・蓮如・実如らに仮託した偽書

書名	著者（仮託）	刊本／写本	蔵書印
一向専修之七ヶ条	法然	写本	蔵書印なし
一宗行儀抄	親鸞	刊本	黒文円印
専修念仏問答鈔	親鸞	刊本	黒文円印
親鸞聖人血脈文集	親鸞	刊本	黒文円印
直心集	覚如もしくは存覚	刊本	黒文円印
真宗血脈伝来鈔	覚如もしくは存覚	刊本	黒文円印
真宗用意	覚如	刊本	黒文円印
真宗意得鈔	覚如もしくは存覚もしくは蓮如	刊本	蔵書印なし
浄土真宗聞書	覚如もしくは存覚	写本	黒文円印
真宗教要鈔	蓮如	刊本	黒文円印
蓮如上人御消息	蓮如	写本	黒文円印
実教	実如	刊本	黒文円印
※浄土真宗作法書	※知空 （西本願寺学林２代能化）	写本	黒文円印・ 黒文長方印

みがびっしりと記されている。

此書ユ、シキ偽造ナリ、文ト云ヒ義ト云、毫モ祖風ニ似タル処ナシ、其中大義ヲ出サハ宗名ヲ一向宗ト記ス、是吾祖一代曽テノタマハス、此一証也、二ニハ三経ヲ沙汰スルニハ吾祖ハ隠顕ニ約ス、然ニ此書ソノ沙汰ナク一概ニ三経一致ニツイテ論ス、故ニ九品ノ土モ報土ニアリト立ス、毫モ祖判ヲシラサルモノ、作ナリ、蓋シコレ鎮西流ノ徒ヒソカニ偽作シテ吾祖ノ尊諱ヲ出セルナリ、古来今家ノ先徳ハ評スルニ足ラストシテ此書ノ真偽ヲ論セス更考、僕師ノ管窺録、卅三紙評以為偽妄然ニ高田派ヨリ大谷ノ派ニハ此書ヲ信スト誤リ計スル徒アリ、彼派良空カ記セル正統伝後集第三巻廿一左ニ云、汝東本願寺ヲ指スカ家ニ尊信スル一宗行儀抄ト云モノアリ云云、可笑、大谷ノ一流何ノ書ニカ此書真撰ト云ヘルソヤ、東派ノ先啓所述ノ真宗聖教目録ニ

ハ此書ヲ偽造ノ部へ収タリ、実ニハ歯牙ヲ労スルニ足ラストイヘトモ、幼童ノタメニ記シヲハリヌ
下巻奥書抔ハ年時相違セリ、祖師三十八才ノ時ハ越後流人之内ナリ、常陸国ニハマシマサス

本書第一部第一章で詳しく検討したように、『一宗行儀抄』は著者を親鸞に仮託しつつ、浄土真宗寺院への熊野権現勧請を奨励するなど、荒唐無稽な内容を有する偽書である。それに対して、大慶は「此書ユ、シキ偽造ナリ」と明快に親鸞真撰説を否定してみせた。大和長谷寺での講義聴聞時には、刊本テキストを頼りとして仏典の読み解きに努めた大慶であったが、彼の読書スタイルは、書物知を肯定的に受容していくだけのものではなかった。著者を歴代宗主に仮託した偽書がちまたにあふれる江戸時代において、時に書物知の偽妄性を激しく糾弾する「批判的読書」も、学僧たちには必要とされたのである。

それでは、出版されたことで一定程度の権威を獲得していたはずの書物知に向けて、大慶はいかなる「批判的読書」を展開したのだろうか。『一宗行儀抄』に記された書き込みによれば、大慶は以下の三点を論拠として、同書を偽書であると判断している。一つ目に、親鸞の著作とされる同書において、「一向宗」という宗名が頻繁に用いられている点。一向宗という呼称は、あくまで第三者により雑多な念仏集団（浄土真宗のみならず時宗の一向俊聖派なども含む）を指して用いられたものであり、親鸞や蓮如はこの呼称を宗名として認めていない[10]。そこで、一向宗という宗名を頻用する『一宗行儀抄』は、親鸞の著作とは考えがたい。二つ目に、浄土三部経（無量寿経・観無量寿経・阿弥陀経）を一様に格付けしている点。親鸞は浄土三部経のなかでもとりわけ無量寿経を重視するため、『一宗行儀抄』の浄土三部経評価は、親鸞の主張ではあり得ない。三つ目に、『一宗行儀抄』には親鸞が三八歳の時に常陸国で著したとする奥書がある点。実際には、三八歳の親鸞はいまだ流刑地である越後国に留まっており、彼の生涯に照らし合わせるならば、この奥書は偽造されたものと考えられる[11]。大慶は、これら三つ

の論拠を示しつつ、浄土宗鎮西流の僧侶が親鸞の名を騙って『一宗行儀抄』を著したのであろうと結論付けた。

以上、前半二点は親鸞自著の叙述表現に注目した真偽判断、最後の一点は時系列的な整合性に注目した真偽判断であるが、いずれも西本願寺学林で文献考証の技術を磨いた大慶だからこそ成し得た批判的読み解きといえよう。もっとも、大慶は、著者を歴代宗主に仮託した偽書に対して、独力で真偽判断を行っていたわけではない。そのことは、「樸師ノ管窺録卅三紙評以為偽妄」という彼の書き込みから明らかになる。「樸師ノ管窺録」とは、僧樸が著した『真宗法要蔵外諸書管窺録』のことである。本書第一部第一章で詳述したように、僧樸は、宝暦九年（一七五九）に西本願寺宗主の命を受け、本山お墨付きの聖教集成『真宗法要』の出版に尽力した人物である。彼は『真宗法要』に収録する聖教を選び出すため、民間書肆が出版を重ねてきた百数十部に及ぶ浄土真宗系の通俗仏書に対して、入念な校合作業を行ったが、その作業の副産物として著されたのが『真宗法要蔵外諸書管窺録』である。著者を歴代宗主に仮託した偽書への激しい批判を展開した同書のなかで、僧樸が『一宗行儀抄』に対して下した評価は、以下のようなものであった[12]。

［管窺曰］大邪偽妄。カツ文言ノ鄙俗ナルコト。タトヘンカタモナク。言語道断ノ書ナリ。此ノ書ノ始末。安心ヲノブルヤ。必ズ観経ノ自力ノ三心ヲオシタテ。其起行ヲヲシユルヤ。自力策励ノ口称ヲス、メ。其浄土ヲアカスヤ。必ス九品ノ差別ノ相ヲ本トシ。其往生ヲイフヤ。必ス臨終正念。上品蓮台ノ来迎ヲ期ス。亦日本神国ヲ云ヒタテ。四季祭礼等ヲモツハラニスヘキコトヲス、メ。カリニモ神慮神罰ヲオソレヨトヲシヘ。又行儀不浄ナレハ。魔障ヲウクルトモ云コトヲアナカチニ誡メ。或ハ一流ノ寺院ニハ。三尊ヲ安置シ。並ニ熊野権現ヲ勧請セヨ等。種々妄説。枚挙ニイトマアラス。ハヤク焼却スヘキモノナリ。

大慶が『一宗行儀抄』に記した書き込みは、「文ト云ヒ義ト云、毫モ祖風ニ似タル処ナシ」という辛辣なものであったが、僧樸はそれ以前に「種々妄説。枚挙ニイトマアラス。ハヤク焼却スヘキモノナリ」という大慶以上に過激な批判を展開していたのである。右のような僧樸の口吻に接したからこそ、大慶は刊本となって公然と発信される書物知にも、真っ向から批判的な言辞を浴びせられたのではないだろうか。ちなみに、僧樸の『真宗法要蔵外諸書管窺録』は未刊行の書物であり、誰でも容易に入手できたわけではないが、大慶は間違いなく同書を読んでいる。というのも、大東坊には黒文円印が押された写本のかたちで、同書が現存しているからである。西本願寺学林で長く修学を重ねた大慶は、僧樸を含む先学の著作に触れる機会も多く、その学びを活用して「批判的読書」を展開していたことになる。なお、以下は余談であるが、本書第二部第六章で取り上げる安芸国下蒲刈島の弘願寺（浄土真宗西本願寺派）など、筆者が蔵書調査を行った幾つかの浄土真宗寺院にも、やはり『真宗法要蔵外諸書管窺録』は写本として現存している。西本願寺学林で浄土真宗教学を学ぶ修行僧にとって、同書は筆写して持ち帰るべき大切な書物の一つに位置付けられていたようである。

話を元に戻すと、大慶は『一宗行儀抄』に対して容赦のない「批判的読書」を展開した。しかし、それは個人的な感情に任せたものではなかった。むしろ、大慶は、西本願寺学林の先学である僧樸と彼が著した『真宗法要蔵外諸書管窺録』に厚い信頼を寄せており、表三―一に挙げた幾つかの偽書に対して、同書を忠実になぞりつつ「批判的読書」を遂行していった[13]。本書第一部第一章で確認した通り、西本願寺学林レベルでいえば、偽書の氾濫への対抗措置は、本山お墨付きの聖教集成である『真宗法要』が明和二年（一七六五）に刊行されたことにより、一定程度の成果を挙げてひとまず完了した。その一方で、『真宗法要蔵外諸書管窺録』を座右の書とした大慶の偽書批判は、その晩年まで延々と続けられた[14]。浄土真宗学僧にとって、もはや偽書であることが自明となった書物、例えば正保四年（一六四七）刊行の『一宗行儀抄』にまで、元文二年（一七三七）生まれの大慶が強い関心を保ち続けたのはなぜだろうか。

商業出版が成立し、文献考証主義的な風潮が高まった江戸時代には、書物相互の参照関係は複雑さを増しており、その関係性に基づいて一つの書物が思いがけず影響力を持続させることもあった。例えば、大慶が「高田派ヨリ大谷ノ派ニハ此書ヲ信スト誤リ計スル徒アリ」と指摘したように、浄土真宗高田派の良空（一六六九〜一七三三）が著した『正統伝後集』には、『一宗行儀抄』が大々的に引用され、著者の主張を正当化する論拠となっていた。[15]良空と彼の精力的な出版活動については後ほど詳述するつもりだが、ここでは彼が著した『正統伝後集』という書物に『一宗行儀抄』が引用された事情を簡単に解説しておきたい。良空は享保二年（一七一七）に『高田親鸞聖人正統伝』という親鸞伝を出版し、大いに人気を博した。[16]もっとも、同書は、東本願寺学寮の初代講師恵空が著した『御伝絵視聴記』や『叢林集』を酷評するなど、他派への攻撃的な内容を含んでいたため、称讃のみならず、それ以上の非難も浴びることになった。そこで、良空は、東本願寺からの反論に応答するという名目で『鉄関踏破』を著し、『正統伝後集』に収録して享保七年（一七二二）に出版した。この『鉄関踏破』において、『一宗行儀抄』が東本願寺も「尊信」する親鸞の自著として取り上げられ、同書の内容と照らし合わせて『高田親鸞聖人正統伝』の描き出す親鸞像に誤りのないことが主張されたわけである。[17]話題を呼んだ刊本のなかに偽書が引用され、一人歩きしていくという江戸時代的な書物知のあり方に精通していた大慶は、それゆえに幅広い出版情報の収集に努め、一昔前に刊行された偽書への警戒心も失わなかったのであろう。

さて、偽書の内容に依拠して東本願寺からの反論に応答しようとする良空の姿勢は、大慶にとってみれば、当然苦々しいものであったが、『真宗法要蔵外諸書管窺録』に依拠して『一宗行儀抄』が偽書であることを強調するだけでは、『正統伝後集』への有効な反論にはなり得なかった。良空は、東本願寺が『一宗行儀抄』を「尊信」

しているとと主張したわけであり、彼の主張に対して西本願寺派の著作で反論するわけにはいかなかったからである。そこで、大慶は、わざわざ『浄土真宗聖教目録』という書物を取り上げ、そのなかでも『一宗行儀抄』が偽書とされている事実を指摘した。『浄土真宗聖教目録』は、宝暦二年（一七五二）に東本願寺派の学僧先啓（一七一九〜一七九七）が出版したものであるため、確かに東本願寺が『一宗行儀抄』を「尊信」していないことの論拠となり得る。[18]西本願寺学林で学び、僧樸の事績に憧れを抱いていた大慶にとって、東本願寺に属する先啓の真偽判断は、心から信頼できるものではなかった。[19]しかし、複雑な参照関係のなかで影響力を増大させていく江戸時代的な書物知の危険性を熟知していた大慶は、個人的な思い入れを捨て、最も有効な手法を選び取って偽書批判を展開したといえる。

ここで大慶の読書実践が、集書活動とどのように結び付くのかを想像してみよう。彼が『一宗行儀抄』のような偽書の偽妄性に精通すべく、西本願寺学林で僧樸著『真宗法要蔵外諸書管窺録』を筆写したことは間違いない。ところが、書物の参照関係に敏感な彼は、話題を呼んだ良空著『高田親鸞聖人正統伝』の続編『正統伝後集』に、『一宗行儀抄』が引用され、東本願寺批判の論拠とされていることにも気付いた。そこで、西本願寺のみならず東本願寺でも、『一宗行儀抄』が偽書とみなされていることを立証すべく、『浄土真宗聖教目録』という書物も手に入れた。こうして「批判的読書」に必要な書物を芋づる式に収集し、大慶は自らの蔵書を膨れ上がらせていったのではないだろうか。[20]筆者の推測を裏付けるように、現在大東坊には、大慶の『一宗行儀抄』批判に必要とされた『高田親鸞聖人正統伝』・『正統伝後集』・『浄土真宗聖教目録』が、いずれも黒文円印本のかたちで残されている。

なお、表三―一に挙げた他の偽書に対しても、大慶は精力的に「批判的読書」を進めているが、『一宗行儀抄』

に記された批判的な書き込みの分量はとりわけ多い。その理由は、同書が様々な刊本に引用され、大慶が所属する西本願寺教団の立場を危うくする偽書だったからであろう。先に浄土真宗高田派による『一宗行儀抄』引用の事例を取り上げたが、実は浄土宗の僧侶も、浄土真宗との論争において、同書を引用する傾向があった。例えば、明和五年（一七六八）に出版された『真宗安心茶店問答』という書物に注目してみよう。[21]同書は、ある茶店で行われた二人の女性客と尼僧の対話を紹介する体裁で、浄土真宗と浄土宗の違いを通俗的に解説したものである。浄土宗と比較しつつ、浄土真宗の素晴らしさを称讃する内容であったため、浄土宗側からは、論駁書として尚全著『茶店問答弁訛』が安永八年（一七七九）に出版された。そして、この『茶店問答弁訛』のなかで、『一宗行儀抄』が引用され、浄土宗による浄土真宗批判の論拠とされたのである。[22]

『真宗安心茶店問答』をめぐる論争では、臨終行儀（死の間際に特別な準備を整えること）の必要性が一つの重要な論点となった。というのも、江戸時代の浄土宗が、頭北面西や称名念仏などの臨終行儀を重視したのに対して、浄土真宗では、既に浄土往生が決している念仏行者に臨終行儀の必要はないとされたからである。ただし、著者を親鸞に仮託した偽書である『一宗行儀抄』の場合、臨終時に念仏を唱えることは積極的に奨励されていた。そこで、浄土宗の僧侶である尚全は、『茶店問答弁訛』のなかで『一宗行儀抄』を引用し、開祖親鸞も臨終行儀を重視しているではないかと、江戸時代の浄土真宗教団を批判したわけである。大慶が『一宗行儀抄』の批判にとりわけ熱心であったのは、このように他宗他派の僧侶によって盛んに引用され、東西両本願寺教団を窮地へと追いやる同書の危険性に自覚的だったからといえよう。大慶が最終的に「蓋シコレ鎮西流ノ徒ヒソカニ偽作シテ吾祖ノ尊諱ヲ出セルナリ」と『一宗行儀抄』への評価を定めた意味も、浄土宗とのあいだで繰り広げられた論争を前提にして考えると良く分かる。『一宗行儀抄』では臨終行儀が奨励されているではないかという浄土宗側の批判に対抗するには、同書を親鸞の著作でないと否定するだけでは十分でなく、むしろ浄土宗鎮西流の僧侶が偽作したものだと断言することで、同書と浄土真宗との関係を明確に断ち切る必要があったのである(23)。

なお、『茶店問答弁訛』のなかにも『一宗行儀抄』が引用されていることに、大慶がどの程度自覚的であったかは、残念ながら良く分からない。ただし、大東坊蔵書のなかに『真宗安心茶店問答』と『茶店問答弁訛』がいずれも現存していることは事実である。両書ともに蔵書印は押されておらず、収集された時期は特定できないものの、『真宗安心茶店問答』には大慶の手によると思われる以下のような興味深い書き込みが記されている。

此書甚タ容易ニ記セルモノニシテ他ノ難ヲ招ク義多シ、因テ鎮西流ヨリ弁訛ヲ作リテ大ニ吾カ門ヲ破斥ス、其書三巻一箱ニ納ム、必ス披見スヘシ、当流ヨリ又弁訛ヲ破セル書出ト聞ク、芸州入野長善寺現住ノ作也、福山光善寺内縁ノユヘニ光善寺エ写シ来レトモ秘シテ出サス、後日ニハ出ツヘキカ

この書き込みを読む限り、大慶は『真宗安心茶店問答』をめぐって引き起こされた浄土宗―浄土真宗間の論争に強い関心を持っており、浄土宗側の主張に精通し得る『茶店問答弁訛』も合わせて必読の書とみなしていたらしいことが分かる。さらに書き込みのなかには、安芸国入野村（現、広島県東広島市）の長善寺（浄土真宗西本願寺派）住職が、『茶店問答弁訛』に対して論駁書を著したという情報も記されており、この秘蔵の書をなんとか入手できないものかと策が練られている。著者の主張が顕在化しやすい論争という場に着目し、多様な立場で記された書物を網羅的に探し求めていく集書テクニックが垣間見られて興味深い。

ところで、右のように関連する書物を芋づる式で収集していった大慶は、順番としていえば、まず『一宗行儀抄』のような偽書を偶然手に入れた後で、『真宗法要蔵外諸書管窺録』を閲覧し、偽書の問題性に気付かされたのだろうか。それとも、先に『真宗法要蔵外諸書管窺録』を閲覧して関心を抱き、意図的に偽書を買い集めたの

だろうか。偽書が氾濫する現状に危機感を募らせていた僧樸からすれば、同書の執筆意図は、地域寺院の住職たちが無自覚に所蔵していた偽書への注意喚起であったと考えられる。もっとも、大東坊に現存する黒文円印本に着目して大慶の立場を推し測ってみると、むしろ彼は偽書の存在を十分に自覚しつつ、敢えてそれを収集していた可能性が高い。というのも、表三―一に挙げた偽書の幾つかには、表紙裏に批判的な書き込みが記されるだけでなく、本文全体にわたって丹念な頭注や傍注が書き加えられているからである。そこには、真偽の判別ができればそれで解決という表層的な姿勢ではなく、偽書を読み込んでその偽妄性を正確に理解しようとする飽くなき探究姿勢が見て取れる。

大慶がどのような姿勢で偽書に臨んだのかを探る上でさらに興味深い素材が、表三―一にも挙げられている『蓮如上人御消息』である。同書は黒文円印が押された写本であり、嶺応なる人物が宝暦四年（一七五四）に筆写したものだが、末尾に朱字で以下のような書き込みがある。

大慶云、樸師破邪顕正弁ニ此消息ヲ評シテ云、此書ハ近来好方ノ者共ノ書タルトミエテ贋物ナリト、今ヨク披見スルニ各別安心ニ背ケル義モ見エネ共真物ニハアラス、樸公ノ評当レリ

最初に確認しておくと、『蓮如上人御消息』が偽書であることを見抜くに当たって、大慶が参照したのは、『真宗法要蔵外諸書管窺録』ではなく、同じく僧樸が著した『破邪顕正弁』であった。大慶は同書を読んだことで、『蓮如上人御消息』が「近来好方ノ者共ノ書タルトミエテ贋物ナリ」と評価されていることを前もって把握していた。そして、その後に『蓮如上人御消息』の写本を偶然入手したところ、取り立てて異安心（異端的信仰）に通じる記載はないものの、蓮如真筆の消息ではないとはっきり確認できた。この出来事を通じて、大慶は、僧樸の優れた見識に感銘を受けたわけである。このような大慶の読書スタイルは、表三―一に挙げた他の偽書にも当

てはめ得るものではないだろうか。

恐らく大慶は、僧樸の辛辣な批判に触れ、偽書であることを事前に熟知した上で、『一宗行儀抄』や『専修念仏問答鈔』などを買い揃えていったのである。ちなみに、僧樸は『真宗法要蔵外諸書管窺録』のなかで、偽書をただ辛辣に批判するだけでなく、それらがどういう点で西本願寺派にとっての正統なる教えに反しているかも、丁寧に解説してくれている。そこで大慶は、『真宗法要蔵外諸書管窺録』をかたわらに置き、僧樸の文献考証を追体験しながら偽書を精読することで、異端的な主張の具体相に肉薄することができた。大慶の偽書に対する関心が晩年まで衰えなかった一つの理由は、それらが思わぬかたちで引用され、影響力を発揮し続けることに、強い警戒心を抱いていたからであろう。ただし、そのような現実的危機感だけが、大慶を偽書の収集へと駆り立てていたわけでない。先学の文献考証作業に依拠して、既に偽書であることが自明な書物を意図的に収集できた大慶にとって、偽書とは異端的な教えの具体相に迫り、そこから逆照射して正統なる教えにも近づき得る大切な教材としての側面を持っていたのである(24)。

以上のように、大慶は、論争の場に着目して立場の異なる著作を網羅的に収集してみたり、異端の具体相に迫るために敢えて偽書を入手してみたりと、高度に洗練された集書活動にいそしんでいた。もっとも、ここまでの筆者の考察は、西本願寺学林で修学を積む学僧としての大慶にやや焦点を当て過ぎたかもしれない。大東坊に帰住した大慶は、自ら収集した浄瑠璃本を地域住民に貸し出すような人物でもあった。それでは大慶は、偽書が俗人信徒の手に渡る可能性をどの程度意識して、「批判的読書」を行っていたのだろうか。その手がかりを見出すべく、まず表三―一に挙げた偽書の一つである『真宗教要鈔』に注目してみよう。大東坊には、同書が黒文円印本として現存しているが、その表紙裏には以下のような書き込みが記されている。

僧樸公管窺録曰、真宗教要鈔、コノ作者ハヨホト博ク物ヲシリタル人トミエテ、書ノ体・文筆モ鄙俚ナラス、種々比事引喩イツレモオモシロク、安心モタ、シキ人トミエテ、宗意ニ害ナルコト一処モナシ、然トモナカ〳〵蓮祖ノ撰トハオモハレス、ヨホト小巧ヲマハシテ利口ケニミユ、大善知識ノ口気ニハアラス、故ニ雑著ノナカノ正シキモノト定ムヘシ已上

「僧樸公管窺録曰」の書き出しからも分かるように、『真宗法要蔵外諸書管窺録』の『真宗教要鈔』評価がそのまま抜き書きされており、ここに大慶の独創性は一切表現されていない。それでも、この書き込みが興味深いのは、大慶が僧樸の言葉を借りつつ、『真宗教要鈔』の文体の優雅さや作者の博識振りを褒め、「雑著ノナカノ正シキモノ」という複雑な評価を下している点である。本書第一部第一章でも詳述したところだが、著者を歴代宗主に仮託した偽書のなかには、西本願寺学林で研鑽を積む学僧でも真偽判断を躊躇するほど巧みに偽造されたものが幾つも存在した。書き込みから大慶の具体的な危機感を読み取ることはできないものの、『真宗教要鈔』のような偽書が俗人信徒の手に渡れば、高い確率で浄土真宗の「聖教」として受容されたことは間違いない。

それでは、江戸時代の俗人信徒は、著者を歴代宗主に仮託した偽書とどのように接していたのだろうか。本書第一部第一章で指摘できたのは、名古屋の巨大貸本屋である大野屋惣八の蔵書にそれらが数部含まれている事実程度であり、さらなる実態の解明は、今後の課題といわざるを得ない。もっとも、表三―一に挙げた『浄土真宗作法書』についていえば、それが俗人信徒にも受容されていたことは、確実に立証できる。同書は、元禄五年（一六九二）に執行された徳川家綱の法会に際して、浄土真宗のみ祈禱札を差し上げなかった理由を、西本願寺学林二代能化の知空が略述したというものである。もっとも、知空が幕府に対してこのような書類を提出した史実は確認できないため、著者を江戸時代の高僧に仮託した偽書である可能性が高い。しかも、同書は、『宗旨之趣

言上書』・『御広間書』・『光隆寺知空於関東上書之写』など様々に書名を変えつつ、なぜか全国各地に写本のかたちで流布しているユニークな偽書なのである。[25] ちなみに、大東坊に現存する『浄土真宗作法書』には、同書の由来について詳しく解説した一紙が差し込まれており、そこから大慶もまた偽書であると自覚した上で収集していたことが判明する。長文なので一部省略しつつ引用すると以下の通りである。

　京師慶証寺玄智所著考信録第五弁真宗現益弁中四十六右云、世ニ浄土真宗作法書一巻アリ、演慈院空公ノ所著ナリ、江戸ニ於テ当流本山ヨリ祈禱簿ヲ奉ラサル由ヲ問ハレシニ答ル書ト、然予玄智江戸築地在番中ニ於テ空公在江戸中ノ記録ヲ考ルニ都テ此事ナシ、今時ノ式ヲ以テ見レハ、寺社奉行所ニテ問ハレテ答書モ寺社司へ上ル式ナリ、但シ昔時ノ式異ナルニヤ、殿中ニテノ問答ナリト已上取意、大慶私ニ案ニ、玄智ノ意モ真偽未決トスルカ、シカシ書意ヲ疑フノ言ナク、唯其所由ヲ疑ノミニ似タリ、予天明八年七月和州戸毛村大乗寺門徒辻氏カ家ニ智空師江府ノ答書ト奥書セル一巻ヲ見ル、題名ナシ、文中数ヶ所ノ疑惑アリ、必是空公ノ所著ニアラス、好事ノ者名ヲ仮リテ偽造セルモノナリ（中略）茲文化十四丁丑九月下旬、又一本ヲ得タリ、首メニ江戸申状ト題セリ、文言前本ト大同少異アリ、奥書頗ル異ナリ、イヨ〱知ル、智空師ノ筆記ニアラサルコトヲ

ここで大慶が述べた『浄土真宗作法書』への評価はなかなか興味深いものである。まず彼は、玄智（一七三四～一七九四）という学僧が著した『考信録』に依拠しつつ、『浄土真宗作法書』という書物の評価を見定めようとした。[26] 玄智は、僧樸に学んだ学僧であり、仏教の日常行事についてその由来を考証した『考信録』や、西本願寺の立場から浄土真宗の通史をまとめた『大谷本願寺通紀』など多数の著作を残した。[27] 後述するように、大慶とも親交を結んだ人物である。ただし、『浄土真宗作法書』への評価に限っていえば、大慶は、玄智の見解に対して、明らかに不満を抱いていた。というのも、玄智は、知空の上書提出が史実か否かという点に注目して真偽判

断を試みたわけだが、大慶にしてみれば、同書はそもそも叙述内容から判断して好事家の偽作と断定できるものだったからである。

玄智と大慶のあいだで『浄土真宗作法書』に対する評価に齟齬が生じた理由は、恐らく大慶が同書を地域社会から眺めていたことと関係している。大慶が述べるところによれば、彼は大和国戸毛村大乗寺で修学に励んでいた天明八年（一七八八）に辻氏という俗人信徒の家で、『浄土真宗作法書』の類似本を目にしている。さらに故郷の大東坊に帰住した文化一四年（一八一七）にも、『江戸申状』という書名の類似本を入手している。既述の通り、『浄土真宗作法書』は、様々な書名で全国各地に流布しており、本文が著しく異なる類似本も存在する。そのような『浄土真宗作法書』の流布状況を実感した大慶は、幕府に提出されたはずの言上書にここまで内容の異なる類似本が氾濫しているのはおかしいと気付き、好事家の偽作という結論にたどり着いたわけである。

ちなみに、俗人信徒である辻氏がどのような意図で『浄土真宗作法書』の類似本を所持していたかは明らかでないが、大慶のように偽書であることを自覚した上で、学びの素材にしていたとは考えがたい。やはり同書は、浄土真宗の教えを説き聞かせた大切な書物として受容されていたのではないだろうか。右のような筆者の推測を裏付ける史料が、大慶の故郷である備後国沼隈郡の『鞆の津中村家文書』のなかに存在する。[28] 鞆の津は江戸時代に港町として栄えた場所であり、中村家は福山藩から薬酒の醸造と販売を独占的に許されていた豪商である。また、中村家は西本願寺の第一八世宗主である文如（一七四四〜一七九九）から木版刷りの御文章を下付されるほどの有力な浄土真宗の信徒でもあったため、『鞆の津中村家文書』には、その篤信振りを示す史料も何点か存在する。今回注目したいのは、文政四年（一八二一）に筆写された『宗旨趣言上書』という写本である。内容的には、元禄五年の徳川家綱法会に際して、「光隆寺智空」が浄土真宗の教え（特に祈禱札を用いない理由）を略述したものなので、『浄土真宗作法書』の類似本であることは間違いない。そして、この『宗旨趣言上書』の末尾には、以下のような識語が記されている。

此言上書ハ後に見む人の為にも成侍るへきとして文政四巳年九月廿八日の夜書写し侍りぬ　中村離鏡院

「離鏡院」は恐らく中村家の元当主と考えられるが、「後に見む人の為にも成侍るへき」という彼の言葉に、『宗旨趣言上書』の由来を怪しむ心情は全く感じ取られない。大慶や玄智といった学僧にとって、『浄土真宗作法書』は明らかに偽書の疑いを感じさせるものだったわけだが、その類似本が俗人信徒の手に渡ると、浄土真宗の教えを説き聞かせた大切な書物として受け取られることになる。こうした現状に自覚的だったからこそ、大慶は『浄土真宗作法書』を好事家の偽作として厳しく否定する必要があった。一見すると閉じられた学僧の世界で生きているかに映る大慶も、やはり地域の宗教的指導者としての顔を合わせ持っており、その「批判的読書」には俗人信徒を異安心（異端的信仰）から遠ざけようとする意図も含まれていたのである。

さて、大東坊蔵書のなかの偽書に焦点を当てることで浮かび上がってきた大慶の「批判的読書」は、商業出版が成熟しつつある江戸時代中後期に象徴的な読書スタイルであったといえる。民間書肆の出版活動が充実してくると、多くの知識人は、先行する出版物を的確に把握し、それらを論拠とすることで、自己主張の有効性を高めようとした。そのような文化環境のなかに身を置いていたからこそ、大慶もまた、新たな出版動向に対しては常にアンテナを張りめぐらし、論争のなかで引用されて影響力を増大させる偽書に、逐一批判を加えていった。さらにいえば、大慶の「批判的読書」は、ただ偽書を判別して切り捨てるだけのものではなかった。僧樸ら西本願寺学林の学僧たちが偽書に対する厳格な真偽判断を推し進めてくれたこともあり、大慶は先学の成果を十分に活用して偽書を精読することができた。表三―一に挙げられた黒文円印本の状態を観察すると、意図的に偽書を収集し、それらの読み解きを通じて異端的な見解の具体相に精通しようとする大慶の学問姿勢も窺われる。西本願寺学林で文献考証の技術を磨き上げた大慶にとって、偽書は正統なる教えを熟知するための大切な教材にもなり得たのである。

もっとも、大慶が偽書をも教材へと転換できたのは、西本願寺学林に懸席することで浄土真宗教学への基本的な理解をあらかじめ手にしていたからである。そのような文化環境から離れ、偽書が俗人信徒の手に渡ってしまうと、それは異安心（異端的信仰）発生の温床となっていく。しかも、出版文化が花開いた江戸時代には、俗人信徒も通俗的な仏書を読みこなす読解力を着実に獲得しつつあった。だからこそ、大慶の「批判的読書」は、俗人信徒から偽書を遠ざけようとする検閲官的機能を帯びていくこともあり得た。大東坊に膨大な蔵書をもたらし、そのなかの浄瑠璃本については自由な貸し出しさえ許していた大慶であったが、他方で、俗人信徒への書物知の浸透を阻止しようとする心情も持ち合わせていたのである。

（三）「正統」なる書物の探究

さて、ここまで偽書を精読する大慶の姿に注目してきたが、当然ながら彼は偽書ばかりを熱心に読んでいたわけではない。既述の通り、大慶が二九歳になった明和二年（一七六五）には、西本願寺お墨付きの聖教集成である『真宗法要』が出版された。著者を歴代宗主に仮託した偽書まで学びの素材として利用した大慶は、本山が認めた正統なる書物＝『真宗法要』をどのように読み解いていったのだろうか。

まずは、大東坊蔵書のなかに、そもそも『真宗法要』が存在するかどうかを確認しておきたい。ちなみに、本書第一部第一章でも詳述したが、『真宗法要』に収録されることになった三九部の聖教は、その多くが明和二年以前に民間書肆から町版として出版されていたものであった。そこで、表三―二には、西本願寺御蔵版の『真宗法要』と、町版として出版されたその収録本とを、両方列挙してみた。この表から分かるように、大東坊には、西本願寺御蔵版の『真宗法要』のうち、二帙五～九巻を除いた全ての巻が現存している。もっとも、一帙と、三～六帙とのあいだには、見た目からして大きな差異が確認できる。

明和二年に出版された当初、『真宗法要』は西本願寺御蔵版の権威を存分に打ち出すべく、分厚い楮紙を使用し、大本サイズ（縦約二八センチメートル・横約一九センチメートル）全三一巻で製本されていた。大東坊に現存する一帙一～四巻も、この大本サイズの『真宗法要』である。しかし、万波寿子が指摘しているように、江戸時代後期になると、本山御蔵版の聖教も、雁皮紙を薄く漉いた薄様紙を使用したり、中本サイズ（縦約一八センチメートル・横約一二センチメートル）や小本サイズ（縦約一六センチメートル・横約一一センチメートル）で製本されたりと、縮刷化が進んでいく(29)。御蔵版本の権威を打ち出したい仏教本山側の狙いよりも、利便性を重視する地域寺院側の要望が、書物のかたちに反映されるようになったのである。恐らくこうした風潮に影響を受けたのであろう。大東坊に現存する三帙以降の『真宗法要』も、中本サイズほどではないが、半紙本サイズ（縦約二四センチメートル・横約一七センチメートル）に小型化され、さらに薄様紙を使用することで全一三巻に縮刷されたものである。少々複雑な説明になるが、大東坊に現存するのは、この半紙本サイズ全一三巻のうち五巻～一三巻であり、それは大本サイズ全三一巻でいえば三帙～六帙一〇～三一巻に該当する(30)。

大東坊に現存する西本願寺御蔵版の『真宗法要』のうち、一帙分と三～六帙分とでここまで製本形態が異なっているのは、入手時期の違いに起因すると考えられる。大東坊の蔵書印のうち、黒文円印と黒文長方印が両方押されている一帙は、大慶が大東坊に帰住した後、西本願寺へ願い出て下付された免物（冥加金を上納した末寺に本山から与えた本尊や聖教）であろう[31]。大慶が一帖分の『真宗法要』しか下付申請を行わなかった理由は明らかでない。ただし、『真宗法要』全六帖の下付申請には、銀一八〇匁というかなり高額な冥加金が必要とされるため、西本願寺は、三〇匁の冥加金で一帖ずつ下付申請することを、末寺に対して正式に許可していた[32]。本書第二部第六章で取り上げる安芸国下蒲刈島の弘願寺でも、大本サイズの『真宗法要』が一～二帖分のみ所蔵されており、こうした所蔵のあり方は別段珍しいものではなかった。

他方、縮刷版の『真宗法要』については、大慶死後の大東坊住職（栄学もしくは栄性）が、一帖分のみの所蔵に留まっていた『真宗法要』を全て揃えるために、西本願寺へ願い出て下付された免物と考えられる。既述の通り、時代が下るほど、西本願寺御蔵版本の縮刷化を望む地域寺院の声は高まっていったので、時代風潮に影響され、大東坊住職は半紙本サイズ・薄様摺での『真宗法要』下付を要望したのであろう[33]。なお、一帖分に黒文円印と黒文長方印が、三～六帖分に黒文長方印のみが押されているのも、筆者の推測を裏付けるものといえる。大慶が下付申請した『真宗法要』一帖分には、当然ながらまず黒文円印のみが押されたわけである。しかし、彼の死後、大東坊には『真宗法要』三～六帖分も下付され、それらには黒文長方印が押されることになった。そこで、同じ『真宗法要』としてまとめて保管された一帖分にも後から黒文長方印が加えられたのであろう。

さて、以上のように想定すると、大慶自身は、一帖分の『真宗法要』を入手しただけで満足し、浄土真宗僧侶たちに待ち望まれていたはずの本山お墨付き聖教集成に、そこまで強く関心を示さなかったようにみえる。

しかし大慶は、見方によれば全六帖の下付を申請した僧侶たち以上に、『真宗法要』に対して並々ならぬ関心を持っていたともいえる。なぜならば、表三―二から確認できるように、大東坊には、民間書肆から出版された町版のかたちで、『真宗法要』収録本のうち三～六帖一〇～三一巻分全てが現存しているからである。これらの

表３－２　大東坊蔵書のなかの『真宗法要』収録本

『真宗法要』における帖数・巻数		書名	御蔵版／町版	蔵書印	備考
１帖 １～４巻		三経往生文類・尊号真像銘文・一念多念証文・唯信鈔文意・末燈鈔・御消息集	西本願寺御蔵版	黒文円印・黒文長方印	
３～６帖 10～31巻		持名鈔・女人往生聞書・浄土真要鈔・諸神本懐集・破邪顕正鈔・決智鈔・歩船鈔・報恩記・法華問答・顕名鈔・存覚法語・浄土見聞集・正信偈大意・蓮如上人御一代聞書・蓮如上人遺徳記・実悟記・反古裏書・拾遺古徳伝・慕帰絵詞・最須敬重絵詞・唯信鈔・後世物語聞書・一念多念分別事	西本願寺御蔵版	黒文長方印	※ただし、「『真宗法要』における帖数・巻数」の欄には、大本サイズ全31巻に置き換えた帖数・巻数を記した。実際には、半紙本サイズ全13巻に縮刷されており、そのうち５～13巻が現存している。
３帖	10巻	持名鈔	町版	黒文円印	朱字で「真宗法要巻十」の書き入れ
		女人往生聞書	町版	黒文円印	朱字で「法要巻十　三十九」の書き入れ
	11巻	浄土真要鈔	町版	黒文円印	朱字で「真宗法要巻十一」の書き入れ
	12巻	諸神本懐集	町版	黒文円印	朱字で「真宗法要巻十二」の書き入れ
	13巻	破邪顕正鈔	町版	黒文円印	朱字で「真宗法要巻十三」の書き入れ
	14巻	決智鈔	町版	黒文円印	朱字で「真宗法要巻十四」の書き入れ
４帖	15巻	歩船鈔	町版	黒文円印	朱字で「真宗法要巻十五」の書き入れ
	16巻	報恩記	町版	黒文円印	朱字で「真宗法要巻十六」の書き入れ
	17・18巻	法華問答	町版	黒文円印	朱字で「真宗法要巻十七」の書き入れ
	19巻	顕名鈔	町版	黒文円印	朱字で「真宗法要巻十九」の書き入れ

	20巻	存覚法語	町版	黒文円印	朱字で「真宗法要巻二十」の書き入れ
		浄土見聞集	町版	黒文円印	墨字で「真宗法要」の書き入れ
5帙	21巻	正信偈大意	町版	黒文円印	朱字で「真宗法要巻二十一」の書き入れ
	21・22巻	蓮如上人御一代聞書	町版	黒文円印	朱字で「真宗法要」の書き入れ
	23巻	蓮如上人行状記（※『真宗法要』収録時の書名は『蓮如上人遺徳記』）	町版	黒文円印	朱字で「真宗法要巻二十三」の書き入れ
	24巻	実悟記	町版	黒文円印	墨字で「真宗法要巻二十四」の書き入れ
	25巻	反古裏書	町版	黒文円印	朱字で「真宗法要巻二十五」の書き入れ
6帙	26・27巻	拾遺古徳伝	町版	黒文円印	墨字で「真宗法要巻二十六」の書き入れ
	28巻	慕帰絵詞	町版	黒文円印	墨字で「真宗法要巻二十八」の書き入れ
	29・30巻	最須敬重絵詞	町版	黒文円印	朱字で「真宗法要巻二十九」の書き入れ
	31巻	唯信鈔	町版	黒文円印	朱字で「真宗法要巻三十一」の書き入れ
		後世物語聞書	町版	黒文円印	朱字で「真宗法要巻三十一三十七丁」の書き入れ
		一念多念分別事	町版	黒文円印	朱字で「真宗法要巻三十一五十七丁」の書き入れ

町版には、例外なく黒文円印が押されているため、大慶によって収集されたと考えて良い。西本願寺御蔵版の『真宗法要』は一帙分しか下付申請しなかった大慶であるが、その一方で町版による『真宗法要』収録本は熱心に収集していたのである。詳しい検討は後ほど行うが、一巻も欠けることなく一〇～三一巻分が揃っているところからすれば、この町版収集は意図的なものと考えておくのが妥当であろう。もっとも、既述の通り、明和二年には西本願寺お墨付きの聖教集成『真宗法要』が入手可能になっており、なおかつ大慶が私淑する僧樸ら西本願寺学林の学僧たちは、民間書肆が出版する浄土真宗系の通俗仏書に誤記が多いことを繰り返し警告していた。そうした状況下で、大慶が『真宗法要』収録本を敢えて町版のかたちで収集していったことは、一見するとかなり不可解である。彼の集書活動には、どのような狙いが込められていたのだろうか。

まず大慶がこれらの町版をいかなる認識の下で収集していたかについて、基本的な確認作業を行っておきたい。表三―二にも記しておいたように、これらの町版には目立つ箇所に朱字もしくは墨字で「真宗法要巻〇〇」という書き入れが施されているため、『真宗法要』収録本であることが意識されていたのは間違いない。しかも、大慶は、ただ町版を取り揃えただけではなく、その一つ一つに手を加え、本山お墨付きの聖教に相応しいかたちへ修正を施していた。例えば、大慶は『真宗法要』五帙二三巻に収録されている『蓮如上人遺徳記』も町版のかたちで収集しているが、その冒頭の「蓮如上人行状記巻上 蓮悟撰 実悟記」という印字箇所のうち、「行状」・「巻上」・「蓮悟撰 実悟記」に朱で囲いが施され、「行状、法要作遺徳、又無巻上二字、又無撰号」との註記がされている。町版の『蓮如上人行状記』は、『真宗法要』に収録された『蓮如上人遺徳記』と内容的にはほぼ同じであるが、書名が異なっていたため、わざわざ右のような修正が施されたわけである。また、同書の末尾には、「正徳六丙申年三月吉日」という刊記があるが、ここにも朱で囲いが施されている。町版をできる限り『真宗法要』のかたちに近づけたい大慶にとって、町版の刊記は削除すべき箇所であったことが分かる。なお、大慶は町版から不要箇所を次々削除しただけでなく、必要と思われる記載の加筆も行っている。以下に記したのは、『真宗法要』五帙二五巻収録の『反古裏書』を町版のかたちで入手した大慶が、その末尾に施した加筆である。

于時永禄十一年六月十八日

当津蟄居、徒然之余、染禿筆記之

漸独吟一覧、今日終其功訖、不図存如上人御正忌相当、尤以叶本心者也

極月十三日書之

去永禄十年、早写之本、去年加添削、今年三月十二日、重而所書也

本書第一部第一章でも詳述した通り、泰巌・僧樸ら西本願寺学林の学僧たちは、中世の古写本などを底本とし、町版の誤記を逐一修正して、本山お墨付きの聖教集成である『真宗法要』を編纂した。そこで、『反古裏書』の場合も、著者である顕誓（一四九九～一五七〇）自筆の古写本が底本に採用され、そのことを証明する永禄一一年（一五六八）の識語が板木に印刻された。もっとも、大慶が入手した町版には、このような識語は存在していない。そこで、顕誓自筆本を底本に使用していないにもかかわらず、なるべく『真宗法要』収録本に近づけるべく、大慶自ら識語を書き足したのである。

ただし、高額な冥加金を用意できなかった大慶が、涙ぐましい努力によって、町版を『真宗法要』と全く同じ体裁へ修正したと捉えてしまうと、彼の行為に込められた学究的な狙いを見逃すことになる。大慶はただ自分の蔵書を西本願寺御蔵版のように装いたかったわけではない。その深い真意は、町版の幾つかに書き込まれた以下のような註記から読み取ることができる。

此中朱ヲ以テ異ヲ記スハ、皆是法要ノ本文ナリ、其一本ヲ称スルハ、法要校異ノ文也、然ニ法要ノ用字ノ法、未ダ必ズシモ是ナラズ、今只異ヲ示スノミ

大慶が、町版に朱で修正を施し、『真宗法要』収録本に近づける作業を行っていたことは既に触れた。しかし、右に引用した註記から分かるように、行われた作業はそれだけではなかった。様々な異本上に記される語句や文章についても、大慶はそれらを「一本」として逐一自らの蔵書上に書き加えていった。こうした作業方針からも明らかであるが、大慶は、値段が手頃であるという理由から町版を購入し、自ら手を加えて西本願寺御蔵版のように作り替えていたわけではない。誤記が多い町版を敢えて購入し、それと御蔵版本とを突き合わせることで、正しい読み・誤った読みの双方に精通するのが大慶の狙いであった。しかも、「然ニ法要ノ用字ノ法、未ダ必ズシモ是ナラズ」と註記されていることから推察できるように、大慶は、西本願寺御蔵版の『真宗法要』といえども修正の必要がない完璧なテキストとはみなしていなかった。だからこそ、様々な異本を博捜することで、より完成度の高い『真宗法要』本文の確定作業が模索され続けたのである。

こうしてみると、『真宗法要』を読み解く際の大慶が、偽書を精読する際とかなり似通った読書スタイルを採用していることに気付かされる。大慶は、偽書であることを自覚しながら敢えて『一宗行儀抄』のような仏書を入手し、『真宗法要蔵外諸書管窺録』の批判を参照することで、僧樸が行った文献考証の追体験に励んだ。偽書のどこに異端的な解釈が入り込むかを考察することは、正統なる教えに精通するための重要な訓練でもあった。他方で、大慶は『真宗法要』を読む際にも、わざわざ誤記が多い町版を入手し、御蔵版本と見比べることで、泰巌・僧樸らが行った校合作業の追体験に励んだ。ここでも大慶は、誤記というマイナス要素を巧みに修学のための素材に置き換え、正統なる解釈への接近を図っていたことが分かる。敢えて誤りの多い書物を選び取り、信頼

するに足る先学の成果を参照しつつ「批判的読書」を遂行することが、商業出版隆盛の時代を生きた大慶にとって、最も効率的な修学方法であった。

ちなみに、大慶が『真宗法要』に対して行った異本比較の成果は、最終的には一つの著述物へと結実していくのだが[34]、それは後ほど詳しく触れることにしたい。ここでは最後に、大慶の「批判的読書」の矛先が、町版の粗悪さのみならず、時として西本願寺御蔵版本そのものが有する不完全さにも向けられることを確認しておこう。すなわち、大慶が町版のかたちで購入した『報恩記』には、その表紙裏に以下のような書き込みが記されているのである。

　報恩ノ名義、広ク世出世諸道ニ通ス、是ノ故ニ全部ニ明ラムル所、亦自他宗ニ通ス、自宗ノ義ニ達セザルノ輩、容易ニ文ヲ取リ義ヲ執セハ、殆ント宗義ニ害有ラントス、可慎々々

最初に確認しておくと、『報恩記』は現在でも疑いなく存覚の著作と認められている書物である[35]。しかし、同書は、報恩や孝養など、俗世間でも使われる言葉を多用しつつ、念仏による追善を奨励していくため、大慶はその点への注意を促している。すなわち、もし浄土真宗の教えにあまり精通していない俗人信徒などが同書を読めば、報恩・孝養を俗世間一般で使われている意味合いで理解してしまい、異安心（異端的信仰）へ導かれてしまうと、警告を発したわけである。ここで大慶は、浄土真宗の教えに精通していない者たちの誤読を危ぶんでいるのであり、『報恩記』を存覚仮託の偽書だと批判したわけでもなければ、浄土真宗の教えに反する異端の書だと断罪したわけでもない。しかし、西本願寺が本山お墨付きの聖教集成『真宗法要』を出版してまもない時期に、そこに収録されている『報恩記』を、浄土真宗の教えにとって害のある存在とみなし、注意を喚起することは、かなり大胆な行為であったといえよう[36]。

それでは、大慶によって害の多い著作と評価されてしまった存覚著『報恩記』とは、そもそもどのような書物なのだろうか。『報恩記』が、「孝養父母ハ百行ノ本ナリ」という立場に立ち、念仏による追善を盛んに奨励しているのは、大慶も指摘する通りである。自らの善根功徳を父母の追善に振り分けようとする行為は、他力本願を骨子とする浄土真宗において、自力信仰への偏向とみなされるため、現代の教学研究者のなかでも、『報恩記』を問題性の多い書物と捉える者は多い。例えば、信楽峻麿は、『報恩記』を儒教倫理に基づいて著されたものと捉え、存覚の世俗社会への妥協的態度を厳しく批判している。[37]また、龍口恭子は、存覚の生きた時代に、現在世と当来世の二世にわたる仏教的な孝養を奨励する風潮が高まったとし、存覚は儒教よりも仏教諸勢力に影響を受け、親鸞とは異なる報恩思想を提唱するに至ったと指摘している。[38]『報恩記』に存覚思想の根幹を読み取ろうとする信楽や龍口とは異なり、むしろ同書が著された時期における存覚の微妙な立ち位置に注目する研究者もいる。谷口智子によれば、『報恩記』は明光派（備後国山南光照寺を拠点とした初期浄土真宗の一派）と行動を共にしていた存覚が、日蓮宗と論争を繰り広げるなかで著したものである。それゆえ同書では、親鸞の教えとはかなり異なる報恩思想が、状況対応的に主張されたという。[39]三者の存覚評価は当然ながらそれぞれに相違点を持っているが、『報恩記』を親鸞思想から逸脱した問題性の多い著作とみなす点では一致している。

以上のような現在の『報恩記』評価を踏まえると、大慶が行った『真宗法要』の読み解きは、なおさら興味深いものに感じられる。町版を西本願寺御蔵版本と見比べながら進められた大慶の「批判的読書」は、一見すると、微細な語句解釈に力点を置いているようである。なるほど、大慶の取り組みをみると、文献考証作業が自己目的化してしまっている傾向も確かに感じ取られるのだが、だからといって俗世間と完全に切り離された場でひたすら学問研鑽に励んでいたわけではない。大慶は、書物が社会に対して及ぼす影響力の大きさを良く自覚しており、たとえ本山西本願寺がお墨付きを与えた『真宗法要』であっても、そこに異安心（異端的信仰）を生み出す危険性が感じ取られたならば、躊躇なく指摘する批判能力も持ち合わせていたのである。

（四）宗祖高僧伝と歴史認識の相克

ここまで、著者を歴代宗主に仮託した偽書や、西本願寺お墨付きの聖教集成である『真宗法要』に注目し、それらに対して大慶が行った「批判的読書」の具体像を考察してきた。しかし、「批判的読書」に焦点を当てるのであれば、どうしても取り上げねばならないジャンルがもう一つ存在する。それは宗祖高僧伝である。

結論を先取りしておくと、大東坊にはまとまった分量の宗祖高僧伝が現存しており、それらに対して大慶は、既述の事例とはやや性格の異なる「批判的読書」を行っていた。表三―三は、大東坊蔵書のなかの主な宗祖高僧伝を列挙したものだが、浄土真宗の開祖である親鸞の伝記はもちろん、覚如・存覚・蓮如の伝記や、親鸞の師である法然の伝記など、豊富な種類を取り揃えていたことが分かる。なお、大慶や大東坊歴代住職の宗祖高僧伝に対する関心を浮かび上がらせるため、この表では、厳密な意味での伝記に限らず、宗祖高僧伝の注釈書や、絵解き講釈のために作成された台本、さらには浄土真宗の教団史に類するものまで幅広く取り上げてみた。

さて、全般的にいえば大東坊蔵書のなかで大きな割合を占めているのは、大慶によって収集された黒文円印本だが、宗祖高僧伝というジャンルの場合、それ以外のものも存在感を発揮している。というのも、大東坊二〇代住職の栄了は、盛んに絵解き講釈を行った人物であり、自ら作成した絵解き台本（『御絵伝初幅摂化録』・『御絵伝二幅摂化録』・『御絵伝三幅摂化録』・『御絵伝四幅摂化録』）まで残しているからである。栄了が、大慶収集の宗祖高僧伝を受け継ぎ、それらをどのように活用して講釈を行ったかは興味深い問題であり、後ほど詳しい分析を加える予

表３－３　大東坊蔵書のなかの主な宗祖高僧伝（注釈書・絵解き台本含む）

書名	ジャンル	著者（※仮託含む）	刊本／写本	蔵書印
拾遺古徳伝	法然伝	覚如	刊本	黒文円印
黒谷上人伝	法然伝	舜昌	刊本	黒文円印
円光大師行状翼賛	法然伝	義山	刊本	黒文円印
正源明義抄	法然伝	伝存覚	刊本	蔵書印なし
本願寺聖人親鸞伝絵	親鸞伝	覚如	写本	黒文長方印
善信聖人親鸞伝絵	親鸞伝	伝源海	刊本	黒文円印
御伝絵大意	親鸞伝	不明	写本	黒文円印
御伝鈔細記録	親鸞伝	不明	写本	黒文円印
御伝絵解	親鸞伝	不明	写本	蔵書印なし
本願寺聖人親鸞伝絵分科	親鸞伝	不明	写本	蔵書印なし
存覚上人秘伝鈔	親鸞伝	伝存覚	刊本	黒文円印
御伝絵説詞略鈔	親鸞伝	霊勝	写本	黒文円印
親鸞聖人御教化御状記	親鸞伝	不明	刊本	黒文円印
御伝照蒙記	親鸞伝	知空	刊本	黒文円印
御伝探証記	親鸞伝	空誓	刊本	黒文長方印
絵伝撮要	親鸞伝	普門	刊本	黒文円印
高田親鸞聖人正統伝	親鸞伝	良空	刊本	黒文円印
正統伝後集	親鸞伝	良空	刊本	黒文円印
親鸞聖人正明伝	親鸞伝	伝存覚	刊本	黒文円印
非正統伝	親鸞伝	大慶	写本	黒文円印
親鸞聖人御一代記図絵	親鸞伝	一禅（暁鐘成）	刊本	蔵書印なし
御絵伝初幅摂化録	親鸞伝	栄了（大東坊20代住職）	写本	蔵書印なし
御絵伝二幅摂化録	親鸞伝	栄了（大東坊20代住職）	写本	蔵書印なし
御絵伝三幅摂化録	親鸞伝	栄了（大東坊20代住職）	写本	蔵書印なし
御絵伝四幅摂化録	親鸞伝	栄了（大東坊20代住職）	写本	蔵書印なし
慕帰絵詞	覚如伝	従覚	刊本	黒文円印
最須敬重絵詞	覚如伝	乗専	刊本	黒文円印

存覚上人鑑古録	存覚伝	寂慧	刊本	黒文円印
存覚上人一期記	存覚伝	綱厳	刊本	黒文円印
蓮如上人御一代記聞書	蓮如伝	蓮悟	刊本	黒文円印
蓮如上人遺徳記	蓮如伝	実悟	刊本	黒文円印
実悟記	蓮如伝	実悟	刊本	黒文円印
蓮如上人御物語	蓮如伝	実悟	刊本	黒文円印
蓮如上人御一生記絵鈔	蓮如伝	了弁	刊本	黒文円印
蓮如上人伝記	蓮如伝	栄了（大東坊20代住職）	写本	黒文長方印
浄土真宗七祖伝	七高僧伝	玄智	写本	蔵書印なし
浄土真宗七祖伝衍繹篇	七高僧伝	玄智	写本	黒文円印
大谷宗主伝	歴代宗主伝	玄智	刊本	黒文円印
龍谷講主伝	西本願寺 学林能化伝	宗朗	刊本	黒文円印
※叢林集	※本願寺故実	恵空	刊本	黒文円印
※本願寺由緒紀	※本願寺故実	温科子	刊本	黒文円印
※東林更鳴集	※本願寺故実	不明	刊本	黒文円印

定である。もっとも、絵解き講釈を得意とする栄了の関心は、基本的にはどの宗祖高僧伝からいかなる叙述を抜き出すべきかという点に集中しており、伝記の叙述そのものに批判的な考証を加えようとする意識は希薄であった。他方で、黒文円印本に注目すると、そこには正統なる宗祖像を追い求めた大慶の「批判的読書」の痕跡が多数残されている。

例えば、東本願寺学寮の初代講師である恵空が著した『叢林集』に注目してみよう。同書は、宗祖高僧伝というよりも、東本願寺教団をめぐる先例や儀式作法などを網羅的に書き上げた故実書と呼ぶべきものであり、享保二年（一七一七）に出版されている[40]。大東坊にも、黒文円印が押された刊本のかたちで現存しているが、その『叢林集』に大慶は以下のような書き込みを記している。

此書都テ杜撰多シ、其ノ祖影及ビ墓所ヲ記

スニ至リテハ、尤モ妄説ヲ設ク、其実ヲ知ラント欲セバ、応ニ東林更鳴集ヲ披クベシ

右の書き込みから明らかなように、大慶は、東本願寺派の立場で記された『叢林集』の「杜撰」さに、強い不満を感じていた。大東坊には、同じく東本願寺派の立場から浄土真宗教団の歩みを概観した正徳五年（一七一五）刊の『本願寺由緒紀』(41)も現存しているが、そこにも以下のような大慶の不満が書き込まれている。

此書東派ノ出ス所、杜撰頗ル多シ、容易ニ之ヲ信ズベカラズ、其ノ祖影及ビ墓所ヲ論ズルニ至リテハ、尤モ竿濫有リ、若シ其ノ誤リヲ知ラント欲セバ、応ニ東林更鳴集ヲ披クベシ

二つの書き込みは、東本願寺派の立場で著された故実書の「杜撰」さを糾弾し、真実を知りたければ『東林更鳴集』を読めと呼びかける点で、不思議なほど一致している。『叢林集』と『本願寺由緒紀』には、どのような本願寺故実が記されていたのだろうか。親鸞墓所への言及に注目すると、両書には以下のような共通の主張が記されていた(42)。浄土真宗の開祖である親鸞の墓所は、当初は京都東山大谷の地に設けられていたが、比叡山延暦寺の大衆が本願寺を襲撃した寛正六年（一四六五）の法難で、破却されてしまった。その後、墓所は「大谷道場」として再建され、豊臣秀吉から寺領の安堵も得た。しかし、徳川家康の後押しによって浄土宗の総本山知恩院が境内拡張工事を進めると、知恩院と近接していた大谷道場も移転を余儀なくされた。そこで、代々大谷道場の管理に当たっていた井上善了という人物が、幕府と交渉して、親鸞火葬の地と伝えられる「鳥部野」に替地を拝領し、そこに遺骨を移した上で、大谷道場の名称も「勝久寺」へと改めた。ここまでの経緯についていえば、東西両本願寺の認識に大きな違いはないが、移転後の勝久寺をめぐる『叢林集』と『本願寺由緒紀』の叙述は、徐々に西本願寺側の理解と齟齬するものになっていく。

すなわち、両書によれば、西本願寺の宗主良如（一六一三～一六六二）が強引な召し上げを行ったことにより、

勝久寺は一七世紀半ばに西本願寺の管理するところとなった。そこで、東本願寺も、浄土宗の僧侶袋中（一五五二〜一六三九）から東山大谷の土地を購入し、そこに東本願寺境内で保管していた親鸞の遺骨を移して、新たな墓所を設けた。こうして親鸞の墓所は、西本願寺が管理する「鳥部野ノ御墓」と、東本願寺が管理する「大谷ノ御墓」に分かれ、二つの「聖廟」が並び立つことになった。右のような主張は、勝久寺こそ唯一の親鸞墓所だと考える西本願寺派の大慶にとって、素直に認められるものではなかった。そこで、大東坊蔵書のなかの『叢林集』と『本願寺由緒紀』には、西本願寺派の立場から「杜撰多シ」という評価が書き込まれたわけである。それでは、大慶が必ず参照すべしと呼びかけた『東林更鳴集』[43]とは、どのような書物なのだろうか。同書には、全丁にわたって『叢林集』や『本願寺由緒紀』を名指しした批判が書き綴られており、その刊行は享保二年である。両書の出版によって一方的に東本願寺寄りの主張が定着することを危ぶみ、西本願寺派の僧侶が早急に著した論駁書だと理解するのが妥当であろう。ちなみに、親鸞墓所に対する『東林更鳴集』の認識は、以下のようなものであった。

叢林ニコノ御本廟ノ義ヲ記スルニ付テ、勝久寺移転ノ御墓ヲハ鳥辺野ノ御墓ト申シナラハセリトイヒ、又アラヌ鳥辺山ナレトモ聖骨ヲ移シテハ御尊墓トイハレツルナント云テ、ヒトヘニ御廟ヲ指テ鳥辺山ノ御墓トノミ名ヅケテ、廟地ノ移ルニ随テ大谷御本廟ノ由緒ナキガ如クニ書ナシ、次ニ裏方ノ新地ヲ以テ大谷ト自称シ、巧ニ本廟ノ号ヲ立、聖廟両所ナルベシト讃ジテ、新地カヘリテ旧地ニ勝レタル風情ニ云紛ラカセリ

更鳴シテ云ク、祖師ノ御廟ハ唯一基ニシテ四百年来両所アルコトヲキカズ、然ルニ今鳥辺野・大谷両所ニアルトイハヾ、其両所ノウチ何レカ先、何レカ後ナルヤ、前代唯一基ノ御本廟ハ鳥辺山ニアリヤ、寛文六年ニ

袋中庵ヲ買得シタル新地ノコトナリヤ、累代御相続ノ尊墓ハ今鳥辺山ニシテ、正ク大谷御本廟ト云コト、誰カ是ヲ疑ハンヤ

『東林更鳴集』の主張は、「鳥辺野」の勝久寺こそ唯一の「大谷御本廟」だとするものであり、西本願寺派に属する大慶の心情を見事に代弁してくれる内容であった。そこで、大慶は自らの立場に合致する同書を拾い上げ、その主張を援用することで『叢林集』や『本願寺由緒紀』に対する「批判的読書」を遂行したわけである。

さて、ここで大慶は、『東林更鳴集』という信頼し得る書物に依拠しつつ、『叢林集』や『本願寺由緒紀』の「杜撰」さ・「妄説」振りを糾弾しているのであり、その読書スタイルは、著者を歴代宗主に仮託した偽書への「批判的読書」と酷似するようである。もっとも、『一宗行儀抄』のような偽書と向き合う時の大慶は、民間書肆が出版する仏書自体の粗悪さを問題視し、それが本当に親鸞の著作とみなし得るかどうかという論点に関心を集中させていた。他方で、『叢林集』や『本願寺由緒紀』の場合、大慶はそれらに偽書の疑いがあるなどと考えていたわけではなく、あくまで西本願寺派に属する僧侶として歴史認識の違いを主張したに過ぎない。このように、表三―三で取り上げた宗祖高僧伝や故実書の場合、複数の「正しい」主張が並立しがちであったため、それに対する大慶の「批判的読書」も、必然的に論争的性格の強いものとなっていった(44)。

なお、親鸞墓所をめぐる『叢林集』・『本願寺由緒紀』と『東林更鳴集』のあいだの論争は、東本願寺対西本願寺という比較的単純な対立軸で展開したため、大慶の「批判的読書」も、『東林更鳴集』に全面的に依拠して行われることになった。実際、蔵書への書き込みを好んだ大慶が、『更林更鳴集』にはほとんど何の書き込みも加えていない。同書の主張をそのまま使えば、それが自身の主張にもなり得たため、細かい書き込みの必要を感じなかったのかもしれない。しかし、法然伝や親鸞伝の場合、その対立構造はより複雑であり、大慶としても特定

の書物だけに頼って「批判的読書」を遂行するわけにはいかなくなった。

（五）法然伝の収集とあるべき親鸞像の模索

そこで次に、大東坊に現存する法然伝に注目してみよう。井川定慶によれば、法然没後にその門人たちは、鎮西流・西山流・長楽寺流・九品寺流などの諸門流に分かれることとなり、門流ごとに正統なる法然像が追い求められた結果、他の宗祖伝とは比べものにならないほど多種多様な別伝が作成されていったという(45)。そうしたなか、複数の法然伝を集大成して作り上げられたのが『法然上人行状絵図』である（編纂者にちなんで『舜昌伝』、巻数にちなんで『四十八巻伝』、作成経緯にちなんで『勅修御伝』とも別称されている）。表三―三に挙げられた『黒谷上人伝』は、実はこの『法然上人行状絵図』を全一〇冊にして寛永二一年（一六四四）に出版した町版のことである。また、同じく表三―三に挙げられた『円光大師行状翼賛』は、『法然上人行状絵図』に対して浄土宗の学僧義山が丹念な文献考証を加えた注釈書であり、宝永元年（一七〇四）に出版されている。ちなみに、大東坊に現存する『黒谷上人伝』と『円光大師行状翼賛』には、いずれも黒文円印が押されており、大慶によって収集された可能性が高い。

多種多様な法然伝の集大成と、それに対する代表的な注釈書とを大慶が収集した理由は、合わせて収集されたもう一つの法然伝の存在から推測することができる。というのも、大慶はこれらとともに、本願寺第三世の覚如が編纂した『拾遺古徳伝』も収集しているからである。浄土真宗の開祖親鸞が浄土宗の開祖法然の弟子であったことは周知の事実であるが、『法然上人行状絵図』を始めとする浄土宗諸門流の法然伝に親鸞はほとんど登場しない。そこで覚如は、親鸞の吉水入室などを記した浄土真宗寄りの法然伝として、自ら『拾遺古徳伝』を著した。

その『拾遺古徳伝』を入手しているところからすれば、大慶にとっても、法然伝は親鸞の事績を知る上で重要な参考資料であったと考えるべきだろう。なかでも一番に信頼すべきものは、当然『拾遺古徳伝』であり、次いで参考になりそうなものが、浄土宗公認の『黒谷上人伝』や『円光大師行状翼賛』であった。

以上のように、大東坊に現存する法然伝には、比較的明快な役割分担を見出すことができるのだが、一つだけ特異な存在感を示しているのが『正源明義抄』である。井川定慶が述べるところに従えば、同書は明らかに浄土真宗の僧侶によって編纂された法然伝である。なるほど、同書の著者は仮託とはいえ存覚であると伝えられているし、その叙述内容も法然の「瀉瓶ノ弟子」として急成長していく親鸞の活躍を生き生きと描き出すものである。ただし、絵解き台本として作成された同書は、多くの聴衆を惹き付けるべく、様々な奇説（例えば、鬼神を説諭して往生させた法然の逸話など）も載せており、文献考証主義が確立した江戸時代の浄土真宗学僧にとって、あまり好ましい法然伝ではなかった(46)。要するに『正源明義抄』とは、親鸞をほとんど登場させない浄土宗諸門流の法然伝に対抗して親鸞の活躍を詳述したにもかかわらず、あまりに通俗的であるため、結局浄土真宗側からも否定的な評価を受けてしまった法然伝であると位置付け得る。このように複雑な対立軸のなかにある同書を、大東坊ではいかにして受容したのだろうか。最初に確認しておくと、大東坊に現存する『正源明義抄』には蔵書印が押されておらず、収集された時期を明確にすることはできない。ただし、同書の表紙裏には、恐らく大慶の筆跡と考えられる以下のような書き込みが確認できる。

此鈔ハ諸伝ト校合ニハ備ヘシ、然トモ相違ノ事甚多ケレハ、必ス〱法談ニ用ユヘカラス、若法談ニ用ルナラハ拾遺古徳伝ニ依ルヘシ、彼亦町家ノ本ハ誤多シ、宜シク真宗法要ノ本ニ依ヘシ

ここで示されている『正源明義抄』評価は、いかにも西本願寺派の僧侶らしいものである。すなわち、叙述内

容に誤りが多い同書への注意を喚起した上で、最も信頼するに足る法然伝は『拾遺古徳伝』だと断言する。しかも、その『拾遺古徳伝』といえども、民間書肆が出版した町版には誤字・脱字が多いため、ぜひ西本願寺御蔵版の『真宗法要』を使用せよと細やかな指示を忘れない。町版の『拾遺古徳伝』を購入し、御蔵版本に近づけるべく、朱で修正を施した大慶であれば、確かに右のような書き込みを記しても不思議ではない。

ちなみに、大東坊に現存する『正源明義抄』を確認してみると、右の書き込みを記した人物（恐らく大慶）は、実際に同書を精読して「諸伝ト校合」を実行していたことが分かる。というのも、同書でしか語られない独自性の強い逸話については、「古徳伝・舜昌伝、並不記此一章」という註記がなされ、あまり信用しないように注意喚起が行われているからである。

もっとも、ここまで問題性の多さを指摘されながら、『正源明義抄』はあくまで「諸伝ト校合」に活用すべき書物とみなされ、浄土真宗依用の法然伝を『拾遺古徳伝』に一本化せよという徹底した主張は行われなかった。浄土真宗の僧侶が、『正源明義抄』のような法然伝を完全に排除し切れなかった理由の一つは、『法然上人行状絵図』のみならず『拾遺古徳伝』にも、親鸞の事績がそこまで多く記されていなかったからであろう。井川定慶の指摘するところによれば、覚如は既に成立していた他の法然伝も参照しつつ『拾遺古徳伝』を編纂した。法然門下における親鸞の地位を自宗の僧俗にアピールすることが第一の目的であったとはいえ、覚如にはその叙述の妥当性を浄土宗諸門流にも認めさせようとする意識が強く働いていたと考えられる。そうした事情もあってか、『拾遺古徳伝』に記される親鸞の事績は、穏当かつ簡潔なものが多く、浄土真宗の開祖を過剰に顕彰する傾向はあまりみられない。例えば、親鸞の吉水入室に関する同書の叙述は以下のようなものである(47)。

オホヨソ聖人浄土ノ法門弘通、先規アトスクナク当世ナラヒナシ。信ヲトフラヒ行ヲタツネテ門跡ニツラナリ、禅扃ニチカツクタクヒソノカスヲシラス。（中略）コ、ニ一人ノ貴禅トキニ範宴少納言ノキミイマ善信聖人コレナリイミナ親鸞モト慈鎮和尚ノ門弟 叡岳ノ交衆ヲヤメ、天台ノ本宗ヲサシヲキテ、カノ門下ニイリテソノ口決ヲウク。ソノ性岐嶷ニシテ聖人甘心キハマリナシ。トキニ建仁元年カノトノトリハルノコロナリ。今年聖人六十九歳、善信聖人二十九歳。

『拾遺古徳伝』では、この吉水入室以降も、法然から親鸞への『選択本願念仏集』伝授や、親鸞の流罪勅免など、浄土宗諸門流の法然伝には記されない出来事がしっかりと叙述されていくのだが、いずれも簡潔なものであり、全体のなかに占める割合はわずかである。それとは対照的に、絵解き台本として作成された『正源明義抄』では、多くの聴衆を魅了すべく、親鸞の賢才振りが以下のように華々しく飾り立てられていく。(48)

元久元年三月三（一カ）人ノ貴禅マイリタリ、コレハ弼ノ宰相有国ノ五代ノ孫、皇大后宮ノ大進有範ノ子ナリ、山門ニテ少納言ノ公範宴ト号ス、慈鎮ノ風義ヲ学ヒ、学海功積テ習学トシタケ給ヘリ、智恵幽長ナルニヨリテ生死ノ無常ヲシリ、仏土ノ果位ヲサトリテ、カノ法然上人ハ八宗兼学ノ碩徳、日本無双ノ智者達モカノ智恵ニハスクレシト風聞セシムルアヒタ、カノ貴房ヘ参シテソノ宗体ヲウカ、ヒ、自力修学ノ稽古法門ヲモタテ申シ、浄土門ニツイテ不審ヲモ申シ、カノ真義ニモ落居シテ速ニ生死ヲハナレハヤトオホシメシ立テ、吉水ノ門下ニユキ、上人ノ見参ニイリタマヒ、円融相続（即カ）ノ極理倶円実相ノウヘナレハ、又密教ニオイテ六大無碍ノ外ハ一物モアルヘカラストイヘリ、聖道修行ノ道理トモヲタテトヒタマフ、上人スコシエミヲハシマシテ、浄土ノ法門三経一論五部九巻ノ疏ヲヒキアハセ〳〵オホセアリ（中略）トキニ範宴公ウケタマハリテ、ヤカテ本宗ヲサシオキテ上人口決ノムネヲウケ、タチマチニ浄土ノ法門ヲ学シタマフ（中略）生年廿九ニシテ叡岳ノ住侶ヲハナレ給テ改名ヲ善信房トタマハリ、範宴ヲアラタメテ綽空トナノリタマヒケル、同二年ノ春、選択集ヲサツケラレタマヘリ（後略）

ここで『正源明義抄』の作者は、親鸞自身が建仁元年（一二〇一）の出来事と述べている吉水入室を、元久元年（一二〇四）と誤記しているため、入門の翌年には早くも法然から『選択本願念仏集』を伝授されるというあり得ない伝記叙述が生じてしまっている。大東坊に現存する『正源明義抄』の該当箇所を確認してみても、この誤記を問題視するように「古徳伝四初云、建仁元年辛酉春云云、是矣」という註記が施されている。こうした誤りの多さが、文献考証主義的な浄土真宗学僧による同書の酷評へとつながっていったわけである。

もっとも、浄土真宗の開祖親鸞の事績を豊かに描き出そうとする時、絵解き台本である『正源明義抄』の叙述が『拾遺古徳伝』よりよほど魅力的であることも、右の引用箇所から十分に感じ取られたのではないだろうか。恐らくそのあたりから「諸伝ト校合ニハ備ヘシ」という『正源明義抄』の評価も生じるものと考えられる。ただし、叙述の魅力に囚われて重宝し過ぎると、誤った宗祖像を拡散させる危険も否定できないため、大東坊では、絵解き台本であるはずの『正源明義抄』に「必ス〳〵法談ニ用ユヘカラス」という矛盾に満ちた注意書きが書き込まれることになった。

(六)『高田親鸞聖人正統伝』の衝撃と文献考証主義のゆくえ

さて、ここまで大東坊に現存する法然伝に注目したことにより、複雑な対立軸のなかで苦心しつつ「批判的読書」を進める大慶らの姿が鮮明になったと思われる。すなわち、宗祖の師匠である法然の伝記は、浄土真宗の僧侶にとってもぞんざいに扱って良いものではなかった。そこで、大慶は覚如編纂の『拾遺古徳伝』とともに浄土宗公認の法然伝も収集し、文献考証に裏付けられた法然門人時代の親鸞像を探究していった。他方で、絵解き台本である『正源明義抄』については、そこに描かれる浄土真宗寄りの親鸞像に関心を示しつつ、誤記の多い叙述への警戒も怠らなかった。それでは、浄土真宗の僧侶にとって最も重要な宗祖親鸞の伝記に対して、大東坊ではどのような読み解きが行われたのだろうか。再び表三―三に目を向けると、大東坊に現存する親鸞伝やその注釈書には、黒文長方印が押されているものや、蔵書印がないものも確認できるが、まずは収集者を特定しやすい黒文円印本に焦点を当てて、大慶の集書傾向を探ってみたい。

西本願寺派の僧侶にとって正統なる親鸞伝といえば、本願寺第三世覚如が編纂した『本願寺聖人親鸞伝絵』（以下、『親鸞伝絵』）であるが、意外にも大慶はこれに関連する書物を、さほど多く取り揃えていない。そもそも、西本願寺派の寺院が、『親鸞伝絵』の詞書部分を抜き出して冊子体にした『御伝鈔』や、絵相部分を四幅の掛幅絵伝にした『御絵伝』を入手するには、本山へ願い出て下付される必要があった[49]。そのような手続き上の制約のためか、大東坊に黒文円印本として現存している『善信聖人親鸞伝絵』は、西本願寺ではなく仏光寺（浄土真宗仏光寺派本山）が、宝永二年（一七〇五）に民間書肆を頼って出版したものである[50]。次に、黒文円印本として現存している『御伝照蒙記』に注目すると、これは西本願寺学林の二代能化である知空が著した『親鸞伝絵』の注釈書であり[51]、大慶にとって正統なる親鸞像を探究するための根本史料になり得たと考えられる。しかし、西本願寺派にとって信頼すべき親鸞伝やその注釈書は、黒文円印本のなかではこれが唯一といって良い。他方で、黒文円印が押された『絵伝撮要』は、浄土真宗高田派の学僧普門（一六三六～一六九二）が著したものであり、同じく黒文円印が押された『高田親鸞聖人正統伝』・『正統伝後集』・『親鸞聖人正明伝』は、いずれも高田派の学僧良空が出版に関与したものである[52]。西本願寺派の寺院である大東坊に、伊勢国一身田の専修寺を本拠としていた高田派の親鸞伝が、なぜここまで豊富に残されることとなったのだろうか。

ここで、塩谷菊美『語られた親鸞』の研究成果を活用し[53]、親鸞伝をめぐる複雑な歴史的変遷を洗い出すことで、大慶が高田派の親鸞伝へと関心を集中させた背景を探ってみよう。最初に指摘しておくと、諸門流の乱立によって多種多様な別伝が生み出された法然伝とは対照的に、親鸞伝の場合、覚如編纂の『親鸞伝絵』は、比較的早い段階から諸門流によって共有される宗祖伝となった。もっとも、『親鸞伝絵』以外に別系統の親鸞伝が一切編纂されなかったというわけではない。例えば、『親鸞聖人御因縁』[54]は、親鸞とその弟子である真仏、さらに真仏の弟子である源海の三代にわたる宗祖高僧伝であり、このなかで親鸞・真仏・源海はいずれも阿弥陀仏の化身のように描かれている。右の特徴からすれば、同書が特定の門流（源海系荒木門流）のみに受容されることを想定した親鸞伝であったことは間違いない。しかも、同書の前半部分（親鸞伝・真仏伝）についていえば、その成立時期は『親鸞伝絵』よりもわずかに早いというのが近年の通説である。このように、諸門流独自の親鸞伝が、本願寺宗主の編纂した親鸞伝とほぼ同時期に誕生していた事実は、別段奇異なことではない。というのも、カリスマ的な個々の指導者を結束の柱とし、指導者の代替わりごとに組織を細分化させていったのは、法然死後の浄土宗諸門流だけでなく、親鸞死後の浄土真宗諸門流もまた同じだったからである。[55]諸門流がそれぞれに独自の価値観を掲げて活動するなか、門流の指導者を神聖視する宗祖伝は、必然的に出現したといえる。

ただし、中世段階の浄土真宗諸門流が、正統なる宗祖伝の語りを独占すべく、熾烈な主導権争いを繰り広げていたと考えてしまうと、それもまた実態とは齟齬している。初期浄土真宗の諸門流は、確かにカリスマ的な指導者を阿弥陀の化身のように崇拝する傾向が強かったものの、他の門流の価値観を拒絶する偏狭性は希薄であった。また、他方の本願寺側でも、強固な本願寺中心主義を提唱し、『親鸞伝絵』以外の親鸞伝を排斥する傾向はそこまで強まっていなかった。そこで、親鸞を浄土真宗の唯一の宗祖と定める『親鸞伝絵』と、親鸞・真仏・源海をいずれも阿弥陀仏の化身とみなす『親鸞聖人御因縁』は、中世まではさほど矛盾を顕在化させることなく、併存可能な親鸞伝として受け入れられていた[56]。

ところが、江戸時代になると、『親鸞伝絵』以外の親鸞伝は、東西両本願寺から徐々にその存在を問題視されるようになっていった。例えば、既述の知空著『御伝照蒙記』のなかには、「御因縁ト題セル薄草紙アリ、紀者サダカナラズ、実録トハイヒカタシ。」という指摘がある[57]。文献考証主義的な価値観が浸透しつつあった西本願寺学林において、『親鸞聖人御因縁』の「実録」としての不正確さが批判対象になったわけである。

また、本願寺中心主義の高まりも、『親鸞伝絵』以外の親鸞伝が徐々に排斥されていく大きな要因となった。例えば、東本願寺学寮の初代講師である恵空が正徳四年（一七一四）に著した『御伝絵視聴記』[58]は、その冒頭で以下のような立場を表明している。

大凡諸師ノ遺伝ヲ尋ヌルニ、広略新旧多部ノ異説有リ。今師ニ於テハ未ダ余部ノ列伝有ルヲ見ズ。古来唯一本ナリ。更ニ異説スベカラズ。

恵空によれば、多くの宗祖高僧伝には別伝が存在しているが、親鸞伝のみは覚如が編纂した『親鸞伝絵』への一本化が達成されており、別伝も異説も全くないという。ここでは『親鸞聖人御因縁』のような特定の門流で受容されていた親鸞伝の存在が完全に無視され、『親鸞伝絵』だけが正統なる親鸞伝としての価値を認められている。もっとも、恵空は、『親鸞伝絵』以外に別系統の親鸞伝が存在することを知らず、右のように述べたわけではない。というのも、『御伝絵視聴記』では、以下のような指摘もなされているからである。

兼ネテ又親鸞ヲ己ガ家ニ領セントスル徒アリ［専修寺・仏光寺ナリ］。今此本願寺ノ三字自ラ彼妄謀ヲ破ス。専修寺家ノ伝ニハ善信聖人親鸞伝絵ト題ス。仏光寺ノ伝モ亦爾ナリ。二寺ノ所伝同ジク本願寺三字ヲ削リ、聖人ヲ己ノ寺祖ニ為サント欲ス。

『善信聖人親鸞伝絵』の題名を持つ親鸞伝といえば、既述の通り、仏光寺によって宝永二年に出版されたものが有名である。同書の内容は、明らかに覚如編纂の『親鸞伝絵』に依拠しており、ことさら仏光寺派独自の主張が展開されているわけではない。しかし、本願寺中心主義を強く意識し、親鸞伝とはすなわち「本願寺聖人」の伝記でなければならないと考えていた恵空にとってみれば、『善信聖人親鸞伝絵』という題名自体が、既に許しがたいものであった。親鸞伝からわざわざ「本願寺」の三字を除いて出版する仏光寺の行為は、親鸞を本願寺ではなく仏光寺の「寺祖」とみなし、「己ガ家ニ領セントスル」企みだと捉えられたのである。

ちなみに、恵空が『御伝絵視聴記』を著した正徳四年時点で、仏光寺派や高田派が出版していた独自の親鸞伝といえば、右の『善信聖人親鸞伝絵』や、高田派の普門が著した『絵伝撮要』を挙げることができる。『善信聖人親鸞伝絵』は、著者を真仏高弟の源海に仮託している。また、普門も、親鸞の直弟子である順信や顕智の記録に依拠することで、『絵伝撮要』を書き上げたと述べている[59]。覚如以上に宗祖親鸞に親近していた僧侶たちの記録を用いれば、『親鸞伝絵』以上に正統なる親鸞伝を描き得るという両書の立場は、なるほど恵空にとって受け入れがたいものであった。ただし、両書の具体的な叙述内容のなかに、東西両本願寺を挑発する過激な箇所が存在したわけではない。この時点で、本願寺中心主義の意識を先鋭化させ、一方的に仏光寺派・高田派の批判を行っていたのは、恵空の方であったともいえる。

しかし、『御伝絵視聴記』が出版されると、同書の論調に反発するかのように、本願寺中心主義への対抗心を露わにした親鸞伝が続々と登場することになった。例えば、正徳六年（一七一六）に出版された『存覚上人秘伝鈔』は、『親鸞聖人御因縁秘伝鈔』とも呼ばれるもので、先に触れた『親鸞聖人御因縁』の注釈書に当たる。『親鸞伝絵』とは系統の異なる親鸞伝の注釈書が大々的に出版されること自体、東西両本願寺にとって苦々しい出来事であったが、さらに興味深いのは同書の末尾に以下のような解説が付されたことである。[60]

> 或記ニ云ク、世ニ流布シテ御因縁トアラハシタルハ、存覚上人ノ所記ニシテ、序跋アキラカナリ。ソレハ七巻アリ。今コノ一巻ハ略書ナリト云云存覚御自筆ノ七巻ノ本ハ、高田専修寺ニアリ。仏光寺ニモ反古裏トテ祖師ノ自記アリト已上此御因縁秘伝抄者、存覚上人之御作也。借索其御正本而此度令開版畢。旹、正徳六丙申年三月吉日

『親鸞聖人御因縁』の著者を存覚とする点、『存覚上人秘伝鈔』は「略書」であり、七巻本は専修寺に秘蔵されているとする点など、ここでなされた指摘の多くは、現在では事実に反することが判明している。しかし、本願寺以外の場所（専修寺や仏光寺）に、『親鸞伝絵』よりも信頼し得る秘蔵書が存在するという可能性の提示は、後発の親鸞伝にも大きな影響を与えることになった。例えば享保二年（一七一七）に出版された『高田親鸞聖人正統伝』は、江戸時代の親鸞伝のなかでも最も良く売れたとされるものだが、同書の著者である良空は『存覚上人秘伝鈔』同様に専修寺秘蔵の書物を根拠として自著の正統化を図っていった。

『高田親鸞聖人正統伝』は、大慶が最も強い関心を示した親鸞伝であるので、その成立過程を詳しく取り上げておきたい。まず良空は、同書の自序において、下野国高田の専修寺（本拠が伊勢国一身田へと移る前の高田派本山）に何種類もの親鸞伝が秘蔵されていることを明記する。専修寺の二世真仏と三世顕智によって記録されたという「高田本伝」や、存覚によって記録されたという「四巻伝」などが秘蔵書の主なものであるが、『高田親鸞聖人正統伝』では、「已上本伝」や「已上四巻伝」のように典拠史料をいちいち示しつつ、本文の叙述が進められる。江戸時代の仏教諸宗檀林において、文献考証主義的な学問態度が浸透していくことは、既述した通りだが、良空も一見すると時代の風潮に則りながら『高田親鸞聖人正統伝』を書き進めたわけである。

ちなみに、高田専修寺の秘蔵書に依拠することで可能になったという『高田親鸞聖人正統伝』の叙述は、親鸞の誕生から始まり、九〇歳の入滅に至るまで一年も欠けることなく見事な編年体で書き綴られる。『親鸞伝絵』を始めとする多くの親鸞伝は、あくまで宗祖親鸞の生涯から浄土真宗の教えを学ぶための書物であったため、時系列的な整合性はそこまで重視されていなかった。それに対して、『高田親鸞聖人正統伝』は、親鸞の生涯を年代ごとに検索することができる全く新しいかたちの親鸞伝として登場したのである。もっとも、高田専修寺に秘蔵される種々の親鸞伝がいかに充実したものだったとしても、誕生から入滅まで余すところなく一人の人間の生涯を明らかにできたとは考えがたい。塩谷菊美の丹念な検証作業によれば、良空は『絵伝撮要』や『御伝照蒙記』など先行する親鸞伝注釈書を巧みに引用しつつ『高田親鸞聖人正統伝』を編纂しており、高田専修寺に秘蔵されるという「高田本伝」や「四巻伝」は、実際には存在しなかった可能性が高い。なお、当時の浄土真宗学僧のなかにも、秘蔵書の存在を怪しむ者はいたが、そうした疑惑によって良空の企てが破綻することはなかった。それどころか、良空は、高田専修寺に秘蔵される存覚編纂の親鸞伝注釈書という触れ込みで、享保一八年（一七三三）に『親鸞聖人正明伝』という全四巻の書物まで出版している。同書もまた、先行する種々の親鸞伝を切り貼りして良空自身が編纂したものと考えられるが、彼は大胆にも『高田親鸞聖人正統伝』の典拠となった「四巻伝」の実物らしきものを自ら編纂・出版し、疑惑の払拭に努めてみせたのである。

さて、一見すると優れて文献考証主義的な手法を採用しつつ、実際には購入可能な刊本から必要な叙述を切り貼りして新造されたという『高田親鸞聖人正統伝』の複雑な性格は、大慶が同書に対して試みた「批判的読書」のあり方を考察する際にも、必ず踏まえるべき重要なポイントである。しかし、もう一つ踏まえておくべきなのは、同書の論争的な性格である。良空は、東本願寺派の恵空が著した『御伝絵視聴記』や『叢林集』を強く意識し、それらを「一向乱心ノ所作カ、又鼠賊ノシワサト見ヘタリ。」と酷評している。良空が東本願寺派の立場で著された両書に対して感情むき出しの批判を浴びせたのは、高田派こそ浄土真宗の正統であるとする以下のような認識を良空が持っていたからである。[61]

五派（高田専修寺・仏光寺・本願寺・錦織寺・越州派の五派を指す―引用者注）ノ中ニ、高田専修寺ハ、祖師聖人浄土真宗ノ総本寺トシテ建立アリ。専修寺ト云勅号ヲ蒙、南門ノ額トシタマフ、其口宣今現ニ在之、即唯授一人口訣相承ノ家ニテ、血脈ノ正統タルコト、一天ニ肩比フル者ナシ。他ノ四派ハ、悉ク当家ヨリ伝法セリ。其証蹟歴々タリ。

良空によれば、高田専修寺こそ親鸞が浄土真宗の総本山に定めた寺院であり、その他の浄土真宗諸派は専修寺経由で親鸞の教えを授けられた存在に過ぎないということになる。既述の通り、恵空著『御伝絵視聴記』では、覚如編纂の『親鸞伝絵』こそ唯一の親鸞伝であるという主張が大々的になされた。専修寺や仏光寺が「本願寺」の三字を除いて独自の親鸞伝を編纂していることについても、恵空は本願寺中心主義の立場から「親鸞ヲ己ガ家ニ領セントスル」企みではないかと疑いの目を向けた。そうしてみると、良空は、恵空が行った専修寺・仏光寺批判に対して、強烈な意趣返しを仕掛けたということができよう。なぜならば、良空は親鸞を本願寺ではなく高田専修寺の「開山聖人」であると捉え、しかもその事実は高田専修寺に秘蔵される種々の親鸞伝によって「証蹟歴々」だと断言したからである。ちなみに、恵空からの反論に答えるという体裁で享保七年（一七二二）に出版された『正統伝後集』でも、専修寺を浄土真宗の総本山とみなす良空の正統意識は、より鮮明なかたちで打ち出されていくことになった。[62]

以上、長々と親鸞伝の歴史的変遷をたどって来たが、それを踏まえるならば、大慶が『高田親鸞聖人正統伝』

を始めとする高田派の親鸞伝に強い関心を示した理由も、おのずと明らかになるのではないだろうか。まず文献考証主義を標榜する大慶にとって、親鸞の誕生から入滅までの事績を一覧できる『高田親鸞聖人正統伝』は、その叙述の妥当性いかんにかかわらず、一度は目を通すべき書物であった。しかも、良空が秘蔵の親鸞伝から解き明かしたのは、専修寺こそ親鸞も認めた浄土真宗の総本山であるという大慶には到底受け入れられない主張だったのである。『絵伝撮要』・『高田親鸞聖人正統伝』・『正統伝後集』・『親鸞聖人正明伝』と、高田派の親鸞伝を網羅的に収集した大慶が、それらに対する「批判的読書」を目論んでいたことは間違いなかろう。実際に大慶は、『高田親鸞聖人正統伝』に対して『非正統伝』という論駁書を著すほど、強烈な対抗意識を持っていた。著述活動の実態は後ほど詳述するが、以下では大慶が行った『高田親鸞聖人正統伝』の読み解きを、大東坊蔵書のなかから探っていきたい。

最初に確認しておくと、大慶の「批判的読書」を支える根幹は、偽書を見抜く緻密な文献考証にあった。そこで、『高田親鸞聖人正統伝』の典拠史料に用いられたという「高田本伝」や「四巻伝」の信憑性は、真っ先に検証の対象となった。「高田本伝」に対する大慶の評価は、大東坊に現存する『高田親鸞聖人正統伝』に施された以下のような書き込みから窺い知ることができる。

私案ニ本伝ト称ストイヘトモ文言ノマ、トハ見エス、ソノユヘハ五十三歳ノ伝文ニ真仏上人初テ帰依シ玉フト云ヘリ、若本伝ノ文言ナラハ何ソ自ラ上人ト名ノルヘキヤ、可知

『高田親鸞聖人正統伝』に対して文献考証的な批判を試みる際、最も厄介だったのは、良空が「高田本伝」や「四巻伝」を高田専修寺に秘蔵される親鸞伝と紹介するのみで、それらを公開しようとしなかった点にある。そこで、大慶ら『高田親鸞聖人正統伝』に批判的な僧侶たちは、同書に「已上本伝」といったかたちで引用される

秘蔵書の内容を注意深く読み込み、叙述の矛盾を突いていくしかなかった。大慶がここで行った批判もまさにそのようなものといえる。『高田親鸞聖人正統伝』では、真仏の帰依は親鸞五三歳の頃の出来事とされ、その様子は「真仏上人初テ帰依シ玉フ」と記されている。しかし、良空の指摘に従えば、「高田本伝」の前半部分（親鸞誕生から六〇歳まで）を執筆したのは真仏その人ということになる。そこで、大慶は、なぜ真仏が自分自身のことを「真仏上人」と表記したのかと、「高田本伝」における叙述の矛盾を突いたわけである。

最後まで公開されることがなかった「高田本伝」についていえば、大慶は右のような論法で批判を展開せざるを得なかったが、「四巻伝」の場合、状況はやや異なっていた。というのも、元文二年（一七三七）生まれの大慶は、いずれも享保年間（一七一六～一七三六）に刊行された『高田親鸞聖人正統伝』と『親鸞聖人正明伝』を同時期に入手できたからである。既述の通り、『高田親鸞聖人正統伝』を出版した良空は、その典拠史料とされる種々の秘蔵書が本当に存在するのかという疑惑に答えて、高田専修寺に秘蔵されるという存覚編纂の『親鸞聖人正明伝』を後から出版した。リアルタイムで『高田親鸞聖人正統伝』の登場に衝撃を受けた世代であれば、時間差で『親鸞聖人正明伝』に接し、どうやらこれが「四巻伝」に該当するらしいと推察することになったのだろう。ところが、大慶の場合、最初から『高田親鸞聖人正統伝』の典拠史料に批判的検証を加えるつもりで『親鸞聖人正明伝』を入手した可能性が高い。なぜならば、大東坊に現存する『高田親鸞聖人正統伝』には、『親鸞聖人正明伝』の巻数や丁数が随所に書き込まれており、大慶は両書を比較分析しながら読み進めていたことが分かるからである。こうした大慶お得意の文献考証作業によって、何が明らかになったのだろうか。例えば、老翁に姿を変えた鹿島神が親鸞に帰依したという逸話について、『高田親鸞聖人正統伝』では「高田本伝」と「下野記」を典拠史料にしたことが記されている。しかし、大慶は、右のような比較分析の結果、『親鸞聖人正明伝』にも同様の記事が存在することに気付いた。「高田本伝」や「下野記」から引用したとされる逸話が、『親鸞聖人正明伝』にも載っていたら、何が問題なのか。実はこの逸話について、良空は『高田親鸞聖人正統伝』のなかで、以下のように述べていた(63)。

カノ鹿島ノ受法ハ、特リ我本伝及下野記ニ載タリ。普ク他流ノ旧記ヲ尋ルニ、曾テ其説ヲ誌モノナシ。タマ〳〵ツタヘ云モノハ、唯後世俗子ノ謳歌而已。イヅクンゾ、親見ノ本伝ヲ舎テ、閭巷ノ浮説ヲ執セン。

右に記された何気ない指摘は、西本願寺派に属する大慶にとって看過できないものであった。ここで良空は、高田専修寺に秘蔵される親鸞伝に依拠すれば、覚如編纂の『親鸞伝絵』には記録されていない事実が明らかになると、アピールしたかったのだと考えられる。しかし、『親鸞聖人正明伝』が存覚編纂の親鸞伝であることは良空自身が明言しており、高田派からすれば同書は間違いなく「他流ノ旧記」であった。それにもかかわらず、良空が鹿島神の親鸞帰依に関して、「普ク他流ノ旧記ヲ尋ルニ、曾テ其説ヲ誌モノナシ。」と矛盾する主張を行ってしまったのはなぜか。大慶からすれば、それは『親鸞聖人正明伝』が高田派によって偽造された親鸞伝だったからである。良空は、偽造の事実を隠し通すために、『親鸞聖人正明伝』をあくまで「他流ノ旧記」であると突き離す必要があった。しかし、ついつい高田派の親鸞伝以外に鹿島神の親鸞帰依は記録されていないと口を滑らせ、高田派による『親鸞聖人正明伝』偽造の証拠を露呈させてしまったのではないか。以上のような推測を行った大慶は、『親鸞聖人正明伝』＝「四巻伝」という偽造の親鸞伝を典拠史料としている『高田親鸞聖人正統伝』など、信頼するに足りない書物だと結論付けたわけである。

さて、ここまで大慶が『高田親鸞聖人正統伝』に対して行ってきた「批判的読書」の有り様を振り返ると、それはもっぱら「高田本伝」や「四巻伝」といった典拠史料の真偽を問う作業であったといえる。つまり、『一宗行儀抄』は本当に親鸞の著作とみなし得るかどうかを探究した「批判的読書」と、この時点で方法論的に大きく異なる点は見出せないわけだが、そもそも典拠史料の偽造を指摘するだけで、高田派の親鸞伝に対する効果的な批判は完遂できたのだろうか。

既述の通り、『高田親鸞聖人正統伝』の最大の特徴は、浄土真宗の総本山を専修寺とみなす主張にあり、それは学僧のみならず俗人信徒にも絶大な影響を及ぼすものであったと推測される。そこで、同書に対する「批判的読書」の効果を高めるには、典拠史料の真偽を学究的に問うだけでなく、個々の叙述内容に具体的な反論を示すことも必要となった。幸い大東坊に現存する『高田親鸞聖人正統伝』には、随所に長文の書き込みが施されているので、そこから大慶が行った「批判的読書」の具体的な側面を浮かび上がらせていきたい。まず書き込みの多寡から大慶の関心の高さを探ってみると、親鸞没後の「廟堂」管理をめぐる以下のような叙述にはかなり高い関心を示していたことが分かる(64)。

文永九年仲冬、廟堂成就シテヨリ以来ハ、顕智寺務トシテ、高田ノ専空、興正寺ノ源海、カハル〴〵給仕ヲ助ラル。已上本伝

○私云、文永九年壬申ヨリ正安四年壬寅七月マテ、凡三十一年ノ間ハ、顕智ノ後、専空両上人、御廟堂寺務也。故ニ、覚信、覚如ヨリ御廟アツカリノ証文ヲ顕智、専空へ進上セラル、ナリ。

○或問、他流説ニ文永年中以来ハ、覚信禅尼寺務也。一説ニ、如信住職ト。或云、覚信ノ息、覚恵法師寺務トシテ、亀山院勅願ノ宣旨ヲ蒙レリト。是義云何。曰、是等説皆偽也。覚信覚如ヨリ御廟預リノ証文アリ。若正シク寺務職ナラハ、何ノ故ニ証文ヲ捧ンヤ。サレハ、正安四年以前ハ、覚信、如信、覚恵共ニ唯御廟預リノ留守居ニテ、曾テ寺務ニハアラス。今ニ至ルマテ代々ノ譲状ニ、皆留守職ト書ハ此故ナリ。

右の叙述について少し解説しておくと、ここで「廟堂」と表現されているのは、京都東山大谷の地に設けられた親鸞墓所のことである。覚如が親鸞墓所の寺院化を推し進め、「本願寺」としたことは良く知られている。しかし、良空は高田専修寺に秘蔵されるという「高田本伝」を根拠に本願寺中心主義の書き替えを試み、当初廟堂の寺務を任されていたのは顕智を始めとする関東の有力門徒であったと主張した。親鸞の末娘である覚信尼や、その息子である覚恵が、廟堂の「留守職」を名乗ったのも、良空の論法に則れば、その管理権を持つ顕智らの不在時に「留守居」を任されていたからということになる。専修寺こそ浄土真宗の総本山と主張する良空にとって、親鸞墓所の管理権が当初顕智に委ねられていたという歴史認識もまた自明のものであった。しかし、西本願寺派の大慶にとってみれば、右のような高田派寄りの理解は到底受け入れられるものではなかった。そこで、大東坊に現存する『高田親鸞聖人正統伝』の該当箇所には、以下のような長文の書き込みが施されることになった。

汝良空、当流御留守職ト記セル意ヲ知ラス、已カ得手ニ取リ、高田ヨリ預リノユヘニ留守ト云ト悪口ス、抑々今家留守職ト申スハ、本トハ如信上人ヲ本廟ノ主ト定メ玉ヘトモ、上人ハ奥州ニ住シ玉ヒテ、京都ハ覚恵・覚如御親子ニ預ケ置キマシマセンユヘ、留守職ノ名始レリ、後代ニ至テ猶此名ヲ用ルコトハ二意アルヘシ、一ニハ古エヲ忘レサラシメンカタメナリ、二ニハ御本廟ノ主ハ高祖上人ナリ、ソレヲ預リ守ル人ヲ留守職ト云、コレハ高祖ヲ尊敬ノ余リ現存シ玉ヘル意ニテ称スル義也（後略）

留守職とは顕智らの不在時に廟堂の留守を預かる者であるとした良空に対して、大慶は真っ向から異議を唱え、むしろ如信の不在時に廟堂の管理を任されたから留守職なのだと述べた。如信とは、親鸞がその晩年に義絶した善鸞の息子に当たり、陸奥国大網で布教活動に努めた人物である。つまり大慶は、親鸞の孫である如信こそ廟堂の本来の主であると捉え、その如信から留守を任されたという論法で、関東の有力門徒に対する覚信尼や覚恵の優越を主張したことになる。

以上のような良空と大慶の主張は、それぞれに一応の文献考証的な手続きを踏んで行われたものといえる。良空による秘蔵書捏造の事実を知っている我々の目には、彼が主張した顕智による廟堂管理は、いかにも我田引水的なものに映る。しかし、親鸞没後の覚信尼や覚恵にとって、関東の有力門徒から一切援助を受けず、廟堂を管理することは、そもそも不可能であった。そこで、親鸞血族による廟堂私有の意志がないことをアピールすべく留守職という言葉が用いられたことは、現存する史料からも間違いない事実なのである。もっとも、その事実は創建当初の廟堂がある種の公共的性格を持つ施設であったことの証拠でもあるため[65]、顕智ら特定の人物が廟堂を所有・管理していたという結論には無理がある。良空は、関東有力門徒が覚信尼ら親鸞血族の力を凌いでいた時期の実状を丹念に文献考証したものの、そこから一気に論理を飛躍させ、親鸞の正統な後継者である顕智の廟堂管理という高田派寄りの結論を導き出したことになる。

他方で、『高田親鸞聖人正統伝』の典拠史料とされる「高田本伝」や「四巻伝」に厳格な真偽判断を行った大慶は、廟堂の「留守職」継承という具体的な事象に対して、持ち前の文献考証主義をどの程度発揮できたのだろうか。親鸞からその孫である如信へ、その如信から覚如へ、浄土真宗の教えが順々に伝えられたという論法は、確かに覚如が自著のなかで頻用したものである。しかし、この三代伝持の論法は、自らが親鸞の正統なる後継者であることをアピールするために用いた政治性の強いものであり、現実の廟堂管理権が如信から覚信尼・覚恵を経て覚如に受け渡された事実は確認できない。廟堂の寺院化を推し進めた覚如が、留守職から寺務職・別当職へと徐々に使用する言葉を変えていったという金龍静の丹念な検証作業を踏まえるならば[66]、留守職という言葉に、関東の有力門徒から承認を受けて就任するというイメージ、すなわち覚如にとってどうしても打ち消してしまいたいイメージが付随していたことは否定できない。つまり大慶もまた、本願寺が親鸞血族によって一元的に管理されるに至った後世の状況を、強引に覚信尼の時代にまで遡及させることで、『高田親鸞聖人正統伝』に対する「批判的読書」を遂行していたのである。

ちなみに、日野龍夫『江戸人とユートピア』によれば、江戸時代の考証学者には、強いイメージを先行させ、それを表現する媒体として恣意的に史料を引用する性格が少なからずあったという[67]。専修寺こそ浄土真宗の総本山であるという立場で『高田親鸞聖人正統伝』を著した良空にせよ、親鸞の教えは一貫してその血族が守り抜いてきたという立場で同書への「批判的読書」を推し進めた大慶にせよ、彼らはいずれも日野の指摘するような考証学者の性格を多分に持ち合わせていたといえる。もっとも、筆者は、右のような指摘によって、江戸時代的な文献考証主義の欠陥を、一方的に言い立てたいわけではない。現代社会においても、学術的考察の結論が、専攻している学問分野や所属している研究グループに強い影響を受けることは、歴然たる事実である[68]。それでは、大慶は西本願寺派という立場に制約を受けつつ、どのように文献考証を推し進めたのか。筆者としては、その具体像に迫ることで、現代と連続性を有する文献考証主義の可能性や、その一方での危険性について探究してみたいと考えている。

さて、本章では既にここまでも、大慶の文献考証に対して西本願寺派の僧侶という立場性が与えた影響については、何度も言及してきたわけだが、最後に親鸞の流罪勅免をめぐる『高田親鸞聖人正統伝』の叙述と、それに対して彼が行った「批判的読書」に注目してみたい。なぜならば、この事例は、文献考証を極めようとする大慶の意志と、西本願寺派の僧侶としての立場性とが、複雑に交錯した興味深いものだからである。承元元年（一二〇七）の念仏弾圧によって親鸞が越後国へ流罪となったことは良く知られているが、その後の流罪勅免について

『高田親鸞聖人正統伝』は以下のように叙述している(69)。

三十九歳、順徳院建暦元年辛未十一月十七日、流罪御免也。勅使岡崎中納言範光卿、宣旨ヲ承テ越後ニ下向、十二月二日下著アリテ倫言ヲ伝ラル。誠ニ公卿勅使ヲ蒙リタマフコト、生前ノ御面目ナリ。其請文ニ、愚禿親鸞言ト書キテ上ケラレケレハ、心キ、タル奏状ナリトテ、君臣大ニ褒美シタマヘリ。此時ハマツ御礼ハカリ勅答申サレテ、帰洛ハナシ。師範上人ノ帰京ヲ待タマヘハナリ。鸞師ハ勅免ノ時ヨリ都ヘ人ヲ登シ、上人ノ御還洛ヲ聞セタマフニ、件ノ使晩冬下旬ニ及デ帰リヌ。空師ハ、十一月下旬ニ入洛ト云々。然ルニ、北国雪甚深クシテ人迹絶ヌ。折フシ日来ノ心痛モ快カラス。仍テ当年ハ越後ニ止マリタマヒヌ。已上本伝

建暦元年（一二一一）の宣旨で親鸞の流罪勅免が決まったことや、その宣旨が中納言藤原範光（一一五四～一二一三）によって奉じられたことは、覚如編纂の『親鸞伝絵』にも記されている出来事である(70)。そこで、流罪勅免をめぐる右の叙述も、一見すると西本願寺派の僧侶にとってさほど問題ないもののように思われる。しかし、大東坊に現存する『高田親鸞聖人正統伝』の該当箇所に、大慶は以下のような長文の書き込みを施し、良空の解釈を厳しく否定している。

範光卿越後ニ下向云云、西方指南鈔中本十丁曰、建暦元年十一月十七日、藤中納言光親卿ノ奉ニテ、院宣ニヨリテ十一月廿日戌時、法然聖人宮ヘカヘリ入タマヒテ等、同中末十丁云、光親為奉行、被下勅免宣旨、私詳云、指南鈔記法然上人事、又舜昌黒谷上人伝八五丁云、同十一月十七日、彼卿ノ奉行トシテ花洛ニ還帰アルヘキヨシ、烏頭変毛ノ宣旨ヲカウフリ給ヌ、此本師スラ勅使ニハアラス、況ヤ弟子ノ鸞上人エ勅使立ヘキイハレナシ、又是範光卿勅免ノ宣旨ヲ奉シテ御書ヲ国司ヘ使シ玉ヘルノミナルヘシ、其使者ハ範光ノ下役、或ハ家人ナルヘケレハ、世人勅使トオホエテ称スルカ、正源明義抄第八、勅使ト称ス、然ニ其人ハ和泉ノ判官阿部ノ

近本トアリ、此抄真偽未決トハイヘトモ、先ツハ軽キ使者ヲモ勅使ト称セシ俗言ノ証トスヘシ、又漢語灯録十一廿丁云、藤光親奉綸命、到勝尾文、此亦後人之所作不可信矣

大慶が批判したのは、勅免宣旨を奉じた藤原範光が、勅使として越後国に赴いたという『高田親鸞聖人正統伝』の叙述であった。範光は、あくまで勅命を奉じて宣旨を作成させた人物であるので、彼が直接越後国に赴いて、親鸞と面会することはあり得ない。それを裏付けるように、法然の流罪勅免に際しても、宣旨を奉じた藤原光親（一一七六〜一二二一）は、讃岐国に下向していない。そこで、実際には範光の「下役」か「家人」が越後国に赴いたのだが、それを世人が「勅使」と勘違いしたのではないかと、大慶は推測した。

範光が直接越後国に赴くわけがないという大慶の推測自体は、近代的な実証史学の手続きに照らし合わせても妥当なものである。もっとも、そもそも大慶は、なぜ親鸞の流罪勅免にここまで強いこだわりを示したのだろうか。やはりここでも、西本願寺派の僧侶という立場性が、彼の「批判的読書」に影響を及ぼしたことは否定できない。というのも、『高田親鸞聖人正統伝』では、越後国に赴いた範光は早々に帰洛し、勅免への謝意を申し述べるため、その翌年には親鸞も帰洛したことになっているからである。覚如編纂の『親鸞伝絵』では、流罪勅免後の親鸞は帰洛せず常陸国へ向かったとされるため、右の逸話を認めると、西本願寺公認の伝記叙述が成り立たなくなる。しかも、『高田親鸞聖人正統伝』では、この流罪勅免の後に、帰洛した親鸞が山城国山科に興正寺を建立し、その寺務を真仏に任せたという高田派寄りの叙述まで続くのである。範光の越後国下向を誤伝であると主張する大慶の心中に、高田派の正統化へとつながる逸話を、何としても文献考証的な手続きで否定したいという意志が働いていた可能性は高い。

ただし、ここで大慶が行った文献考証を、ただただ高田派への対抗意識から行われた強弁であったとみなし、

それが偶然近代的な実証史学の結論と一致したと捉えてしまうのも短絡的である。自ら収集した膨大な蔵書に依拠して、宗祖伝の文献考証を進めていた大慶は、親鸞の流罪勅免についても、複数の情報源からその検討を行うことができた。そして、藤原範光が直接越後国に赴いて親鸞に流罪勅免を伝えたと主張する参考文献は、実は『高田親鸞聖人正統伝』だけではなかった。大東坊蔵書のなかには『御伝絵説詞略鈔』という書物が存在する（表三―三参照）。同書は、元禄八年（一六九五）に信濃国布野長命寺の霊勝が作成した『御絵伝』の絵解き台本であるが、そこでも範光は、以下のように自ら越後国へ赴いたことになっている。(71)

サテ御開山聖人へハ建暦元年ニ勅免ノ宣旨ヲクダサル、岡崎中納言範光卿ヲモテ勅使トシテ越後ヘクダシタマフホドニ、十一月十七日ニ国分ニオイテ聖人勅免ノ宣旨ヲ頂戴シタマヒ、スナハチ禿ノ字ヲカキテ勅答ニソナヘタマフニ、帝御感マシ〳〵、卿上雲客モ愚禿ノ御名ノリヲ見タマヒテオホキニ褒美シタマフトナリ（中略）祖師聖人勅免ノウヘハソノトシ御上洛アルベキコトナルニ、北国ハ雪フカク、ミチモ自由ナラズ、御門葉ノヒト〳〵モ御ナゴリヲオシミ、一日一日トトヾメタテマツルホドニ、ソノトシハ越後ニテ御越年ナサレケリ

江戸時代に盛んに行われた『御絵伝』の絵解き講釈については次節で詳述する予定だが、要するに聴衆を惹き付けるべく、きらびやかに親鸞の生涯を飾り立てていることが分かる。(72)『御伝絵説詞略鈔』よりもさらに成立が早い絵解き台本『康楽寺白鳥伝』でも、やはり範光は勅使として越後国へ赴いているので、(73)『高田親鸞聖人正統伝』の該当箇所が、絵解き台本の語りから影響を受けて作り上げられたと推測することも可能であろう。そして、あらためて確認しておくと、大慶が法然伝の絵解き台本である『正源明義抄』に対して警戒心を示したように、文献考証を重視する学僧たちは、絵解き台本の過剰な文飾に良い印象を持っていなかった。

以上のような絵解き台本と『高田親鸞聖人正統伝』の関係性を踏まえると、大慶はかなり複雑な環境に身を置きつつ、「批判的読書」を遂行していたことが分かる。彼はまず『親鸞伝絵』のなかの親鸞像を覆してしまう高田派寄りの伝記叙述に対抗して、西本願寺派にとっての正統なる語りを固める必要があった。それと同時に、絵解き台本の過剰な文飾にも目を光らせて、文献考証主義の立場でそれを掣肘する必要があった。そして、右のように複雑な環境下で宗祖高僧伝への「批判的読書」を進めなければならなかったことは、大慶にとって文献考証の技術を高める絶好の機会にもなったと考えられる。そこで、最後に『高田親鸞聖人正統伝』の流罪勅免記事に対して大慶が行った文献考証を具体的に分析し、彼の「批判的読書」の到達点を探ってみることにしたい。

親鸞墓所をめぐる論争において、大慶が『東林更鳴集』という西本願寺寄りの書物に全面的に依拠しつつ、東本願寺寄りの『叢林集』や『本願寺由緒紀』への敵意をむき出しにした「批判的読書」を行ったことは、先に触れた。他方で、『高田親鸞聖人正統伝』の親鸞流罪勅免をめぐる叙述に対しては、文献考証の作法に則りつつ、比較的冷静な「批判的読書」が行われている。すなわち、中納言の地位にある藤原範光が、自ら勅使として越後国へ下向したかどうかを検証するに当たって、大慶は『西方指南抄』・『黒谷上人伝』・『正源明義抄』・『漢語灯録』など多様な立場で著された法然の伝記や言行録を活用した。まずは詳細が分かる法然の流罪勅免を検証し、それを比較事例として親鸞のケースを類推しようと試みたわけである。

法然の流罪地へ宣旨の奉者である藤原光親が直接赴いていない証拠として、最初に『西方指南抄』という書物が取り上げられたのは、同書が親鸞編纂の法然言行録とされるものだからであろう。覚如編纂の『拾遺古徳伝』が重視されたように、ここでも大慶は浄土真宗僧侶の立場で参考資料を選び取っていたことになる。もっとも、法然の生涯をたどるために、浄土真宗側の記録のみに頼るといったかたくなな態度は取られず、浄土宗側の記録である『黒谷上人伝』も、文献考証の精度を高めるため、積極的に併用された。また、絵解き台本である『正源明義抄』は、既述の通りそこまで信頼できる法然伝ではなかったが、阿部近本という「軽キ使者」が「勅使」と称されている傍証として利用された。浄土宗側の記録である『漢語灯録』に至っては、藤原光親が法然のいる摂津国勝尾寺まで自ら赴いたと記されており、大慶の主張を危うくする参考資料なのだが、彼は同書の叙述を隠すことなく引用し、後世の編纂物には誤伝が生じやすいことの一事例として意義付けている。以上のような文献考証を行った上で、大慶は、越後国に赴いた範光の「下役」か「家人」を世人が範光本人と勘違いしたのだろうと結論した。文飾された親鸞像を文献考証の作法に則って否定する繊細な案件に対して、多角的な視座から検証を加え、立場性に囚われ過ぎることなく冷静な結論を導き出したところに、書物知との格闘を積み重ねてきた大慶における文献考証主義の到達点を見出すことができよう。

（七）「読者」から「作者」へ

さてここまで、書物知の叙述内容を鵜呑みにせず、幾つもの蔵書に対して「批判的読書」を推し進める大慶の姿を確認してきた。もっとも、大慶は常に書物の読み手という立場に留まって学問研鑽を続けたわけではない。例えば、『非正統伝』は現在でも良空著『高田親鸞聖人正統伝』の代表的な論駁書として知られているものだが、後述するように、大慶は同書の成立に書き手として深く関わっていた。また、『真宗法要典拠』は、西本願寺御蔵版の聖教集成である『真宗法要』に対して、難解語句の解説や引用文献の出典確認などを綿密に行った労作であるが、やはり同書にも大慶は書き手の一人として関与した。(74)

江戸時代に商業出版が成立すると、読書人口は急速に拡大した。そして、新たに書物を手にした民衆的読者のなかには、多彩な読書実践を糧にして、自ら著述活動に乗り出す者もいた[75]。それでは、一介の修行僧に過ぎなかった大慶の場合、どのような社会的・文化的環境のなかで本を読み、いかなる刺激を受けて「作者」への飛躍を遂げていったのだろうか。以下では、江戸時代の多くの「読者」が通り抜け、あるいはまた引き返したであろう「作者」への道を、大慶という貴重な素材を用いてケーススタディしてみたい。

大慶の「作者」への飛躍を考察する上で興味深いのは、ここまで確認してきたような彼の「批判的読書」が、後に展開される著述活動の肩慣らし的な役割を果たしている点である。ちなみに大慶は、著者を歴代宗主に仮託した偽書や、誤記が多い町版の通俗仏書など、様々な書物知に批判的な態度で臨んだが、最初に著作へと結実したのは『高田親鸞聖人正統伝』に対する「批判的読書」であった。これは必然的な結果といって良かろう。というのも、著者を歴代宗主に仮託した偽書への「批判的読書」は、数量的には多く行われているものの、僧樸著『真宗法要蔵外諸書管窺録』など、西本願寺学林の先輩たちが積み重ねてきた貴重な成果に大きく依拠したものだったからである。つまり、大慶にとって偽書の精読とは、僧樸が行った真偽判断を追体験することで自らの教学理解を推し進めたり、俗人信徒を異安心（異端的信仰）へと誘導する危険な偽書をあぶり出したりする行為だったのであり、そこから自身の見解を世に問う著述活動への飛躍が生じる可能性は低かった。

他方で、『高田親鸞聖人正統伝』といえば、専修寺を浄土真宗の総本山とみなして展開される攻撃的な文章で知られており、その著者である良空は、東西両本願寺とのあいだで盛んに論争を繰り広げた人物であった。そこで、大慶の「批判的読書」も、おのずと西本願寺派の僧侶という立場性を前面に押し出し、広く第三者にまで主張の正しさを問いかける志向性を持つことになった。大慶の著述活動が『高田親鸞聖人正統伝』への批判を出発点としたのは、同書の論争的性格に影響されたものだったといえる。

それでは、より具体的にいえば、大慶の「批判的読書」は、『非正統伝』という書物を著す上で、どのような役割を担ったのだろうか。既述の通り、大慶は元文二年（一七三七）生まれであるので、享保二年（一七一七）に出版された『高田親鸞聖人正統伝』の衝撃をリアルタイムで体験し、準備もそこそこに反論を始めたわけではない。むしろ、表三―三に挙げられるような宗祖高僧伝の収集を地道に進め、文献考証的な手続きをしっかり踏まえて「批判的読書」を実行した。大東坊に現存する『高田親鸞聖人正統伝』には、叙述の矛盾や誤りを指摘する書き込みが随所に施されているのだが、それらはまさしく大慶が行った「批判的読書」の痕跡と呼び得るものである。それでは、大慶の著述活動と、蔵書に施された書き込みとのあいだには、どのような対応関係が見出せるのだろうか。幸い大東坊には、黒文円印が押された写本のかたちで大慶自筆の『非正統伝』（以下、大慶本）が残されているので[76]、同書を頼りに分析を進めたい。例えば、『高田親鸞聖人正統伝』に記された藤原範光の越後国下向について、大慶が長文の書き込みを施して誤伝の可能性を述べていたのは、既述の通りである。そして、その書き込みは、大慶本のなかでは、以下のように活用されている。

一、彼伝第四巻三十九歳伝ニ云、建暦元年辛未十一月十七日流罪御免也、勅使岡崎中納言範光卿、宣旨ヲ承テ越後ニ下向、十二月二日下著アリテ綸言ヲ伝ラル、誠ニ公卿勅使ヲ蒙リタマフコト、生前ノ面目ナリ云云、今評ス、是亦杜撰也、蓋是覚如上人ノ祖伝ニ、建暦辛未歳子月中旬第七日以岡崎中納言勅免トアル文ヲ見テ、中納言勅使トシテ下リ玉ヘルカト思テ記スルカ、何ソ顕智ノ筆録ナランヤ、コレマタ偽物ノ一証也、イカントナレハ彼家所伝ノ西方指南鈔中本十丁源空上人勅免ヲエタマフ事ヲ記シテ云ク、建暦元年十一月十七日、藤中納言光親卿ノ奉ニテ、院宣ニヨリテ十一月廿日戌時、聖人法然宮ヘカヘリ入玉ヒテ等（中略）コレ本師聖人スラ勅使ニハアラス、況ヤ弟子タル鸞聖人ヘ勅使アルヘキヤ、蓋是範光卿宣旨ヲカキテ下司

ヲ越後へ使ハサレタルナルヘシ、時ノ世人コレヲ勅使トココロエテ、言ヒ伝ヘタルモ計ラレス（後略）

長文の引用となったが、ここで確認したかったのはただ一点である。すなわち、『高田親鸞聖人正統伝』に大慶が施した書き込みは、彼の最初の著作である大慶本にほぼそのままのかたちで転用されていた。中略・後略箇所では、『黒谷上人伝』・『拾遺古徳伝』・『正源明義抄』・『漢語灯録』が引用されているので、複数の法然伝と比較して結論を導き出す手法も、『高田親鸞聖人正統伝』への「批判的読書」に励むなかで、次第に鍛え上げられていったものと考えて良い。大慶収集の黒文円印本に文献考証の成果である書き込みが数多く残されていることは、ここまで何度も指摘してきたが、大慶本とは実はそれらを巧みに貼り合わせて構築された書物であった。「読者」が「作者」へと飛躍する諸条件を探り当てるため、ここまで大慶の著述活動に注目してみたのだが、その結論はやや意外なものだったといえる。西本願寺学林にて書物知の批判的な読み込みに努めてきた大慶にとって、「作者」になることは、もはや取り立てて飛躍的な行為ではなかった。むしろ、普段から着々と進めてきた「批判的読書」の延長上に、「作者」への道はおのずと浮かび上がってくるものだったわけである。

もっとも、当時一介の修行僧であった大慶により、右のようなパッチワーク的手法で著された大慶本が、なぜ『高田親鸞聖人正統伝』の代表的な論駁書と評されるようになったかは、疑問の残るところであろう。実は大東坊に現存している大慶本は、江戸時代の学僧たちが高く評価した『非正統伝』そのものではない。大慶本の構成を確認してみると、その冒頭は「大慶述」の記載で始まるのだが、本文と呼ぶべき大慶執筆部分はわずか一二丁半で終わる。そして、本文の倍以上に及ぶ分量で「非正統伝続補」が書き継がれ、「天明四年甲辰閏正月七日染筆脱稿　皇都慶証寺玄智景耀撰」という記述で締め括られる。

他方、『真宗全書』に収録されている『非正統伝』（以下、玄智本）は、龍谷大学図書館所蔵のものを底本にしているが、その冒頭は「慶証寺玄智述」で始まっており、複数の著者による書き継ぎの痕跡はなくなっている(77)。玄智本の末尾に「天明四年甲辰閏正月七日起草、十一日卒業、七年丁未四月中浣再写　皇都光徳坊慶証寺玄智景耀識」と記されているところから推測すると、天明四年（一七八四）時点で合綴本の体裁をとっていた『非正統伝』は、天明七年（一七八七）に一冊の本へとまとめ直されたようである。『高田親鸞聖人正統伝』の代表的な論駁書として高い評価を受けたのは、後にまとめ直された玄智本ということになるのだが、そもそもなぜこうした改変が行われたのだろうか。玄智本冒頭では、その事情が以下のように述べられている。

世ニ高田親鸞聖人正統伝ト題セル六巻ノ書アリ、正徳五年正月高田派ノ僧良空作也、同後集四巻作者亦同ジ、享保六年五月梓行ス、ソノ跋ニ云トコロヲミレバ、良空曾テ祖師聖人ノ全伝ナキコトヲ歎キ、此作アリトナレバ、ソノ志シ嘉尚スベキニ似タリ、モシ実ニ然ラバタヾ平穏ニ祖師ノ行履ヲ叙シテ可ナリ、何ゾ高田家ヲ誇大ニシテ、正統総本山ナド、訇リ、他門ヲ支流ナリト毀斥シ、殊ニ叢林集等ヲ弁破シテ、費舌悪口、読者ヲシテ厭悪セシムルニ至ルコトヲ用インヤ（中略）近者有人和州大乗寺大慶不肖ニ就テ弾劾センコトヲ謀リ、自ラ非正統伝一巻ヲ著シテ贈ラル、由是前作ニ従テ誠ニ続補スルモノ若干条、合シテ一篇トス（中略）前評云、コノ伝ヲサシテ今ハ良空伝ト称スルコト、忌トコロアルガ故ナリ、彼自ラ正統伝ト題スレドモ、ソノ実ハ邪統伝ナリ、故ニ正統ノ名ヲ与ヘズ、或ハ高田伝ト称スル人モアレドモ、コレマタ彼流ニ別ニ略伝アリ、今箇テ偽妄者ノ名ヲ記ス、文正統伝ハ良空自憍ノ妄称ナリ、今ソノ誤リヲ駁スレバ、コノ題ヲ用ユベキニ非ズ、故ニタヾ新伝ト呼ブ、モシ奢テイハヾ、偽統伝ト称スルモ可ナリ、前評者指大慶之説、下皆然

玄智が語るところによれば、享保一九年（一七三四）生まれの彼は、若い頃から『高田親鸞聖人正統伝』の偽妄性を問題視していたが、天明四年のある日「和州大乗寺大慶」という僧侶が訪れ、『非正統伝』という論駁書

を手渡した。この「和州大乗寺大慶」が大和国遊学中の大東坊大慶であり、贈呈された『非正統伝』が大慶本から玄智の「続補」を除いた一二丁半の小冊子であったことは指摘するまでもなかろう。自著を広く世に問う前に、玄智に対して共同での『高田親鸞聖人正統伝』批判を持ちかけた大慶の狙いは、以下のようなものであったと推測される。天明四年頃の大慶は、既に西本願寺学林で講義を依頼されるレベルの学僧ではあったが、話題の自著を上梓するレベルで目立った事績を残していたわけではない。他方、玄智は年齢的には大慶より三歳年長であるに過ぎないが、既に『浄土真宗教典志』や『浄土真宗七祖伝』といった著作を世に出し、また西本願寺築地別院の輪番として宗務の重責を担うなど、その名声は鳴り響いていた(78)。初めての自著に、深い学識に基づく助言や、広い人脈に基づく宣伝を必要としていた大慶にとって、玄智は実に頼りがいのある先輩であった。

実際に玄智は、大慶から手渡された『非正統伝』に対して倍以上の分量に及ぶ「続補」を加え、さらには一冊の論駁書としてまとまりを確保すべく、大慶執筆部分と玄智執筆部分とを巧みにつなぎ合わせて玄智本を作成したわけだから、大慶の望みは大いに満たされたといって良い。ちなみに、個人の業績を重視する現代人の目からみれば、当初「大慶述」とされていた『非正統伝』が「慶証寺玄智述」として世に出たことは、格上の学僧による著者資格の横取りのようにも映る。しかし、文献考証主義的な価値観が浸透しつつあった江戸時代の仏教諸宗檀林において、右のような書物の編纂方法は、一つの基本形であったとみなすこともできる。

話は少しそれるが、高倉一紀は、商業出版隆盛期の江戸時代に登場した蔵書家の特徴を、以下のように捉えている(79)。すなわち、江戸時代には好事家的に多様な書物を集積する一方で、著述活動などは行わない蔵書家が増加していった。彼らは、著者として自ら知的成果を発信する「第一の知識人」とは異なるが、膨大な蔵書を整理・運用して「第一の知識人」に情報提供を行ったり、蔵書のダイジェストを作成して一般読者に知的成果を理解させる仲介役になったりと、多様な文化的役割を担っていた。高倉は、そうした蔵書家を「第二の知識人」と呼び、江戸時代の文化環境を充実させる上で不可欠の存在であったと評価したわけである。

本章で取り上げた大慶は、自ら著述活動も行っているため、厳密にいえば、高倉の定義する「第二の知識人」には当てはまらない。もっとも、そもそも大慶が『高田親鸞聖人正統伝』への論駁書を著し得た最大の要因は、『絵伝撮要』・『正統伝後集』・『親鸞聖人正明伝』・『叢林集』・『御伝照蒙記』などの関連資料を自分の手元に所有していたからである。そして、豊富な書物知に支えられて著された『非正統伝』だからこそ、大慶は同書を私蔵すべきものとは考えず、志を同じくする玄智に惜しげもなく託した。そうであれば、大慶のなかに、膨大な蔵書に基づいて著者に情報提供を行おうとする「第二の知識人」的な志向性を見出すことも可能ではないだろうか。

右のような大慶の姿勢は、『非正統伝』を提供された玄智の側でも、真摯に受け止められていた。というのも、玄智は『非正統伝』を一つの書物にまとめ直した後も、元々大慶が記していた箇所を「前評云」の文言によって判別できるように残し、共著者である大慶への敬意を示したからである。ちなみに、玄智本のなかに「前評云」で始まる大慶執筆部分の転用は全部で一〇箇所存在し、『高田親鸞聖人正統伝』の叙述を文献考証的に批判する際の重要な論拠となっている。玄智は、大慶著作の未熟さに対して先輩学僧として訂正を施したのではなく、むしろその文献考証に触発され、文字通り自らの見解を「続補」して玄智本を作成していたことが分かる。本格的な著作に取り組んだことのなかった大慶が、玄智の目に留まる成果を示し得た理由も、ここまでの考察で明らかであろう。大慶は普段から膨大な蔵書に対して「批判的読書」に努めており、その延長上に展開された彼の著述活動は、十分に熟練の域に達していたと考えられるからである。

さて、『非正統伝』の成立過程を追うことで確認できたのは、以下の二点である。すなわち、江戸時代の仏教界では文献考証主義的な価値観を重視する傾向が強かったため、蔵書のなかに考証作業の成果を書き込んでいく大慶の「批判的読書」は、そのまま著述活動へと転用することが可能であった。また、地道な文献考証の成果は、個人の事績とみなされる傾向が比較的希薄であり、ある学僧から別の学僧へと継承されながら著作に結実していくこともあった。大慶が関与したもう一つの著作は『真宗法要典拠』であるが、実は同書からも右の二つの特徴を如実に見出すことができる。『真宗法要典拠』の最初の著者は、石見国市木浄泉寺の住職にして石州学派の祖とされる仰誓（一七二一〜一七九四）なので、まずは彼が記した序文から執筆の初志を確認しておきたい(80)。

吾龍谷法王前大僧正法如上人・嗣法文如上人ト、モニ国字法要三十九部六十七巻ヲ採集シ、三十一帖六帙トナシテ世ニ流伝シタマヘリ、コレ誠ニ迷夜ノ灯炬・苦海ノ船筏、西方ノ行人誰カ其徳ヲ仰カサラン、其宗致ノ幽玄ナルニ於テハ積学ノ耆宿尚窺フコトアタハス、予カ如キ白痴ムシロコレヲ測ンヤ、但コレヲヨム初学、或ハソノ引証ノ原拠事縁ノ故実、モシクハ語辞ノ意義ニクラキモノアレハ、コレヲ考テ報謝ノ業ニ擬シ奉ラハヤトオモヒテソノ一二ヲ録シケルコロ、幸ニ豊後霊範法師ノ著セル稽拠一巻ヲ得タリ、予カ考ノ及ハサルトコロハ彼ヲ以テ此ヲ補ヒ、遂ニ六巻トナレリ、命シテ真宗法要典拠トイフ、予モトヨリ寡聞浅識ナレハ其錯謬ノ多カルヘキハ論ナシ、寒郷書ニ乏シケレハ考証ノ及カタキコト尚幾百条ナルコトヲシラス、皆コレヲ欠如ス、後ノ君子請コレヲ訂シコレヲ補ヒ、以テ其全ヲ得ハ何ノ幸カコレニシカント云爾

天明四年甲辰正月二十五日　　実成房釈仰誓六十四歳謹書

『真宗法要典拠』が、西本願寺御蔵版の聖教集成である『真宗法要』に対して、難解語句の解説や引用文献の出典確認を行った書物であることは既に触れた。そして、仰誓の執筆目的も、そのような書物を準備することで、聖教の読解に不慣れな初学者を教え導こうとするところにあった。ただし、同書の執筆動機は、初学者の学習支

援のみに留まるものではないだろう。前近代社会において、注釈書を有する書物こそ権威ある「古典」とみなされたという前田雅之の指摘を踏まえるならば[81]、仰誓ら西本願寺派の学僧に、完成度の高い注釈書を整備することで『真宗法要』を浄土真宗教団にとっての「古典」に押し上げようとする意図があった可能性は高い。そのことを裏付けるように、仰誓が『真宗法要典拠』の執筆に取り組んでいたのと同じ頃、豊後国でも学僧霊範が「稽拠」という注釈書を作成していた。本山お墨付きの聖教集成である『真宗法要』に対して、誰かが決定版の注釈書を書き上げねばならないという使命感は、西本願寺派の学僧たちのあいだで広く共有されていたのである。

「稽拠」の存在に気付いた仰誓は、同書によって自らの不備を補いながら執筆を進め、天明四年には『真宗法要典拠』全六巻（以下、仰誓本）を完成させることができた。もっとも、仰誓は自著の完成によって『真宗法要』の注釈作業に一区切りを付けられたなどと満足していたわけではない。それどころか、「寡聞浅識」な自らの力量不足に加えて、「寒郷書ニ乏シケレハ」と執筆環境の劣悪さも挙げ、仰誓本がいかに誤りの多い著作であるかを強調している。もちろん、著者が文献考証の不備を陳謝し、継続的な改訂作業の必要性を訴えるのは、この手の注釈書にありがちな常套表現ともいえる。ただ、仰誓が注釈を試みた『真宗法要』という著作の編纂過程にあらためて目を向けると、同書は西本願寺宗主から命を受けた泰巌や僧樸が、本山の書庫に所蔵される貴重な中世古写本などをフル活用し、ようやく完成させた聖教集成なのである。右の事実を踏まえるならば、地域寺院の一住職が独力で『真宗法要』注釈書の完成を目指すこと自体、かなり大それた挑戦であったといって良い。仰誓は山陰随一の大坊寺院と称される石見国市木浄泉寺の住職であったが、それでもなお決定版の『真宗法要』注釈書を完成させるには蔵書の不足を痛感することが多かったのだろう。

不完全さを残す仰誓本は、改訂作業の継続を期して息子の履善（一七五四〜一八一九）に託された。履善にも父親の遺志を継ごうとする思いはあったようだが、多忙に追われて果たせぬまま、文化元年（一八〇四）に至って思いがけない助力を得ることになった。その後、履善は仰誓本に多くの新知見を書き加え、『真宗法要典拠』全一〇巻（以下、履善拾遺本）を完成させることになったのだが、まずは同書の冒頭に記された「題言」から彼が手に入れた助力の正体を明らかにしておきたい(82)。

一、真宗法要典拠六冊、天明四年先子コレヲ撰テ以テ不肖履善ニ授ク、世ノ見聞スル人喜テ伝写セサルハナシ、然レトモ其考尚モラストコロ多ケレハ不敏ヲ忘テコレヲ補ン志アリトイヘトモ、余縁ニタツサハリテ空ク廿余年ヲスキヌ、アハレ世ノ君子ノコレヲ助ル人ノアレカシト思フ折フシ、文化元年ノ冬、法王ノ命ヲ奉シテ上京シケル比、備後ノ大慶師メサレテ京ニアリ、初テマミエタル予ニ謂テ曰、我モ夙ニ法要勘考ノ志アリ、因テ足下ノ師父ノ撰述ヲ補ケルソトテ録シテ示サレタル其条数多ナレハ、大ニ喜テサラハ二師ノ考ヲ校修叙次シ、尚ノコル所アランヲ愚昧ノ力ノ及ンホト拾ヒ加フヘキニヤトイヘハ師ユルサレキ（中略）文化戊辰ニ始テ今茲辛未ニ終フ、遂ニ一本ヲ成シ、増補・拾遺併テ十巻ヲ得タリ（中略）

一、法要校正ハ宝暦中高祖五百年忌ノ報恩ニ事始タルコト法王ノ序ニミエタリ、今茲辛未ハマタ高祖五百五十年忌ニアタレリ、本書五百ノ大忌ニ出テ末註マタ五十ノ大忌ニ成レルコト会遇ノ縁亦奇トスヘシ、予フカク以テ喜トスルトコロナリ

文化八年辛未十一月十七日

浄泉寺芳淑房履善五十八歳謹書

「題言」によれば、仰誓本に対する履善の改訂作業は遅々として進まなかったものの、そのあいだにも多くの僧侶が同書の筆写を望んだため、写本による伝播は着実に進展していた。そうした状況下で、履善は「法王」＝西本願寺宗主の命を受けて上京し、文化元年に大慶と初対面を果たすことになった。文化元年前後の大慶といえ

ば、既に六〇代後半という老境に入っており、膨大な蔵書を遊学先から故郷へ持ち帰り、教学研鑽に励んでいたはずである。いかなる事情により、二人は京都で出会うことになったのだろうか。実は寛政年間（一七八九〜一八〇二）頃より、西本願寺学林の能化智洞（一七三六〜一八〇五）が提唱する三業帰命説の是非をめぐって、未曾有の異安心（異端的信仰）論争が勃発していた。[83] 大慶と履善は、ともに三業帰命説を不正義とみなす立場にあったのだが、三業惑乱と称されるこの騒動の沈静化を目的として上京していた。[84] こうして大変な緊急事態の最中、偶然にも京都で顔を合わせることになった二人であるが、いきなり履善に告げられたのは、常に学問的な探究心を忘れない大慶らしい提案であった。

既述の通り、仰誓本は転写によって次第に伝播しつつあったが、大慶もまた同書の存在を知り、そこに付け加えるべき難解語句の解説や引用文献の出典確認を、箇条書きにして記録していた。そこで、履善と対面するや否や、長年書き留めてきた増補案を示し、「足下ノ師父ノ撰述」＝仰誓本に付け加えてはどうかと提案したのである。自分より一七歳も年長である大慶から、『真宗法要』注釈書への並々ならぬ情熱をみせつけられた履善は、あらためて父親の遺志を引き継ぐ決心を固めた。そして、「二師ノ考」＝仰誓本と大慶増補案とをまとめ直し、さらに「愚昧」＝履善の見解をも加えた一書を、ぜひ自分に編纂させて欲しいと申し出た。大慶もまた、履善の申し出に応じて、増補案の利用を快諾したため、文化八年（一八一一）には三者の成果を全て合わせた全一〇巻の履善拾遺本が完成することになった。

大慶が誰に頼まれたわけでもなく仰誓本の増補作業を進め、その成果を惜しげもなく履善に託したというこのエピソードは、文献考証の遺志が連綿と受け継がれていく江戸時代的な学問研鑽のあり方を象徴的に示しており、なかなか興味深い。もっとも、大慶の述べる「法要勘考ノ志」が、仰誓本からの刺激を出発点とし、その増補を唯一の目的とするものだったかどうかは、若干の疑問も残る。というのも、そもそも大慶は、『真宗法要』に収録された浄土真宗の聖教を、わざわざ誤記の多い町版のかたちで購入し、西本願寺御蔵版本と見比べながら、「批判的読書」を行うような人物だったからである。大慶が普段から怠ることなく行っていた「批判的読書」は、仰誓本の増補作業とどのように結び付いていたのだろうか。幸い大東坊には、『真宗法要典拠』の表題を持ち、大慶の見解のみを記した七冊の写本が残されている。[85] 恐らくこれが、履善拾遺本を編纂する際に利用された大慶増補案ということになるだろう。そこで以下では、大慶が誤記の多い町版のなかに記した書き込みと、大東坊に現存する『真宗法要典拠』＝大慶増補案とのあいだに、いかなる対応関係が見出せるかを検討してみたい。

例えば、大慶が存覚著『報恩記』の町版に対して「報恩ノ名義、広ク世出世諸道ニ通ス、是ノ故ニ全部ニ明ラムル所、亦自他宗ニ通ス、自宗ノ義ニ達セザルノ輩、容易ニ文ヲ取リ義ヲ執セハ、殆ント宗義ニ害有ラントス、可慎々々」と書き込むなど、『真宗法要』に収録された聖教にも遠慮なく厳しい評価を下したことは、既述の通りである。それでは、右のような書き込みは、大慶の著述活動にどのように反映されたのだろうか。大東坊に現存する『真宗法要典拠』には、『報恩記』について以下のように言及する箇所がある。

　報恩記
　　此記ハ存覚上人備後ニ在リテ撰ズル所、其縁鑑古録十二紙ニ見ユ、報恩ノ名義、広ク世出世諸道ニ通ス、是ノ故ニ全部ニ明ラムル所、亦自他宗ニ通ス、自宗ノ義ニ達セザルノ輩、容易ニ文ヲ取リ義ヲ執セハ、殆ント宗義ニ害有ラントス、可慎々々

一見して明らかなように、大東坊に現存する『真宗法要典拠』＝大慶増補案には、町版に対して大慶が記した書き込みがそのまま転用されている。[86] つまり、大慶の著述活動は、やはりここでも日常的な「批判的読書」の延

長上で進められていたのである。

『真宗法要』に収録された他の聖教の場合はどうだろうか。存覚著『諸神本懐集』についても、大慶は町版のかたちで同書を入手し、西本願寺御蔵版本との比較分析を行っているのだが、その冒頭に記された以下のような書き込みはなかなか興味深いものである。

○世ニ承応三年刊刻セル諸神本懐集一巻有リ、題下ニ曰ク沙門源空記ト、其文悉ク漢字ニ作テ、其ノ体鄙俗ナリ、然ニ其ノ義ハ則チ此集ト全ク同シ、未ダ元祖ノ真撰ヤ否ヲ詳ニセズ、此集ノ後叙ニ云ク、此ノ書日来流布之本有ト雖モ、文言相違セシムルニ似タリ、義理不審無キニ非ザルノ間、大略添削ヲ加ヘ畢ヌ、則チ知リヌ、今集常楽台ノ創造ニ非ザルコトヲ、所謂流布本ハ題シテ源空記ト称スル者ト同異未ダ知ルベカラザルカ

現代人にとって『諸神本懐集』が存覚の著作であることは疑う余地のない事実であるが、江戸時代人にとってはそうではなかった。というのも、一七世紀半ばには、著者を法然に仮託した『諸神本懐集』が民間書肆によって出版され、広く流布していたからである[87]。この法然仮託本は、全文が漢文で記されているものの、漢字片仮名交じりで記される存覚著『諸神本懐集』と、内容的に著しく異なる箇所はない。精力的な蔵書収集によって右の事実に気付いた大慶は[88]、「常楽台」＝存覚の著作とは異なる『諸神本懐集』への注意喚起を行うべく、自らの蔵書に書き込みを行ったことになる。そして、大東坊に現存する『真宗法要典拠』＝大慶増補案に再び目を移すと、同書では右の書き込みをそのまま転用して『諸神本懐集』の解説が進められている。大東坊蔵書のなかの黒文円印本に注目すれば明らかなように、大慶は自ら収集した膨大な蔵書に誤記や偽証が潜んでいる可能性を注意深く検証し、検証結果を直接書き込んでいく洗練された「読者」であった。そうした日常的な読書実践は、『非正統

伝』の執筆のみならず、『真宗法要典拠』の増補作業においても、「作者」としての大慶を支える大きな力となっていたのである。

以上のように、大慶は日常的な「批判的読書」の蓄積を利用して著述活動を行ったわけだが、『非正統伝』と『真宗法要典拠』では、利用の仕方に微妙な違いも存在する。論駁書としての性格が強い『非正統伝』の場合、主張の方向性を明確にした上で広く世間に訴えかける必要があった。だからこそ大慶は、先輩学僧の玄智に協力を要請したのであり、玄智もまた大慶本に様々な修正を加え、玄智本をまとめ直した。そうして一書としてのまとまりを高めた玄智本は、『高田親鸞聖人正統伝』の論駁書として高い評価を勝ち取ることになった。他方で、『真宗法要典拠』の場合は、西本願寺お墨付きの聖教集成に対する網羅的な注釈自体を目的とする書物であった。そこで、大慶が蔵書のなかに記した種々の書き込みも、ほぼそのままのかたちで同書の増補案に転用することができた。ただし、大慶が円滑に増補作業を進められたからといって、それが長年にわたる『真宗法要』注釈書の編纂作業を終結させる決め手になったかどうかは別問題である。

仰誓の遺志を受けて、大慶が増補し、さらに履善も拾遺を加えて、全一〇巻にまで膨れ上がった履善拾遺本であるが、これが『真宗法要典拠』の最終版として流布・定着することはなかった。大慶や履善の最晩年に当たる文化一五年（一八一八）には、仰誓高弟の一人であった自謙（一七五一～一八四六）が履善拾遺本の出版まで企画しているが、結局それも実現には至らなかった[89]。自謙による出版企画の実現を阻んだ最大の要因は、やはり資金不足であろう[90]。しかし、それとともに指摘しておきたいのは、文献考証における資料の不足である。『真宗法要典拠』の編纂が、西本願寺派の僧侶たちにとって、本山お墨付きの聖教集成を権威ある「古典」へと押し上げるための重要な試みであったことは、既述の通りである。ところが、仰誓が「寒郷書ニ乏シケレハ」と嘆いたように、地域寺院に蓄積された蔵書は、精緻な文献考証を進める上で十分な機能を果たし得るわけではなかった。資料不足の問題を最も切実に感じていたのは、仰誓・大慶よりも履善であろう。というのも、履善拾遺本の「題言」では、以下のような編纂方針が述べられているからである[91]。

二師ノ考証セル書策原本オホムネ巻次楮数マテヲ書セリ、コレト予カ考証セル今悉クソノ楮数ヲ去テ巻次ノミヲ存ス、存スルハヨム人ノ検覈ヲ資ンカ為ナリ、於中巻ヲ記サヽルモノハ多ク一巻ノ書ト心得ヘシ、但此書引証スル所、内外和漢浩瀚タルコト八九百部ニ至レハ、悉ク其書ヲ得テ本文ヲ丁寧検校スルコトアタハサルモノアル故ニ、巻次ノ記スヘキヲ遺脱セルモアリ、義趣ニ誤ヲ貽スモ多カラン、糞クハ後ノ君子サラニコレヲ正シタマヘ

履善によれば、仰誓本や大慶増補案では、引用した諸文献に対して「巻次楮数」＝巻数と丁数が詳細に註記されていた。しかし、履善拾遺本では、このうち丁数が除かれ、巻数のみが残された。右のような編纂方針が採用された背景には、叙述の煩雑さを避けるという狙いもあったのだろうが、それ以上にそもそも丁数の確認手段がないという深刻な事情もあった。なぜならば、履善には仰誓の執筆箇所に加えて大慶の増補箇所と自身の拾遺箇所を全て校正する必要があり、確認すべき引用文献は八百～九百部にも及んでいたからである。それら全てを入手して丁寧に校正することなど不可能だと履善が吐露しているように、丁数は煩雑さを避けて省いたというより、確認手段がないため記せなかったのであろう。引用文献の原本照合を行わないということは、仰誓や大慶が犯したであろう引用時の誤写を履善拾遺本にそのまま残すということに他ならない。「義趣ニ誤ヲ貽スモ多カラン」という言葉は、学問書にありがちな謙遜というより、蔵書の不足を痛感していた履善の率直な自己評価であったと捉えるべきかもしれない。

こうしてみると、履善拾遺本は、たとえ資金不足という問題が解消されたとしても、資料不足による精緻な校正の困難さを理由として、『真宗法要』注釈書の決定版とはなり得なかった可能性が高い。それでは、有志の学僧たちによって脈々と書き継がれてきた『真宗法要典拠』は、その後も最終版としてまとまることなく現在に至っているのだろうか。実は大慶や履善が没した後、同書をさらなる改訂へと導く大きな出来事が起こる。その出来事とは、天保三年（一八三二）に東本願寺派の学僧琢成（生没年不詳）が『真宗仮名聖教関典録』[92]という木活字版の書物を出版したことである。西本願寺が明和二年（一七六五）に本山御蔵版の聖教集成『真宗法要』を出版したのに対して、東本願寺御蔵版の聖教集成『真宗仮名聖教』の出版が文化八年（一八一一）とかなり遅れたことは、本書第一部第一章でも詳述した通りである。ところが、聖教集成の注釈書についていえば、『真宗法要典拠』がなかなか最終版としてまとまらないなか、それに先んじて『真宗仮名聖教』注釈書の決定版と呼ぶべき『真宗仮名聖教関典録』が世に出たことになる。木活字印刷は、江戸時代中後期には私的な小部数の印刷を行う技術となっていたため[93]、同書の注釈書としての権威はそこまで高くなかったと考えられるが、それでも西本願寺教団に与えた衝撃は十分過ぎるものであった。というのも、嘉永四年（一八五一）には西本願寺宗主が近江国の学僧超然（一七九二〜一八六八）に対して直々に『真宗法要典拠』の校補を命じ、その結果、安政三年（一八五六）には遂に『真宗法要典拠』全三一巻一七冊（以下、超然校補本）が出版されることになったからである。まずは超然が記した「校補例言」によって、超然校補本の成立事情を探ってみることにしたい[94]。

校補例言

一、宝暦中本廟第十七世信慧法王、泰巌・僧樸・道粋ニ命シテ相承ノ聖教ヲ纂定セシメ鋟版流行シ給フ、実ニ真宗ノ一大盛事ナリ、輓近別派ニ於テ亦和字ノ聖教ヲ校刻セラル、而シテ其所纂位置ヲ改ルノミ、部数ニ於テハ増減スルトコロナシ、万世法門ノ亀鑑ニ於テ精選タルコト如此、然ニ法要梓行未幾稽拠ノ作アリ、嗣テ典拠ノ選アリ、後学ノ捜索ニ供ス、其功著矣、雖然蒐羅遍ラサルヲ以テ麁漏亦少シトセス、近時別派ノ末徒典拠ノ上ヲ補葺シテ関典録ヲ編シ活字版トス、拮据頗力メタリト謂ヘシ、嘉永四年二月不肖超然老ヲ請ノ日典拠ヲ補修スヘキ命アリ、顧ルニ寡聞浅識、之ヲ承ルニ堪サル旨ヲ白ストイヘトモ特命峻拒スヘカラス、勉強シテ命ヲ奉ス（中略）於此重テ白サク、嘗聞、備後ノ大慶増補ヲ著シ、浄泉ノ履善拾遺ヲ編ス、冀クハ其校本ヲ徴シテ賜テ左券ニ備ヘント、有司コレヲ内庫ニ捜ルニ進呈ノ本アリ、初テ寓目スルニ二子該博ノ資ヲ以テ蒐羅ノ勤亦至矣、コレヲ以テ底本トシテ、更ニ内外ノ墳典・和漢ノ子史ニ渉テ其遺珠ヲ採ル、亦掛一漏百ノ譏ヲ慚ルノミ（中略）

一、校正再三ニ及テ歳月亦延引シ、高祖六百回ノ大忌近シトス、拾遺者サキニ法要五百年忌ノ報恩ニ起リ、末註五百五十回ニアタリテ成ルコトヲ喜トス、今校補マタ六百年ノ諱辰ニ近テ梓ニ上ントス、亦奇遇トイフヘシ、吾儕何ノ夙縁アリテ此盛挙ニ与ル、豈歓抃セサルヘケンヤ

安政二年乙卯十二月十八日　　　　高尚房釈超然不群六十四歳謹識

ここで最初に注目したいのは、超然校補本の完成に東本願寺教団の動向が大きく関わっていた点である。「輓近別派ニ於テ亦和字ノ聖教ヲ校刻セラル」とあるのが、東本願寺教団における『真宗仮名聖教』の出版を指していることは明らかだが、超然がこの聖教集成に対して、結局『真宗法要』と全く同じ三九部の聖教を収録したものに過ぎないと言い切ったほど、事態は単純ではなかった。例えば、『真宗法要』では『安心決定鈔』という書物が覚如の著作と捉えられていたが、『真宗仮名聖教』では浄土宗西山流の僧侶が記したものと判断され、三九部中の最後尾に配置された。『真宗仮名聖教』の登場は、間違いなく『真宗法要』の権威に動揺を与える出来事

であった。そして、天保三年には既述の通り『真宗仮名聖教関典録』が木活字版で出版された。超然はこれを「拮据頗力メタリ」と率直に称讃しているが、その心中において浄土真宗聖教への評価が東本願寺の主導で定まっていくことへの焦りと警戒を感じていたのは間違いない。当然そうした意識は、西本願寺教団全体で共有されていたため、嘉永四年に宗主から超然へ『真宗法要典拠』校補の命が下ったわけである。

次に注目したいのは、仰誓本の不備を補うべく編纂された履善拾遺本が必ずしも広範な普及を達成していなかった点である。仰誓本が、不備の多さを自覚する著者自身の嘆きにもかかわらず、教学研鑽に必須の書物として盛んに筆写されていたことは既述の通りである。しかも、大慶は仰誓や履善と面識もないまま、何らかの方法で同書を閲覧していたわけだから、その伝播はかなり広範であったと推測することもできる。もっとも、より完成度の高い履善拾遺本が、仰誓本を上回る勢いで普及した可能性は低い。というのも、『真宗法要典拠』校補の命を受けた超然は、その時点で履善拾遺本の存在を噂に聞いていたものの、現物は閲覧しておらず、「有司」に依頼して「内庫」を捜索させているからである。この場合の「有司」は西本願寺の寺務を取り仕切る坊官や家司、「内庫」は歴代宗主の蔵書であろうか。ちなみに、ここで「校本」の表現が用いられている点からしても、履善拾遺本の出版企画が未遂に終わったことは明白である。出版されることなく、知己のあいだで転写されて伝播していった履善拾遺本は、超然のような学僧であっても西本願寺の坊官・家司に依頼してようやく入手できるレベルの稀覯本となっていたのである。

そして最後に注目したいのは、宗主直々の命で作業を開始した超然が、それゆえに本山の膨大な蔵書を自在に活用し、『真宗法要典拠』の完成度を最大限に高め得た点である。宗主の命を受けた超然が、その立場を生かして入手したのは、恐らく履善拾遺本だけではなかったと考えられる。なぜならば、超然校補本出版に際して、彼は校正方針の変遷を以下のように回顧しているからである。[95]

安政二年ノ秋上梓ノ命アリ、於此更ニ校正ニ就ク、然ニ原本増補スヘテ巻数張数ヲ記セシニ、拾遺其張数ヲ除ケリ、原稿簡約ヲ便トシソレニ遵リ、而シテ流行ニ於テ幼学ニ便スヘク、文点ヲ詳シ張数ヲ付スヘキ議アリ、再ヒ校正ニ従事シ、マタ増加スルトコロ多シ

履善拾遺本において、引用文献の丁数記載が全て省略されたことは既述の通りである。超然も「原稿簡約」のためには丁数を省略すべきと考え、途中まで履善の編纂方針を引き継いで校正作業を進めていた。もっとも、西本願寺宗主の下命によって進められていた超然校補本には、超然本人の意向を飛び越えて、諸方面から注文が付けられたようである。ある時「幼学ニ便スヘク」訓点や丁数を付けてはどうかという意見が出されたため、急遽校正作業がやり直され、超然校補本は最終的に三一巻一七冊にまで膨れ上がった状態で出版されることとなった。膨大な蔵書を必要とするはずの原本照合に、超然が見事に対応できたのは、やはり西本願寺に所蔵されている書物を自在に参照できる立場にあったからであろう。

こうしてみると、有志の僧侶たちによって継続的に修正を施されつつ、なかなか広範な流布に至らなかった『真宗法要典拠』は、西本願寺による強力な後押しで出版され、一気にその知名度を高めていったことが分かる。[96]もっとも、超然自身は苦労して手に入れた履善拾遺本にも十分な敬意を表し、「二子該博ノ資ヲ以テ蒐羅ノ勤亦至矣」と惜しみない称讃の言葉を贈っている。そして、それが空世辞でなかったことを裏付けるように、超然校補本では、仰誓執筆箇所に「(原)」、大慶執筆箇所に「(増)」、履善執筆箇所に「(拾)」の記号が付され、超然執筆箇所を意味する「(校)」と明確に区分するかたちで、先学の知見が示されている。単純に難解語句の解説や引用文献の出典確認を行うだけならば、超然は圧倒的に恵まれた環境のなかに身を置いていたが、大慶の増補や履善の拾遺

は彼にとってどの程度の有益性を持っていたのだろうか。象徴的な事例として、覚如著『口伝鈔』に対する大慶の評価を紹介しておきたい(97)。

○口伝鈔　㊊此書古本ハ三巻、現流ノ坊本モ三巻ナレトモ今ハ一巻ナリ、覚如上人六十二歳元弘元年辛未十一月下旬製作シタマフムネ跋ニミエタリ、［敬重絵第七四十三］ニハ口伝鈔・改邪鈔トモニ乗専ノ所望ニヨリテ製作シタマフトアリ、［慕帰絵詞第十七十七］ニモ丹波清範法眼トイヘル常随ノ門人ノ所望ニテ口伝鈔三巻ヲ口筆セシメタマフトアリ、清範即乗専ノ本名ナリ、［反古裏書五十六］ニミエタリ、㊎［慕帰絵詞十七十七］ニ口伝鈔ト題スル三帖ノ文ヲ製作ス、コレハ鸞聖人ヨリ随分ノ稟承如信ノ御房受持ノ法要タルニヨリテ授与ストアルヲ、［高田正統伝六三十八］ノ註ニ如信ハ祖師ニ面授ナシトイヘルハ非ナリ、又世ニ高田口伝鈔ト題セル二巻アリ、其序ニ世所肆行三巻口伝大祖面授如信云、恐後人偽撰トイヘリ、コレハ近世彼家ノ狡黠ノモノ三巻ノ中巻ナル鎌倉校経ノ章ト下巻ナル鎮西引導ノ章トノ文義ヲ疑ヒ思フヨリ起テ、遂ニ彼家ノ開基等ノ祖師ニ親従シタルニ誇テ、別ニ一本ヲ刻出セルナリ、然トモ其本タ、今家坊本ノ中下二巻ノ二章ヲ刪去ノミ、其余ハ全ク旧文ヲ剽窃シテ、オフケナク高田口伝トノ、シレルナリ、何ソ、レ鄙陋ナルヤ（後略）

『真宗法要典拠』の出版に際して、超然ら西本願寺派の学僧が最も意識していたのは、既述の通り、一足先に『真宗仮名聖教関典録』の木活字版を出版した東本願寺教団であったと考えられる。しかし、『口伝鈔』の注釈に当たって、大慶が持ち出したのは高田派の僧侶良空が著した『高田親鸞聖人正統伝』であった。既述の通り、大慶は玄智と協力して『高田親鸞聖人正統伝』の批判に努め、『非正統伝』という論駁書を著した人物であるから、同書に対して一家言持っていたことは間違いない。しかし、『真宗法要』の丹念な注釈を目的とする『真宗法要典拠』のなかで、なぜ大慶は高田派の親鸞伝に言及する必要があったのだろうか。それは、『高田親鸞聖人正統伝』のなかで「如信ハ祖師ニ面授ナシ」という主張が行われていたからである。既述の通り、本願寺第三世の覚如は、親鸞からその孫である如信へ、その如信から覚如へ、浄土真宗の教えが順々に伝えられたという三代伝持の論法を用いて、自らの正統性をアピールした。そこで、『口伝鈔』でも、如信が親鸞から伝え聞いた教えを、その言葉のままに書き綴ったという形式が採られている。しかし、如信を親鸞とは面識のない人物と捉える『高田親鸞聖人正統伝』の立場からすれば、『口伝鈔』はそもそも成立し得ないものとなり、「後人偽撰」ではないかという疑いまでかけられることになる。大慶はここで、西本願寺派の立場から、高田派の『口伝鈔』批判に対する注意を喚起し、それがいかに的外れな批判であるかを力説したわけである。独自の蔵書収集に裏付けられた大慶の増補案は、間違いなく超然校補本に厚みを加えるものだったといえよう。

ちなみに、超然校補本は、江戸時代を締め括る西本願寺教団の一大出版事業と呼び得るものであり、そこに著者として関与した仰誓・履善・超然らは、いずれも多くの著作を残した学僧である。彼らのような実力派と比べると、大慶の学僧として事績は、やはり多少見劣りするものといわざるを得ない。しかし、大慶の増補作業が、右のように超然校補本のなかでしっかり生かされていることを踏まえるならば、彼の『真宗法要典拠』への関与を、履善との偶然の出会いのみに起因するものと捉えるのは間違いであろう。大慶には、自ら収集した膨大な蔵書に基づく「批判的読書」の蓄積があり、しかもその成果を惜しみなく同志に提供しようとする強い意志もあった。こうした努力の積み重ねにより、大慶は『真宗法要』注釈書の決定版に、増補者としてその名前を連ねることになったのである。

第二節　大東坊における書物知の継承――集書から講釈へ――

さてここまで、一介の修行僧に過ぎなかった大慶が、膨大な蔵書に対する「批判的読書」を推し進め、さらには書物の読み手から作り手へと成長を遂げていく様子を考察してみた。もっとも、大慶によって収集された膨大な蔵書の利用者は、彼一人だったわけではない。大慶が大和国から持ち帰った膨大な蔵書に対して、「大東坊蔵本」という蔵書印が押された点からみても、それらが個人ではなく寺院の所有物と認識されていたことは明白である。大慶は自ら収集した幾つかの蔵書、例えば著者を歴代宗主に仮託した偽書のなかに辛辣な批判を書き込んでいるが、その書き込みは、後世の利用者たちが異端的な解釈に陥らないための警告であったとも解釈できよう。それでは、大慶が黒文円印本のなかに残した読書指針は、彼の死後、大東坊の住職たちにどのような影響を与えていったのだろうか。以下では、大東坊二〇代住職の栄了に注目して、寺院蔵書を媒介とした知識継承のあり方を探ってみたい。

筆者が大東坊歴代住職のなかでも、栄了に注目した理由は、彼が盛んに『親鸞伝絵』の絵解き講釈を行った人物だからである。大慶は精力的に宗祖高僧伝を収集したものの、それらはもっぱら『高田親鸞聖人正統伝』の偽妄性を暴く素材として活用された。それでは、大慶の甥に当たる栄了は、絵解き講釈の名手として叔父の残した蔵書をいかに引き継いだのだろうか。

本格的な検討へと移る前に、そもそも江戸時代における絵解き講釈とは何であったのかを、大まかに把握しておこう。まず絵解き講釈を行う上で必需品となるのが、絵巻物形態ではなく掛幅形態で描かれた宗祖伝である。

というのも、多くの絵巻物が富裕な信徒の寄附によって製作され、個人的な利用に供されたのに対して、掛幅は絵巻物よりも安価な費用で製作され、なおかつ一堂に会した多数の信徒による観覧を可能とするものだったからである。それゆえ、絵解き講釈の興隆には掛幅絵伝の普及が必要不可欠であったのだが、江戸時代に入ると、木版技術の利用によって掛幅絵伝の低価格化と量産化が一気に推し進められた。この技術革新によって全国津々浦々の仏教諸宗寺院に掛幅絵伝が流布し、庶民向けの絵解き講釈が一般化していった点に、江戸時代的な文化環境の特質を見出すことができる(98)。

検討対象を本願寺教団に絞っても、おおよそ右と同じ変化を確認することができる。既述の通り、本願寺第三世覚如が編纂した絵巻物形態の『親鸞伝絵』は、後にその詞書部分を抜き出して冊子体にした『御伝鈔』と、絵相部分を四幅の掛幅絵伝にした『御絵伝』へと分割されることになった。東西両本願寺から末寺への『御伝鈔』・『御絵伝』の下付は江戸時代を通じて着々と進展した。ただし、ここで注意しておきたいのは、多数の信徒の前に『御絵伝』を掲げ、『御伝鈔』をそのまま読み上げても、絵解き講釈が成立するわけではないという点である。なぜならば、『親鸞伝絵』の詞書はあくまで一定レベルの予備知識を有する受容者に向けて書かれたものであり、その高尚な叙述内容は一般信徒にとって容易に理解できるものではなかったからである(99)。例えば、親鸞が九歳にして出家を決意する場面を『親鸞伝絵』から抜き出してみよう(100)。

> 九歳の春比阿伯従三位範綱卿于時、従四位上前若狭守後白河上皇近臣聖人養父前大僧正慈円　慈鎮和尚是也法性寺殿御息、月輪殿長兄の貴坊へ相具したてまつりて、鬢髪を剃除したまひき範宴少納言公と号す。自爾以来しは〳〵南岳天台の玄風をとふらひて、ひろく三観仏乗の理を達し、とこしなへに楞厳横河の余流をたゝへて、ふかく四教円融の義に明なり

「三観仏乗の理」や「楞厳横河の余流」など専門的な仏教用語を多用する右の詞書と、『御絵伝』に描かれた幼

き親鸞の姿を頼りに、物語の筋立てをすんなりと理解できるのは、かなりの教養人だけであったと考えられる。そこで江戸時代には、魅力的な絵解きの語りを提供すべく、信濃国の塩崎康楽寺を始めとする幾つかの地域寺院において、盛んに絵解き台本が作成された。康楽寺系の絵解き台本として最初期に出版された『御伝絵説詞略鈔』のなかから、親鸞出家の場面を以下に抜き出してみよう。[101]

祖師聖人ハ御惣領ノコトニテマシマセバ、御一門ノ人々モサマ〳〵ト、メタマフトイヘドモ、自然ノ御発心ナレハト、マリ給ハ、コソ、ツイニハ九歳ノ御年人皇八十一代安徳天皇ノ御宇、養和元年辛丑ノ春、慈鎮和尚ノ会下ニシテ御出家ヲトゲタマフナリ（中略）サテ御絵ノオモムキ㋓コレナルハ御所車ナリ、聖人九ノ御歳コノ車ニメサレテ慈鎮和尚ヘマイラセラレタ、㋓コレハ車ヲヒク牛ナリ（中略）㋓カヤウニ桜ノ花ノサキミダレタル比、コノ木ノモトニ車ヲト、メタレバ車止ノサクラトマウス、コノ木ニ牛ヲツナゲバ牛ツナギノ松トイフ、一説ニ駒ツナギノ松トモイフナリ、㋓コレイツレモ御供ノ人々ナリ、㋓コレニミエタルハ御門ノ体、㋓コレハ禅坊ノアリサマ粟田口青蓮院御門跡ナリ、コノ青蓮院トマウスハ鳥羽院第七ノ宮覚快法親王ノ御建立ナリ、慈鎮和尚ハコノ法親王ノ御弟子ナレバ青蓮院ニマシマスナリ（中略）ソレヨリ比叡山ニノボリタマヒ、東塔無動寺ノ大乗院ニマシ〳〵テ修学シタマヒケルホドニ、九ノ御歳ノウチニ登壇授戒マシ〳〵、三塔ノ大衆ハ文殊ノ化身ニテマシマスカト褒美シニケリ、ソレヨリコノカタ南岳天台ノ玄風ヲトフラヒテ乃至フカク四教円融ノ義ニアキラカナリト云云

ここでは、『親鸞伝絵』とは対照的に、難解な言い回しを避け、一般信徒にも理解しやすい語りが展開されていく。しかも、『御伝絵説詞略鈔』は絵解き台本として使用されることが大前提となっているため、「㋓コレナルハ〜」といった絵相の解説が幾つも用意されており、極めて実用性が高い。こうした絵解き台本が、初めて絵解

き講釈を試みようとする地域寺院の住職たちによって重宝されたことは間違いなかろう。もっとも、絵解き台本には称讃ばかりが浴びせられたわけではない。一般信徒に向けて行われた絵解き講釈では、後述する川越名号や三度栗など、親鸞が起こした奇瑞も盛んに語られた。そこで、文献考証を重視する学僧たちから、適切な典拠史料に基づかない絵解き台本に対して、奇怪の説をもてあそぶ書物という厳しい批判が浴びせられることもあった[102]。ちなみに、大東坊には、絵解き台本としての性格を強く有する『正源明義抄』が現存しており、そこには「此鈔ハ諸伝ト校合ニハ備ヘシ、然トモ相違ノ事甚多ケレハ、必ス〳〵法談ニ用ユヘカラス」という書き込みが記されている。既述の通り、この書き込みは大慶によって記された可能性が高いため、彼もまた絵解き台本に警戒心を抱く学僧の一人であったとみなすことができる。

さて、ここであらためて絵解き講釈における大慶コレクションの利用について考えてみると、栄了はただ単に使い勝手の良い参考資料を引き継いだわけではなかったことが分かる。そもそも、黒文円印が押された宗祖高僧伝のなかで最も存在感を放っているのは、『高田親鸞聖人正統伝』を始めとする高田派の親鸞伝である。後述するように、『高田親鸞聖人正統伝』は専修寺が浄土真宗の総本山であることだけを言い立てたものではなく、出家以前の親鸞の行動や北陸・関東方面に残る親鸞伝説をふんだんに盛り込んだ話材の宝庫と呼ぶべき書物であった。ところが、大東坊蔵書の増加に大きく貢献した大慶は、自ら『非正統伝』という論駁書を著して『高田親鸞聖人正統伝』を痛烈に批判した人物なのであり、栄了としてもその警告を完全に無視して絵解き講釈への活用を敢行することは難しかった。また、黒文円印本のなかには『御伝絵説詞略鈔』の写本も存在する。評判の高いこの絵解き台本も、栄了にとって貴重な参考資料であったと考えられる。ただし、大慶がこだわった文献考証主義的な価値観を意識するならば、奇怪の説とみなされそうな話材に一定程度の配慮を行う必要も出てくる。

それでは、右のような環境に置かれた栄了は、蔵書のなかに刻み込まれた大慶の価値観を、どのように継承し、また改変しながら絵解き講釈を行ったのだろうか。幸い大東坊には、栄了が自ら作成した『御絵伝初幅摂化録』・『御絵伝二幅摂化録』・『御絵伝三幅摂化録』・『御絵伝四幅摂化録』という一連の絵解き台本が現存しているので、これらを用いて絵解き講釈の方向性や蔵書活用の実態を明らかにしてみたい。なお、最初に断っておくと、右の史料は、栄了が絵解き講釈の備忘録として種々の豆知識を箇条書きにしたものである。そのため、実際に語られた大まかな内容を把握するには便利だが、なぜその話材を選択したかなど、細かな意図にまで切り込むのは難しい。史料の性格を確認すべく、『御絵伝初幅摂化録』の一部を以下に抜粋してみよう。

△シカアレハ朝廷ニ事テ等　助語辞ニ、其レ是レ此ノ如シト許ス、然字註也、上ニ云所ノ文ヲ受ルノナリ、シカレバ右云通リノ名家顕職ノ子ト生レ玉フ、シカノゴトクアルニヨリテ、朝庭射山ニモ仕候アルベキ御身ナレトモト受ル語ナリ（中略）

△利生トハ利益衆生ノ略語ナリ、因ハ内ニキザス種ノ如シ、縁ハ外ニモヨホス雨露ノゴトシ、故ニ興法ト利生トヲ内因外縁トシテ、キサシモヨホストカキ玉フナリ、タトヒ仏法ヲ興隆シ玉フトモ、衆生ヲ利益シ玉ハズンハ自調自度ノ羊鹿ナリ、タトヒ衆生ヲ度シ玉フコトアリトモ、法門ヲ興隆シ玉ハズンハ愛見ノ慈悲ニオチ、不浄説法ノトガアリ、コノ二ヲカネソナヘ玉フハ大乗ノ菩薩ノ作略ナリ

ここで「シカアレハ朝廷ニ事テ等」とあるのは、『親鸞伝絵』の冒頭部分「しかあれは、朝廷に仕て霜雪をも戴き、射山に趍て、栄花をも発くへかりし人なれとも、興法の因うちに萌し、利生の縁ほかに催しによりて」という叙述を指している。そして『御絵伝初幅摂化録』では、この叙述に対する丁寧な語義解釈が展開される。例えば、「シカアレハ」という表現については、中国で著された助字の解説書『助語辞』が引用され、「然」は前の

文章を受けて話を展開させる言葉なのだと、何とも当たり前の説明が加えられる。また、親鸞を出家へと導いた「利生」＝衆生を救済することと、「興法」＝仏教を盛んにすることへの強い思いについても、平易な表現で説明が施され、それら二つを兼ね備えた親鸞の偉大さが讃えられる。淡々と進められる右のような『親鸞伝絵』の逐語的解説から、栄了独自の絵解き講釈に対する姿勢は読み取りがたいように思われるのだが、それでも分かることは幾つかある。

例えば、『御絵伝初幅摂化録』では『助語辞』を引用しつつ、「然」という言葉の説明が行われているわけだが、栄了は、大東坊に所蔵される種々の字書・注釈書を精読し、それらから適宜抜き書きして、絵解き台本を作成したのだろうか。結論からいうと、右に引用したような語義解釈は、いちいち原本を照合して行ったものではない。というのも、栄了の絵解き台本では、多くの場合、大慶が収集した『御伝照蒙記』をほぼそのまま引用して、語義解釈を行っているからである[103]。こうした参考資料の選択は、効率的かつ合理的な行為であったといえる。何しろ『御伝照蒙記』は西本願寺学林の二代能化を務めた知空の著作であるから、西本願寺派に属する栄了は、浄土真宗諸派のあいだに存在する解釈の異同に腐心することなくこれを利用できた。しかも、同書の丹念な文献考証は既に高い評価を得ていたので、注釈書としての精度も保証済みである。こうしてみると栄了は、高田派の親鸞伝を酷評し、奇説の多い絵解き台本に懐疑的な姿勢を示した大慶の遺志を忠実に引き継ぎ、西本願寺派僧侶に相応しい参考資料の選択を行っていたように思われる。

もっとも、常に聴衆の関心を惹き付けておく必要があった絵解き講釈の現場では、堅苦しい語義解釈ばかりが行われたわけではない。時として『親鸞伝絵』の内容から飛び出し、卑俗な話題が語られることも、絵解き講釈の醍醐味であった。栄了の『御絵伝初幅摂化録』でいえば、以下のような親鸞幼年期の出来事がそれに該当するだろう。

△誕生事　○釈迦十二ヶ月○漢孝照皇帝十四ヶ月○聖徳太子十三ヶ月（中略）○祖師八人皇八十代高倉院御宇、承安二年壬辰五月二日夜半ノ瑞夢ニテ、同ク承安三癸巳歳四月朔日黄昏時、十二月ヶ目ニ誕生シ玉フ、御幼諱松若丸ト名ケ奉ル、如来滅後二千百二十二年ニ当ル、当年十一月ヨリ能ク起居歩行シタマフ、是亦奇異コトナリ（中略）

△二歳秋、御父有範卿ノ膝上ニテ御初言ニ名号唱玉フ、其声アザヤカニシテ二声（中略）

△聖人三歳、度々西方ニ向テ手ヲ合セ礼拝シ玉フ、御慰レコトモ仏ノ作業ヲナシ玉フ○四歳二月十五日酉中刻ニ家内ニ見エズ、尋求ルニ庭上ノ樹下ニ土ヲ練テ仏像トシ、石ヲ集、塔トシ、西方ニ向ヒ合掌シ、ワラビノ様ナル手ヲアワセ礼拝恭敬シ玉フコト半時計リ、御手習読書次第ニナサレ、年々歳々夜々振舞耳目ヲ驚ス（中略）

△五歳・六歳・七歳・八歳ノ間ニ手習幷歌道ヲ学、万葉集・古今集ヲ読誦シタマヒ、歌モ能ヨミタマヘリ、由茲思ヘハ壮年ノ後、禁裏ニ於テ当意即妙ノ誉ヲ取タマフモ尤コトハリナリ○読書、孝経・四書・五経・六経・老子・文選迄読終リ玉ヒ、法華経全部八軸悉ク諳シタマヘリ

ここで敢えて冗長に過ぎる引用を行ったのは、『御絵伝初幅摂化録』のなかに、親鸞の誕生から八歳までの詳細な言及があることを確認しておきたかったからである。それでは、右のような絵解き講釈の語りは、いかなる参考資料に基づいて作り上げられたのだろうか。当然ながら『親鸞伝絵』に依拠して右のような絵解き講釈を行うことは不可能である。というのも、そこに記されているのは、九歳で出家を決意して以降の親鸞だからである。では、栄了が語義解釈の参考資料として重宝していた『御伝照蒙記』はどうであろうか。同書は、『親鸞伝絵』

の内容に忠実な注釈書であるため、親鸞の生涯への言及もあくまで九歳から始まり、「松若丸」・「十八公麻呂」など諸説ある親鸞の幼名についても一切触れるところがない。大東坊には、康楽寺系の絵解き台本である『御伝絵説詞略鈔』も現存しているが、栄了が同書を参照した可能性はないだろうか。なるほど『御伝絵説詞略鈔』には、絵解き台本らしく『親鸞伝絵』を逸脱する内容も含まれている。親鸞の幼名についていえば「松若丸」を用いているし、四歳にして西方へ礼拝したことにも触れている。ただし、幼年期の親鸞の姿を『御絵伝初幅摂化録』のように一年単位で詳述しているわけではない。

そうすると、栄了が右のような語りを作り上げる上で依拠した参考資料は、『高田親鸞聖人正統伝』しかあり得ないことになる。何しろ同書の特徴は、誕生から九〇歳の入滅に至るまで一年も欠けることなく、編年体で親鸞の生涯を描く点にあったからである。『御絵伝初幅摂化録』への引用の実態を検討すべく、以下に『高田親鸞聖人正統伝』の親鸞誕生から四歳までを抜き出しておきたい(104)。

降誕

御誕生ハ、人皇八十代高倉院御宇承安三年癸巳四月朔日也。十有二個月ニ至テ、出胎マシマス。如来滅後、二千一百二十二年ニ当ル。即夢ノ告ニ由テ、御童名ヲ十八公麻呂ト申キ。（中略）当年十一月ヨリ、能ク起居歩行シタマフ。是亦奇異ノコトナリ。已上本伝（中略）

二歳、三歳

生年二歳、秋ノ半ニ、御父有範卿ノ膝上ニマシ〳〵テ、六字ノ宝号ヲ唱タマフコト二声、コレ御初言ノハシメナリ。其声アサヤカニシテ、壮人ノ如シ。（中略）亦カリソメノ御タハフレニモ、念珠ヲモテアソビ、経巻ヲ取テ拝シ、仏号ヲ唱タマフ癖アリ。三歳ノ御時モ、大凡カクノ如シ。已上本伝

四歳

四歳、二月十五日酉中刻、十八公麻呂家内ニミエタマハス。人々所々ヲ求ルニ、庭上ノ樹下ニカクレ、土ヲ練テ仏像三躯ヲ造スエテ、自ラハ西方ニ向ヒ、合掌シ礼拝シタマフコト、半時許也。已上本伝

『御絵伝初幅摂化録』における親鸞一～四歳の叙述が、細かな言い回しに至るまで『高田親鸞聖人正統伝』を模倣していることは明らかである。五～八歳についていえば、後述するように重要箇所の省略も行っているが、手習い→歌道学習→漢籍読破→法華経暗誦という大きな流れは、やはり同書に倣っている。もっとも、大東坊に『高田親鸞聖人正統伝』をもたらした大慶自身は、既述の通り、玄智と協力して『非正統伝』を著し、同書の典拠とされる高田専修寺の秘蔵書など良空が偽造したものに過ぎないと酷評している。偽書を典拠にしているかもしれない高田派の親鸞伝を引用する行為に、栄了は抵抗を覚えなかったのだろうか。実証史学の手法に慣れ親しんだ近代人が、大慶の『高田親鸞聖人正統伝』批判に触れたならば、偽書に依拠することなく親鸞の生涯を編年体で詳述することなど、そもそも不可能であるという気付きを得るだろう。親鸞幼年期、なかんずく出家以前の行動を詳しく描写する試みにも、当然ながら慎重な態度が求められることになる。ところが、江戸時代における東西両本願寺派の僧俗たちは、『高田親鸞聖人正統伝』が問題性の多い書物であると盛んに批判しつつも、そこに描かれる幼年期の親鸞像に対しては、そこまで強い違和感を抱かなかったようである。

例えば、東本願寺派の唱導僧としてその名を知られる粟津義圭（一七三二～一七九九）は、安永三年（一七七四）に『御伝鈔演義』という書物を出版している。そして、同書では、二歳にして父親の膝の上で念仏を唱えたこと、四歳にして土の仏像を三体造ったこと、八歳にして法華経八巻を暗誦したことなどが、親鸞幼年期の活動として紹介されている。[105] 東本願寺派に属する義圭は、これらの典拠に「他流ノ伝」を用いたとあいまいに表現している

ものの、参照されたのが『高田親鸞聖人正統伝』であることは間違いない。また、万延元年（一八六〇）に出版された『親鸞聖人御一代記図絵』は、大本五冊の分量を誇り、先行する種々の親鸞伝を集大成した書物であるが、親鸞の幼年期はもちろんのこと、他の多くの場面でも『高田親鸞聖人正統伝』を参考資料として活用している。結果として種々の解釈が高田派寄りとなった同書であるが、そのために東西両本願寺派の僧俗から敬遠された形跡はなく、むしろ近代以降も繰り返し再版されるほど広範な人気を博した(106)。

つまるところ、江戸時代における『高田親鸞聖人正統伝』とは、以下のような性格を帯びた書物であったといえよう。専修寺こそ浄土真宗の総本山であるとする同書の政治的主張は、東西両本願寺派にとって到底受け入れられるものではなく、激しい反発を引き起こす結果となった。もっとも、批判の応酬のみが、同書を有名にさせた原因ではない。秘蔵書とはいえ典拠を明示し、親鸞の誕生から入滅までを編年体で整序立てて描き出すという叙述スタイルは、東西両本願寺派を含む多くの浄土真宗僧俗を魅了するものであった。そこで、『高田親鸞聖人正統伝』以降に作成された種々の親鸞伝は、高田派寄りか東西両本願寺派寄りかという立ち位置はさておき、叙述スタイルの面で同書の影響を強く受けることになった。

以上のような状況を踏まえるならば、西本願寺派に属する栄了が『高田親鸞聖人正統伝』を典拠として幼年期の親鸞を描き出したことも、ことさら不思議な出来事とはいえない。学究的な態度で親鸞伝に向かい合った大慶と異なり、栄了は俗人信徒により近い立場で絵解き講釈の語りを磨き上げる必要があった。そして、栄了が生きた江戸時代後期には、親鸞の生涯を時系列的に詳しく描き出す語りが、広く浄土真宗僧俗の心を捉えつつあった。そうであれば、栄了が『親鸞伝絵』に準拠して九歳の出家から絵解き講釈を始めるのではなく、むしろ誕生から詳細に語ったことも、当然の選択であったといえよう。そして、幼年期の親鸞について語るのであれば、やはり

『高田親鸞聖人正統伝』を参考資料から除外するわけにはいかなかった。ただし、帰郷後の大慶から直接教えを受ける機会もあったであろう栄了は、何の葛藤も感じることなく、こうした参考資料の選択を行っていたわけではない。

例えば、『御絵伝初幅摂化録』のなかでは、親鸞の幼名が「松若丸」と表現されている。『高田親鸞聖人正統伝』の細かな言い回しまで模倣しているところからすれば、「十八公麻呂」が用いられそうなものだが、なぜ栄了はその幼名を避けて絵解き台本を作成したのだろうか。親鸞の幼名については、特定の流派と紐付けられたものが存在するわけではなく、[107]「十八公麻呂」を使用したからといって、それだけで高田派寄りの叙述になるとはいえない。ただし、『高田親鸞聖人正統伝』には以下のような気になる指摘も確認できる。[108]

> ○又問、他流ノ説ニ云、御童名松若殿ト申スト、是説イカン。曰ク、コノ義最誤ナリ。実伝ニ此名ナシ。

ここで用いられている「他流ノ説」という言葉は、『高田親鸞聖人正統伝』において、もっぱら東西両本願寺派の学説を批判する際に用いられた常套句である。つまり良空は、東西両本願寺が親鸞の幼名とみなしている「松若丸」には、何の史料的根拠もないのだと批判を浴びせたことになる。そして栄了は、この攻撃的な姿勢に反発し、良空が切り捨てた「松若丸」の幼名を敢えて使用して『御絵伝初幅摂化録』を作成したのであろう。現代的な感覚でいえば、良空の文献考証に異議を唱えるには、そもそも『高田親鸞聖人正統伝』を絵解き講釈の典拠にしないことが必須要件のように思われる。しかし、江戸時代に絵解き講釈を実践していた栄了は、我々とは大きく異なる感覚を持っていた。専修寺を浄土真宗の総本山とみなすような政治的主張さえ鵜呑みにしなければ、『高田親鸞聖人正統伝』は親鸞の生涯を詳細に把握するための貴重な史料の一つなのであり、そこに西本願寺派寄りの見解を加える弥縫策を施していけば、絵解き講釈の素材として十分に活用し得ると考えられたのである。

親鸞五〜八歳の描き方に注目してみても、同様の弥縫策を確認することができる。『高田親鸞聖人正統伝』では、親鸞四歳の時に父親の日野有範が没し、さらに八歳の時に母親の「吉光女」が没する。このうち父親の死没については『御絵伝初幅摂化録』でも言及があるものの、母親の死没については触れることがない。母親の死没は、『高田親鸞聖人正統伝』のなかでいえば、親鸞の法華経八巻暗誦や出家の決意などにつながる重要な出来事なので、それを省略することはかなり意図的な行為とみなし得る。それでは、栄了はどのような意図で母親の死没を絵解き講釈の話材から削除したのだろうか。まず西本願寺派学僧の著作のなかで、父親の死没を親鸞出家の理由に挙げるものは幾つか確認できるものの[109]、母親の死没に言及するものは管見の限りでは確認できない。種々の学業に励みつつ、仏教に惹かれていく幼年期の親鸞を描くには、既述のように『高田親鸞聖人正統伝』に頼らざるを得なかった。しかし、八歳にして母親を亡くすという叙述は、西本願寺派の見解に反する恐れがあるため、栄了はその部分だけを取り除き、絵解き講釈の語りを作り上げていったのである。ちなみに、康楽寺系の絵解き台本では、親鸞の出家に当たって母親の「吉光女」が嘆き悲しむという話材も定番であるため[110]、絵解き講釈の語りに矛盾を生じさせないためにも、栄了は『高田親鸞聖人正統伝』のように親鸞出家以前に母親が亡くなったと記すわけにはいかなかった。

以上のように、絵解き講釈の充実を目指していた栄了は、大慶が自らの文献考証作業に基づいて蔵書に刻み込んだ価値観を、そのままのかたちで引き継いだわけではなかった。それどころか栄了は、大慶が徹底的に批判した『高田親鸞聖人正統伝』を、自分が作成した絵解き台本に堂々と引用している。その点のみに着目するならば、俗人信徒の価値観を配慮しながら行われる絵解き講釈において、精緻な文献考証の成果など無用の長物であったようにも思われる。しかし、親鸞の生涯を編年体で詳細に語り出すことに熱心であった栄了も、そのために浄土真宗諸派のあいだに存在する見解の相違を一切無視して良いと考えていたわけではない。ここまで確認してきたように、栄了が『高田親鸞聖人正統伝』から引用した親鸞幼年期をめぐる叙述には、意図的な修正が幾つも加えられている。一見すると聴衆受けを最優先しているかにみえる栄了も、その一方で大東坊蔵書のなかに刻み込まれた学僧大慶の遺志と真摯に向き合い、様々な葛藤のなかで絵解き講釈の語りを洗練させていったのである。

さて、大慶から栄了への知識継承のあり方を考察する上で、次に注目してみたいのが、絵解き台本には欠かせない奇瑞譚についてである。江戸時代の仏教諸宗檀林で文献考証主義的な価値観が定着し始めると、学僧たちは信頼し得る文献に裏付けられていない宗祖の奇瑞譚に対しても、徐々に批判的な姿勢を示すようになった。それでは、大慶から文献考証の理念を説き聞かされつつ、その一方で絵解き講釈の充実にも力を注ぐ必要のあった栄了は、奇瑞譚という存在にどのような評価を与えていったのだろうか。

栄了の奇瑞譚に対する姿勢を考察するに先立ち、やはりここでも『高田親鸞聖人正統伝』に注目しておきたい。というのも、同書のなかでは奇瑞譚に対する特徴的な主張が展開されているからである(三)。

五月半ノコロ、越後国柿崎ノ里ニテ日マサニ晩陰ニ及ハントス。折フシ梅雨車軸ヲ流ス。聖人、其里ノ富家小畠左衛門某ト云フ者ノ門ニ立寄、雨宿リシタマフニ、日既ニクレヌ。聖人自ラ一宿ヲ望マル。主慳貪ニシテ借奉ラズ。夜半マテ門下ニマシ〳〵テ称名高ラカニ唱タマヘリ。其声殊勝ニシテ、聞クニ堪カタシ、サスカ石木ナラネハ、感激ノアマリ、亭主出テ宿ヲユルシテケリ。（中略）聖人タハフレニ、

カキ崎ニシフ〳〵宿ヲカリケルニ主ノコ、ロ熟柿トソナル

ト扇ニアソハシ、其宿ニ残シ置キタマヘリ。暁天ニ及テ竊カニ御出アリ。宿ノ夫婦起居テ大ニ驚キ、跡ヲシタヒ行ニ、ハヤ川ヲ過タマフ。老ヒタル夫婦水カサヲモ不顧、川ヲ越テ御形見ヲ望ミシカハ六字ノ宝号ヲ書

テ与ヘタマヘリ。世ニ川越名号ト云フハ是也。已上至徳記
○或問、他流ニ伝テ云、折フシ寒天ノ時節ナレハ、聖人カノ老人ヲ痛ハリ、川ノコナタニ紙ヲ持シメ、川向ヨリ書タマフニ、文アリ〳〵ト移レリ、故ニ川越名号ト云ト。是義如何。曰、太タ非也。是ハ当家ノ至徳記ニアル事ヲ他流ニ聞誤リテ云コトナリ。他家ノ書記ニハ曾テコレナシ。亦時節ハ五月半ニテ、寒天ノ時ニ非ス。彼老タル夫婦、梅雨ノ水カサヲモ不顧、川ヲ越テ頂戴シタル功ヲホメテ、川越名号ト云ナリ。川ノ向ヨリ書タマフト云本文、旧記ノ中ニアルコトナシ、

ここで『高田親鸞聖人正統伝』が紹介するのは、親鸞にまつわる奇瑞譚のなかでも最も有名な越後国柿崎の川越名号である。ただし、人口に膾炙した川越名号の奇瑞譚といえば、親鸞の書いた文字が川を越えて夫婦に授けられるというものであろう。例えば、康楽寺系の絵解き台本のなかで成立が最も古いとされる『康楽寺白鳥伝』では、親鸞が劇的な回心を遂げた夫婦に「川ヲヘタテナカラ」名号を授けたことになっている。(112) こうした絵解き講釈にお馴染みの奇瑞譚に対して、『高田親鸞聖人正統伝』の著者である良空は、「旧記」に記載がないと文献考証主義的な批判を加えた。そして、扇子屋の夫婦が危険を顧みず川を渡り、親鸞から授けられた名号こそ「川越名号」なのだと、自説を展開したわけである。

既述の通り、西本願寺派の学僧である大慶や玄智は『非正統伝』を著し、『高田親鸞聖人正統伝』の偽妄性を激しく批判した。それでは、絵解き台本的な奇瑞譚を批判する良空の態度は、彼らにどのような感情を抱かせたのだろうか。意外なことに『非正統伝』は、良空の奇瑞譚批判にかなり肯定的な評価を下している。(113)

十左川越名号　凡ソ川越ノ名号トイフモノ、越後高田浄興寺、同柿崎浄福寺或云、高田本誓寺、甲州真木福正寺三処アリ。（中略）縁起各別ナリ。於中川ヲ隔テ、書玉フトハ、怪異ノ説、豈祖師ノ所作ナランヤ。此伝ニ弁スルモ喚

醒スルニ足レリ。次下六之四左三度栗ノ伝モマタ可ナリ。諺ニ所謂腐鼓亦尚有所取モノナリ。但川越名号、八房梅、三度栗ヲ奇談トセサルコトハ信越行記元禄十二年宗意作ニモ弁之十三左。

『非正統伝』は、文字が川を越えるタイプの川越名号を、信頼するに足りない「怪異ノ説」だと批判し、それと対比するかたちで、「此伝」＝『高田親鸞聖人正統伝』の奇瑞譚批判を、人々の迷いを晴らすものだと称讃している。西本願寺派の著作とおぼしき『信越行記』を挙げ、高田派よりも早く我々が奇瑞譚批判を始めたのだと、自画自讃することも忘れていないが、ここで玄智と大慶は『非正統伝』のなかでも唯一といえる良空への賛意を表明しているわけである。ちなみに、『高田親鸞聖人正統伝』には、迷える霊魂が親鸞の力で成仏させられるタイプの奇瑞譚であれば、むしろ豊富に掲載されているため、同書から話材を選び取れば「怪異ノ説」を回避できるという単純な話ではない。しかし、少なくとも川越名号の語り方についていえば、大慶・玄智と良空の見解は合致していた。

　さて、ここまで長々と川越名号をめぐる浄土真宗僧侶の議論に注目したことで、大慶から栄了への知識継承を分析する際の重要なポイントが浮かび上がったようである。すなわち、栄了の絵解き台本において、川越名号は、扇子屋の夫婦が危険を顧みず川を越えて授けられたものとして語られるのだろうか。それとも、親鸞の書いた文字が川を越えて夫婦に授けられたものとして語られるのだろうか。あるいはまた、良空が川越名号とともに「閻巷ノ浮説」と名指しで批判した越後国加須島の焼栗（三度栗）や同国鳥屋野の杖の竹（さかさま竹）などについて、[114]栄了は自らの絵解き講釈での使用を差し控えたのだろうか。それとも、積極的に取り入れたのだろうか。以上のような着眼点を持つことで、奇瑞譚に対する栄了の姿勢はかなり鮮明になってくるはずである。そこで、まず川越名号に注目してみると、『御絵伝三幅摂化録』では、以下のような語りが展開している。

柿崎至リ日暮、車軸雨、扇子屋小畠左衛門某甲ガ軒端ニ立セラレ、雨ニ濡、ムラガル蚊ヲ払、柿崎ニシブ〳〵宿ヲカリケルニ、主ノコ、ロ熟柿トソナルト扇ニ印、聖人扇子屋ヲ御出立、二丁程行玉ヒ、オフゲノコマタト云所ノ川ヲ渡玉フ跡ヨリ、夫婦手巾ヲ持テマイリ云云、首木ノ郡柿崎浄福寺

繰り返し指摘したように、栄了が作成した絵解き台本は、種々の豆知識を箇条書きにした備忘録的なものであるため、話の筋道を読み取るのがなかなか難しい。ただし、「柿崎」の地名や「扇子屋」の屋号が登場している点からすれば、川越名号が話材になっていることは間違いない。また、「小畠左衛門」の名前や、「車軸雨」という表現の使用からみれば、『高田親鸞聖人正統伝』との類似性も高いが、後述するように重大な違いもある。ここでは、栄了が複数の素材を切り貼りし、奇瑞譚の語りを練り上げていたらしい点を、ひとまず把握しておこう。そして、最も注目したいのは「川越」の意味するところであるが、「夫婦手巾ヲ持テマイリ云云」とやや不明瞭な表現になっており、文字が川を越えたのか、夫婦が川を越えたのか、これだけでは何とも判断しがたい。

そこで、川越名号以外の話材にも分析対象を広げて、栄了の奇瑞譚に対する姿勢をさらに検証していきたい。既述の通り、越後国鳥屋野のさかさま竹は、良空が「閭巷ノ浮説」と批判したものだが、栄了は『御絵伝三幅摂化録』のなかで、以下のような語りを展開している。

△越後国蒲原郡弥彦荘鳥屋野ニ紫竹ノ杖ヲ植玉フ、サカサマ竹ト云、浄光寺ヲ建立ス、其林南北三十五間、東西二十間、聖人御居住ノ処六間四方草木ナシ

ここで語られるのは、親鸞が突き刺した杖から枝がさかさまに生い茂っていったとする典型的な奇瑞譚だが、栄了はこの話材の活用に何の躊躇も示していない。こうした姿勢から推測すると、栄了が『高田親鸞聖人正統伝』の主張に影響を受け、川越名号やさかさま竹などの話材から奇瑞譚的な要素を取り除こうとしていた可能性

は極めて低い。

さらに栄了の絵解き台本における叙述スタイルにも分析の手を伸ばすと、川越名号には柿崎浄福寺、さかさま竹には鳥屋野浄光寺というように、必ず特定の寺院と結び付けて奇瑞譚を語っていることが分かる。ちなみに『高田親鸞聖人正統伝』の場合、親鸞の生涯を描き出すことに主眼が置かれているため、宝物を所蔵する寺院への言及はほとんど行われない。要するに、叙述スタイルからしても、栄了が語る奇瑞譚は『高田親鸞聖人正統伝』と系統を異にしているわけである。それでは、栄了は右のような叙述スタイルをどこから学んだのだろうか。

奇瑞譚を特定の寺院と結び付けて紹介する書物といえば、その典型は親鸞旧跡の巡礼記録ということになる。柏原祐泉の指摘によれば、元禄年間以降、親鸞旧跡に対する浄土真宗僧俗の巡礼が活発化し、その流行に後押しされるかたちで民間書肆から出版される巡礼記録も増加した。[115]こうした動向を反映するように、大東坊蔵書のなかには、『大谷遺跡録』や『二十四輩順拝図会』といった親鸞旧跡の巡礼記録や巡礼案内が現存している。そのうち『大谷遺跡録』には黒文円印が押されており、安永八年（一七七九）という刊年からしても、栄了が閲覧した可能性は高い。そこで、同書における川越名号の語られ方を探ると、「扇子屋が妻あとよりしたひ、水かさをも云はずわたり越て御形見を願ひしかば、草字の六字名号をあそばしてたまへり。」と、川を渡った扇子屋の妻に名号が手渡されるかたちになっている。さらにいえば、同書は親鸞旧跡の巡礼記録であるため、柿崎浄福寺や鳥屋野浄光寺といった宝物所蔵寺院への言及も詳細である。[116]既述のように、栄了の語る奇瑞譚は複数の文献を切り貼りして作り上げられており、現時点で『大谷遺跡録』こそ参考資料の柱であると断言することはできない。しかし、栄了が江戸時代に盛り上がりをみせていた親鸞旧跡への巡礼に影響され、宝物所蔵寺院と結び付けるかたちで、絵解き講釈の語りを洗練させていたことは間違いなかろう。

右の事実は、栄了が備後国藁江村の大東坊で住職を務めていたことを踏まえると、なおさら興味深い。親鸞旧跡は、その生前の足跡を反映して、北陸・関東方面に集中的に存在している。そこで栄了は、越後国の頸城郡を「首木ノ郡」と誤記してしまう程度の土地勘しか持ち合わせることなく、自らの絵解き講釈で親鸞旧跡について語ることになった。しかし、現地への巡礼実行が容易でない栄了のような僧侶も、親鸞旧跡への関心を高める手段が皆無だったわけではない。江戸時代には、浄土真宗僧侶である著者の綿密な実地踏査に基づいて、親鸞旧跡の巡礼記録が幾つも刊行され、それらは商業出版の力で全国各地に流布していったからである。大東坊に現存する『大谷遺跡録』も、そのような巡礼記録の典型である。そこで、親鸞旧跡から遠く離れた土地の浄土真宗僧俗であっても、書物知を介して臨場感あふれる巡礼を疑似体験し、そこから親鸞旧跡への関心を芽生えさせることができた。恐らく栄了も、当初は巡礼記録によりつつ親鸞旧跡への関心を高め、それを足がかりとすることで、自らの絵解き講釈に親鸞旧跡をめぐる多くの奇瑞譚を取り入れていったのであろう。

栄了の親鸞旧跡に対する高い関心を考える上でさらに興味深いのは、彼が絵解き講釈のなかに取り入れた下野国花見岡の大蛇済度をめぐる語りである。そこで最後にこの奇瑞譚に対する栄了の態度を考察しておきたい。『御絵伝三幅摂化録』によれば、栄了が作り上げた大蛇済度の語りは以下のようなものであった。

下野国都賀郡総社村室八嶋大明神思川神官大澤掃部友宗娘十六歳―（中略）祭礼定日ニ成、大光寺村池犠ニ備フ、大蛇女ト也礼云、下野国都賀郡室八嶋思川ノ辺リ、何某カ妻嫉妬ノ念深シテ―今教化依テ三熱ノ悩ノカル―三箇日ヲ過ギ大蛇出、尖爪ヲクヒキリ、聖人エ上奉―菩薩ノ容ヲ現シ、光明赫奕トシテ西ニ去ル、皆人念仏曠野ニ諸仏感応故、異香四方薫ジ、大地メイ動シ、天ヨリ蓮華フル事雪如シ、七日七夜也、花見岡改、御坊安養寺順信附属ス

やはり引用文だけでは話の筋道が分かりにくいため、花見岡の大蛇済度について言及する『高田親鸞聖人正統伝』[117]や『大谷遺跡録』[118]も参照しつつ、奇瑞譚の全体構造を把握しておこう。かつてこの地に住んでいた富家の妻女は、嫉妬に狂って妾を殺し、報いを受けて大蛇の身となった。近くの池に棲み着いた大蛇は、村人の執り行う春秋二季の祭礼が疎略だと、暴れ回って村に大きな被害をもたらした。地元の神官から依頼を受けた親鸞は、誦経念仏を三日三晩行い、見事に大蛇を成仏させた。

嫉妬に狂って大蛇となった女性を、法力によって救い出すという土俗性の強い奇瑞譚が、栄了の絵解き講釈に取り入れられていること自体も興味深いが、むしろここで丹念に検証しておきたいのは、彼が何を参考資料としてこの語りを作り上げたかという点である。『高田親鸞聖人正統伝』は最も早く花見岡の大蛇済度を取り上げた書物なのだが、栄了が同書を参考資料の柱としていた可能性は低い。既述のように同書では、親鸞の奇瑞譚を特定の土地や寺院と結び付けて語ることがあまりないため、『御絵伝三幅摂化録』に引用されている「大光寺村」という地名や「安養寺」という寺院名が登場しないのである。それでは、実地踏査に基づく巡礼記録に信頼を置いていた栄了は、『大谷遺跡録』を参考資料の柱として、花見岡の大蛇済度について語ったのだろうか。実は『大谷遺跡録』にも「大光寺村」や「安養寺」は登場しない。しかも、『高田親鸞聖人正統伝』・『大谷遺跡録』のいずれにおいても、池に棲み着いた大蛇に生け贄の娘を捧げる描写は存在せず、『御絵伝三幅摂化録』とは話の筋道に大きな齟齬が生じている。

結論を先取りすると、栄了がこの絵解き台本を作成するに当たって参考資料の柱としたのは、安養寺が自ら刊行した略縁起『花見岡縁起』[119]であったと考えられる。というのも、大東坊蔵書のなかにこの略縁起が現存しているからである。蔵書印が押されていないため、入手時期を特定することは困難であるが、以下に抜粋する『花見岡縁起』の主要な叙述をみれば、栄了がこれを利用して『御絵伝三幅摂化録』の語りを作り上げていたことは明らかである。

夫花見岡安養寺草創ハ、人皇八十五代後堀川院の御宇元仁元申年、宗祖聖人御建立の霊場なり。抑その濫觴を尋るに、同国都賀郡思ひ川の辺り何某が妻嫉妬の悪念によりて彼黒川に身を沈め大蛇となる。（中略）かの毒蛇は大光寺村の池にすみて、国中の女人を取くらふ事其数をしらず。諸人これを悲しミ恐れて、室八島大明神の神主を頼ミ神に祀り、毎年十四已上の女子を集め鬮とりにして此鬮にあたる物を往古より生贄に備へける式なり。悲かな八島明神の神主大澤掃部頭友宗の一人娘、この鬮にあたり歎き悲しむ折から、親鸞聖人当国御経廻のミきりなれバ、神主聖人を請招し奉り御教化をねがひけれは、（中略）聖人かの地の辺りに柴の庵をむすび給ひ、思ひ川深き渕瀬にしづむ身の、かゝる誓ひのありとしらずやと詠じ給ひ、一百日の間大蛇御済度有けれバ、たけき大蛇も聖人の御化益によりて、大蛇のかたちをまぬがれ女人の姿となり聖人の御前に跪き御礼申上（中略）それに付ても女人の身ハ、私はじめうたがひ深きならひなれバ、末の代の女人にもうたがひをはらさせたまへとて、尖れる己が爪をくひきり、我往生の証拠なりと聖人に捧たてまつる。此大蛇の爪今に伝来せり。時にふしぎヤ西方より紫雲たまびき、忽ぼさつの容を現し、光明赫奕として西の空に去る。其時異香四方にくんじ、天より花ふること七日七夜なり。（中略）聖人よろこび給ひ地名を花見岡と称し、又安養浄土の華ふりけれバとて一字を安養寺と号す。誠に女人往生証拠の霊場なり。（後略）

『花見岡縁起』では、「大光寺村」という地名や「安養寺」という寺院名が登場し、大蛇に捧げられる生け贄も室八島明神の神主である大澤友宗の一人娘と結び付けて詳細に語られている。さらに、「尖れる己が爪をくひきり」や「光明赫奕として西の空に去る。」など、細かな言い回しでも『御絵伝三幅摂化録』と酷似する箇所が随料の柱とした略縁起とは、そもそもどのような性格を有するものなのだろうか。
所に確認できる。それでは、栄了が自らの絵解き講釈において、『大谷遺跡録』のような巡礼記録以上に参考資料の柱とした略縁起とは、そもそもどのような性格を有するものなのだろうか。

江戸時代に入って庶民層の寺社参詣が活発化すると、秘匿性の強かった本縁起を短縮して平易な略縁起にまとめ直し、宝物の開帳などに際して参詣客に頒布する寺社が増加していった[120]。『花見岡縁起』も、こうした風潮のなか、安養寺によって刊行された略縁起である。下野国に存在する寺院の略縁起が、どのような経緯を経て大東坊蔵書に加わったかは不明であるが、寺伝を読む限りでは歴代住職やその子息のなかに親鸞旧跡の実地踏査を行った人物は存在しない。直接安養寺に赴いて入手したというよりも、知人の僧侶や書肆を介して入手したと推測しておくのが妥当だろう。ちなみに、久野俊彦の指摘によれば、開帳の場では参詣客に対して略縁起の読み聞かせも行われたようである。そうであれば、巡礼記録よりも語り口が洗練されており、なおかつ親鸞旧跡の存在が身近に感じられる『花見岡縁起』を栄了が選び取ったのは、必然的な出来事であったともいえる。

もっとも、江戸時代に一気に公開性を高め、絵解き講釈の参考資料にもなった略縁起の性格については、もう一つ留意しておくべき点がある。再び久野の指摘に注目すると、略縁起は必ずしも本縁起の忠実な要約だけで成り立っているわけではなく、新たな宝物の宣伝を盛り込むなど、作成時期の課題を如実に反映して作り上げられるものであった。『花見岡縁起』もまた、右のような略縁起の特徴を濃厚に有している。堤邦彦の丹念な調査によれば、安養寺を『花見岡縁起』作成へと駆り立てたのは、以下のような江戸時代後期の状況であった[121]。そもそも安養寺とは、親鸞が建立して高弟の順信に継承させたとされる寺院なのだが、その後何度か移転を行い、江戸時代には花見岡から遠く離れた宇都宮に寺基を構えていた。その一方で、蓮華寺や紫雲寺といった新興の浄土真宗寺院は、寺院としての由緒は安養寺に遠く及ばないものの、寺基が花見岡に存在する利点を生かし、大蛇済度ゆかりの寺院として盛んに絵解き講釈などを行っていった。そこで、安養寺は大蛇が自ら食い切ったとする爪を宝物の目玉として宣伝し、『花見岡縁起』という略縁起も作成して、大蛇済度の本家本元である自らの立場をアピールしなければならなかったのである。

以上のような下野国花見岡周辺の状況を踏まえて、再び『花見岡縁起』の叙述に目を向けると、なるほどこの略縁起は、「女人往生証拠の霊場」である安養寺の宝物へと、参詣客を誘う構成を持っていると分かる。そして、その傾向は『御絵伝三幅摂化録』でも随所に散見される。いうまでもないことだが、特定寺院の宝物を露骨に宣伝するタイプの奇瑞譚は、文献考証を重視する学僧たちが最も毛嫌いしたものである[122]。書物知を介して親鸞旧跡への関心を高めた栄了は、自分なりの価値基準で大東坊蔵書から参考資料を選び取り、最終的には大慶の理念に真っ向から反するかたちで、幾つもの奇瑞譚を自らの絵解き講釈に取り込んでいったことになる。

以上のように、俗人信徒を魅了する絵解き講釈の洗練に努めた栄了が、大東坊蔵書に刻み込まれた大慶の警告を時として無視するかのように、絵解き台本を作成していった事実は興味深い。ここに、商業出版時代における書物知利用の二つのパターンを見出すことも可能であろう。大慶のように長く西本願寺学林で学び、商業出版が偽書を生み出す仕組みに精通していた学僧にとって、刊本とは無条件に信頼して良いものではなく、むしろ弁別しながら正邪を見極めていくものであった。だからこそ西本願寺学林の学僧たちは、本山が所蔵する膨大な蔵書に対して、常に格付け意識を持ち、文献考証の手法を鍛え上げていった。大慶が玄智や仰誓・履善など著名な学僧たちと知識の継受を行いながら、『非正統伝』・『真宗法要典拠』といった著作をまとめ上げられたのも、右のような文献考証主義の価値観を共有していたためといえよう。

他方で、地域寺院の住職を務めつつ、限られた入手ルートで蔵書を蓄積するしかなかった栄了にとって、もたらされる書物知は、もう少し単純に参考資料の拡張としての意味を持っていたと思われる。しかも、絵解き講釈の充実を目指していた栄了は、自らの語りを磨き上げるためにも、最先端の話材をかき集めておく必要があった。だからこそ栄了は、大慶が批判した『高田親鸞聖人正統伝』を、幼年期の親鸞を描き出し得る参考資料として積極的に活用していった。また、栄了の絵解き台本には、親鸞旧跡の魅力を聴衆に伝えるべく、大慶が嫌悪した種々の奇瑞譚も盛り込まれた。

本章では、江戸時代の仏教諸宗檀林で芽生えた文献考証主義的な価値観が、遊学の僧侶を介して、いかに地域社会にまで伝播していくのかという視座で、考察を進めることが多かった。そのため、大慶の遺志に反して蔵書の活用を進める栄了の動向は、ややもすると知識継承の失敗例といった印象を与えることになったかもしれない。もちろん、大東坊に膨大な蔵書をもたらした功労者の大慶からすれば、栄了の蔵書活用はいささか不本意なものであった可能性も高い。ただし、筆者はこの事例でもって、地域寺院の住職における文献考証主義の未成熟や、書物知に対する弁別意識の欠如を強調したかったわけではない。あらためて確認するまでもないことだが、栄了は、時系列的に整序立てられた語りや、親鸞旧跡を身近に感じさせる話材など、絵解き講釈の新機軸を敏感に読み取りながら、蔵書活用を試みる僧侶であった。正統なる知の確定に力点を置く大慶と、幅広い話材の活用に力点を置く栄了とのあいだに、書物知の活用をめぐる傾向の違いはあるものの、栄了にも絵解き講釈の参考資料に相応しい蔵書を弁別する意識は当然ながらあった。大慶ほど蔵書に丹念な書き込みを行う人物ではなかったため、その心中を深く推察することは難しいものの、栄了はより俗人信徒に近い立場で商業出版の特性を理解し、大慶とはやや異なる視点で大東坊蔵書の新たな活用方法を見出していったのだと評価しておきたい。

おわりに

さて、本章のタイトルは「経蔵のなかの「正統」と「異端」」であるが、筆者が当初想定していたのは、西本願寺学林で醸成された正統／異端を峻別しようとする価値観が、僧侶や書物の移動を介してどのように地域寺院にまで伝播していったかの検証であった。そして、大東坊蔵書のなかに大慶が施した「此書ユ、シキ偽造ナリ」や「雑著ノナカノ正シキモノト定ムヘシ」といった批判的書き込みは、地域寺院において書物知への弁別意識が高まっていく過程を検証する上で格好の素材となってくれた。というのも、大慶は西本願寺学林で僧樸著『真宗法要蔵外諸書管窺録』を始めとする多くの著作に触れたことにより、著者を歴代宗主に仮託した偽書への危機意識を活性化させ、同書の偽書批判を逐一引用しつつ「批判的読書」を遂行していたからである。大東坊における書物知への弁別意識は、西本願寺学林で学んだ大慶という僧侶や、彼が精力的に収集した先学の著作を介して伝えられたものだったといえる。

もっとも、大慶が実践した「批判的読書」の様相を丹念に追跡すると、大東坊において展開されたのは、西本願寺学林で醸成された価値観の単純な受容ではないこともみえてくる。例えば、著者を歴代宗主に仮託した偽書に注目してみると、大慶は『真宗法要蔵外諸書管窺録』を読むことで偽書がちまたにあふれていることを自覚し、慌てて自分が収集してきた蔵書のチェックを行ったわけではない。本章でも詳しく考察したように、大慶の「批判的読書」はもう少し用意周到なものであった。偽書であることを十分に理解した上で敢えてそれを入手し、異端的な見解に精通するための参考資料とするケースも多くあった。

大慶が誤謬の多さを承知の上で収集し、学問研鑽の糧としたのは、著者を歴代宗主に仮託する偽書だけではなかった。明和二年に出版された『真宗法要』は、西本願寺御蔵版の聖教集成であり、偽書とは真逆の存在であるが、同書に接する際にも、大慶は偽書を教材として活用する修学方法を巧みに転用している。そもそも『真宗法要』とは、民間書肆から出版された町版に著者の仮託や本文中の誤記が多いことを危惧し、徹底的な校正作業を経て出版されたものである。ところが、意外にも大慶は、御蔵版本だけでなく町版も熱心に収集していた。町版と御蔵版本を丁寧に比較しながら読み解きを進めれば、より精緻な本文確定を行うことができたし、さらには御蔵版本に存在するわずかな誤謬を発見できる可能性もあったからである。こうしてみると、大慶は西本願寺学林で進められた文献考証の成果をそのまま故郷に持ち帰ったのではなく、自らも「批判的読書」を通じてその作業に加わり、新たな成果を付け足し続けていたことが良く分かる。

大慶の「批判的読書」が右のような性格を持つものであったとすれば、彼が自ら収集した膨大な蔵書の読者という立場にとどまることなく、それらを活用して自らの見解を述べる作者へと成長していくことも、必然的な展開であった。例えば大慶は、高田派の立場で著された良空著『高田親鸞聖人正統伝』に対しても、精力的に「批判的読書」を進めていったが、その成果は『非正統伝』という著作に結実することとなった。また、大慶が『真宗法要』について町版と御蔵版本の対校という地道な作業を続けたことは既述の通りであるが、その成果は『真宗法要典拠』という注釈本を成り立たせる重要な素材の一つとなった。大慶は大東坊という地域寺院の五男であり、エリート学僧としての地位を約束されていた人物ではない。しかし、書物知の獲得が比較的容易になった江戸時代後期において、地道な集書活動とそれに基づく「批判的読書」を続ければ、読者から作者へと成長することは十分に可能であった。これからの書物史研究は、近世社会に潜在していたと考えられる作者予備軍を意識しつつ、知識の伝播という側面に偏らない蔵書資料の分析を進めていく必要があるだろう。

ただし、たとえ作者への成長を遂げ得たとしても、地域社会に生きる大慶のような学僧にとって、その成果の効率的な発信は容易でなかったことも確認しておきたい。本書第一部第一章で述べたように、江戸時代の民間書肆、なかんずく京都の老舗は、仏教本山のような文化的権威と結託して出版活動を行うことが多かった。彼らが文化的権威との結託を望んだのは、檀林で修学する所化僧のような手堅い書物購読層を掌握できたからである。そこで、大慶はもちろん、仰誓のような名の売れた学僧であっても、地域社会で独自に培われた学知を、刊本のかたちで発信することは、江戸時代的商業出版の特性上、容易なことではなかった。地域社会単位での出版が可能になるには、明治時代における技術革新を待つ必要があったが、その点については、本書第二部第六章で詳述する予定である。

最後に「批判的読書」について再論しておくと、刊本となった書物知を権威化してしまうことなく、常に批判的な姿勢で臨む大慶の読書は、江戸時代の時代性を窺い得る興味深いものである。もっとも、大慶の「批判的読書」の矛先が、時として『真宗法要』収録本（例えば存覚著『報恩記』）にまで向けられるものであったとしても、それが西本願寺学林で推奨される正統なる書物知の枠組みを大きく逸脱するものでなかったことはいうまでもない。俗人信徒により近い立場で絵解き講釈を行った栄了の場合、大慶ら学僧が毛嫌いした土俗性の強い奇瑞譚を、自己判断でむしろ積極的に活用していくこともあったが、それもまた本山西本願寺から取り締まりを受けるような異端的行動ではなかった。それでは、仏教本山が宗派ごとに特定の民間書肆と結託し、出版される仏教知に一定の秩序をもたらしている社会状況において、ロジェ・シャルチエが反抗的で気紛れと評した読書行為の特徴(123)が全面的に開花することはあり得なかったのだろうか。次章では、江戸時代後期の備後地域で発生した異安心事件に焦点を当てて、読書行為が誘発する異端的な読み解きの可能性を探ってみたい。

【註】

（1）ロジェ・シャルチエ『書物の秩序』（筑摩書房、一九九六年、長谷川輝夫訳）九～一五頁。

（2）長友千代治『近世貸本屋の研究』（東京堂出版、一九八二年）八七～一〇五頁。

（3）横田冬彦『日本近世書物文化史の研究』（岩波書店、二〇一八年）二七～七三頁。

（4）その状況については、辻善之助『親鸞聖人筆跡之研究』（金港堂、一九二〇年）や中井玄道『顕浄土真実教行証文類附録』（仏教大学出版部、一九二〇年）などに詳しい。

（5）なお、註（4）中井前掲書三四～三七頁によれば、西本願寺学林で活躍した智暹（一七〇二～一七六八）は、尊蓮本と通称される文明二年（一四七〇）写本を参照しながら、寛永本・正保本・明暦本・寛文本といった町版の誤刻を逐一修正した校訂本を作成している（ただし未刊行）。大慶が、数ある古写本のなかでも文明二年写本を「諸本考」の冒頭で取り上げて、種々の町版と並べているのは、右のような出来事を踏まえたものと考えられる。

（6）小川剛生『中世の書物と学問』（山川出版社、二〇〇九年）で詳述されるように、諸本比較に基づく古典の本文確定は、古代・中世から延々と行われてきた作業である。もっとも、地域寺院出身の修行僧が、複数の刊本・写本を意識しつつ、『教行信証』という根本聖典を読み解き得るようになったところに、江戸時代ならではの文献考証主義の高まりを確認することができる。

（7）ちなみに、万波寿子『近世仏書の文化史―西本願寺教団の出版メディア―』（法蔵館、二〇一八年）一六二～一七七頁によれば、安永年間（一七七二～一七八一）に西本願寺と東本願寺は、『教行信証』の出版権を本山の管理下に置くため、それぞれ明暦本と寛永本の板木を民間書肆から買い上げている。大和国遊学中の大慶もこのような動向を目にしていたはずであり、『教行信証』への関与を深める本山の取り組みも、彼が『教行信証』諸本への関心を強める一つのきっかけになったと考えられる。

(8) 註(3)横田前掲書二二七～二五八頁。

(9) 佐々木求巳『真宗典籍刊行史稿』(伝久寺、一九七三年)。

(10) 神田千里『一向一揆と戦国社会』(吉川弘文館、一九九八年)一六～一二一頁。

(11) なお、本書第一部第一章で確認したように、東本願寺派の学僧である了祥も、これと全く同じ論法を用いて『一宗行儀抄』を偽書と断じている。

(12) 妻木直良編『真宗全書　第七四巻』(蔵経書院、一九一六年)一〇四頁。

(13) 例えば、『真宗用意』の表紙裏には、「管窺録以為覚如上人撰」の書き込みがある。『浄土真宗聞書』の本文上欄には、「僧樸管窺録曰、此書文詞不野、義亦無害、蓋是今家門弟子古(中カ)老所記也」の書き込みがある。『実教』の表紙裏には、「管窺録曰、実教相承シテ実如上人ノ真撰トス、今検スルニ御相承ノ大善知識ノ真撰トスルモノハ、マコトニ菽麦ヲ弁セサルモノ、論ナルノミ、オモフニコレハ、オヨシミ中間ノ愚夫ノ筆記ナルヘシ、マツ実教ト云題号ハ自ラ名付玉フトセンヤ、他ヨリ安セリトセンヤ、答(若カ)、他人安之、愚夫ノ安セルナリ、真ニ御法号ヲ略取シテ題トセルハ失礼ノ至ナリ、モシ自ラ名ケ玉ハ、通漫ノ失ヲノカレ玉ハシ、真実教ノ目ニ同スルカ故ニ、愚禿抄・実悟記ニハ同スヘカラス、彼ハ濫ナキカ故ニ、又是書顛末謬妄スクナカラス、近世ノ人々モテハヤシテソノ非ヲサスモノスクナキアヒタ、後々大ニマトヒヲナサンコトヲオソル、ユヘニ略弁スルコト如左文長故略之」の書き込みがある。真偽いずれの判断を下すにせよ、大慶が僧樸の『真宗法要蔵外諸書管窺録』を最も信頼できる参考資料としていたことは間違いない。

(14) 当然、「批判的読書」が洗練されていくと、大慶が僧樸著『真宗法要蔵外諸書管窺録』の真偽判断を踏み越える状況も発生する。例えば、大東坊に現存する『専修念仏問答鈔』の表紙裏には「管窺録曰、コレハ西山家ノ末流ノ人ノカキタルモノトミユ、身土機行ノ四種、并ニ三心ノ分別等、ミナ真宗相承ノ旨ニアラス、コトニ文詞モツタナクシテ、アケテ論スルニタラサル書也、文」という書き込みがある。これは『真宗法要蔵外諸書管窺録』の真偽判断を忠実になぞったものである。しかし、同書の裏表紙裏には「私考、此一書ハ西山善恵房証空ノ筆跡ト云々」という書き込みもある。大慶は僧樸の見解を基本的には信頼しつつ、わずかでも独自の見解を示せるよう、「批判的読書」に努めていたわけである。

(15) 真宗史料刊行会編『大系真宗史料　伝記編二』(法蔵館、二〇一一年) 二六一〜二六二頁によって、『正統伝後集』における『一宗行儀抄』の引用箇所を一部抜粋しておくと、以下の通りである。「汝家ニ尊信スル一宗行儀抄ト云モノアリ。汝是ヲ不見ヤ。行儀抄云、天竺ノ仏法漢土ニ来リ、漢土ノ仏法日本ニ伝ニ、皆仏法ヲハ神擁護ヲ以テ国ニ弘メ、其仏法威力ヲ以テ当来ノ仏果ヲ証センモノナリ。故ニ八宗九宗ミナ鎮護国家ノ和光ノ神威ヲ崇敬シ奉ニ、何ナル長連ナレハ外道ノ法ヲ伝テ浅猿キ事ヲ云出テ、末世マテ流布シテ人ヲ奈落ニオトスヘキ哉。親鸞ニオイテハ神国ニ生シ、神ノ郡郷ニ乍有、垂跡ヲ軽シムル事不可有已上。(中略) 然レハ汝カ今ノ難関ハ正統伝ニハ当ラスシテ、祖師聖人ニ向テ立タル関也。汝ハ今師ノ大敵、立川ノ長連也。汝カ所言ハ悉ク長連カ宮讃歎也。人ヲ奈落ニオトストアル祖師ノナケキ、専汝ニアリ。」

(16) 良空と『高田親鸞聖人正統伝』については、塩谷菊美『語られた親鸞』(法蔵館、二〇一一年) 二〇六〜二五五頁に詳しい。

(17) ちなみに、『高田親鸞聖人正統伝』では、熱心に各地の神社へと参詣する親鸞の姿が描き出されているため、浄土真宗寺院には必ず熊野権現を勧請せよと主張する伝親鸞著『一宗行儀抄』の荒唐無稽な内容は、良空にとって都合の良いものであった。

(18) もっとも、註(12)妻木編前掲書一六六頁で『浄土真宗聖教目録』を確認してみると、『一宗行儀抄』への評価は「文中有不審、未必足適従」という控え目なものであり、『真宗法要蔵外諸書管窺録』のように偽妄性を糾弾する過激な内容でなかったことも付記しておきたい。

(19) というのも、僧樸自身が『浄土真宗聖教目録』を精読し、その後に著した『真宗法要蔵外諸書管窺録』のなかで、先啓が行った真偽判断の甘さを批判しているからである。例えば、註(12)妻木編前掲書一〇六頁で『真宗法要蔵外諸書管窺録』を確認してみると、僧樸は『十王讃嘆鈔』に対して「コレハ日蓮宗ノ書ナリ。然ルニ西濃先啓目録ニハ。ナニトテ大抵義正ト云ヘルヤ。」という評価を加えている。

(20) 岡村敬二『江戸の蔵書家たち』（講談社、一九九六年）八～七七頁では、より高度な考証・校勘を実行するため、数万巻の古典籍を蓄積していった江戸時代後期の国学者たちが紹介されている。大慶ら僧侶の蔵書形成も、やはりそれと高い類似性を持つものであったと考えられる。

(21) 妻木直良編『真宗全書　第五九巻』（蔵経書院、一九一三年）一二九～一五〇頁。なお、『真宗安心茶店問答』をめぐる浄土真宗と浄土宗の論争については、引野亨輔「近世仏教における「宗祖」のかたち―浄土宗と真宗の宗論を事例として―」（『日本歴史』七五六、二〇一一年）ならびに星俊明「『茶店問答』と『茶店問答弁訛』について―江戸期における浄土宗と真宗の論争における一考察―」（『浄土学』五三、二〇一六年）に詳しい。

(22) 引野架蔵本によって『茶店問答弁訛』の『一宗行儀抄』引用箇所を抜粋しておくと、以下の通りである。「又曰ク、善導和尚ス、メテ仰ラレタルハ、願ハクハ弟子等臨命終ノトキ心顛倒セズ等トアリ、イヨ〱臨終ノ正念ハ祈リモシ願フベキコトナリ、臨終正念ヲ祈ルハ弥陀ノ本願ヲ頼マヌ者ゾナド申スハ、善導ニハイカホト勝リタル学生ゾト思フベキ也、アナアサマシ、恐ロシ已上、鸞師ハ行儀抄上九丁此語ヲ引テ曰ク、爾ルニ悪人アリテ一句ノ聴聞肝心ゾト云テ臨終ノ正念ヲ祈ルハ弥陀ノ本願ヲ疑フ義ナリトイフベシ、夫ハ善導ニハ何ホド勝リタル学匠ゾヤト思フベシ、穴怖ロシ、顔ヲミルコトモ同座モ叶フベカラズ、是ホド堅ク申シ定ムルヲ背カン者ハ魔王ノ使也已上、尼公ヨク見ラレヨ」

(23) 江戸時代の浄土真宗学僧たちが、著者を歴代宗主に仮託する偽書に対して、「他流ノ作」すなわち浄土宗鎮西流や西山流の僧侶による偽作という真偽判断を多く加えていることについては、既に引野亨輔『近世宗教世界における普遍と特殊―真宗信仰を素材として―』（法蔵館、二〇〇七年）八六～一一六頁で詳しい考察を行っている。

(24) 松金直美「近世真宗東派における仏教知の展開―正統教学確立と異安心事件をめぐって―」（『真宗文化』二二、二〇一三年）ならびに芹口真結子『近世仏教と教説と教化』（法蔵館、二〇一九年）二一一～二三五頁では、実際に行われた異安心取り調べ記録を筆写し、そこから正統教学を模索していく浄土真宗僧俗の姿が紹介されている。敢えて偽書を入手して、その誤謬性を探究する大慶の学問姿勢も、彼らと類似するものといえよう。

(25) 引野亨輔「史料紹介　光隆寺智空著『宗旨之趣言上書』」(『芸備地方史研究』二三四、二〇〇三年)。

(26) 千葉乗隆編『真宗史料集成　第九巻　教団の制度化』(同朋舎、一九七六年) 五九五頁から、『考信録』の『浄土真宗作法書』に対する評価を抜き出しておくと、以下の通りである。「因ニ案スルニ、浄土真宗作法書一巻、演慈空公ノ所述ニシテ、江戸ニ於テ登城ノ節、有司ヨリ祈禱簿ヲ奉ラサル由ヲ問レシニ由テ、即席ニ著テ呈セリト云云。不肖江戸在番ノ時、空公在江戸ノ記録ヲ考ルニ、一切コノ事ナシ。モシ当今ノ式ナラハ、右様ノ事ハ寺社司ノ役宅ニ於テ問ハレテ、答書モマタ寺社司へ呈ス、城中ニテ問答アルヘキニ非ス。然レトモ昔時ハカ、ルコトモアリシニヤ、疑フヘシ。」

(27) 井上哲雄『真宗本派学僧逸伝』(同朋舎、一九七九年) 八八～九〇頁。

(28) 中村家とその所蔵史料については、『鞆の津中村家文書目録Ⅰ』(福山市鞆の浦歴史民俗資料館活動推進協議会、二〇〇六年) 二五二～二六四頁ならびに『鞆の津中村家文書目録Ⅱ』(福山市鞆の浦歴史民俗資料館活動推進協議会、二〇〇七年) 六五頁参照。

(29) 註(7)万波前掲書二〇八～二六〇頁。

(30) 念のため、大東坊に所蔵される半紙本サイズの『真宗法要』五～一三巻が、大本サイズ全三一巻でいえばどの巻に該当するかを確認しておきたい。半紙本サイズ五巻目には大本サイズの一〇～一一巻(持名鈔・女人往生聞書・浄土真要鈔)、六巻目には大本サイズの一二～一四巻(諸神本懐集・破邪顕正鈔・決智鈔)、七巻目には大本サイズの一五～一六巻(歩船鈔・報恩記)、八巻目には大本サイズの一七～二〇巻(法華問答・顕名鈔・存覚法語・浄土見聞集)、九巻目には大本サイズの二一～二三巻(正信偈大意・蓮如上人御一代聞書・蓮如上人遺徳記)、一〇巻目には大本サイズの二四～二五巻(実悟記・反古裏書)、一一巻目には大本サイズの二六～二七巻(拾遺古徳伝)、一二巻目には大本サイズの二八～二九巻(慕帰絵詞・最須敬重絵詞前半)、一三巻目には大本サイズの三〇～三一巻(最須敬重絵詞後半、唯信鈔・後世物語聞書・一念多念分別事)がそれぞれ収録されている。

(31) もちろん、この『真宗法要』一帙分が、大和国遊学中の大慶に対して西本願寺から下付されたものである可能性もゼロではない。ただし、本書第一部第一章で指摘したように、『真宗法要』は西本願寺派の末寺単位でのみ、下付申請が可能な免物であるため、遊学中ではなく帰郷後に下付されたものと推測した。

(32) 本願寺史料研究所編『本願寺史　第二巻』(浄土真宗本願寺派宗務所、一九六八年) 四五七～五二六頁。

(33) なお、大東坊蔵書のなかに『真宗法要』二帙五～九巻分が存在しないのは、この半紙本サイズ・薄様摺での下付申請と関係しているのではないかと思われる。すなわち、大慶死後に大東坊住職(栄学もしくは栄性)によって、西本願寺へ『真宗法要』の下付申請が行われたわけだが、その際に半紙本サイズ・薄様摺での下付と同時に、一帙一～四巻(大慶が下付申請した分)を除いた五巻以降の下付が、要望されたのではないだろうか。もっとも、縮刷されたことを考慮せず、五巻以降が下付されてしまうと、必然的に半紙本サイズ・薄様摺の三～四巻分(大本サイズの五～九巻分)が欠落することになる。右のような申請時の手違いにより、大東坊蔵書には『真宗法要』二帙分だけが存在しないことになったと推測しておきたい。

(34) この著述物とは、大慶が増補者として編纂に加わった『真宗法要典拠』のことであり、『真宗法要』に収録されている三九部の聖教全てに言及するものである。そこで大慶は、『真宗法要』収録本の全てに対して、異本比較の作業を行ったと考えられるが、町版のかたちで収集したのが三～六帙一〇～三一巻分だけである理由は現時点では良く分からない。ただ、大慶生前に大東坊で閲覧できた御蔵版本の『真宗法要』は、そもそも一帙一～四巻のみなので、彼が主に異本比較の作業を行ったのは、西本願寺学林で豊富な蔵書を閲覧できた大和国遊学期間中であったと推測することもできる。そうすると、当初は様々な異本を借用して、その比較結果を『真宗法要典拠』という著作にまとめていたものの、途中から(三帙一〇巻以降から)町版を購入して比較結果を直接書き込む方法の効率性に気付き、町版収集を開始した可能性もある。

(35) 石田充之・千葉乗隆編『真宗史料集成　第一巻　親鸞と初期教団』(同朋舎、一九七四年) 八〇一～八一六頁。

(36) なお、大慶が『報恩記』に強い警戒感を示したのは、地域社会において同書が異安心(異端的信仰)発生の一因となる現実を目にしていたからだとも考えられるが、この点については、本書第一部第四章で詳述する予定である。

(37) 信楽峻麿「存覚における信の思想―真宗教学史における信解釈の問題―」(『真宗学』七一、一九八五年)。

(38)龍口恭子「存覚と『報恩記』―三州義士譚を中心に―」(『印度学仏教学研究』五四―一、二〇〇五年)。
(39)谷口智子「存覚における父母に対する報恩思想―『報恩記』を中心として―」(『真宗学』一二八、二〇一三年)。
(40)妻木直良編『真宗全書　第六三巻』(蔵経書院、一九一三年)一～四一〇頁。
(41)『大日本仏教全書　第一三二巻』(仏書刊行会、一九一二年)二六七～三三四頁。
(42)なお、親鸞墓所の歴史的な変遷については、細川行信『大谷祖廟史(改訂版)』(東本願寺出版部、一九八五年)に詳しい。
(43)同書の閲覧には、龍谷大学図書館貴重資料画像データベース「龍谷蔵」を活用させて頂いた。
(44)ただし、宗祖高僧伝においても、偽書を史料として叙述の正統性を主張することは多くあった。そこで、大慶が「批判的読書」を進めるに当たって、文献考証に基づく真偽判断が最も基礎的な作業となることに変わりはなかった。
(45)以下、法然伝の歴史的変遷に関しては、井川定慶『法然上人絵伝の研究』(法然上人伝全集刊行会、一九六一年)を参照した。
(46)塩谷菊美『真宗寺院由緒書と親鸞伝』(法蔵館、二〇〇四年)一五九～一六〇頁。
(47)註(35)石田・千葉編前掲書五六六頁。
(48)『正源明義抄』の閲覧は大東坊蔵書によった。
(49)註(32)に同じ。なお、『御伝鈔』の下付に必要な冥加金は銀五匁八分であった。
(50)『善信聖人親鸞伝絵』については、註(9)佐々木前掲書四三七～四三八頁に詳しい。
(51)真宗史料刊行会編『大系真宗史料　伝記編二』(法蔵館、二〇〇八年)四三六～四四一頁。
(52)平松令三編『真宗史料集成　第七巻　伝記・系図』(同朋舎、一九七五年)二五～二七、ならびに二九～三二頁。なお、『親鸞聖人正明伝』は、著者を存覚に仮託しているが、実際には良空自ら編纂した可能性が高い。
(53)註(16)塩谷前掲書。
(54)註(15)真宗史料刊行会編前掲書四五一～四七〇頁。

(55) 初期浄土真宗の諸門流については、同朋大学仏教文化研究所編『親鸞・初期真宗門流の研究』（法蔵館、二〇二三年）が網羅的な分析を試みており、参考になる。
(56) 塩谷菊美「初期真宗の教義書」（註(55)同朋大学仏教文化研究所編前掲書三八一～四〇九頁）。
(57) 註(51)真宗史料刊行会編前掲書一二五頁。
(58) 真宗典籍刊行会編『真宗大系　第三一巻』（真宗典籍刊行会、一九二〇年）一九七～三三八頁。
(59) 註(52)平松編前掲書二九～三〇頁。ただし、実際に普門が、秘蔵されていた順信や顕智の記録を閲覧した可能性は低いようである。
(60) 註(52)平松編前掲書六七頁。
(61) 註(52)平松編前掲書三一二頁。
(62) 註(15)真宗史料刊行会編前掲書四九三～四九五頁。
(63) 註(52)平松編前掲書三五五頁。
(64) 註(52)平松編前掲書三六五頁。
(65) 重松明久『覚如』（吉川弘文館、一九六四年）三〇～七九頁。
(66) 金龍静「本願寺留守職少考」（註(55)同朋大学仏教文化研究所編前掲書三六五～三八〇頁）。
(67) 日野龍夫『江戸人とユートピア』（朝日新聞社、一九七七年）一八八～二二四頁。
(68) 井上章一編『学問をしばるもの』（思文閣出版、二〇一七年）。
(69) 註(52)平松編前掲書三三九頁。
(70) ただし、赤松俊秀『親鸞　新装版』（吉川弘文館、一九八五年）一三〇～一三二頁によれば、藤原範光は建暦元年の時点で出家しているため、彼が勅免宣旨の奉者となったことは現代の歴史学では否定されている。
(71) 同書の閲覧は筆者架蔵本によった。
(72) ただし、『高田親鸞聖人正統伝』と異なり、絵解き台本が元ネタである『親鸞伝絵』の叙述を大きく逸脱するわけにはいかない。そこで、勅使藤原範光へ謝意を申し述べるために帰洛を試みた親鸞が、雪に足止めされるうちに法然死去の知らせを耳にし、常陸国へ向かうという筋立てで、関東下向前の帰洛は巧妙にその語りから排除されている。

(73) 真宗史料刊行会編『大系真宗史料　伝記編三』（法藏館、二〇〇七年）四六〜四七頁。なお、『康楽寺白鳥伝』の成立は貞享年間（一六八四〜一六八八）頃とされている。

(74) これらの他にも、大慶は備後国で発生した異安心（異端的信仰）に対処すべく、『真宗追善請求決択論弁』という論駁書を著している。同書の特徴については、本書第一部第四章で詳述する予定である。

(75) 例えば、宇野田尚哉「『河内屋可正旧記』の思想的典拠」（澤博勝・高埜利彦編『近世の宗教と社会3　民衆の〈知〉と宗教』吉川弘文館、二〇〇八年）では、河内屋可正（一六三六〜一七一三）という畿内の上層農民に焦点を当て、可正の読書実践と著述活動の関係が丹念に解き明かされている。

(76) 大慶本は、『福山市史　近世資料編Ⅱ』（福山市、二〇一二年）一四〜三九頁に全文翻刻されている。

(77) 妻木直良編『真宗全書　第六七巻』（蔵経書院、一九一三年）四一六〜四五五頁。なお、註(52)平松編前掲書に収録されている『非正統伝』は、大谷大学図書館所蔵のものを底本としている。冒頭に「慶証寺玄智述」の記載はないが、その叙述内容は、『真宗全書』収録の玄智本と一致している。

(78) 註(27)に同じ。

(79) 高倉一紀「射和文庫の蔵書構築と納本—近世蒐書文化論の試みⅠ—」（『図書館文化研究』二四、二〇〇七年）、同「堀内広城の国学—近世蒐書文化論の試みⅡ—」（『皇学館大学紀要』四八、二〇一〇年）。

(80) 『校補真宗法要典拠　巻上』（法藏館、一八九九年）序四頁。

(81) 前田雅之『古典と日本人　「古典的公共圏」の栄光と没落』（光文社、二〇二二年）。

(82) 註(80)前掲書例一〜例三頁。

(83) 註(32)本願寺史料研究所編前掲書三五五〜三九六頁。

(84) 註(27)井上前掲書二〇七〜二〇八頁ならびに三一六〜三一七頁。

(85) なお、これは大慶の自筆本ではなく、大東坊二一代住職の栄学が嘉永六年（一八五三）に筆写したものである。蔵書印も、黒文円印ではなく黒文長方印が押されている。
(86) ただし、『真宗法要』収録本に対して「殆ント宗義ニ害有ラントス」という評価を下すことがはばかられたためか、履善拾遺本に大慶のこの増補案が採用されることはなかった。
(87) 註(9)佐々木前掲書一五〇～一五二頁。
(88) 大東坊には、承応三年（一六五四）の刊記を持ち、著者を法然に仮託する『諸神本懐集』が、黒文円印本のかたちで現存しているため、大慶は法然仮託本を実見していた可能性が高い。
(89) 註(9)佐々木前掲書八四四～八四五頁。なお、自謙については(27)井上前掲書一二三～一二四頁に詳しい。
(90) 註(7)万波前掲書二〇八～二一四頁によれば、『真宗法要典拠』は西本願寺御蔵版本として安政三年（一八五六）に出版されることとなったが、本山西本願寺お墨付きの出版企画となってもなお、出版資金の不足は深刻であったとされる。ましてや、石見国の一地域寺院が大部の著作を出版するには、相当な困難が伴ったと推測される。
(91) 註(80)前掲書例二頁。
(92) 妻木直良編『真宗全書　第四八巻』（蔵経書院、一九一三年）一～四二四頁。
(93) 廣庭基介・長友千代治『日本書誌学を学ぶ人のために』（世界思想社、一九九八年）一三一～一三二頁。
(94) 註(80)前掲書例四～例七頁。
(95) 註(80)前掲書例七頁。
(96) 超然の「校補例言」によれば、出版企画に先立って美濃国の著名な学僧僧純（一七九一～一八七二）が募縁（種々の宗教イベントを遂行するための寄附の呼びかけ）の担当者に任命されており、当然ながら本山西本願寺の後押しは資金面でも有利に働いたと考えられる。
(97) 註(80)前掲書五巻一～五巻二頁。
(98) 渡邊昭五・林雅彦編『宗祖高僧絵伝（絵解き）集』（三弥井書店、一九九六年）三～三一頁。

(99) 沙加戸弘『親鸞聖人御絵伝を読み解く』（法蔵館、二〇一二年）七〇〜七三頁。

(100) 註(35)石田・千葉編前掲書五二〇頁。

(101) 註(71)に同じ。

(102) 註(46)塩谷前掲書二〇一〜二二八頁。

(103) 試みに、註(51)真宗史料刊行会編前掲書一〇六〜一〇七頁から、『御伝照蒙記』における「然」や「利生」・「興法」の注釈を抜き出しておくと以下の通りである。「然ノ字ヲ助語辞ニ許其是如此ト註シテ、サキニアグルガゴトク名家顕職ノ子トムマレ玉フ、シカノゴトクアルニヨツテ、朝廷射山ニモ仕候アルベキ御身ナレドモトウケタル語ナリ（中略）利生ハ利益衆生ノ略語ナリ、因ハ内ニキザスタネノ如シ、縁ハ外ニモヨホス雨露ノゴトシ、故ニ興法ト利生トヲ内因外縁トシテ、キザシモヨホストカキ玉フナリ、タトヒ仏法ヲ興隆シ玉フトモ、衆生ヲ利益シ玉ハズンハ自調自度ノ羊鹿ナリ、タトヒ衆生ヲ度シ玉フコトアリトモ、法門ヲ興隆シ玉ハズンハ愛見ノ慈悲ニオチ、不浄説法ノトガアリ、コノ二ヲカネソナヘ玉フハ大乗ノ菩薩ノ作略ナリ」栄了が『御伝照蒙記』に全面的に依拠しながら『御絵伝初幅摂化録』を書いたことは明白である。

(104) 註(52)平松編前掲書三一六〜三一七頁。

(105) 註(51)真宗史料刊行会編前掲書二七六〜二七八頁。

(106) 註(16)塩谷前掲書二八四〜二八七頁。

(107) 例えば、註(73)真宗史料刊行会編前掲書七四〜七五頁で確認してみると、康楽寺系の絵解き台本である『親鸞聖人行状記』のなかでは、「松若丸」・「十八公」・「鶴光丸」がいずれも親鸞の幼名として併用されている。

(108) 註(52)平松編前掲書三一六頁。

(109) 妻木直良編『真宗全書　第六八巻』（蔵経書院、一九一四年）一頁によれば、玄智著『大谷本願寺通紀』のなかに「六歳喪父。父臨終告範綱。以令出家之志」という記述がある。四歳か六歳かの違いはあるものの、西本願寺派を代表する学僧玄智も、父親の死没を親鸞出家の一因と考えていたわけである。

(110) 註(73)真宗史料刊行会編前掲書七六～七七頁。
(111) 註(52)平松編前掲書三四〇～三四一頁。
(112) 註(73)真宗史料刊行会編前掲書四六～四七頁。
(113) 註(52)平松編前掲書三九九頁。
(114) 註(52)平松編前掲書三四〇頁。
(115) 柏原祐泉「近世真宗遺跡巡拝の性格」(圭室文雄編『論集日本仏教史　第七巻』雄山閣出版、一九八六年)。
(116) 妻木直良編『真宗全書　第六五巻』(蔵経書院、一九一三年)三六六～三六七頁。
(117) 註(52)平松編前掲書三四四～三四五頁。
(118) 註(116)妻木編前掲書四〇四～四〇五頁。
(119) 中野猛編『略縁起集成　第二巻』(勉誠社、一九九六年)一〇二～一〇六頁。
(120) 略縁起については、久野俊彦『絵解きと縁起のフォークロア』(森話社、二〇〇九年)四四～一〇二頁に詳しい。
(121) 堤邦彦『江戸の高僧伝説』(三弥井書店、二〇〇八年)二八一～三一八頁。
(122) 註(46)塩谷前掲書一九一～二〇〇頁。
(123) 註(1)シャルチエ前掲書九～一五頁。

第四章　「読書」と「異端」の江戸時代

はじめに

前章では、浄土真宗寺院を舞台にした僧侶の読書実践に焦点を合わせ、商業出版の影響力が江戸時代中後期の地域社会にどのように浸透していったかを考察した。その結果、以下のような注目すべき状況が浮かび上がってきた。まず大前提として見逃せないのは、売れる本の販売を至上命題とする民間書肆が、一方で仏教教団と濃密な関係を築きつつ、他方で教団側が異端視するような仏書まで出版していた事実である。著者を親鸞・覚如・蓮如などの歴代宗主に仮託する浄土真宗系の通俗仏書はその典型例といえる。そして、大東坊蔵書急増の立役者である大慶に着目してみると、彼は民間書肆から出版される偽書の問題性を十分自覚しつつ、敢えてそれらを収集し、そこから異端的解釈とはいかなるものかを熱心に学び取っていた事実がみえてきた。住職資格を得るために、中央檀林で修学を重ねる必要があった江戸時代の僧侶たちは、そこで文献考証のテクニックに磨きをかけ、刊本化された仏教知の信憑性にも冷徹な検証を加える「批判的読書」の作法を身に付けていたのである。

さらに興味深いのは、大慶の「批判的読書」が西本願寺学林で進められてきた文献考証の単純な模倣ではなく、むしろ先学の成果に少しでも新たな成果を付け加えようとする傾向を有していた点である。例えば、西本願寺お墨付きの聖教集成『真宗法要』に収録されている存覚著『報恩記』に対して、大慶は浄土真宗教学に精通していない読者に誤解を生じさせる危険な書物ではないかという評価を下している。本書第一部第一章では、商業出版と仏教教団とのあいだの微妙な緊張関係が刺激となり、江戸時代の仏教諸宗檀林で徹底した文献考証主義が花開いていくことを指摘した。しかし、第三章の考察を踏まえるならば、書物知に批判的な姿勢で臨む僧侶は、中央檀林という限られた場所だけでなく、全国各地の地域寺院で続々と誕生しつつあり、彼らの大胆な読み解きと本山の公式見解とのあいだで齟齬が生じる可能性もあったといえる。

もっとも、大慶がいかに批判的な姿勢で書物知に対峙したといっても、本山西本願寺から取り締まりを受けるような異端的見解を発信したわけではない。中世とは比べものにならない勢いで書物知がちまたにあふれ出ていった江戸時代において、新たな読者層の発生や新しい読書法の定着が、これまで正統とされてきた解釈からの離脱・逸脱を生み出す可能性はなかったのだろうか。

筆者が右のような読書のあり方にこだわるのは、アルベルト・マングェル『読書の歴史―あるいは読者の歴史―』で指摘された、以下のような読書行為と宗教的異端の関係性に注目しているからである(1)。マングェルによれば、黙読とは公共の場で聞き手の質問にさらされながら行われる音読と異なり、誰の束縛も受けることなく読者個人の世界に埋没できる読書法である。そこで、ヨーロッパ世界において、黙読という読書法が主流化していくと、聖書を独自に解釈するキリスト教異端派がこれまでになく増大し、正統派思想を奉じるカトリック教会と激しく対立したという。なるほど、カルロ・ギンズブルグ『チーズとうじ虫　一六世紀の一粉挽屋の世界像』のなかでも、一六世紀ヨーロッパの民衆世界で、読書を通じて発生する独創的な異端思想が、丹念な実証に基づいて描き出されており、(2)マングェルの指摘は妥当なものと思われる。

それでは、マングェルがキリスト教世界で明らかにした読書法の変容から宗教的異端の発生へという構図は、日本の宗教世界を分析する上でも活用可能であろうか。そして、日本史上で読書の盛行により異端思想が多発した時代を求めるならば、それはいつであろうか。

本書序章でも繰り返し強調したように、戦国の争乱がようやく幕を下ろした江戸時代には、初めて商業出版が成立し、それに伴って日本社会に大量の書物が流通していった。しかも、横田冬彦『日本近世書物文化史の研究』の指摘を踏まえるならば、書物が売り物となってまもない江戸時代前期には、それらを主体的に選び取って学ぶ知的な読書行為が早くも村落社会にまで普及しつつあった。(3)日本において読書行為と宗教的異端の関係性を探るのであれば、やはり江戸時代に注目する必要がある。

もっとも、マングェルが分析した宗教改革前夜のヨーロッパと、筆者が注目する江戸時代の日本とでは、社会的な背景に大きな差異も存在する。まず読書のあり方を比較してみると、グーテンベルクによる活版印刷術の導入で安価な書物と、黙読＝個人的読書とが順調に定着しつつあった当該期のヨーロッパと異なり、江戸時代にそこまで黙読が主流化していたとは考えにくい。むしろ、前田愛『近代読者の成立』で指摘されているように、音読＝集団的読書は、私的な空間が少ない日本家屋の特徴とも相俟って、明治新時代まで根強く生き残ったと考えるのが妥当だろう。(4)江戸時代に宗教書が読まれた場面を想像するならば、一人の読者の周りには往々にして複数の聞き手が群がっていたとみるべきであり、そこにマングェルが指摘したような読書法の変容から宗教的異端の発生へという構図をそのまま当てはめるわけにはいかない。

ただ、商業出版未成立の中世と比較するならば、江戸時代の読書スタイルは間違いなく大きな変容を遂げている。例えば、塩谷菊美『語られた親鸞』は、一定の常識やルールを共有する信仰集団のなかでのみ親鸞の伝記が語り聞かせられていた中世と、資力・読解力さえあれば誰でも親鸞の伝記を購入してその生涯を独自に語り出せるようになった江戸時代との異質性を鋭く指摘している[5]。宗祖伝のみならず、教学書レベルでも同様の事態が生じていたと想定できるのであれば、江戸時代の日本において、読者層や読書法の変容が異端の増加へとつながった可能性を探ってみることも、あながち無駄な作業といえまい。

また、読書行為と宗教的異端の関係性を探るといっても、異端の存在形態そのものが、ヨーロッパと日本では大きく異なっている。マングェルが論じたキリスト教における異端派とは、カトリック教会という強力な正統勢力を前提として、それに対する抵抗運動の末に産み落とされたものである[6]。他方、日本に目を向けると、江戸時代の宗教世界にキリスト教的な意味での正統勢力はそもそも存在していない。というのも、一向一揆や法華一揆との武力衝突を経て成立した近世国家は、宗教勢力の一元化・強大化を警戒し、複数の仏教本山や神道本所を敢えて並列的に公認することでその危機を回避したからである[7]。本来なら異端発生の土台となるべき正統が、国家権力の設けた枠組みによって常に一定程度の制約を受け続けたことも影響して[8]、江戸時代以降の日本には、社会変革を後押しし得る強力な宗教的異端が現れることはなかった[9]。もっとも、そうであるからといって、江戸時代の日本で異端思想の形成を探ること自体が無意味という結論にはならない。宗教勢力が江戸幕府によって並列的に公認され、いわば正統が複数化した状況のなかで、仏教諸宗は盛んに自宗の独自性をアピールし、その方針にそぐわない宗派内部の異端的要素を執拗に排除していった[10]。絶対的な正統勢力に抗して出現したキリスト教異端派とは構図を異にするものの、諸宗分立の江戸時代に次々と産み落とされていった宗教的異端の特質を、新たな読者層の発生や新しい読書法の定着と連動させつつ分析するのは、大いに意味のある試みといえる。

以上のように、議論の前提となる近世社会の状況を把握した上で、いよいよ話題を異端発生の具体的な状況へと転じることにしたい。

第一節　光蓮寺霊昌の追善供養奨励をめぐって

さて、既述の通り江戸時代の宗教世界では、仏教諸宗間の論争が活発化し、宗派への帰属意識を高揚させた僧侶が異端的要素の排除に乗り出すことも多くあった。そうして弾圧された異端のなかでも、本章では備後国神辺光蓮寺（浄土真宗西本願寺派）の住職であった霊昌（鳳霊とも称する、一七四五～一八〇六）に注目してみる[11]。霊昌は、他力本願を説く浄土真宗の僧侶でありながら、追善供養を奨励して論争（以下、「光蓮寺追善一件」と略称）を引き起こしている。本章で考察したいのは、この光蓮寺追善一件である。ちなみに、霊昌は浄土真宗教学史のなかで頻繁に顔を出すような学僧ではないし、光蓮寺追善一件も江戸時代後期の中国地方で発生したマイナーな異安心（いわゆる異端派）論争に過ぎない。承応の鬩牆・明和の法論・三業惑乱といった西本願寺派の三大法論と比べると、関与した人数もわずかなら、論争の広がりも小規模なわけだが、読書行為と宗教的異端の関係性を探るという本章の問題意識に即していうと、この異安心騒動は格好の素材といえる。

マングェルの指摘によりつつ、読書法の変容がもたらす浄土真宗異安心の展開を予想するならば、それは閉鎖的な集団が一地域で強固に結束して信仰を守り抜くもの[12]ではなく、むしろ本山による取り締まりが困難なほど個別分散的に発生するものになっていくはずである。そうであれば、今までほとんど知られていなかった小規模な異安心騒動を丹念に掘り起こすことこそ、読書法の変容が宗教的異端を生み出す仕組みの解明にとって、最も重要な作業になるはずである。しかも、次々節で詳述するように、霊昌は自著のなかで多数の浄土真宗聖教を引用し、追善供養奨励の論理を組み立てている。霊昌が異安心として断罪された道筋をたどってみることは、浄土真宗教学の分析という枠にとどまらず、江戸時代後期の読書行為が内包していた多様な読み解きの可能性を探る上でも有意義な作業になるだろう。

前置きはここまでにして、光蓮寺追善一件に関わった主要人物と、彼らの思想・著作の分析に移ろう。論争勃発の根本的な原因は、既述の通り霊昌が追善供養を奨励したことにあるわけだが、順序を逆転させて浄土真宗僧俗の追善供養を批判した学僧から紹介していきたい。なお、念のため確認しておくと、阿弥陀仏の絶対的な救済にすがる他力本願の浄土真宗において、念仏の力で親族の浄土往生を祈願することは一般的に誤った信仰とみなされている。そこで、光蓮寺追善一件でも、霊昌を糾弾した人物の側に、西本願寺学林で活躍した高名な学僧の名前が数多く登場することになる。その筆頭が仰誓である[13]。

仰誓は京都に生まれ、西本願寺学林で学問研鑽に励んだ僧侶である。ところが、宝暦年間（一七五一～一七六四）に中国地方で円空秘事という異安心が広まったため、本山使僧として破斥に奔走し、それが縁となって遂には石見国浄泉寺の住職に就任した。仰誓は篤信的な在家信者の伝記集である『妙好人伝』を初めて刊行するなど、多くの事績を残した人物だが、光蓮寺追善一件にも『随問讒答』[14]という書物の執筆を介して深く関わっている。ここでまず同書の主張を確認しておくと、おおよそ以下の三点にまとめることができる。一つに、位牌は中国の儒者が始めた習俗であり、浄土真宗においてはそもそも仏壇に安置すべきものではない。先祖の法名を表具に仕立てて仏壇に飾ることも誤りである。二つに、父母の命日に追善供養に励むことは、自らの善行で他者を救おうとする行為であり、他力本願を旨とする浄土真宗の教義に反する。三つに、浄土往生したはずの亡者の霊がいつ

年表４－１　光蓮寺霊昌の追善供養奨励をめぐる動向

和暦	西暦	霊昌の年齢（数え年）	霊昌をめぐる動向	浄土真宗教団全般に関する動向
宝暦12年	1762年	18歳		東本願寺派の学僧先啓が『浄土真宗亀鑑』を出版した。
明和２年	1765年	21歳		親鸞500回忌の記念事業として西本願寺が『真宗法要』を出版した。
明和４年	1767年	23歳		浄土真宗の本尊に関する学説をめぐり、西本願寺学林と播磨国の学僧智暹とのあいだで討論が行われた(明和の法論)。
天明元年	1781年	37歳	備後国神辺光蓮寺の住職を務める霊昌が、『風鈴』・『真宗追善請求決択論』の両著を執筆し、真宗僧俗に対して追善供養の重要性を説いた。 同じ頃、石見国浄泉寺の住職を務める仰誓が『随問譔答』、霊昌が『斥譔答』をそれぞれ執筆し、追善供養の可否をめぐって論争が繰り広げられた。	
天明５年	1785年	41歳		福山藩領において、浄土真宗の在家法談や小寄講開催を禁じる触書が出された（３年後に再び開催許可)。
寛政４年	1792年	48歳	仰誓の継嗣履善が、父に代わって『弁斥譔答』を執筆し、霊昌の『斥譔答』に対する論駁を行った。	
寛政10年	1798年	54歳	高屋川の川浚えを実行した功績により、霊昌が福山藩から褒美を賜った。	
文化元年	1804年	60歳	霊昌が、光蓮寺を訪問した西本願寺坊官の前川平内に託し、西本願寺へ『風鈴』と『真宗追善請求決択論』を奉呈した。 西本願寺の要請を受けて上京していた備後国の大慶が、『真宗追善請求決択論弁』を執筆し、霊昌の主張に対する論駁を行った。	

文化2年	1805年	61歳	西本願寺の要請を受けて上京していた履善が、『斥攘追善求決論』を執筆し、霊昌の主張に対する論駁を行った。	
			西本願寺が、霊昌を召喚し、追善供養に対する見解をめぐって、異安心の審議を開始した。	
			異安心審議中の霊昌が、『弁斥漫答略評』を執筆し、履善の『弁斥讒答』に対する論駁を行った。	
文化3年	1806年	62歳	霊昌が異安心審議中に京都で病死した。	三業惑乱騒動の不取り締まりを理由として、江戸幕府が西本願寺に100日閉門の処分を下した。

までも墓所にとどまっているとみなし、追善供養に努める行為も誤りである。

要するに仰誓は、無自覚に行われがちな追善供養こそ、浄土真宗における危険な異安心なのだと、警告を発したことになる。もっとも、『随問讒答』はあくまで浄土真宗僧俗全般に向けて著された問答形式の啓蒙書であり、霊昌個人の糾弾を意図したものではなかった。同書の作成年代は不明であるが、恐らく天明元年（一七八一）前後に著され、中国地方を中心に流布していったと推測される（年表四―一参照）。

備後国の浄土真宗寺院で住職を務める霊昌も、知人に勧められて『随問讒答』を読むことになったが、彼は仰誓の主張に激しく反発した。そこで、早速『斥讒答』という論駁書を著し、そのなかで『随問讒答』は仏法の外道であるとまで痛罵した。さらに霊昌は、天明元年に『風鈴』・『真宗追善請求決択論』の両著を世に流布させ、公然と追善供養を奨励するに至った[15]。こうして中国地方の浄土真宗僧俗は、否応なく光蓮寺追善一件に巻き込まれていくことになった。

霊昌がいかなる経緯で追善供養奨励という立場に行き着き、何を論拠として自説を提唱したかについては、次節以降で詳述するつもりだが、ここでは『風鈴』という著作に注目して、ひとまず彼の基本的な教義理解を把握しておきたい。というのも、『風鈴』は『斥謗答』や『真宗追善請求決択論』といった学僧向けの論争書と異なり、俗人信徒に平易な言葉で追善供養の重要性を説こうという霊昌の意図が窺われる書物だからである。『風鈴』には仮右衛門・作兵衛という架空の浄土真宗信徒が登場し、彼らの問答を記録するかたちで叙述が進められる。(16) 当然その問答は、難解な専門用語を避け、俗人信徒でも十分理解可能な言葉を用いて行われる。そして、最後にふらりと登場した旅僧が「作兵衛ノ申サル、トホリ法名位牌ヲ拝メハ地獄ノ因ニナルノ墓クズセノト云コト全クヒガコト也」と両者の問答に判定を下して、話は締め括られる。つまり、霊昌は『風鈴』のなかで、作兵衛の言葉を借りて追善供養奨励という自説を語ったわけである。以下では、この点に留意して、仮右衛門と作兵衛の問答に耳を傾けてみたい。

爰ニ仮右衛門ト云念仏同行アリ、或日友同行作兵衛カ家ニ到リ申サレケルハ、御互ニ年来浄土真宗ノ家ニ生レ、是所ノ御説法、彼シコノ御勧化ヲ聴聞仕ル、シカルニ此比アリカタキ知識ノ御勧化ヲ承ルニ、甚タ尤至極ノコト也（中略）兼々御互ニ御法義ノ物語リセシ其元ナレハ、マツコノ一大事ヲ御ハナシ申サントテ今日参リ申セシナリ、ヨク〳〵心ヲ止メテ聞玉ヘ、先コノ宗旨ヲハ他力不回向ノ宗旨ト申シテ自力ノ回向ヲ嫌フナリ、爾レハ法名ヲ張リ位牌ヲ立テ、其前ニ線香或ハ供物等ヲ備ルト自力回向ノ罪ニ落入リ、他力不回向ノ宗旨ニ背クカ故ニ一大事ノ浄土往生ヲ妨ク（中略）爾ル処ニ作兵衛カラ〳〵ト打笑ヒ、頭ヲフリテ申スヤウ、唯今述ラル、処正ク当流ノ邪義ナリ、非事ナリ（中略）マツ法名ヲ張リテ線香ナト供スルト不回向ノ宗旨ニ違スルユヘニ地獄ニ堕落スルトナラハ、ソノヤウナ悪キモノヲ書キ調ヘ亡者ノ前ニカサリ置キ、線香ノミカ色々ノ供ヘモノヲシテ御寺方ヲ始メ俗人ニイタルマテ拝礼スルコト古ヘヨリ諸国一同ナリ、拝メハ地獄ヘ落ル因ニナルト云コトシラスシテ書調へ拝礼シ玉フヤ（中略）一人ヤ二人ノコトナラハ若モ心ヘチカヒニテ左様ナルコトモ有マシキ事ニモアラストオモヘトモ、日本国ドコ〳〵マテモ只今ノ通リノシクセ、貴様一人ヨロシカラスト仰セラレテモ私カ疑ハハレマセヌ

『風鈴』のなかで最初に登場する仮右衛門は、「アリカタキ知識ノ御勧化」に基づき、位牌や法名へのお供え物など浄土往生の妨げに過ぎないと主張する。しかし、長年の友人である作兵衛は、仮右衛門の言い分こそ「当流ノ邪義」だと笑い飛ばし、位牌へのお供えが堕獄の要因になるのであれば、どうして日本国中あらゆる場所で使用されているのかと反論する。ここで作兵衛の言葉を借りた霊昌が、仰誓著『随問譿答』を真っ向から否定し、追善供養の大切さを強調しているのは明らかである。作兵衛はさらに本山西本願寺の姿勢にも言及し、以下のように述べる。

作兵衛云（中略）御本山様ヨリ法名御免ナサレ御礼物何々ト御定有之、国々ノ門徒ノ願ニ応セラレ、善知識様自ラ御染筆・御印形マテナサレ下サレ候事、貴様モ御存シノ通リノコト也、懸テ置テ往生ノサハリニナルモノナラハ御本山様ヨリ御免ナサレヌ筈也、然ニ御免ナサル、カラハカケテ拝ムトモ往生ノサハリニハナルヘカラス、貴様ノヤウニイヘハ他人他宗ノ人御本山ヲソシリテ、宗義ニ非ルモノヲ拵ヘ銭ヲトリ集メ玉ハンカ為ニ往生ノサハリニナリテ地獄ニ落ルモイトヒナサレス、ケ様ナル悪物ヲ御免ナサル、ヤウニ申シナストモ当流ノ人ヨリイヒワケハ有マシキナリ

江戸時代の浄土真宗教団は、着々と組織化を進展させ、本山免物の授受についても細かな寺院法規を整備させていった[17]。作兵衛はそうした事実を踏まえ、往生を妨げる法名であるならば、なぜ宗主が染筆して配下の僧俗に下付するのかと疑問を呈している。同様の論法は位牌や墓参の是非を問う場面でも繰り返し用いられる。西本願

寺に天皇・将軍の位牌を安置しているのはなぜか。西本願寺の歴代宗主が欠かすことなく墓参を行ってきたのはなぜか。すなわち、それが浄土真宗の教義に叶う行為だからではないのかと、作兵衛は問い詰めていくわけである。

表現がやや堅苦しくなり、浄土真宗聖教がふんだんに引用されるものの、『斥謏答』や『真宗追善請求決択論』で霊昌が述べるところも、基本的には『風鈴』における作兵衛の主張と変わらない。例えば『斥謏答』では、浄土真宗において仏壇に位牌を安置すべきでないとする『随問謏答』の警告に異議を唱え、以下のような主張が展開されている。

本トヨリ自力回向ノ追善ヲ誡メ玉フ当流ノ宗儀ナレハ位牌ヲ立テ、各別ニ香華ヲ供シテ礼拝恭敬スル事ハ大ニ宗儀ニ相違スル所ナリト云ハ、正ク此本山ヲ貶シ善知識ヲソシルニ当ニ非スヤ、若爾ハ代々ノ善知識ハ仏制ニ非サル物ヲ仏具ト思ヒ、仏壇ニ安置シテ宗儀ニ非サル非儀ヲ荘テ天子将軍ヲアサムキ給フト云ヘキヤ

追善供養が自力回向で浄土真宗の教義に反するのであれば、本山西本願寺も誤った行為を行っているのではないかと、霊昌は仰誓の主張を皮肉る。ちなみに、キリスト教異端派であれば、ここからさらに歩を進めて、世俗社会の価値観に妥協した教団の批判へと移りそうなものだが、霊昌は位牌を安置する本山の態度を批判したかったわけではない。むしろ、本山にも位牌が安置されているからには、俗人信徒も自宅の仏壇に必ず位牌を立ててお供えを施せと、追善供養を奨励するのが霊昌の狙いであった。

以上のように、精力的な執筆活動で『随問謏答』の主張を否定していった霊昌に対して、仰誓サイドが何の反論も行わなかったわけではない。『風鈴』・『真宗追善請求決択論』・『斥謏答』といった著作が中国地方に流布していくなか、寛政四年（一七九二）には老齢の仰誓に代わって継嗣の履善（一七五四〜一八一九）が『弁斥謏答』

を執筆し、これを光蓮寺に送って『斥謾答』への応答とした。仰誓の『随問謾答』があくまで浄土真宗僧俗全般に向けられた啓蒙の書であったのに対して、履善は初めて霊昌個人に向けて論争の書を著したことになる。それでは、履善はどのような論法を用いて追善供養奨励を糾弾したのだろうか。

凡ソ当流ノ宗義ニ就テ諸宗ノ通義ニ准スルト自宗ノ正義ニ従フトノ二アリ（中略）イハユル通義ヲ用ルトハ得度・葬送・年忌・月忌・盆・彼岸等ノ勤修ノ事、経蔵・傅大士等ノ物、中陰・追善ノ言ナリ、他宗ノ葬送・年忌等ハ花香諷誦ミナ亡者ノタメニ福ヲス、ムルタメナリ、其盆会ハ生霊ヲ度センカタメナリ、其彼岸会ハ中陽院ノ衆聖、衆生ノ善悪ヲ決断スル等ノ説アルカ為ナリ、輪蔵ハ傅大士ノ教ニシタカヒ、コレヲ転旋シテソノ功徳ヲトランカタメナリ、中陰・追善等ノ言ハヲツカフモミナ亡者ノ冥福ヲ修スルヨリツカフ名目ナリ、当宗ニハタ、ソノ事相ヲカリテ報恩ノ経営ニソナフルマテニシテ其意ヲ用ルニアラス、次ニ当宗ノ正義ニ従フト云ハ、他宗ニハ寺院ニ五重三重ノ浮図ヲ建テ在家ニモ舎利塔ナトアリ、当宗ニハコレナシ、他宗ニハ寺院ニ鎮守ノ神祠アリ、在家ニ神棚・神室アリ、当宗ニハコレナシ（中略）コレミナ雑行雑修・自力疑計ノ支流余裔ニシテ専修ノ門ニ忌所ナルカ故ニ既ニ其義ヲトラス

ここで履善が披露した霊昌批判は、江戸時代における浄土真宗教団の立ち位置を端的に物語ったものであり、なかなか興味深い。履善によれば、浄土真宗で用いられる様々な慣習のなかには、「諸宗ノ通義ニ准スル」ものと「自宗ノ正義ニ従フ」ものの二種類があるという。前者に該当するのが葬送・年忌や中陰・追善であり、後者に該当するのが舎利塔や神棚である。後者について詳しい説明は必要なかろう。他の仏教宗派と異なり、浄土真宗ではそもそも舎利塔や神棚を設けないわけである。他方、葬送や追善は浄土真宗においても行われる。しかし、他の仏教宗派が亡者の冥福を祈って葬送・追善を行うのに対して、浄土真宗では阿弥陀仏への報謝の営みとして

これを行うため、呼び名は同じでも内実が全く異なっている。以上が履善の言い分である。

諸宗分立が江戸時代の仏教を語るキータームであることは既に述べた。そのような時代のなかで履善は、他の仏教宗派に対する浄土真宗の独自性を前面に押し出し、霊昌の批判に応答したといえる。履善の論理に基づくならば、霊昌がいかに追善供養の大切さを説こうとも、それは所詮「通仏法家の説」に過ぎず、仏教諸宗が分立する江戸時代において、浄土真宗の独自性を確立できていない愚論だということになる。ちなみに、後述する大慶著『真宗追善請求決択論弁』や履善著『斥攘追善求決論』においても、以上のような霊昌批判の論法は繰り返し用いられることになる。

さて、霊昌の追善供養奨励を基軸として次第に論争を激化させていった光蓮寺追善一件であったが、文化元年（一八〇四）に新たな局面を迎える。西本願寺の坊官である前川平内が光蓮寺を訪れ、異安心の疑いがある霊昌に尋問を加えたからである。なぜこの年に本山による霊昌糾弾が始まったのかは定かでないが、事態は終始一貫して霊昌を異安心と断罪すべく進展していった。何しろ霊昌が自らの潔白を証明するつもりで前川平内に提出した『風鈴』・『真宗追善請求決択論』の両著は、当時本山の依頼で在京中だった履善や、彼の盟友で同じく在京中だった備後国の学僧大慶に手渡され、霊昌の吟味は彼らに一任されたからである[18]。光蓮寺追善一件の一方の当事者でもある履善に異安心の判定が委ねられたのだから、その行き着く先は明白であろう。文化元年には大慶がいち早く『真宗追善請求決択論弁』を、翌年には履善が『斥攘追善求決論』を執筆して、『真宗追善請求決択論』を厳しく糾弾した。彼らが追善供養の否定にどのような論法を用いたのかは、次節以降で詳しく分析するが、これによってひとまず霊昌の異安心は決定的なものとなった。

もっとも、霊昌自身は追善供養奨励を逸脱行為だとは全く考えていなかったらしく、文化二年（一八〇五）に本山の召喚に応じて上京すると、履善の『弁斥謏答』を改めて批判し、『弁斥漫答略評』を執筆するなど、自説の正統性を主張し続けた。回心の姿勢を示さない霊昌の在京は必然的に長期化し、既に老齢であった彼は文化三年（一八〇六）に本山の裁定を聞くことなく病没した。[19]こうして光蓮寺追善一件は、やや唐突に悲しい結末を迎えたのである。

第二節　光蓮寺霊昌を取り巻く社会環境

前節では、光蓮寺霊昌という人物に注目し、彼が引き起こした異安心論争の概要を追ってみた。しかし、なぜ霊昌のなかに追善供養奨励の思想傾向が生じたかという点についていえば、本章ではまだ何の考察も加えられていない。そこで以下では、霊昌が異安心の疑いで糾弾されるに至った思想形成の過程に迫っていきたい。

もっとも、どんな宗教教団であれ、アプリオリに絶対的な正統教義が存在しているわけではないし、異端派がそれへの対抗として常に極端な主張を掲げて誕生するわけでもない。むしろ、信者の数や政治権力との関係性など、周囲の社会環境に規定されながら、「正統」と「異端」をめぐる教義は繰り返し書き替えられていく。[20]そうであれば、光蓮寺追善一件に関しても、霊昌個人の学問遍歴をたどるだけでは考察は不十分であり、彼を取り巻く当時の社会環境にも目を向けつつ、思想形成の背景を探っておく必要がある。

こうした視座に立つ時、宝暦～文化年間（一七五一～一八一八）の西本願寺教団に関わる動向として注目されるのが三業惑乱である。[21]三業惑乱は江戸時代に発生した浄土真宗の異安心騒動のなかでも最大規模のものだが、そこで争われたのは三業帰命説の是非である。三業帰命説は、後に西本願寺学林の能化（学頭職）まで務めた功存

（一七二〇～一七九六）が宝暦一二年（一七六二）に『願生帰命弁』を著して提唱したものであり、阿弥陀仏へ救済を求める場合、身で仏を拝み、口で助けたまえと唱え、心で救済を願う身口意の三業が備わっていなければならないと説く。凡夫の側から阿弥陀仏へ祈願請求の働きかけを行うために、後には自力偏向の異安心と裁定された三業帰命説だが、功存の跡を継いで寛政九年（一七九七）に学林能化となった智洞（一七三六～一八〇五）もこれを大いに喧伝したので、西本願寺派内における影響は絶大なものになった。しかし、在野の学僧が智洞を激しく批判し始め、本山学林でも暴徒が騒動を起こすまでになったため、遂には徳川幕府の介入を招き、文化三年（一八〇六）に三業帰命説は不正義と決した。

ちなみに、光蓮寺追善一件で霊昌を糾弾した履善と大慶は、この三業惑乱でも三業帰命説の排斥に努めた同志であった。光蓮寺追善一件が本山西本願寺で問題視され始めた文化元年に、履善と大慶がともに在京中であったのは偶然ではない。彼らは暴徒が騒動を繰り返す京都にとどまり、三業惑乱の沈静化に励んでいたのである[22]。

三業帰命説が盛行を極め、その後一転して異安心と判定された状況を念頭に置き、光蓮寺追善一件の発生を考えてみると、はたしてどのような解釈が可能だろうか。三業帰命説とは凡夫の側が威儀を正して浄土往生を祈願するものであり、いわゆる自力偏向・賢善精進型の異安心に分類できる。他方、霊昌が主張するのは、しっかり追善供養に努めて亡者を浄土往生させよということであるから、「自力」が向けられる方向性は異なるものの、やはりこれも自力偏向・賢善精進型の異安心とみなし得る[23]。霊昌が公然と追善供養奨励を表明するに至った時代状況として、三業帰命説の盛行は無視できない。なお、大慶が霊昌を批判した『真宗追善請求決択論弁』のなかには、「汝カ如キ作意運想ノ廻向ハ当流ノ不廻向中ニハ絶テ無シ」という興味深い一文が見出せる。作意運想とは凡夫の側から祈願請求の思いを心に抱いて阿弥陀仏に働きかけることであるが、三業帰命説への批判が激しさを増した際、その矛先をかわすべく智洞が提唱した教えこそ、身と口はさておき心だけでも祈願請求の思いを込めよという運想三業であった（※ただし、この三業帰命説の亜流も最後には異安心として断罪された）。霊昌が三業帰命説をどこまで意識しつつ自説を提唱したのか、具体的に解き明かすことはできない。しかし、光蓮寺追善一件の糾弾に乗り出した履善や大慶の側に立つならば、彼らは三業惑乱騒動に関わるなかで自力偏向に対する危機意識を先鋭化させ、その延長上で霊昌をも排斥していったと捉えることができよう。

以上のような西本願寺教団をめぐる異安心騒動の動向とともに、もう一つ注目しておきたいのが、福山藩領における在家法談の禁止である。在家法談とは、俗人の家宅に僧侶が訪問して行う法談であり、俗人信徒中心の宗教行事が多い浄土真宗に特徴的な教化方法である。僧俗の峻別を求める幕藩権力は、江戸時代前期から繰り返しこれを取り締まっているが[24]、福山藩では藩主阿部正倫（一七四六～一八〇五）が寺社奉行という要職にあった天明五年（一七八五）に、以下のようなお触れを出して藩領内の在家法談を禁止するに至った[25]。

町在門徒被御触渡書附控

一、近来浄土真宗之者共之内、法義ニ泥ミ諸社之札守・神棚等を取捨候輩も有之由、且又小寄と号シ僧を招キ、同行共相集り及法談候趣相聞候、年回仏事ニ付僧を招、追善ニおよふ儀ハ格別、猥りニ於在家人を集、法談等承り候義不届之至ニ候、以来ハ右体之者於有之ニハ浅深之無差別重キ御仕置も可被仰付候間、此旨令承知、家主ハ勿論借家裏家等迄可相触也

ここでは、神社の札守や神棚を取り捨てる浄土真宗信徒の態度が批判され、そのような風潮をもたらす在家法談の禁止が厳命されている。さらに興味深いのは、悪弊をもたらす在家法談と対照的に、年忌法要や追善供養を目的とした僧侶の俗家への訪問が是認されている点である。浄土真宗教団にとって肝心かなめの教化手段であっ

た在家法談を福山藩から禁止され、霊昌はどのような反応を示したのだろうか。既に触れたように霊昌は、文化元年（一八〇四）に『風鈴』と『真宗追善請求決択論』という二つの著作を本山西本願寺に奉呈したが、その末尾には以下のような興味深い添え書きが付されている。

> 近来諸州ニ法難発テ領主ヨリ我門ノ勧談ヲ禁止スルモノ少カラス、其所由ヲ聞ニ、法名・位牌・塚墳ニ向テ礼拝スルハ自力ノ回向ナルカ故ニ法名・位牌ヲ取捨ヘシ、墳墓ハ亡却セシムヘシト勧ムルカ故ニ国法ヲ乱ト云テ領主ヨリ其成敗アリ、推求スルニ父母孝養ノ文ヲ以テ追善ノ法方ヲ示スヨリ発起セリ、法名等ヲ亡却セシムルモノハ其支流余裔ナリ、已ニ当国ニ此僻発レリ、御領主成敗シテ在家ニ於テ勧談スルコトヲ禁止ス、小子官史《（吏カ）》ニ向テシハ〳〵歎クコト三歳、終テ五ヶ条ノ書附ヲ以テ国法ニ背ク旨ヲ示シ給フ、依テ此ニ答釈シテ宗教弘通ノ義ヲ願フ、終ニ免許ヲ蒙ルコト元ノ如シ、其時官史《（吏カ）》小子ニ告曰、爾今ヨリ已後正統ヲ述テ国法ヲ乱ルノ僻説ヲ破スヘシト、小子詰《（諾カ）》ス、故ニ止コトヲ得スシテ一・二条ノ破斥ヲ著ス、其破ニアタル人小子ニ対ルコトアタハス、故ニ忿怒シテ小子ヲ罵テ回向ノ義ヲ立テ宗教ヲ乱ト云、此コロ暗ニ聞ク、我本山御重役ノ御耳ヲケカスト、甚以テ恐入レリ、小子アヘテ弁ヲコノムニアラス、法難ヲフセカンカタメナリ、当国ハ小子頻リニ破斥スルカ故ニ公難已ニヲサマレリ、甚タ穏ナリ、余国ハシラス、コ、ヲ以テ照察シ給へ

霊昌の発言に従うならば、法名・位牌・墳墓を軽視する浄土真宗の姿勢は、諸藩で「法難」を引き起こす原因となっていた。福山藩でも右のような理由によって在家法談の禁止が触れ示されたため、霊昌は何度も藩役人と交渉し、遂には在家法談の再開にこぎつけた。追善供養を奨励する幾つかの著作は、こうした福山藩との交渉のために作成されたものであり、他の浄土真宗僧侶に論争をしかけたものと受け取られては困るというのが、霊昌の言い分であった。

ここであらためて確認しておくと、霊昌は異安心の疑いを晴らすべく、『風鈴』と『真宗追善請求決択論』を本山へ奉呈したわけであり、そのなかで述べられた彼の主張を額面通りに受け取ってしまうのはやや危険である。福山藩の弾圧から浄土真宗教団を救い出した功労者として自らを位置付ける霊昌の自己宣伝には、そんな自分になぜ異安心の疑いなどかけるのかという抗議の思いが込められていたとみるべきであろう。ただし、そのような事情を考慮に入れてもなお、霊昌が福山藩と宗教政策上の交渉を行い得るほど親密な関係を取り結んでいたことは、動かしがたい事実である。福山藩は、藩主阿部正精（一七七五〜一八二六）の命により、文化六年（一八〇九）に地誌『福山志料』を完成させているが、[26]その巻之十「人物」の部には霊昌の功績を讃える以下のような記事が載せられているからである。[27]

僧鳳霊　鳳霊マタ霊昌トモ云、神辺光蓮寺先住也、高屋川年々沙淤シ、平生水スクナク、霖雨ニハ漲溢ハヤク、数村ノ害トナルコト追々マサリユクヲミテ、己ヲ信スル輩ヲアツメテ農隙ニ疏浚セシム、此ヲモテ寛政十年賞金三百匹ヲ賜ハル

先に確認しておくと、『福山志料』は菅茶山（一七四八〜一八二七）という儒者の多大な尽力によって完成したものであり、その菅茶山と霊昌は生前に詩友として交流を深めていた。[28]両者の交友関係がこの記事の掲載に大きな影響を及ぼしたことは明白である。とはいえ、水難を避けるべく行われた僧侶主導の治水事業が、藩撰地誌のなかでこうして取り上げられている事実は注目に値する。霊昌は確かに藩権力との友好な関係構築を成功させた地域寺院の住職だったわけである。

ちなみに、霊昌の教義理解を異安心として糾弾した大慶の側も、高屋川の川浚えについては、その著作『真宗追善請求決択論弁』のなかで以下のような言及を行っている。[29]

事績ヲ考ヘテ彼（霊昌―引用者注）カ意許自力回向ニ決択セルコトヲ知ルヘシ、事跡トハ去ル寛政年間卯歳（寛政七年―引用者注）ノ秋、カノ光蓮寺鳳霊福山侯ヘ訴ヘ当国高屋川ノ土砂ヲ掘除キ諸人ノ水難ヲ救度スル旨ヲ願フ、領主許容アルニ依テ翌年辰ノ五月五日ヨリ川掘ヲ始ム、初日ニ村より諸役人肝煎ヲ自坊エ招キ集メ、本堂中尊ノ御前ヘ経蔵ノ四天王ノ像ヲ安置シ、其像前ニ礼盤ヲ居キ種々供物ヲソナヘ、厳重ニ読経奉讃シ畢テ斎膳ヲ諸人ニ出シ、其後右供物ノ餅二枚幷幟一本ツツ村々役人肝煎ヘ与ヘテ曰、是ハ今日御祈禱ノ御鏡ナリ、各頂戴アルヘシトナリ（中略）凡ソ二年半計モ川掘ヲナストコロ、イツトナク人足モ出来ラズ、其功成ラスシテ止ミヌ、此吾宗風ニハ甚タ奇怪トイツヘ（マヽ）シ、又毎度講談ヲイタストキハ国内ノ僧侶ヲ調弄シ、天下ニ学者ナキカ如クノシリテ運想回向ヲ募リ申スユヘ、彼寺ノ門徒漸々仏壇ニ位牌ヲ安置シ供物ヲソナヘ申ス者多ク相成居申候（後略）

藩撰地誌のなかでは、福山藩から褒賞まで賜ったと記される霊昌の治水事業に対して、「其功成ラスシテ止ミヌ」という否定的な評価を下しているところからみれば、大慶が異安心を糾弾する自らの立場を前面に押し出して、主観的な人物描写を行っていることは間違いない。ただし、そうした叙述のなかに、光蓮寺追善一件を分析する上で見逃せない点も存在する。まず大慶は、高屋川の川浚えや追善供養の奨励といった霊昌の行動を、福山藩との友好な関係を模索する一連の施策として捉えている。そして、それらの行動は、大慶の目には自力偏向の異安心として映っている。

異安心の疑いをかけられた霊昌とそれを糾弾する大慶という双方の主張には、当然ながら随所に齟齬もみられる。しかし、これらの主張を総合的に判断するならば、光蓮寺追善一件の大きな流れは、おおよそ以下のようなものと理解し得るのではないだろうか。すなわち、浄土真宗僧侶の教化内容に藩権力の弾圧を招く要素が含まれていると危惧していた霊昌は、福山藩との友好な関係を模索するなかで、追善供養の奨励を強調するようになった。しかし、同時期に三業帰命説の排斥に努め、自力偏向の異安心に神経を尖らせていた履善や大慶からすれば、追善供養を奨励する霊昌は憎むべき異安心の持ち主に他ならなかった。しかも、三業惑乱騒動で多忙を極めていた本山西本願寺がこの一件の処理を履善と大慶に一任したため、霊昌はほとんど議論の余地なく異安心として断罪されることになったのだろう。

なお、『福山志料』に掲載された霊昌を顕彰する記事の後半部分には、異安心審議のあり方をめぐって、興味深い指摘がなされているので、最後にこの点を確認しておこう[30]。

播州ニ智暹ト云僧アリ、宗旨ヲ争フテ所見ヲ正義也ト唱フ、鳳霊ソノ羽翼ノ一也、近頃又新義ヲ唱フルモノアリ、衆僧雲ノ如クシタカヘトモ鳳霊ヒトリ肯セス、晩年讒ニカヽリ本寺ニ呼上サレテ一室ニ幽セラル、ナヲ己カ所見ヲ確執シテ屈セス、終ニ病テ逆旅ニ死ス、守ル所アリト云ヘシ

霊昌の詩友であった菅茶山の叙述はここでも「讒ニカヽリ」死去した友人に同情的なものだが、注目したいのは、智暹（一七〇二〜一七六八）の弟子であったことが本山西本願寺による霊昌冷遇の主要因として挙げられている点である。智暹は、西本願寺学林の能化に就任することを期待されていたものの、浄土真宗の本尊をめぐって学林の正統学説を批判し、明和の法論と呼ばれる教学論争を引き起こすことになった学僧である[31]。霊昌はその智暹の「羽翼ノ一」であったため、明和五年（一七六八）に智暹が死去した後も学林の主流派から警戒され、遂には讒言によって京都に召喚されて客死したと、菅茶山は詩友の悲劇を描き出したわけである。なるほど、霊昌の師匠が異安心の疑いで弾圧されたことを踏まえると、本山の正統学説から距離を取ろうとする彼の姿勢も無理なく理解できる。学派対立による孤立は、光蓮寺追善一件の発生要因を探る上で重要な着眼点といえよう。

もっとも、智暹の弟子であったことに論点を集約させ過ぎると、追善供養奨励へと至る霊昌の思想形成過程がみえにくくなる恐れもある。年表四―一で明和の法論発生時の霊昌の年齢を探ると、西本願寺学林の学僧たちとのあいだで智暹が討論を繰り広げていた明和四年（一七六七）段階において、霊昌はまだ二三歳の若者であった。その当時、智暹の下には、長門国の行界・安芸国の慶観・備後国の円識・播磨国の泰乗ならびに浄応といった名だたる学僧がおり、彼らは文字通り智暹の「羽翼」として学林側の学僧たちとの討論にも加わった[32]。しかし、明和の法論の経緯を記した代表的な史料に、若き霊昌の名前が登場することはない。そうであれば、異安心として断罪された霊昌の教学理解は、智暹門人時代の産物であると一元的に捉えられるものではなく、むしろ帰郷後に独力で進めた修学と関連させて分析すべきものではないだろうか。

以上のような筆者の課題意識をさらに深く探究すべく、次節では霊昌個人の学問遍歴、特にその読書術に焦点を合わせ、彼が追善供養を奨励するに至った思想形成の過程を分析してみたい[33]。

第三節　光蓮寺霊昌の読書実践と思想形成

（一）『歎異抄』の理解をめぐって

さて、前節で霊昌を取り巻く社会環境を探ったことにより、彼が追善供養を奨励し、本山西本願寺から異安心として糾弾された背景を、鮮明に浮かび上がらせることができた。まず、福山藩が天明五年（一七八五）に浄土真宗の在家法談を禁止したことは、藩権力との友好な関係構築を模索する霊昌に、追善供養を重視させる大きなきっかけとなった。その一方で、当時三業惑乱騒動が激化していたため、三業帰命説を異安心であると糾弾する履善や大慶のような学僧が京都に集結しており、霊昌の追善供養奨励も厳しい非難を浴びる結果となった。

もっとも、年表四―一をみれば明らかなように、霊昌の著述活動は、天明元年（一七八一）には既に活発化しており、在家法談の禁止に危機感を募らせた彼が、福山藩も是認している年忌法要や追善供養の奨励に乗り出したと、単線的な因果関係を描き出すわけにはいかない。また、智暹の弟子であった霊昌が、本山西本願寺の提唱する正統学説に対して、常日頃から懐疑的な態度を取っていたとしても、それが追善供養の奨励というかたちに結実した理由は、もう少し彼の個人的な学問遍歴と関わらせて考察する必要がある。

そもそも浄土真宗の聖教には、『歎異抄』のなかの「親鸞ハ、父母ノ孝養ノタメトテ、一返ニテモ念仏マフシタルコトイマタサフラハス。[34]」という一文に代表されるように、追善供養の否定としか理解できないような文言が幾つも存在する。[35]聖教を素直に読んでいたのでは到達しがたく思われる追善供養奨励の思想を、霊昌はどのように芽生えさせていったのだろうか。霊昌の思想形成を探るために、いよいよ彼の読書実践の具体像に迫っていきたい。

浄土真宗の聖教のなかに追善供養を否定する文言が幾つも姿を現すことは、中央檀林で学んだ僧侶であれば周知の事実であり、霊昌もそのことに無自覚だったわけではない。彼は『真宗追善請求決択論』の冒頭において、近頃良く耳にする教化のあり方を、以下のようなかたちで紹介している。[36]

〇近来当流ノ勧弁ニ曰、親鸞ハ父母孝養ノタメトテ一遍ニテモ念仏マフシタルコトイマタサフラハストノタマフ、蓮師ハ他宗ニハ親ノタメマタナニノタメナントトテ念仏ヲツカフナリ、聖人ノ御一流ニハ弥陀ヲタノムカ念仏ナリ、其ウヘノ称名ハナニトモアレ仏恩ニナルモノナリト仰セラレタリ、然レハ当流ニハ先亡ノ年忌月忌ノ仏事ヲ営ム時必ス先亡ノ為ニシタマス（マヽ）、況ヤ我等ニ於テヲヤ、唯阿弥陀如来我等カ後生ヲヤスク助ケタマヒシ御恩雨山ニカフムリタル身ナレトモ平生世縁ニマキレテ報謝ノイトナミモ懈怠カチナリ、幸ニ今此ノ先亡ノ忌日ヲ縁トシテ、御報謝ヲナストココロフヘシ、然則仏智ノ不思議ニヨリテ先亡ヲモヨキ様ニナサレテ助ケタマフソカシ、アヤマリテ先亡ノ為ト思フコト勿レ、若シアヤマリテ為ニスルトオモヘハ自力ノ廻向ニ成カ故ニ、他力不廻向ノ宗旨ニ背ケリ、総テ当流ニハ追善ノ廻向ノト云ハ名モナキコトナリ、唯報謝トココロフヘシト云云

親鸞も蓮如も先祖の追善供養のために念仏を唱えてはならないと明言しているのであり、浄土真宗の僧俗はただ阿弥陀仏への報謝行として年忌や月忌の仏事を営むべきである。このように「近来当流ノ勧弁」は、幾つかの聖教を引用しながら、明快に追善供養を否定していく。しかし、当の霊昌からすれば、「近来当流ノ勧弁」はあきれた思い違いに過ぎない。彼はすぐに言葉を継いで以下のように述べる。

評曰、親鸞ハ父母孝養等ノ文ハ法要第八歎異鈔ノ文ニシテ一類ノ自力ノ機ヲ化シテ他力ニ勧メ入シムル文ニシテ全ク当流ノ追善ヲ明シ給フ文ニハ非ス、又蓮師ノ他宗ニハ親ノ為等ノ文ハ、法要第二十二蓮如上人御一代聞書ノ中聖道浄土念仏運心ノ差別ヲ弁スル文ニシテ、是亦追善ノ指南ニアラス、然ニ此両文ヲ以テ当流追善ノ抛トシ、更ニ潤色シテ当流追善ノ運心ヲ定ム、若シ弁者ノ説ノ如クナラハ祖師蓮師幷ニ大過ノ失ヲ成シ、仏法中ノ大罪人トナリタマハン、此レ予カ疑慮スルトコロソカシ、若シ他門ヨリ問詰セハ如何カ答ヘキ

霊昌の言い分はこうである。『歎異抄』のなかの親鸞の言葉は、自力の信心に迷う一部の者に対して発せられたものであり、全ての浄土真宗僧俗に追善の心得を説いたものではない。また、『蓮如上人御一代聞書』にある「他宗には、親のため又何のためなんどというて、念仏をつかふなり。聖人の御流には、弥陀をたのむが念仏な

り、その上の称名は何ともあれ仏恩になるものなり」[37]という文言も、他宗派との相違を論じたものであって、やはり浄土真宗僧俗に向けて追善のあり方を示したものではない。それにもかかわらず、これらの聖教を根拠として、浄土真宗は父母・親族のために念仏を唱えないなどと強弁したのでは、親鸞や蓮如を大罪人の位置へおとしめてしまうのではないか。

以上のような霊昌の主張は、自分にとって不都合な文言を、親鸞や蓮如の真意にあらずとやや強引に切り捨てていくものだが、そこに全く妥当性がないわけではない。例えば、『歎異抄』が異安心の是正を目的とした書物であり、それゆえに極端な表現を多用していることは、家永三郎『中世仏教思想史研究』[38]を始めとする幾つかの研究書においても、繰り返し論点となってきた。

ただし、本章の目的は、現代的な観点から霊昌が行った議論の妥当性を判定することではなく、あくまで江戸時代後期という時代環境のなかで霊昌の思想形成のあり方を解明することなので、今は以下の点を確認しておけば十分であろう。すなわち、我々の目には追善供養の否定と映る『歎異抄』や『蓮如上人御一代聞書』の文言も、霊昌が追善供養を奨励するに当たって、何ら妨げにはならなかった。といっても、彼が浄土真宗教団における歴代宗主の権威をものともせず、独自の教義理解を追い求める人物だったというわけではない。『真宗追善請求決択論』の主張に従うならば、追善供養の否定こそ、浄土真宗聖教を「誤読」した浄土真宗僧侶たちの愚行なのである。こうして霊昌は、自説こそ親鸞や蓮如の真意に適うものであるとみなし、公然とそれを喧伝していった。

さて、以上のような霊昌の言葉は、履善や大慶にはどのように響いたのだろうか。当然ながら彼らは、霊昌の『歎異抄』理解の方がよほど「誤読」であると抗弁する。例えば履善は、『斥攘追善求決論』の冒頭で以下のように述べている。

歎異鈔ノ祖語ヲ指シテ一類自力ノ機ヲ化スルノ文ニシテ追善ヲ明スノ文ニ非ストハ何ソヤ（中略）今ノ文先亡ノ孝妣ノ追善ノ為ニ念仏申サストノ玉ヘルノ義明白也、汝何ソ追善ヲ明スノ文ニ非スト云ヤ（中略）此祖語ハコレ今家利他ニ於テ自力ノ回向ヲイマシムルノ厳訓ニシテ、万機ノ同ク被ルトコロ百代ノ永ク遵フトコロ也、然ルヲ一機投宜ノ権説ト貶スルハ高祖ノ大法門ヲ破滅セントスルノ大罪抜舌ノ報オソルヘシ〳〵

「親鸞ハ、父母ノ孝養ノタメトテ、一返ニテモ念仏マフシタルコトイマタサフラハス。」という文言の意味するところは、履善にとってあまりに明白であった。この文言は、全ての浄土真宗僧俗に向けて、親族の浄土往生を祈願する追善供養への執心を戒めているのである。履善の見方からすれば、『歎異抄』を「一機投宜ノ権説」、つまり異安心是正のためのかりそめの教化と決め付ける霊昌こそ、浄土真宗を破滅に導く大罪人であった。

このような霊昌と履善の論争のなかで、特に注意を払っておきたいのは以下の点である。商業出版が隆盛した江戸時代において、霊昌は自分だけが師資相承した秘伝書のようなものに依拠して、追善供養の奨励という主張を展開したわけではない。むしろ霊昌は、『歎異抄』や『蓮如上人御一代聞書』が多くの浄土真宗僧俗によって共有されていることを前提として、自らの議論を組み立てていった。そして、履善もまた、聖教に対するあまりに独特な霊昌の読み解きを問題視して異安心の糾弾を行った。書物知の広範な共有を前提とし、その解釈の多様性をめぐって異安心論争が繰り広げられていったところに、江戸時代的な宗教世界の特質が端的に示されているといえよう。

（二）偽書から異安心へ

前項で確認したように、霊昌は追善供養の奨励という一見浄土真宗らしからぬ主張を展開しつつ、多くの浄土真宗僧俗によって共有されている刊本化された仏教知、例えば『歎異抄』や『蓮如上人御一代聞書』にしっかりと配慮して議論を行う人物でもあった(39)。もっとも、普通に読めば追善供養の否定と受け取り得る『歎異抄』や『蓮如上人御一代聞書』を取り上げる限り、霊昌の議論はどうしても弁明的な論調を帯びざるを得ない。それでは、より積極的に追善供養を奨励しようとする時、霊昌はいかなる書物に依拠して、自説の正統性を主張したのだろうか。

『風鈴』や『真宗追善請求決択論』といった著作のなかで、西本願寺の歴代宗主によって執り行われた位牌安置や墓参の事実が、追善供養肯定の重要な論拠となっていることを踏まえるならば、宗祖親鸞による追善供養の実践例を挙げることこそ、霊昌にとって自説補強の決定打となったはずである。もっとも、親鸞といえば、「世に名僧とか高僧とか言われて尊敬を集めている人物の中で、親鸞ほど自分のプライバシーについて発言しなかった人は少ないのではあるまいか。」とまで評された人物である(40)。そのような人物の生涯を、霊昌の主張に都合の良いかたちで明らかにすることができるだろうか。結論からいうと、霊昌は『真宗追善請求決択論』のなかで、年代まで確定させつつ、親鸞が行った追善供養の実践例を紹介している(41)。

嘉禄元年五月厳父大進入道御遠忌三日三夜別時念仏ヲ修セラル、寛喜元年五月厳母御遠忌三日三夜読経念仏シ給フ、建保三年室ノ八島ニテ蛇身化導ノ為ニ三日三夜読経念仏シ給フ、承久二年ノ秋（傍注）「正統伝五之五、正明伝三上之七」悪八郎ヲ弔ヒ給フニ三部妙典ノ石経ヲ五昼夜読経念仏シ給フ、甲斐国都留郡篠小川ノ淵ノ大蛇ヲ化シ給フニ小石ヲ集メテ名号ヲ書テ弔給フ、常陸国鹿島郡鳥栖村ニテ刺史村田刑部カ妻ノ幽魂ノ為ニ三部妙典ノ石経ヲ塚墳ニ収メ三日三夜念仏誦経シ給フ、同国茨城郡与沢村（傍注）「正統五之九、時五十一二歳ノ意、正明三下之六同シ」与八カ亡妻ヲ弔ヒ給フニ三部妙典ノ石経ヲ書キ三日三夜タタ一向ニ念仏シ給フ（中略）

此等ノ諸文皆亡者ノ為ニスルニ非スヤ

霊昌が述べるところに従えば、親鸞は五三歳になった嘉禄元年（一二二五）に父親、五七歳になった寛喜元年（一二二九）に母親の遠忌を執り行い、三日三晩念仏を唱え続けたことになる。しかし、彼はどのような書物を典拠としてこのような親鸞の行状を探り当てたのだろうか。

親鸞が悪八郎の幽魂を石に書いた経文の功徳で成仏させた話や、与八の亡妻の幽魂を同じく石経供養で成仏させた話などについていえば、大東坊所蔵の『真宗追善請求決択論』のなかに、典拠となったであろう書物のヒントが記されている。すなわち、右の引用からも分かるように、それぞれの記事には、「正統伝五之五」や「正統五之九」といった『高田親鸞聖人正統伝』の該当箇所を指すとおぼしき傍注が付されているのである。

本書第一部第三章で詳しく触れたように、『高田親鸞聖人正統伝』は享保二年（一七一七）に浄土真宗高田派の僧侶である良空が出版した江戸時代を代表する親鸞伝である。高田専修寺の宝庫に眠っていたと称する秘蔵書を持ち出し、専修寺こそ親鸞が浄土真宗の総本山に定めた寺院なのだと主張する同書は、東西両本願寺の学僧たちから激しい非難を浴びた。その一方で、親鸞の誕生から入滅までを一年も欠くことなく編年体で書き綴った同書は、親鸞伝として画期的なものであり、俗人信徒のみならず多くの学僧も、その執筆スタイルに影響を受けざるを得なかったとされる。(42) 以上のような先行研究の指摘を踏まえ、霊昌が傍注にも記される「正統伝」＝『高田親鸞聖人正統伝』を、『真宗追善請求決択論』の典拠として用いた可能性を探ってみたい。そうすると、確かに同書には、下野国室八島における蛇身化導や、石経供養による悪八郎の幽魂救済、同じく石経供養による与八の亡妻の幽魂救済などが記されており、霊昌がこれらの叙述を参照した可能性は極めて高い。(43) つまり霊昌は、東西両本願寺によって強烈に批判されたものの、そのおかげもあって抜群の知名度を誇った高田派の親鸞伝『高田親鸞聖人正統伝』を巧みに引用して、追善供養の肯定という自らの主張を補強していたのである。

それでは、親鸞による父母の遠忌執行については、何が典拠とされたのだろうか。一年も欠くことなく編年体で記された『高田親鸞聖人正統伝』により、嘉禄元年や寛喜元年を検索してみても、似たような記載にたどり着くことはない。そこで、霊昌を批判するために履善が著した『斥攘追善求決論』や、大慶が著した『真宗追善請求決択論弁』を参照すると、どうやら典拠となったのは『浄土真宗亀鑑』という書物であったことが分かってくる。同書は、晩年の親鸞に近侍した蓮位が、師の教えを思い返して弘長三年（一二六三）に書き綴り、関東の高弟唯円に送ったとされる宗祖言行録である。もっとも、古くからその存在を知られていたものではなく、東本願寺派の学僧先啓（一七一九～一七九七）が、自ら解説を加えて宝暦一二年（一七六二）に出版したことにより、初めて世人の目に触れることとなった[44]。江戸時代半ばに突如として現れた弘長三年成立の宗祖言行録に対して、当然ながらその来歴を怪しむ者もおり、履善などは『斥攘追善求決論』の末尾に「真宗亀鑑発覆」という小文まで付して、「イツクノ宝蔵ニ誰ガモチ伝ヘタルヨシヲイハヌハコレ偽物ノ証也」と偽書であることを断言している[45]。もっとも、『浄土真宗亀鑑』に自ら解説を加えて出版した先啓は、親鸞旧跡の調査に基づいて『大谷遺跡録』を著し、その精緻な考証作業で高い評価を得ていた学僧なので[46]、履善のようにその権威をものともせず批判を展開できる人物は少なかったと考えられる。だからこそ霊昌は、めざとく『浄土真宗亀鑑』という書物の価値を見出し、同書に依拠することで、親鸞もまた父母の成仏のために念仏を唱えているではないかと、自説の正統性を主張したのである。

以上のように、霊昌が『真宗追善請求決択論』のなかで行った主張を検討してみると、商業出版の時代に象徴的な書物利用のあり方が浮かび上がる。彼は東西両本願寺の学僧たちが痛烈に批判する高田派の親鸞伝『高田親鸞聖人正統伝』を参照することで、迷える幽魂まで成仏させてしまう親鸞の活躍を描き出した。また、東本願寺派の学僧が編纂に関わり、偽書の疑いもある宗祖言行録『浄土真宗亀鑑』を参照することで、父母の追善供養に努める親鸞の姿を描き出した。自らが所属する西本願寺派の枠組みに囚われず、読みたい書物を自在に博捜することによって、霊昌は追善供養の奨励という自説への確信を固めていったといえる。

もっとも、実証主義的な手法の確立により、『高田親鸞聖人正統伝』や『浄土真宗亀鑑』という書物の性格が明らかになった現代からみれば、霊昌は怪しげな偽書を信用して強引に自説を主張した人物に過ぎなくなる。光蓮寺追善一件で霊昌の吟味に当たった履善や大慶は、この点をいかに認識していたのだろうか。履善についていえば、彼は『斥攘追善求決論』の末尾にわざわざ「真宗亀鑑発贋」という小文を付して、『浄土真宗亀鑑』が偽書であることを断言しているので、霊昌を批判する際にも当然ながら偽書引用を問題にしていく。

亀鑑ハ唯円房ノ所望ニヨリテ蓮位房祖師ノ言行ヲ録シアタヘラレタルヨシミエタレトモ、コレヲヨムニ□□意ニ違ヘルコト甚タ多シ、マガフ所モナキ贋物、何ソ証トスルニ足ン（中略）因テオモフニ霊昌愚人、書ヲ読メトモ真偽ヲワカツコト能ハス、孟浪引証シテ醜ヲ世間ニ露ハセリ、若祖師ノ語トサヘイヘハ真偽ヲ論セス引証スルコトナラハ、却テ汝ノ義ハ壊レ、我説ハ成スルノ明証外ニアリ

『浄土真宗亀鑑』を由緒正しい宗祖言行録とは認めず、むしろ紛れもない「贋物」だと断定する履善にとって、霊昌の書物利用は格好の批判ポイントであった。そもそも西本願寺学林で文献考証的な作法を磨いた僧侶であれば、徹底した真偽判断を経て、その書物を引用する心積もりがなければならない。それにもかかわらず、霊昌は宗祖言行録というだけで飛び付いて自説補強の論拠にしてしまっている。以上のように考えた履善は、『斥攘追善求決論』のなかで霊昌による安易な偽書利用を糾弾し、偽書を典拠とする『真宗追善請求決択論』の論理破綻

を宣言したわけである。

大慶も『真宗追善請求決択論弁』のなかで霊昌の『浄土真宗亀鑑』引用に言及するのだが、舌鋒鋭い履善と比べると、その論調は若干トーンダウンする(47)。

○弁曰、カノ所引多ハ真宗亀鑑ニ出ツ、前ニモ評セシ如クカノ書ハ真偽未決ナリ、「（頭注）真偽未決ト云ハ今所引ノ文ニ別時念仏ト有、可疑」、事ニヨリテハ依用シカタシ、爾レトモ尊親ノ年忌ヲツトメ玉フコトハ世ノ通儀ニ順シ玉ヘハ可疑ヘ（マヽ）キコトナシ、年忌ヲ修シ玉ヘル文ヲ証トシテ汝カ所立ヲ成セントス、若爾ラハ亡者ヘ回向スル心ナキ人ハ親族ノ年忌月忌ハツトメスト思ヘルヤ

大慶は『浄土真宗亀鑑』を「真偽未決」の書物とみなし、信憑性に欠けるとするものの、だから親鸞の遠忌執行も虚説であるとは断言しない。しかし、履善のように「贋物」として切り捨てない分、親鸞の追善供養をめぐる大慶の見解は、より洗練されたものになっていく。ここで彼が用いたのは、浄土真宗には「諸宗ノ通義ニ准スル」場合と「自宗ノ正義ニ従フ」場合があるとする履善同様の論法であった。『浄土真宗亀鑑』の真偽はさておき、親鸞もまた「世ノ通儀ニ順シ」父母の遠忌を執り行ったかもしれない。しかし、見た目はただの遠忌でも、親鸞が亡者のために浄土往生を祈願したとは考えがたい。このように考えた大慶は、親鸞の年忌法要を阿弥陀仏に対する報謝行であったに違いないと推断したわけである。霊昌の引用からも分かるように、『浄土真宗亀鑑』における親鸞遠忌執行の描写は、淡々とその事実のみを紹介するものであった。大慶は、何とでも読み取れるこの描写に彼なりの解釈を加え、霊昌の追善供養奨励を否定してみせたことになる。

さて、ここまでの考察で、霊昌の追善供養奨励が偽書の疑いもある『浄土真宗亀鑑』に依拠していたことを確認した。また、それに対して履善や大慶が霊昌の主張を偽書に基づくものとして批判したことも合わせて確認し

た。それでは、霊昌が『高田親鸞聖人正統伝』に依拠しつつ、蛇身化導や幽魂救済といった親鸞伝説を紹介したことに対して、履善や大慶はどのような態度を取ったのだろうか。本書第一部第三章で詳述したように、大慶は『非正統伝』という著作まで作成して『高田親鸞聖人正統伝』の偽妄性を批判した人物である。そうであれば、霊昌が引用した親鸞伝説についても、偽書に基づく虚説と否定しそうなものであるが、現実はそこまで単純ではなかった。大慶は『真宗追善請求決択論弁』のなかで以下のように述べている(48)。

蛇身化導等ノ事跡ハ実ニハ凡夫ノアタハサル所ナリ、ツネニハ非僧非俗ノ愚禿ト称シ玉ヘトモ実ニハ権人ナルユヘ錐脱嚢、カカル奇瑞アリシコトナリ、コレマタ時宜ニ投スルノ善巧ナルヘシ、何トナレハ当時関東御遊化ノ時ハ宗門帰依ノ人モ希レニシテ台宗密家ノ風儀ヲ執シテ念仏信仰ノ心浅キニヨリ奇瑞ナケレハ帰依セスト見エ、ソノ時ハカカル奇瑞ヲモ現シ玉フヘシ、然ニカヤウノ事ハイカニ信心ノ人ニテモ凡夫ノ所行ニアラサレハ倣フヘキ事ニアラス、故ニ御在世ノ御門弟ニモコノ作業アリシコトヲキカス、況ヤ末代ヲヤ

大慶にとって親鸞とは、「権人」つまり阿弥陀仏の化身として捉え得る存在であった。しかも、その親鸞が数々の奇瑞を示した関東は、当時において天台・真言系の仏教勢力が優勢な地域であった。だからこそ、念仏信仰に関心を示さない人々の前で、「時宜ニ投スルノ善巧」として奇瑞を現さざるを得なかった。大慶はこのように親鸞の奇瑞に対する自説を披露してみせたのである。

履善も『斥攘追善求決論』のなかで、「高祖ハ権化ニテマセハ其所作神妙不測ノ益アリ」と述べているから、その立場は大慶とおおむね同じであろう。もっとも、大慶や履善が、親鸞の奇瑞を霊昌のように追善供養肯定の証拠とみなすことはない。嫉妬で蛇身と化した女性を救済することも、幽魂を経石の功徳で成仏させることも、阿弥陀仏の化身である親鸞のみに許された特別な行為なのである。そこで、大慶は、凡夫も親鸞に倣って亡者の

ために念仏を唱えよとする霊昌の主張を、不遜極まりないものとして否定している。

『浄土真宗亀鑑』に載る親鸞の遠忌執行と、『高田親鸞聖人正統伝』に載る親鸞の蛇身化導や経石供養は、現代人である我々からすれば、同じように荒唐無稽な話として片付けられがちなものである。しかし、江戸時代を生きた浄土真宗僧侶にとって、これらの叙述の真偽を判断する基準は、近代的な実証史学の作法とは少し異なるところに存在したといえる。

話を本題へと戻そう。追善供養を奨励する霊昌が、自説の正統性を補強する際、論拠の一つとしたのは西本願寺派において偽書と疑われる『浄土真宗亀鑑』であった。履善はそのことを問題視して、親鸞の著作とあれば真偽の判断もせずに引用するのかと問い詰めたわけだが、そもそも江戸時代の浄土真宗僧侶にとって、偽書と疑われるような書物は、どこまで身近な存在だったのだろうか。この点については、本書第一部第一章で詳述した。師匠から瀉瓶の弟子へと仏教知が慎重に相承されてきた中世までは、偽書もまた経蔵の奥深くに秘されるものであった。著者を親鸞・覚如・蓮如らに仮託した浄土真宗の偽書も、大切に秘蔵されつつ、所有者を権威付けるという役割を果たしていたわけである。ところが、江戸時代に商業出版が成立すると、売れる商品の確保を至上命題とする民間書肆たちが、通俗的な仏書を掘り起こして盛んに出版するようになった。『浄土真宗亀鑑』の場合、民間書肆ではなく、東本願寺派の学僧が主導して発見した宗祖言行録なのだが、出版に至る経緯は、江戸時代に出版された浄土真宗系の偽書と酷似している。つまり、霊昌は苦心して誰も読んだことのない偽書にたどり着き、それに依拠して異安心を主張し始めたのではない。むしろ、偽書が氾濫する江戸時代的な仏書出版状況のなかで、偶然にも自説に合致する『浄土真宗亀鑑』を見付け、典拠の一つとして利用していたのである。

ちなみに、霊昌が所属する西本願寺教団も、こうした偽書の氾濫を問題視し、幾つかの対策は施していた。例えば、西本願寺学林で活躍する泰巌・僧樸といった学僧は、宝暦年間（一七五一～一七六四）に次々と聖教目録を作成し、厳しい真偽判断によって偽書の確定に努めた。また明和二年（一七六五）には、『真宗法要』という西本願寺お墨付きの聖教集成も出版された。ただし、既に確認したように、江戸時代の西本願寺は、徳川幕府の統制下で並列的に公認されている仏教諸宗本山の一つに過ぎなかった。そこで、既に出版されている偽書を、教学統制を理由として、全面的に販売停止とするような力は、西本願寺にはなかった。こうして、仏書の販売促進を図る民間書肆と、仏書出版の統制を狙う仏教本山とのあいだには、微妙な緊張関係が生じることになり、仏教檀林では、偽書の弁別を目的とする文献考証主義への志向が急速に強まっていった。

以上が本書第一部第一章の結論であるが、浄土真宗の異安心発生に注目した本章の考察からも、この結論を補強することが可能ではないだろうか。民間書肆から出版された偽書は、基本的には誰でも購入可能なものである。そこで、霊昌のように西本願寺派という自らの所属にそこまで縛られることのない読者は、たとえ東本願寺派の学僧が出版した『浄土真宗亀鑑』でも、あるいは高田派の学僧が出版した『高田親鸞聖人正統伝』でも、自在に読みこなして自説を拡張していくことができた。江戸時代前期段階における偽書への警戒とは、仏教諸宗本山の意向を無視して、民間書肆が勝手に仏書を出版していくことへの警戒を意味していた。しかし、仏教檀林における僧侶養成システムの充実もあり、仏書を独自に読みこなす僧侶が全国津々浦々に遍在するようになると、偽書への警戒は、個々の読者と連動して考えるべき問題になっていったといえる。本書第一部第三章で確認したように、西本願寺学林で長期にわたって修学を重ねた大慶は、故郷である大東坊に戻った後も、遊学中に収集した膨大な蔵書を整理しつつ、偽書への関心を保ち続けた。本章のここまでの考察を踏まえるならば、帰郷後に大慶が取った行為は、閉じられた学問世界で自足的に進められたものと捉えるべきではなく、むしろ地域社会で展開する多様な偽書の読み解きに刺激されつつ進められたものと捉える必要がある。

（三）存覚の著作への傾倒

さて、ここまで霊昌が主張する追善供養の奨励と、偽書の引用との関係に着目してきた。異端的な見解を記す書物に触れたことで、異安心が発生するという道筋は、確かに理解しやすいものである。もっとも、霊昌は偽書ばかり読んでいたために異端的な見解にたどり着いたわけではない。既に述べたように、中世的な宗教世界では、大切に秘蔵される一冊の偽書が、異安心の発生に絶対的な影響を及ぼすこともあり得た。しかし、商業出版が成立した江戸時代において、人々が共有し得る書物知は急速に増大し、それらの多様な読み解きをめぐって異安心論争が展開するようになった。結論を先取りしておくと、追善供養の奨励という霊昌の主張を支えていたのも、まさしく多種多様な書物であり、『浄土真宗亀鑑』や『高田親鸞聖人正統伝』はあくまでその一部を形成するものに過ぎなかった。それでは、霊昌が『真宗追善請求決択論』のなかで自説を補強すべく最も良く引用した書物は何かというと、それは『真宗法要』である。

『真宗法要』は、西本願寺派で依用する宗祖・列祖などの和語聖教三九部を集めたものであり、有名なものでいえば親鸞の『末燈鈔』・『御消息集』、覚如の『口伝鈔』・『改邪鈔』、存覚の『諸神本懐集』・『破邪顕正鈔』、蓮如の『正信偈大意』などが収録されている(49)。既に取り上げた『歎異抄』や『蓮如上人御一代聞書』も、この『真宗法要』に収録される和語聖教である。それでは、霊昌は『真宗法要』をどのように活用して、自説の正統化を図っていったのだろうか。『真宗追善請求決択論』における以下のような書物利用は、追善供養の奨励を主張の根幹とする霊昌にとって象徴的なものである(50)。

当流ニハ追善ノ廻向ノト云コトハ名モナキコトナリトハ嗚呼此レ何ノ謂ソヤ（中略）何為ソ当流ノ聖教ニクラクシテ戻レルモ知ラス、カクノ如クノ妄談ヲナシテ愚俗ヲ欺クヤ、今弁者ノ為ニ当流追善ノ証拠一二ヲ挙テ示スヘシ（中略）真宗法要第十六云「報恩記初紙《（傍注）》」、死セン後ニハ追善ヲ本トシテ報恩ノツトメヲイタスヘシト、又云「同三紙《（傍注）》」、没後追善ヲイトナミテカノ菩提ヲトフラハンハマメヤカノ孝養トナルヘキナリト、又云「同三十三《（傍注）》」、生前ニソコハクノ孝行ヲイタサンヨリハ没後ニ随分ノ善根ヲハ労ミテカノ仏果ヲカサランハソノ功徳コトニ莫太ナリ、サタメテ諸仏ノ大悲ニカナフヘキナリト（中略）此即当流ノ祖師御相承ノ追善追福ノ明証ナリ

霊昌は、昨今の浄土真宗僧侶が追善という言葉を毛嫌いする現状を嘆き、聖教の読み込みが足りないのではないかと批判する。しっかりと聖教を読めば、そこに追善奨励の言葉があふれているとする彼は、ここで試みに『真宗法要』の第一六巻、すなわち存覚著『報恩記』を繰り返し引用している。『報恩記』は、同じく存覚が著した『破邪顕正鈔』などとともに、霊昌が『真宗追善請求決択論』のなかで好んで引用したものだが、同書をひもといてみると、確かにそこでは追善・菩提・孝養・善根といった言葉が多用されている。[51] 西本願寺お墨付きの聖教集成である『真宗法要』に収録されつつ、追善について饒舌に語る『報恩記』とは、いかなる書物なのだろうか。

その穿鑿はひとまず措き、『真宗法要』収録本の引用によって追善供養の奨励を主張した霊昌に、履善や大慶がどのように回答したかを、早速確認しておこう。大慶は『真宗追善請求決択論弁』のなかで以下のように述べている。[52]

所引ノ諸文追善追孝ノ名アレトモ皆是他力回向報恩ノ経営ナリ、法要第十六ノ文ニ分明ニ報恩ノツトメトア

ルニアラスヤ、シカシ存覚上人ハ御意ハ法体所異ノ回向ヲノタマヘトモ言陳ハ少シ他宗ノ名目ヲ用ヒ玉フコトアリ、カノ菩提ヲトフラハント云ヒ、或ハ没後善根ヲイトナミナカノ仏果ヲカタラヒ等ノ文ナリ、爾レトモソノ意計ハ法体具徳ノ他力回向ニ任スノ義ナリ（中略）何ニモセヨ、念仏利益ヲ嘆シテ人ヲシテ信ヲ生セシメントシテカクハノ玉ヘリ、爾レトモ言陳濫スルニ似テ覚如上人トハ異ナリ

本書第一部第三章で取り上げたように、大慶は存覚著『報恩記』に対して「自宗ノ義ニ達セザルノ輩、容易ニ文ヲ取リ義ヲ執セハ、殆ント宗義ニ害有ラントス」といった懐疑的な評価を堂々と記す人物であった。『真宗追善請求決択論弁』においても、こうした姿勢は貫かれている。すなわち彼は、『報恩記』に菩提や善根など一見すると追善供養を肯定しているかのような表現が多用されていることをひとまず認める。[53]ただし、それは存覚が時に「他宗ノ名目」を好んで用いる困った癖の持ち主だからだと弁明し、『報恩記』の追善も亡者を浄土往生させようとする自力回向ではなく、あくまで浄土真宗流の他力回向なのだと結論する。ちなみに、履善も『斥攘追善求決論』のなかで、「コノ師ノ釈義ニハ内ハ弘願別途ノ正義ニ居シ玉ヘトモ外ハ通浄土門ノ釈義ニ准叙シ玉ヘルコト多」と、苦言とも受け取り得るような表現で存覚を評価している。以上のような大慶と履善の評価を念頭に置いた上で、存覚という人物についてさらに深く考察してみたい。

存覚は本願寺第三世覚如の長男であるが、宗主の地位を継承することはなく、それどころか何度も父親に義絶されたという不名誉な経歴を持っている。もっとも、たとえ親鸞教義からの逸脱が存覚排斥の一因になっているとしても、[54]存覚思想が当初から本願寺教団にとって著しく異質なものであったと捉えるのは適切ではない。蓮如が本願寺第八世として本願寺教団の組織化を推進するより以前の浄土真宗勢力は、そもそも改変不可能な宗祖の教えを信奉する一枚岩の集団ではなかったから、存覚のなかに現代の我々からみて浄土真宗的でない考えが散見

されるのは当然なわけである。[55] 実際に彼の死後も、浩瀚な知識に裏付けられた存覚著作の多くは、異端視されるどころか、浄土真宗教学に大きな影響を与え続けていった。しかし、宗派分立を最大の特徴とする江戸時代的な宗教世界が出現すると、それに伴って存覚著作の権威は次第に揺らぎ始める。

既に述べたように、江戸時代の浄土真宗教団は、仏教他宗派と異なる自宗の独自性確立に心血を注いだ。履善や大慶は、「通仏法家」・「通浄土門」といった言葉を使って霊昌の追善供養奨励を批判しているが、そこには浄土真宗と他宗派との峻別を図ろうとする彼らの強い意志が窺われる。ちなみに、履善や大慶に先駆けて同様の問題意識を発露させたのは、『真宗法要』の編纂に当たった西本願寺学林の学僧たち、具体的にいえば泰巌や僧樸である。浄土真宗系の通俗仏書を大量に読破し、真撰・偽撰の弁別を推し進めた彼らが、「通浄土門」の言葉でもって批判したのは、存覚の著作であった。泰巌や僧樸が作成した聖教目録のなかには、存覚の著作を低く評価する傾向がはっきりと現れている。[56] こうして当初浄土真宗教学の中心に位置していた存覚思想は、江戸時代中後期にかけて徐々に周縁化していった。

以上のような流れを念頭に置くと、『報恩記』の引用によって追善供養を奨励した霊昌の立場がより鮮明になる。『真宗法要』とは、西本願寺学林の学僧が異安心の抑制を目指し、偽書や誤記を徹底的に取り除いて編纂した聖教集成である。しかし、そこには「通浄土門」的な見解が散見される存覚の著作も多数収録されていたわけであり、『真宗法要』さえ出版されれば、西本願寺教団にとっての正統なる教義が保証されるという単純な問題ではなかった。正統なる教義とは何であるかを熟知する西本願寺学林の学僧に先導され、集団的に読まれることで、初めて『真宗法要』は異安心抑止の効果を発揮できるのである。学林の価値観から自由な立場で個人的な読書に努める霊昌のような人物であれば、『真宗法要』に収録される『報恩記』から「通浄土門」的な解釈を導き出すのはいわば必然であった。しかも、西本願寺お墨付きの聖教集成に収録されたことで、存覚著作を公然と異安心扱いする行為はタブーになった[57]。結果的に霊昌は、履善や大慶も及び腰で臨まざるを得ない存覚の著作を最大限に活用し、追善供養奨励の論陣を張ることができた。

(四) 親鸞消息の読み解き

さて、霊昌は『真宗法要』のなかでもやや周縁的な位置にある存覚の著作を好んで引用し、自説の論拠としていた。しかし、『浄土真宗亀鑑』のような偽書の疑いがある書物に続き、存覚の著作が異安心発生の要因であったと指摘しても、実はまだ十分ではない。なぜなら、霊昌は『真宗法要』の第四巻に該当する親鸞の『御消息集』を引用して、追善供養の奨励を主張しているからである。彼は紛れもない祖師の言葉を用いてどのように自説を正統化したのだろうか。『真宗追善請求決択論』には以下のような言及がみられる[58]。

性信坊ヘツカハサルル御消息ニ、念仏ヲココロニイレテツネニマフシテ念仏ソシラン人々ノコノ世ノチノ世マテノコトヲイノリアハセタマフヘク候、文、又曰、邪見ノモノヲ助ン料ニコソマフシアハセタマヘト、又云、念仏ソシラン人ヲ助レトオホシメシテ念仏シアハセタマフヘク候ト（中略）又口伝鈔ニハ、済度利生ノ念願ヲヤハタサントイヘリ、或ハ他力ノ信心決得ノ機ハ衆生成仏セヨト思候ナリトノ給フトハ今相違シテ、亡者ノ為ニスルコト勿レ、自身報謝トココロフヘシトハ自語相違ニ非スヤ

念仏を誹謗する人々がいれば、その人々が現世・後世で救われるように祈ってやりなさい。このように性信坊を説得する親鸞の消息[59]は、現代を生きる我々にも比較的良く知られたものではないだろうか。霊昌は、この消息の存在を決定的な証拠として、親鸞も他者（しかも念仏を誹謗する人々）の浄土往生のために称名念仏を勧めてい

るではないかと主張する。そのような彼にとって、亡者の冥福のために祈るな、阿弥陀仏への報謝のために念仏せよという昨今の浄土真宗僧侶は、親鸞の真意を取り違えた愚か者ということになる。

ちなみに、親鸞消息のなかには、この他にも同様の趣旨を説くものが幾つか確認できる。「朝家ノ御タメ国民ノタメニ、念仏ヲマフシアハセタマヒサフラハヽ、メテタフサフラフヘシ。」や「一念ノホカニアマルトコロノ念仏ハ、十方ノ衆生ニ回向スヘシトサフラフモ、サルヘキコトニテサフラフヘシ。」といった表現がそれである。(60)そもそも消息は、状況対応的な性格を強く持っており、作成当時の状況から切り離して読めば、どのようにでも解釈できてしまう可能性を帯びている。だからこそ、現代を生きる我々も「天皇・国民のために念仏するというのは、世の中安穏なれ、仏法広まれと願うので、祈禱の意ではない。」とか、「ここでの廻向は阿弥陀仏が我々に廻向せられるのであるから「他力の廻向」である。」といった詳細な注釈を頼りに、(61)こうした消息の読み解きに努めるわけである。

住職資格を得るため西本願寺学林に懸席し、集団で聖教を学んでいた浄土真宗僧侶たちも、異端的な読み解きの回避という点でいえば、我々以上に厳粛な環境のなかで読書実践を行っていたと考えられる。しかし、智暹の弟子であった経歴も影響して、恐らく学林での集団的な読書環境から距離を取っていたと予想される霊昌にしてみれば、『御消息集』はどのようにでも「誤読」可能な書物であった。こうして彼は、親鸞消息を自在に読み解き、それを切り札として追善供養の奨励を主張したのである。

さて、西本願寺お墨付きの聖教集成である『真宗法要』から、そのなかでも宗祖親鸞の感情が最も鮮明に表現されているテキストを持ち出してきた霊昌に対して、履善や大慶はどのように応答したのだろうか。履善は『斥攘追善求決論』のなかで『御消息集』について触れ、以下のように述べる。

機変ヲ以テ法常ヲ乱ス失トハ、御消息集ノ諸文ヲ引難スルモノ是也、コノ諸文ハ一時臨機ノ施設ニシテ、万古不易ノ常典ニ非ス、ナントナレハカノ消息ノ興由ヲミルニ、ソノカミ真宗繁昌ニヨリテ他門ノ謗嫉スクナカラス、ツイニ鎌倉ノ獄訟トナレリ、高祖深クコレヲ憂ヒ玉フニヨリテ、御門徒ヲ戒慎サセシメ玉フノ誥訓也、コレスナハチ御文ニ他宗公方ニモ対シテハナトカ物ヲ忌サランヤトノ玉ヘル意ニテ随宜応機ノ御フルマヒ、其御苦心奉察スヘシ、サレハトテ他力ノ法門ヲ自力ニ転シ玉ヘルニハ非ス、辞ハ自力ニ似タレトモ、意ハヤハリ他力也

親鸞がこの消息を書き記した頃、念仏信仰はちょうど勢いを増しており、他の仏教勢力から誹謗を受けている真っ最中であった。そこで、不毛な衝突を避けるために「一時臨機」の消息が書き記された。念仏誹謗者のために称名念仏せよという親鸞は、一見すると自力の念仏を勧めているようだが、その真意は他力なのである。柏原祐泉も指摘しているように、親鸞消息は当時の政治的・社会的現実との葛藤のなかで生み出されており、(62)右のような履善の読み解きは、ひとまず強い説得力を有するものである。

もっとも、以下の点については留意しておく必要がある。既述の通り、霊昌は「親鸞ハ、父母ノ孝養ノタメトテ、一返ニテモ念仏マフシタルコトイマタサフラハス。」という『歎異抄』の文言を、自力の信心に迷う一部の者に対して発せられたかりそめの教化に過ぎないと言い切り、追善供養を奨励する自らの立場を貫いた。それに対して履善や大慶は、宗祖の教えを破滅へと導く大罪だと糾弾したわけである。ところが、親鸞消息のなかに、他者の浄土往生を祈願させるかのような文言が出てくると、一転して履善は「一時臨機」の教えを宗祖の真意として受け取ってはならないと注意喚起したことになる。「一時臨機」の教えという解釈が、聖教を自説に適応するかたちで読み解くために、各々のタイミングで利用されたと捉えることもできよう。

さて、双方が自分こそ宗祖の真意を深く理解した者だと主張して交わされる履善・大慶と霊昌のあいだの論争

は、ここに来てほとんど袋小路へ迷い込んでしまった観がある。もちろん、こうした意見対立は宗教論争において起こりがちなものであり、それを最終的な解決へと導くのが、本来ならば仏教本山の権威であったり、中央檀林が示す正統なる読解であったりするわけだろう。しかし、西本願寺学林における音読＝集団的読書によって解釈の一元化を図るという伝統的手法は、光蓮寺追善一件に関していえば、あまり効果的に機能しているようにはみえない。霊昌にとって学林で行われる集団的読書とは、どのような意味を持っていたのだろうか。霊昌が西本願寺に奉呈した『風鈴』と『真宗追善請求決択論』の末尾に添え書きが付されていたことは既に述べたが、彼はそのなかで自らの思想遍歴を以下のように回想している。

小子志学ノ年ヨリ指ヲ祖門ニ染テ京師ニ遊学ス、父母孝養ノ文ヲ以テ追善ノ法方ヲ定ムル説ヲ聞テ甚随喜ス、故ニ尊信シテ往々此ヲ述ルコト凡ソ五・六歳、シハシハ祖書ヲ窺フニ文意齟齬スルモノ甚多シ、故ニ疑惑ヲ生シテ古徳ノ説ヲ集メテ対見スルニ、蘭菊美ヲアラソフトイヘトモ祖訓ニ望ムルニイマタ消セサル文多シ、故ニ此ヲ思惟スルコト更ニ三歳ヲ歴タリキ、一日大経ヲ読誦スルニ若在三塗ノ文ニ至テ豁然トシテ疑雲ヲ払フニ似タリ、退テ祖訓ヲウカ、フニ文脈貫通ス

霊昌は一五歳にして京都に遊学している。江戸時代の西本願寺は住職資格取得のために本山学林で最低でも三年間学ぶことを義務付けており[63]、浄土真宗僧侶であれば誰しも京都で教学を学ぶ必要があったからである。この学林懸席期間に、霊昌は「父母孝養ノ文ヲ以テ追善ノ法方ヲ定ムル説」を聞いて大変な感銘を受けたという。つまり、彼も一度は学林で行われる集団的な『歎異抄』読解に魅了され、「親鸞ハ、父母ノ孝養ノタメトテ、一返ニテモ念仏マフシタルコトイマタサフラハス。」という文言から導き出される追善供養の否定という教えに心酔していったのである。ところがその後、繰り返し宗祖親鸞の著作を読んでいくと、どうにも『歎異抄』の文言と

齟齬する印象を抱いてしまい、どれほど「古徳ノ説」を渉猟しても疑問は晴れなかった。恐らくこのあいだに霊昌は、光蓮寺の住職となるために京都から帰郷し、読書スタイルも次第に個人的なものへ変化していったものと考えられる。そして、ある日『仏説無量寿経』を読んでいると、「若在三塗勤苦之処、見此光明、皆得休息、無復苦悩、寿終之後、皆蒙解脱[64]」、すなわち、もし地獄・餓鬼・畜生の三悪道の苦しみにあえぐ者でも、阿弥陀仏の光明に照らされると、苦悩が消え失せて、死後に解脱を得るという一節に立ち至り、突如として長年の疑問が晴れた。そして、それ以降は、親鸞のどんな著作を読んでも齟齬を感じることはなくなった。以上のように霊昌は、沈思黙考型の個人的読書を繰り返すうちに、学林で身に付けた『歎異抄』解釈から離脱し、追善供養の奨励という独自の考えにたどり着いたわけである。

以上のように、西本願寺学林における集団的な読書が、もはや確固たる正統性を保証し得なくなりつつある江戸時代後期に、学僧たちは聖教を読むという行為にどのような意義を見出し、またどのような懸念を抱いたのだろうか。本書で繰り返し触れてきたように、江戸時代を民衆的読者の顕著な増加に支えられた時代と捉えるならば、浄土真宗の僧侶たちが、聖教を読む俗人信徒にいかなる眼差しを注いだかは、とりわけ興味をそそられる問題といえよう。実際に光蓮寺追善一件では、異安心とされた霊昌、それを糾弾した履善・大慶の双方から、俗人信徒の読書行為に対する生々しい思いが吐露されている。まず『真宗追善請求決択論』から、霊昌の以下のような発言を抜き出しておきたい[65]。

セツカクイナカノ人々ノ文字ノ心モ知ラスアサマシキ愚痴キハマリナキモノヘヤスクココロヘサセントココロツカヒシ給フ御聖教ヲモ、俗人ハヨムモノニアラスト弘通ヲトトムルハ、異文ヲ以テ我所立ヲ難セラレンコトヲ恐レテナリ、タマ〳〵親鸞ト題名シ給フ御消息モ弁者ノ為ニ過半ハ方便ノ仮説、宗ノ常談ニ非スト選捨セラレ給フ、一家相承ノ法語トアル真宗法要モ弁者ノ為ニ反古同様ニ取リ扱ヒスルハ皆是此ノ僻説ヲ成立センカ為ナリ、列祖ノ釈義ニ違シ、高祖ノ事跡ヲ廃シ、御聖教ニ背キ、弘通マテ止メントハカル法義相続ハ御恩報謝トハ許スヘカラス、嗟々専修ノ行人ニ於テ何ソヤト他門ヨリ難破セハ如何カ答フヘシ、大徳教化シ給へ

霊昌が用いた「イナカノ人々ノ文字ノ心モ知ラスアサマシキ愚痴キハマリナキモノヘヤスクココロヘサセン」という文言の出典から確認していくと、これは『唯信鈔文意』や『一念多念文意』といった和語聖教の末尾に、著者である親鸞が書き記したものである(66)。文字通り読めば、親鸞は難しい文字など理解できない田舎の人々に自分の著作を勧めていたことになる。霊昌はこの文言に依拠して、なぜ昨今の浄土真宗僧侶は俗人信徒から聖教を遠ざけるのか、聖教に依拠して自分の教化を否定されるのが恐いのかと、聖教の秘匿を糾弾していく。もちろん、ここで霊昌が一番に憤っているのは、誰しも聖教を読み解く権利を持っているにもかかわらず、西本願寺学林の学僧たちが、霊昌の聖教解釈を参照しようとしないことであろう。備後国神辺の光蓮寺で住職を務める霊昌が、本当に檀家たちへの聖教開放を実践するような革新的僧侶であったかどうかは、史料の制約もあって良く分からない。

しかし、異安心の疑いをかけられた側の人物が、その著作のなかで聖教の開放に言及している事実は、江戸時代的な知識世界の特質を窺い得るものであり、注目して良かろう。しかも、霊昌から聖教の秘匿を糾弾された履善や大慶の態度を確認してみると、彼らは俗人信徒にまで聖教が行き渡ることにより、異安心が続発するのではないかという危惧をかなり切実に感じ取っていた。霊昌の批判に抗弁した大慶は、『真宗追善請求決択論弁』のなかで以下のように述べている(67)。

△イナカノ人々文字ノ心ヲ知ラス、アサマシキ愚痴キハマリナキモノヘヤスクココロエサセント等

○弁曰、コノ文ハコレ唯信抄文意ノ尾ニ記シタマヘリ、則是安心ノオモムキヲ易クシラシメントナリ、然ニ祖師滅後次第ニ仮名聖教モ多クナリテ却テ愚痴ノ人迷ヒ易キニヨリテ蓮宗主ソノ濫ナキヤウニト安心ヲ短文ニノヘヲキマシマセシヲ、円如上人コレヲ選択シタマヒテ五帖一部ト合シテ御門徒へ示シ玉ヘリ、安心ノ一途ハ五帖一部ヲ拝読スレハ自身領解ニ不足ナシ、然ルヲ不足トシテ他ノ御聖教ヲヨミタカルハ吾レ物知カホノシタサニチガヒハナシ、左様ノ人ニ許シテ拝見セシムレハ実ニ吾身ノ字チカラニテコレヲヨミテ、師伝口業ノアルヲモシラス僻法門ヲ執スル俗士アルユヘニ、此ヲ制止シテ拝見ヲ許サザルコトハ僧侶ノ私ニアラス、御本山御作法ノ制也

大慶がここで注意を喚起したのは、書物知の急速な浸透である。親鸞が田舎の人々に書物を勧めていた頃とは、もはや時代は変わってしまった。そして、読みやすい聖教の数が増え続けたため、それらを読むことでむしろ迷いを生じる者も出てきた。そこで、蓮如は御文（御文章）を記して、聖教を読まなくても俗人信徒の教義理解が成り立つようにしたのである。それでもなお聖教を読みたがる俗人信徒は、大慶からみればただ物知り顔をしたいだけなのであり、彼らに聖教を与えても「吾身ノ字チカラ」で勝手な読み解きを進め、異安心を生み出すことにしかならない。大慶は以上のように現状を把握した上で、浄土真宗において俗人信徒から聖教を遠ざけるのは、本山西本願寺によって定められた大切な掟なのだと結論する。

ここで筆者にとって興味深いのは、大慶が用いた「師伝口業ノアルヲモシラス僻法門ヲ執スル俗士」という表現である。光蓮寺の住職であった霊昌の場合、曲がりなりにも西本願寺学林で浄土真宗教学を学んだ後、次第にその集団的読書から離脱して異安心に行き着いた。だからこそ、「師伝口業」を堅守する大慶とも、共通の枠組

みのなかで論争を行うことができた。しかし、「師伝口業」とは最初から無関係な俗人信徒が、勝手気ままに聖教を読めば、世の中に異安心があふれ出てしまうのではないか。以上のような危機意識から、大慶は俗人信徒の聖教拝読を固く禁じるという強硬論にたどり着いたわけである。

大慶の盟友である履善も、聖教の開放に関しては全く同じ意見を持っていた。『斥攘追善求決論』のなかで彼は以下のように述べる。

> 今時ハ真宗法要六帙末寺分ヘハ御免アレト、在家ヘハユルサレサルヲ御本寺ノ法度トス、コレニヨリテコレヲミレハ、御文ノ外ハ俗人ハヨムモノニ非スナトイハンコトナカ〳〵法門ニ慮リ深キ人ノ言也

履善がここで言及している『真宗法要』は、本書第一部第一章でも詳述したように、当初から「当末寺ニ限、願望之者江者指免、他末派又ハ俗人ハ一切差免不申」という方針で編纂されたものである。そこで、履善が「在家ヘハユルサレサルヲ御本寺ノ法度トス」と述べるのは間違いではない[68]。ただし履善は、蓮如の御文（御文章）を除く全ての浄土真宗聖教について、俗人信徒の拝読を否定しているのであり、現代を生きる我々からみれば、その態度はあまりに権威主義的に映る。

そもそも江戸時代の一般的な俗人信徒にとって、浄土真宗聖教とは本山の強圧的な知識独占に阻まれ、手にすることさえ許されないものだったのだろうか。恐らく履善や大慶の発言から文字通りの徹底した統制を読み取るのは誤りである。例えば『真宗法要』に注目してみても、俗人信徒への頒布が禁止されたのは、あくまで西本山寺御蔵版のかたちで出版されたもののみだったため、そこに収録される聖教を、民間書肆が既に出版していた町版のかたちで購入することは可能だった[69]。履善や大慶の一見強圧的な主張の裏側には、商業出版の盛行により、もはや本山の威光だけでは聖教を独占管理できなくなった現状への危機感が存在したといえる。俗人信徒が霊昌

同様に浄土真宗聖教への独自な解釈を行い、西本願寺学林の正統なる読解をおびやかしていく時代は、すぐそこまで近づいていたのである。

さて、筆者はここまで、霊昌が自著に引用した様々な書物を、①『浄土真宗亀鑑』のように偽書の疑いをかけられていたもの、②存覚の著作のように江戸時代の浄土真宗教学において周縁に位置していたもの、③親鸞消息のように浄土真宗聖教のなかでも最も権威化されていたものの三つに分類して考察してみた。それによって明らかになったのは、書物の記述内容以上に、読書実践のあり方が異端的な思想を生み出していく構造である。もちろん、著者を親鸞・覚如・蓮如など歴代宗主に仮託した偽書の出版盛行が、浄土真宗僧俗に対して異端的な思想を植え付けていったことは間違いない。また、「通浄土門」的な表現を多用する存覚の著作が、西本願寺お墨付きの聖教集成である『真宗法要』に収録されたことは、霊昌の追善供養奨励に大きな影響を与えたと考えられる。しかし、右のような条件が完備されていなくとも、やはり霊昌は追善供養の奨励という主張にたどり着いたのではないだろうか。西本願寺学林の正統学説に縛られることのない霊昌の読書実践は、例えば親鸞消息にも独自の解釈を施し、自説の補強につなげていくものであった。彼の思想形成を根幹で支えていたのは、学林での集団的読書に束縛されない個人的な読書の確立であったといえる。

おわりに

本章では、江戸時代後期の西本願寺教団内部で発生したマイナーな異安心論争を、読書行為と宗教的異端の関係性という切り口で分析してみた。こうした分析視座に立つことで、当該期の浄土真宗僧侶が徐々に集団的読書から離脱し、個人的読書へと没入していく様相を、浮かび上がらせることができた。もっとも、切り口を絞り込んだことにより、本章では光蓮寺追善一件という異安心論争の性格を、やや一面的に評価し過ぎたかもしれない。そこで最後に、最新の近世宗教史研究の成果によりつつ、この事件を捉え直してみたい。

既に何度も述べてきたところだが、光蓮寺追善一件で異安心として糾弾された霊昌は、『歎異抄』や『御消息集』といった浄土真宗聖教に公然と独自の解釈を施し、追善供養奨励の論理を組み立てていった。もちろん、結果的にみれば、履善や大慶は本山西本願寺の権威に後押しされて、霊昌の主張を異安心と断罪することができた。しかし、論争レベルでいえば、聖教の正統なる解釈を我が物にしていたのは、必ずしも履善や大慶の側のみではなかった。光蓮寺追善一件に限ったことではないが、このように江戸時代の浄土真宗異安心が、往々にして正統とされるものと異端とされるものの曖昧さを内包しているのはなぜだろうか。[70] 本章では、集団的読書から個人的読書へという変化を追うことで、浄土真宗教学における正統の揺らぎを説明してみたわけだが、より包括的に江戸時代の宗教世界の構造へと視点を転じてみる必要もある。

本章冒頭で述べた通り、徳川幕府が諸宗教勢力を並列的に公認したことによって、江戸時代の宗教世界における正統は複数化した。履善や大慶は、そのうち西本願寺という仏教本山の権威によって霊昌の異安心を断罪したのだが、追善供養の否定という浄土真宗内部の正統は、複数の仏教本山が併存する近世社会に投げ出された時、たちまちに相対化させられることになる。[71] 何しろ同じく念仏往生を勧める浄土宗諸派では、追善供養に励む俗人信徒を理想的として称讃するのである。強力な正統教義の構築をめぐる苦慮は、西本願寺教団のみならず、江戸時代の仏教諸宗がすべからく抱えていた問題といえる。

なお、安丸良夫がこうした近世宗教世界の特質を、強力な異端の不在と捉えたのは既述の通りである。社会変革を後押しする宗教的コスモロジーに着目するならば、なるほど安丸の指摘は妥当なものであったと思われる。ただ、正統と位置付けられるべき思想が常に相対化され、多様な主張があふれ出てくる江戸時代的な知識世界を、マイナス面のみから評価する必要はあるまい。むしろ江戸時代の複雑な思想複合を、正負両面から実態的に捉え直す作業もこれからは大切になってくるはずである。(72) 以上のような課題に取り組む上でも、正統と異端をめぐる近世仏教の動向は貴重な研究素材といえる。

最後に、個人的な読書を支えとして生み出された霊昌の思想が、周囲にどの程度の共感を呼び起こし得たかを確認しておきたい。『弁斥漫答略評』のなかで霊昌は、追善供養を奨励する自らの立場について、以下のように述べている。

仏祖ノ聖教ヲ守護仕候者ハ中国・西国ニテハ唯私一人ニテ、外ニ申テ御座ナク候、尤モ私弟子トモ少々コレ有リ候ヘトモ、是ハイマタ黄口ノ小児輩、論ニ足ラス候、然ル処ニ述テ外ニコレナキカ故ニイカ、ト思シ召サレ候モ難計候ヘトモ、申テ少キカ故ニ不正義、多キカ故ニ正義ト申スコトハコサナク候

あくまで霊昌の主観によって記された一文であるが、彼は備後国における浄土真宗僧侶のなかで孤立感を強めつつ、なお強固な正統意識を持ち続けていたことになる。師匠から弟子へという思想の継承に頼ることなく、個人的読書によって思想を形成した霊昌らしい自己意識と呼ぶべきであろうか。もっとも、平明な言葉で『風鈴』を執筆し、学僧による浄土真宗聖教の独占を批判した霊昌であるから、彼の追善供養奨励に俗人信徒がどこまで影響を受けたかを、考察してみる価値はある。また、俗人信徒から発信される、霊昌以上に個別分散的な異安心についても、まだまだ掘り起こしは可能であろう。こうしてみると残された課題は山積みであるが、ともあれここまでの考察で、読書実践から宗教的異端が生み出されていく道筋については、ある程度明らかにできた。その

ことを確認した上で、ひとまず本章を閉じることにしたい。

【註】

（1）アルベルト・マングェル『読書の歴史―あるいは読者の歴史―』（柏書房、一九九九年、原田範行訳）五五～六九頁。

（2）カルロ・ギンズブルグ『チーズとうじ虫　一六世紀の一粉挽屋の世界像』（みすず書房、一九八四年、杉山光信訳）六七～一二二頁。

（3）横田冬彦『日本近世書物文化史の研究』（岩波書店、二〇一八年）。

（4）前田愛『近代読者の成立』（岩波書店、二〇〇一年）一六六～二一〇頁。

（5）塩谷菊美『語られた親鸞』（法蔵館、二〇一一年）一六五～一六七頁。なお、突き詰めていうならば、音読されたか黙読されたかに関係なく、ある教えを書き留める行為自体が、それに対する多様な読み解きを生み出していくともいえる。御文（御文章）として書き留められた蓮如の教えが、それゆえに次々と異端的な解釈を生み出していくという稲城正己『〈語る〉蓮如と〈語られた〉蓮如　戦国期真宗の信仰世界』（人文書院、二〇〇一年）の指摘は、書記言語と異端思想の原初的な結び付きを示しており、極めて興味深い。

（6）「異端は正統あっての存在であるから、それじたいのテーゼはなく、正統の批判がその出発となる。」という堀米庸三『正統と異端　ヨーロッパ精神の底流』（中央公論社、一九六四年）三七頁の主張は、キリスト教世界における異端の特徴を端的に表現している。

（7）高埜利彦『近世日本の国家権力と宗教』（東京大学出版会、一九八九年）八三～一一六頁。

（8）なお、近世国家が設けた「正」と「邪」の枠組みは、江戸時代を通じて不動のものだったわけではなく、むしろ時々刻々と変容していった。この点については、大橋幸泰『近世潜伏宗教論―キリシタンと隠し念仏』（校倉書房、二〇一七年）が丹念な検証を加えており、学ぶところが多い。

（9）安丸良夫『日本の近代化と民衆思想』（平凡社、一九九九年）九三〜一四〇頁。
（10）引野亨輔『近世宗教世界における普遍と特殊―真宗信仰を素材として―』（法藏館、二〇〇七年）一七二〜一八二頁。なお、キリスト教世界において、同一範疇内の存在である異端と、別個の思想体系である異教とが峻別されたのと異なり、宗派分立の江戸時代においては、仏教諸宗は時として他宗を異端扱いしながら、自宗の立場を顕揚することもあった。この点については、引野亨輔「近世仏教における「宗祖」のかたち―浄土宗と真宗の宗論を事例として―」（『日本歴史』七五六、二〇一一年）に詳しい。
（11）なお、霊昌（鳳霊）の事績については、猪原薫一「僧鳳霊（一）〜（六）」（『備後史談』四―七、四―九、四―一〇、五―一、五―四、五―五、一九二八〜一九二九年）で詳細な検証が加えられている。筆者も本章執筆に当たって、猪原論文を大いに参照させて頂いた。
（12）片岡弥吉・圭室文雄・小栗純子『近世の地下信仰』（評論社、一九七四年）二三九〜三一二頁で紹介されている土蔵秘事・かくれ念仏などが、こうした異安心の典型的な事例といえる。
（13）仰誓の事績については、井上哲雄『真宗本派学僧逸伝』（永田文昌堂、一九七九年）九三〜一〇〇頁に詳しい。
（14）『随問謾答』は、本書第一部第二章・第三章でも取り上げた大東坊の蔵書中に、霊昌著『斥謾答』・履善著『弁斥謾答』・霊昌著『弁斥漫答略評』・霊昌著『風鈴』・霊昌著『追善決択篇』と合綴された写本のかたちで残されている。ちなみに、蔵書印は押されていない。また、本章で取り上げた光蓮寺追善一件をめぐる著作は、後述する霊昌著『真宗追善請求決択論』・大慶著『真宗追善請求決択論弁』・履善著『斥攘追善求択論』も含め、全て大東坊蔵書（蔵書印なし・写本）によって閲覧したものであり、このうち『真宗追善請求決択論』と『真宗追善請求決択論弁』については『福山市史　近世資料編Ⅱ』（福山市、二〇一二年）四七〜七八頁に全文翻刻が掲載されている。
（15）なお、『随問謾答』の正確な作成年代が不明であるため、『風鈴』や『真宗追善請求決択論』との先後関係も詳細は不明である。ただし、大東坊に所蔵される『風鈴』の写本冒頭には「此風鈴ノ書ハ備後国安那郡神辺川南村光蓮寺現住鳳霊霊昌ナル者ノ所撰也、本ト是石州浄泉寺先住仰誓師ヲ暗ニ破スルノ書ニシテ我慢僻解ノ書也、天明元丑歳ニ著ハシテ世ニ流布セリ」と朱字による解説が付されている。そこで本章では、まず仰誓が天明元年（一七八一）より以前に霊昌の存在を意識することなく『随問譏答』を執筆し、同書の内容に反発した霊昌が『斥譏答』・『風鈴』・『真宗追善請求決択論』を次々と著して仰誓への論駁を試み、その後に論争が活発化していったと理解しておきたい。

(16) なお、こうした問答体の書物が、江戸時代の仏教教化において、どのような役割を果たしていたかについては、芹口真結子『近世仏教の教説と教化』（法蔵館、二〇一九年）二三六〜二七〇頁に詳しい。

(17) 本願寺史料研究所編『本願寺史　第二巻』（浄土真宗本願寺派宗務所、一九六八年）四八七〜五〇八頁。

(18) 大東坊に残された『風鈴』には朱字で「文化元子秋七月、本山役人前川平内ナル者、御用ニ付石州へ下ラレケル中路ニ光蓮寺へ立寄リ、霊昌カ安心自力回向ノ義ヲ骨張セル旨ヲ尋問セラレタリシニ、霊昌自ラ不正義ニアラサル証トシテコノ風鈴并浄土真宗追善決択論ト云ヘル書二部ヲ平内ニ附シテ本山へ奉レリ、今茲文化二丑六月、本山ヨリ在京ノ同志石州浄泉寺履善師ヲ召出サレ、コノ書ヲ授ケラレテ曰、霊昌正義安心トテ奉レリ、本山御用繁多ニシテコノ書ヲ吟味スルニ日ナシ、其方ニテ正不ヲ論スヘシトテ渡シ賜レリ」という書き込みが施されている。

(19) 註(11)に同じ。

(20) このような「正統」と「異端」をめぐる流動的な捉え方については、菊地達也『イスラム教「異端」と「正統」の思想史』（講談社、二〇〇九年）や小田内隆『異端者たちの中世ヨーロッパ』（日本放送出版協会、二〇一〇年）に学ぶところが多かった。

(21) 三業惑乱に関しては、註(17)本願寺史料研究所編前掲書一五五〜一九六頁に詳しい。

(22) 註(13)井上前掲書二〇七〜二〇八頁ならびに三一六〜三一七頁。

(23) 浄土真宗の異安心のうち、代表的なものを他にも挙げておくと、阿弥陀仏は頼まずとも救ってくれるから凡夫の側は救済を求める心さえ不要であるとする無帰命安心や、我が身は地獄必定だと思い詰めることこそ凡夫の信心だとする地獄秘事などがある。凡夫の働きかけを極限まで抑圧したこれらの異安心と比べるならば、霊昌の主張は三業帰命説と近似値であるといえる。なお、浄土真宗の異安心の諸類型に関しては、大桑斉「近世真宗異義の歴史的性格」（橋本博士

退官記念仏教研究論集刊行会編『仏教研究論集』清文堂出版、一九七五年）に詳しい。
(24) 圭室文雄『江戸幕府の宗教統制』（評論社、一九七一年）九一～九九頁。
(25) 註(14)前掲書七九頁。
(26) 以下、『福山志料』については『福山市史　中巻』（福山市史編纂会、一九六八年）八六〇～八六七頁を参照した。
(27) 『福山志料　上巻』（福山志料発行事務所、一九一〇年）巻之十の九頁。
(28) 菅茶山と霊昌の詩文を通じた交流については、富士川英郎『菅茶山（上）』（福武書店、一九九〇年）七四～七六頁に詳しい。
(29) 註(14)前掲書五八頁。
(30) 註(27)に同じ。
(31) 智暹の人物像と明和の法論の経緯に関しては、註(17)本願寺史料研究所編前掲書三三〇～三五五頁に詳しい。
(32) 妻木直良編『真宗全書　第五〇巻』（蔵経書院、一九一五年）二三三～三〇二頁。
(33) 読書実践の痕跡を丹念にたどりつつ、その人物の思想形成過程を解き明かす方法については、若尾政希『「太平記読み」の時代　近世政治思想史の構想』（平凡社、一九九九年）から多くを学んだ。
(34) 石田充之・千葉乗隆編『真宗史料集成　第一巻　親鸞と初期教団』（同朋舎、一九七四年）五〇二頁。
(35) ただし、『歎異抄』のなかの逆説的な警句をもって親鸞思想の核心とみなす風潮が、近代になって初めて誕生したものであり、「親鸞ハ、父母ノ孝養ノタメトテ、一返ニテモ念仏マフシタルコトイマタサフラハス。」といった文言に江戸時代人が我々と同じような感覚で接していたわけでないことにも、十分な注意が必要である。近代的な『歎異抄』解釈と江戸時代のそれとの違いについては、福島栄寿『思想史としての「精神主義」』（法蔵館、二〇〇三年）八九～一三二頁に詳しい。
(36) 註(14)前掲書四七～四八頁。
(37) 『蓮如上人御一代聞書』（岩波書店、一九四二年、稲葉昌丸校訂）一一〇頁。

(38)家永三郎『中世仏教思想史研究』（法蔵館、一九四七年）二〜四三頁。

(39)なお、霊昌が『歎異抄』や『蓮如上人御一代聞書』を取り上げる際、「法要第八歎異鈔」や「法要第二十二蓮如上人御一代聞書」といった表現を用いている点にも注意が必要である。本書第一部第一章で詳述したように、『真宗法要』は西本願寺お墨付きの聖教集成という性格を強く持つ出版物であった。だからこそ霊昌は、追善供養が否定的に捉えられている両書の内容に対して、何らかの弁明を行っておく必要があったといえる。

(40)平松令三『親鸞』（吉川弘文館、一九九八年）一頁。

(41)註(14)前掲書五〇〜五一頁。

(42)註(5)塩谷前掲書二〇六〜二五五頁。

(43)平松令三編『真宗史料集成　第七巻　伝記・系図』（同朋舎、一九七五年）三四四〜三四八頁。なお、大東坊が所蔵する『真宗追善請求決択論』の傍注は、筆写時に大慶によって加えられたものである可能性が高いため、霊昌が『高田親鸞聖人正統伝』を参照していた決定的な証拠にはなり得ない。実際に「甲斐国都留郡篠小川」における石経供養などは同書に載っておらず、霊昌が『遺徳法輪集』や『大谷遺跡録』といった親鸞旧跡の巡礼記録（いずれも妻木直良編『真宗全書　第六五巻』蔵経書院、一九一三年に収録）を合わせて参照していた可能性は否定できない。ただし、これらの巡礼記録に、親鸞が室八島で蛇身を化導した年代（建保三年＝一二一五年、親鸞四三歳）や、悪八郎の幽魂を石経の功徳で成仏させた年代（承久二年＝一二二〇年、親鸞四八歳）などが明記されていないのに対して、『高田親鸞聖人正統伝』は、右に挙げた年代と完全に合致するかたちで親鸞の生涯を描き出している。霊昌が参照した書物のなかに、『高田親鸞聖人正統伝』が含まれていたことは間違いなかろう。

(44)同書の閲覧は筆者架蔵本によった。

(45)西本願寺派の履善が、ここまで痛烈に『浄土真宗亀鑑』を偽書であると断罪したのは、それが東本願寺派の学僧によって出版されたものであったことと関係している可能性が高い。ちなみに、佐々木求巳『真宗典籍刊行史稿』（伝久寺、一九七三年）五五七〜五五八頁では、同書について「内容からみて、親鸞および蓮位の真撰とは思えないが、先啓の偽作とも思えぬから、古くより、蓮位撰と伝える写本があり、それを先啓が真撰と誤認したものであろう。」という見解を示している。

(46)『真宗人名辞典』（法蔵館、一九九九年、柏原祐泉・薗田香融・平松令三監修）一九七〜一九八頁。
(47) 註(14)前掲書六六頁。
(48) 註(14)前掲書六六〜六七頁。
(49) 註(17)本願寺史料研究所編前掲書四一六〜四三八頁。
(50) 註(14)前掲書五二〜五三頁。
(51) 註(34)石田・千葉編前掲書八〇一〜八一六頁。
(52) 註(14)前掲書七三頁。
(53) ちなみに、現代の浄土真宗教学研究においても、存覚著『報恩記』に対しては、否定的な評価を下しているものが多い。例えば、信楽峻麿「存覚における信の思想―真宗教学史における信解釈の問題―」（『真宗学』七一、一九八五年）では、『報恩記』は儒教倫理を取り入れて著されたものと捉えられ、存覚の世俗社会への妥協的な態度が厳格に批判される。また、龍口恭子「存覚と『報恩記』―三州義士譚を中心に―」（『印度学仏教学研究』五四―一、二〇〇五年）では、『報恩記』はむしろ当時高まりをみせていた通仏教的な孝養思想を取り入れたものだと分析されている。谷口智子「存覚における父母に対する報恩思想―『報恩記』を中心として―」（『真宗学』一二八、二〇一三年）では、『報恩記』は日蓮宗との論争を意識して著されたものであり、だからこそ状況対応的に報恩思想が生み出されたと捉えられる。三者の主張はそれぞれに相違点を持っているが、『報恩記』を親鸞思想から逸脱した著作とみなす点では一致している。
(54) 重松明久『覚如』（吉川弘文館、一九六四年）一六四〜一八四頁では、存覚の教義理解と親鸞思想の相違点が丹念に検証されている。
(55) 金龍静「一向宗の宗派の成立」（『講座蓮如　第四巻』平凡社、一九九七年）。
(56) 註(10)引野前掲書八六〜一一六頁。なお、泰巌や僧樸が最も厳しく批判したのは、著者を存覚に仮託した偽書であるが、存覚真撰の書と判定されたものに対して否定的な評価が与えられることもあった。

(57)註(17)本願寺史料研究所編前掲書三三〇~三五五頁によれば、明和の法論で自説の正統性を主張した智暹は、存覚著『浄土真要鈔』を「祖釈に違することどもま丶あれば、不正義と存するなり」と評したことにより、西本願寺学林の学僧たちから激しい批判を浴びた。というのも、『浄土真要鈔』は『真宗法要』に収録されており、智暹の発言は西本願寺お墨付きの聖教集成に対する否定と捉えられたからである。霊昌がこの出来事をどの程度記憶していたかは不明であるが、彼は師匠の智暹が批判されたのとは逆の手法を採用し、『真宗法要』収録の『報恩記』でも明示される追善供養の奨励を正統化したことになる。

(58)註(14)前掲書四九~五〇頁。

(59)註(34)石田・千葉編前掲書四五八~四五九頁。

(60)註(34)石田・千葉編前掲書四五〇~四五一頁。

(61)ちなみに、これらの注釈は、『日本古典文学大系82 親鸞集 日蓮集』(岩波書店、一九六四年、名畑應順・多屋頼俊・兜木正亨・新間進一校注)一五四頁ならびに一四一頁から抜き出したものである。

(62)柏原祐泉『真宗史仏教史の研究Ⅰ〈親鸞・中世篇〉』(平楽寺書店、一九九五年)一五九~一五六頁。

(63)千葉乗隆『真宗教団の組織と制度』(同朋舎、一九七八年)八九~九六頁。

(64)『浄土三部経(上)』(岩波書店、一九六三年、中村元・早島鏡正・紀野一義訳註)一七一頁。

(65)註(14)前掲書五三頁。

(66)註(34)石田・千葉編前掲書三三七頁ならびに四〇一頁。なお、『唯信鈔文意』の末尾に実際に記されている文言は以下の通りである。「イナカノヒト〴〵文字ノコ、ロモシラス、アサマシキ愚痴キワマリナキユヘニ、ヤスクコ、ロエサセムトテ、オナシコトヲタヒ〴〵トリカヘシ〴〵カキツケタリ。コ、ロアラムヒトハオカシクオモフヘシ、アサケリヲナスヘシ。シカレトモオホカタノソシリヲカヘリミス、ヒトスチニオロカナルモノヲコ、ロエヤスカラムトテシルセルナリ。」

(67) 註(14)前掲書七三頁。

(68) 註(17)本願寺史料研究所編前掲書四一六～四三八頁。なお、『真宗法要』の出版経緯については、万波寿子『近世仏書の文化史—西本願寺教団の出版メディア—』(法蔵館、二〇一八年)一二五～一六一頁に詳しい。

(69) この点に関連して興味深い指摘を行っているのが、橘川俊忠「近世商家の知的世界—奥能登輪島中島家の蔵書目録から—」(『歴史評論』六〇五、二〇〇〇年)である。同論文では、能登半島輪島の有力商人であり、なおかつ熱心な浄土真宗信徒でもあった中島三郎左衛門家の書物目録が紹介されているのだが、そこに仏書として記載される五三部のうち、実に三六部は『真宗法要』収録本である。この三六部のなかに、民間書肆が出版しなかった『出世元意』は含まれていないため、中島三郎左衛門は町版のかたちでこれらを収集した可能性が高い。そして、『真宗法要』に収録される三九部のうち三六部という網羅性からすれば、中島三郎左衛門は『真宗法要』もしくは『真宗仮名聖教』の存在を念頭に置きつつ、これらの書物を意図的に収集していたと考えられる。商業出版が成立した江戸時代において、浄土真宗の俗人信徒たちは、本山が正統と認める聖教の存在をしっかりと把握した上で、それらを町版のかたちで入手することが可能だったのである。

(70) 江戸時代の西本願寺教団で発生した異安心の全般的な特徴については、註(17)本願寺史料研究所編前掲書三〇五～三九六頁に詳しい。

(71) こうした視点については、小林准士『日本近世の宗教秩序—浄土真宗の宗旨をめぐる紛争—』(塙書房、二〇二二年)一九一～二五七頁や、上野大輔「長州大日比宗論の展開—近世後期における宗教的対立の様相—」(『日本史研究』五六二、二〇〇九年)から学ぶところが多かった。

(72) 黒住真『複数性の日本思想』(ぺりかん社、二〇〇六年)では、江戸時代における思想の複合性を構造的に明らかにする必要が述べられており、学ぶところが多い。

第二部　明治時代の出版技術革新と仏教教団・寺院・僧侶

第五章　近代仏書出版史序説

はじめに

本書第一部第一章では、日本史上における商業出版の発生に注目することで、その構造的な特質を探った。そうして浮かび上がったのは、以下のような江戸時代的商業出版の展開である。現代的な商業出版のかたちに慣れ親しんでいる我々からすれば、出版業者とは、一般書・専門書の違いはあれども、基本的に「誰でも読みたくなる本」を不特定多数の読者に向けて売り込むものだと、イメージしがちである。しかし、まだ民衆的読者の成長も不十分な江戸時代前期に、不特定多数の読者を購読層と見込んで出版活動を行うなど、ほとんど不可能なことであった。そこで、京都で誕生した黎明期の民間書肆たちは、仏教諸宗本山に代表される文化的権威と親密な関係を取り結び、例えば中央檀林に懸席している修行僧など、手堅い購買層に向けて確実に必要とされている部数の商品を売りさばいていった。

もちろん、右のような商業出版のかたちが江戸時代を通じて全く変化しなかったわけではない。井原西鶴が『好色一代男』という浮世草子を大ヒットさせてから後は、一冊のヒット商品が民間書肆の命運を左右することも多くなった(1)。参勤交代制度の確立に連動して江戸城下町の人口が膨れ上がると、仏書・儒書・医書のような堅い「物の本」ではなく、庶民向けの娯楽商品である絵草紙が盛んに販売される土壌も整った(2)。寺子屋の教科書である往来物を全国各地へ流通させるべく、三都の書肆と地方の書肆が連携を強め、商圏が全国規模へ拡大していったことも、江戸時代後期の出版界における新動向として見逃せない(3)。しかし、これらの変化を加味してもなお、諸々の文化的権威と民間書肆とが、その関係性をより強固なものにしつつ、江戸時代の書物販売を下支えしていたことは間違いない。仏教諸宗本山が抱える門人組織を確実な購読層と見込んで誕生した日本の商業出版は、茶道・華道・書道の家元や浄瑠璃の座元など、結託する文化的権威の数をさらに増やしながら、安定的経営を維持していたのである(4)。

それでは、こうした江戸時代的商業出版のかたちは、明治新時代の訪れとともにいかなる変化を遂げることになったのだろうか。木版を用いた整版印刷から金属活字を用いた活版印刷へという技術上の変更が、伝統的な商業出版のかたちを根底から改変させたという理解は、現在に至るまで出版史研究の通説に位置しているといって良い。だからこそ、明治日本における出版界の動向を語る際に、本木昌造（一八二四～一八七五）の存在が不可欠になってくる。というのも、オランダ通詞の家系に生まれた本木は、幕末から営々と日本語活字の製造に取り組み、東京築地活版所の礎を築いた人物だからである。ちなみに、本木の功績大なることを讃えた歴史叙述はかなり古くから存在している。例えば、在野の文化史研究者として知られる石井研堂は、明治四一年（一九〇八）に出版した『明治事物起原』のなかで、早くも本木を顕彰して以下のように述べている(5)。

彼の白耳曼人グデンボルグ氏が始めて活字を発明し、スコーファル氏（グーテンベルクの助手であったペーター・シェーファーを指すか―引用者注）が活字の鋳造術を発明せしは、我後花園天皇の宝徳長禄の頃にして、始めて元亨釈書を印刷したる年を距ること、既に百年余の後なりとす。以上の事実によつて之を推せば、我国にて活字の発明ありたるは、既に数百年以前のことなれども、正版の進歩するにも関はらず、活版は依然として一の進歩もなく、一々文字を木又は銅駒の一端に手刻し、之を罫版の間に植込み、又は活字のみ組せて印刷するに過ぎざりしを以て、其摺本も鮮明ならず、遂に擯斥せらるゝに至れり。（中略）かくて、天保弘化以後に至りては、外船の渡来と同時に、精巧の印書続々舶来したれば、人々始めて我が印刷術の迂遠なるを感じたるならん。茲に長崎の人にて、和蘭通詞役本木昌造と云ふ人あり。（中略）種々工夫の末に、嘉永四・五年の頃、種版を水牛の角に刻み、之を鉛板に打込み、銃丸の如きものに嵌めこみて、母型と為し、以て流し込み活字といふ鉛活字を造ることを得たれは、自著和蘭通弁に関する一小冊を秘刊し、知己の朋友を始め和蘭人にも若干冊を贈りしに、蘭人等痛く賞賛して、日本のスコーファルなりといひしことありとい ふ。是我国にて、鋳造の活字にて印刷したる嚆矢にして、活字改良の第一着歩なるべし。然れども、本木氏が此業を大成して、十分使用に適するに至らしめしは、これより数年の後にして、其間には、数回の失敗と、謂ふべからざる困難を経て、遂に今日あるを致したるものにて、其経営の跡、転た感佩に堪へざるものあるなり。（中略）東京にて最も早く活版印刷業を始めたるは、左院、日就社、蔵田活版所、横浜毎日新聞社等にして、何れも本木氏の活字を購求したるものなり。其後平野富二氏を出京せしめ、活版製造所を、神田佐久間町に設けたりしが、即ち今の築地活版製造所の濫觴にして、活字製造専業者の嚆矢なり。これより以後、東京を始め、各地方に於て、活版業を営み、新聞紙を発刊せんとする者は、多くは此製造所の活字を用ひるに至り、世の文化を助けたる功績は、蓋し測るべからざるなり。

先見の明を持つ幕末の知識人が、いち早く西洋の先進技術である「活版」に目を向け、明治新時代に入るや、たちまち日本の伝統的な「正版」＝整版を時代遅れの技術へ追いやっていく。なるほどここに描き出されている出版界の急変は、木版刷りの和本など古書店ぐらいでしか目にする機会のない我々現代人にとって、十分に説得的なものといえよう。

しかし、活版印刷によってもたらされた出版界の刷新へと結論を急ぐ前に、ここでヨーロッパの文化史研究を牽引してきたロジェ・シャルチエの以下のような発言に着目してみたい(6)。

中国や日本で長期にわたって支配的であった印刷技術は、つまり、木版印刷である。その最古の作品は、日本で七六四年から七七〇年にかけて印刷された『百万塔陀羅尼』である。このような事実は、なによりもまず、グーテンベルクの発明に絶対的な優位を付与する、昔ながらの西洋的な見解にはっきり見直しをせまってくる。（中略）マテオ・リッチが鋭く指摘しているように、活版印刷と比べて、木版印刷は多くの長所をもっている。まず、それは印刷機と活字総目録を購入するための巨大な投資を必要としない。つぎに、それはきわめて大量な部数の印刷を可能にしてくれる。（中略）さらに木版印刷では、需要に完全に応じた調整が可能である。なぜならば、たえず植字ケースのなかに再配置されなければならない活字とは異なり、木版は保存が可能で、市場に応じて再版を製作することができるからである。

ここでシャルチエは、木版印刷の大量複製能力や繰り返し再版できる柔軟性を高く評価し、東洋における木版印刷文化を西洋における活版印刷文化とは独自な価値を持つものと位置付けている。

先に断っておくと、明治時代の日本社会が受容したのは、印刷機械の動力化や、紙型（紙製の鋳型）による原版の複製保存など、グーテンベルク時代から飛躍的な技術革新を遂げた産業革命以降の印刷術である(7)。つまり、シャルチエが指摘するような活版印刷の弱点は既に克服されていたのであり、筆者としても、西洋からの技術伝播が近代日本に何ら影響を及ぼさなかったなどと強弁したいわけではない。ただ、少なくとも江戸時代の文化状況において、木版印刷が日々拡大する需要層に十分な量の書物を提供し得ていたことは強調しておくべきだろう。そうであれば、近代日本社会が活版印刷を受け入れていく背景として、江戸時代とは異質な新しい需要層の発生・急増を探り出す必要がある。

近代日本の出版業界が置かれた状況を以上のように把握してみると、明治初期に最も積極的に活版印刷の導入を図ったのは、法治国家体制の整備を急ぐ新政府だったとする鈴木淳の主張(8)も良く理解できる。長文にして大量の布告書・布達書をくまなく国内に行き渡らせようとするには、従来の木版印刷ではあまりに無力だったからである。また、新聞や大衆雑誌を素材として検討を加えた永嶺重敏が、明治二〇年代後半〜三〇年代の日本社会で活版印刷の必要が急激に高まったと指摘しているのも(9)、同様に説得的である。鉄道網の拡大によって新聞・雑誌の郵送ルートが確立すると、全国規模で流通するこれらの出版物は東京で一極集中的に製造されるようになり、江戸時代には十分だった木版印刷の複製能力をたちまち機能麻痺へと追いやったからである。

以上のように、個々の出版ジャンルが有する特有の事情によって、明治期の日本社会で活版印刷の急速な導入がみられたことは間違いない。しかしその一方で、活版印刷の浸透がどのジャンルでも一律に進展したとは考えにくい。例えば「物の本」と呼ばれるジャンルに着目してみよう。江戸時代に「物の本」といえば、仏書・儒書・医書など硬派な学問書を指し、そこに娯楽性の高い浄瑠璃本や絵草紙は含まれていなかった(10)。そして、「物の本」を販売する書肆は、取り扱うジャンルによって専門分化していく傾向が強かった。江戸時代中期以降の京都で、日蓮宗なら村上勘兵衛、浄土宗なら沢田吉左衛門と御用書肆の地位が確立されていくのは、そうした専門分化の象徴といえる(11)。

つまり、膨大な人口を抱える江戸城下町で薄利多売型の商品になった絵草紙などとは対照的に、「物の本」は購入が確実視される読者を狙い撃ちにして、少部数ながら高額で取り引きされる商品だったわけである。以上のように、特定の書肆がコアな読者を囲い込んで商売を行っていた「物の本」の場合、やはり布告書・布達書や新聞・大衆雑誌とは異なる活版印刷への対応が存在したと思われる。「物の本」の出版を独占してきた老舗出版社や、明治期に創業された新興出版社は、それぞれ西洋流印刷術に対してどのような姿勢を示したのだろうか。また、新技術の導入をめぐって、出版界の新旧勢力はどのような抗争を繰り広げたのだろうか。さらにいえば、新技術の導入によって「物の本」という概念自体にいかなる性格変化が生じたかも、見逃せない論点といえる。

昨今、電子出版という新技術の導入によって、出版界は急速な変貌を遂げつつあるが[12]、本章では、明治期の出版界を素材として、活版印刷という新技術の導入が「物の本」の代表格である仏書出版にもたらした変容の具体像に迫り、技術革新と社会変容の相互関係に対する理解を深めていきたい。

第一節　明治期における仏書出版の数量分析

以上のような問題意識に基づいて本章の考察を進めるに当たり、試みに作成してみたのが図五―一と図五―二である。図五―一は、『国立国会図書館所蔵明治期刊行図書目録』に載る仏書のうち、東京で出版されたものを木版・活版別に区分しており、図五―二は、同様の作業を京都で出版されたものに対して行っている[13]。国立国会図書館の所蔵図書は献本制度によって収集されたものであるため[14]、私家版や地方出版などの取りこぼしを除けば、これら二つの図は明治期に出版された仏書をほぼ網羅的に対象とした分析データと考えて良い。なお、永嶺重敏が指摘する通り[15]、明治期の大手出版社は東京へ一極集中する傾向にあったため、勢力が拮抗する複数の出版地で新技術導入の動向を比較することはいささか難しくなる。しかし、仏書というジャンルの場合、既述のように江戸時代以来の老舗が京都にまとまって存在したため、貴重な地域比較が可能となるわけである。

さて、これらの図をみると、ジャンルとしては同じ仏書を出版しながらも、活版印刷の導入に明らかな差異が

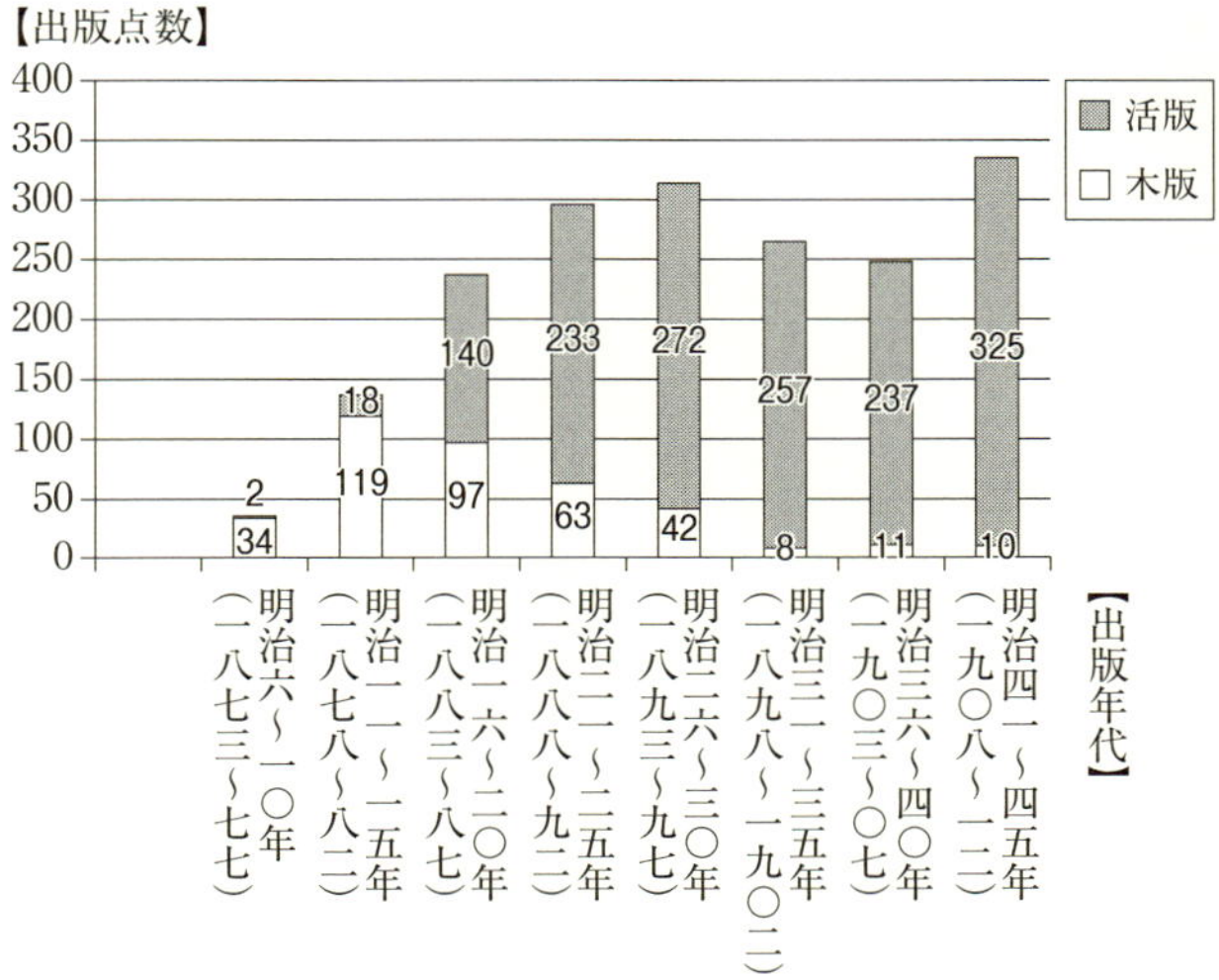

図５－１　明治期の東京における仏書出版状況（木版／活版別）

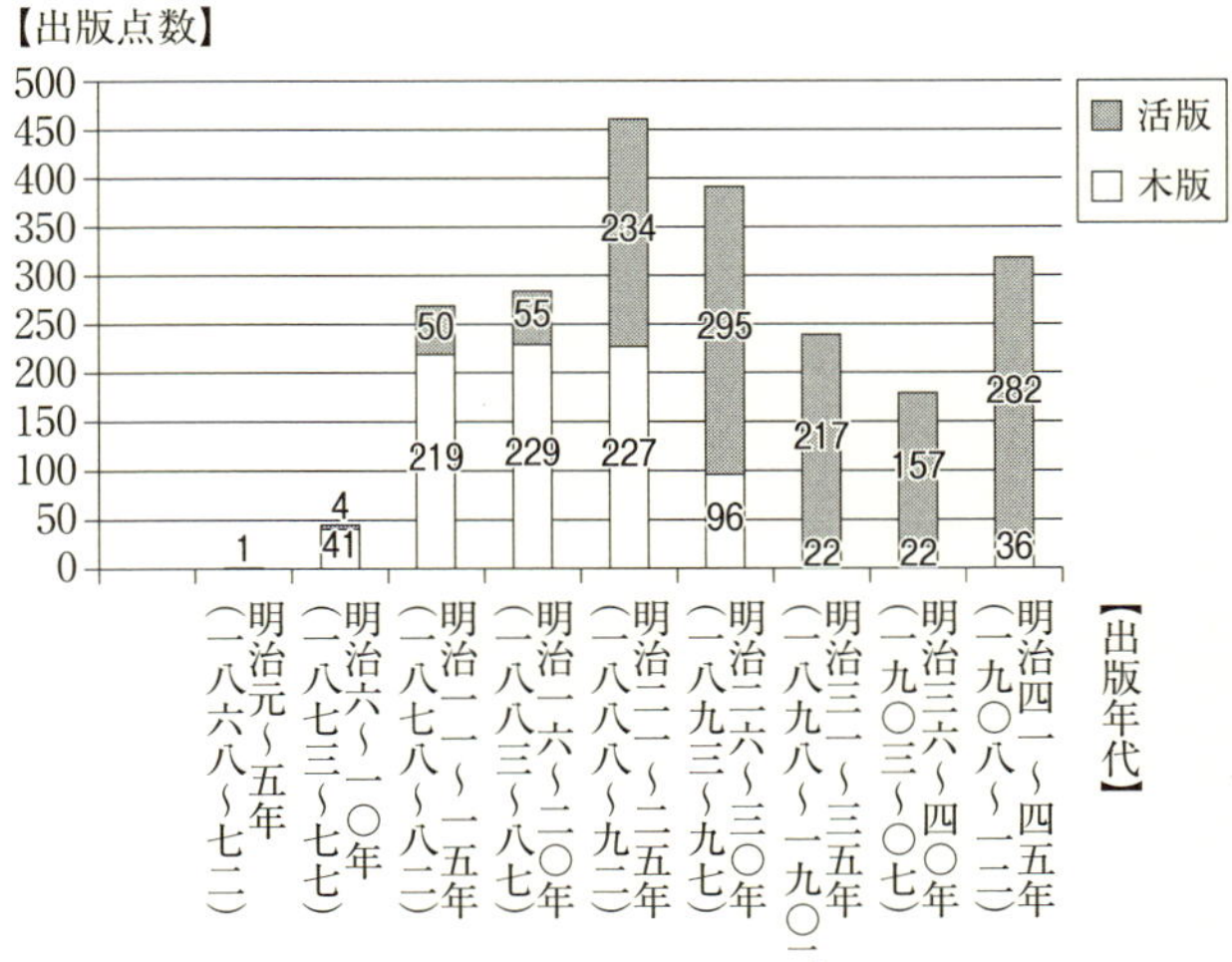

図５－２　明治期の京都における仏書出版状況（木版／活版別）

確認できる。東京の場合、明治一六〜二〇年には早くも活版本が優勢となり、明治三〇年代にもなると木版本はほぼ絶滅状態になる。ちなみに、自らも東京で古書店を営んだ反町茂雄は『紙魚の昔がたり　明治大正篇』のなかで以下のような談話を残している[16]。

二十年ころから古書業界は大変わりに変わります。殊に洋装本界は非常に変わる。二十年頃を境として、出版物は急激に洋紙・洋装に一変します。おくれていた文学的作品でも、二十一年には和装のものは殆ど出ません。

反町が使用している「洋装本」と、本章でここまで使用してきた「活版本」との関係性については後ほど詳述するつもりであるが、ともあれ彼は明治二〇年頃から日本社会が急速に西洋流の印刷術を受容したと述べる。そして、図五—一は確かにこの指摘の正しさを補強してくれているようである。

しかし、図五—二で京都の場合をみると、結論はかなり異なってくる。東京の仏書が明治一〇年代から着々と活版への移行を進めているのに対し、同時期の京都で活版は長く例外的な存在に留まり続ける。活版が着実な浸透を開始し、木版を凌駕していくのは、せいぜい明治二〇年代後半に入ってからである。つまり、「物の本」における活版導入が、布告書・布達書や新聞・大衆雑誌ほど急速に進まないのではないかという筆者の予測通り、京都で出版された仏書は、新技術導入に対して少なからぬ抵抗を示しているわけである。なお、ここでは活版導入に至るまでの複雑な状況を浮かび上がらせるため、敢えて出版地比較という方法を用いたが、出版ジャンルで比較すれば、右のような差異はより如実に読み取り得る。例えば、和歌関連の書物を例に取ると、活版導入は仏書以上に遅れ、明治三〇年代以降も根強く木版が存在感を示し続ける[17]。対照的に、物理・化学といった科学書の場合、明治二〇年代に入った時点で、木版印刷はほぼ使用されなくなる[18]。

以上、出版ジャンルや出版地の違いによって、活版導入をめぐる出版界の対応には如実な差異が確認されたわけだが、我々はその背景に何を読み取るべきだろうか。長い伝統を有する歌書や仏書の世界で活版導入が遅れるところからすれば、保守的な老舗書肆が使い慣れた技術に固執したことも一要因であろう。しかし、感情的な拒否感さえ解消されれば自然と活版印刷への移行が始まるというのは、現在の状況から遡及的に行った推論に過ぎない。

そこで、西洋流印刷術導入の契機をより深く考察すべく、図五―一・図五―二に引き続き、図五―三・図五―四を作成してみた。対象としたのは、やはり明治期に東京・京都で出版された仏書であるが、ここでは和装本と洋装本の割合を探った[19]。和装本とは、文字通り日本の伝統的な製本方法で作られた書物のことである。本来巻子本や粘葉装・綴葉装なども含む概念だが、本章で対象としたのは明治期の仏書であるから、多くは袋綴じ本（表面のみ印刷した紙を二つ折り状態で重ねて紐で綴じたもの）と考えて差し支えない。ただし、仏書のなかには折本経典もかなり含まれるので当然それらも和装に区分し、一枚刷りの参詣絵図集も便宜上和装に入れた。他方、洋装本とは、両面印刷した紙を幾つかの折り丁にまとめ、三方を化粧裁ちして表紙にくるむ西洋流の製本方法で作られたものである。ただし、本章で対象とした明治期の仏書には、片面刷りの写真集・絵はがき集、活版の設計図面集などもわずかに存在したので、それらも便宜上洋装に区分した。

さて筆者が、木版・活版のみならず、和装・洋装をも指標として、日本社会における西洋流の印刷術受容を考察してみたのは、以下のような理解に基づいている。紅野謙介によれば、洋装仕立てという製本方法は、活版という印刷術と並んで、近代日本の出版文化を刷新させたものである[20]。分厚い和紙を二つ折りで重ねて簡略に紐で綴じる袋綴じ本は、綴じ込み得る紙数に限界があり、大部な仏書でもせいぜい百丁程度にまとめられた。草紙類ならなおさら紙数を制限され、長編の読み物は何十冊にも分冊して出版されたわけである。ところが、活版によ

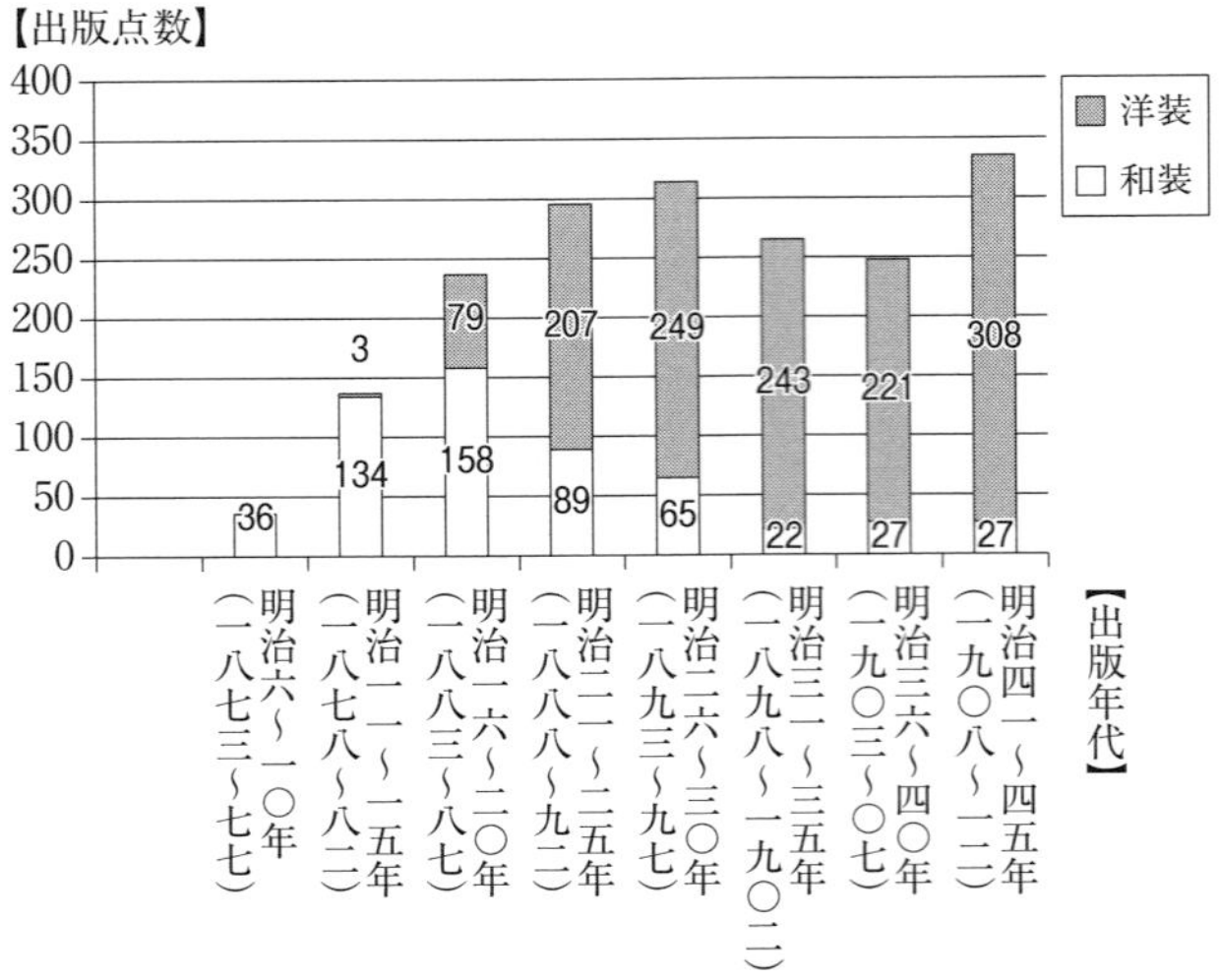

図５－３　明治期の東京における仏書出版状況（和装／洋装別）

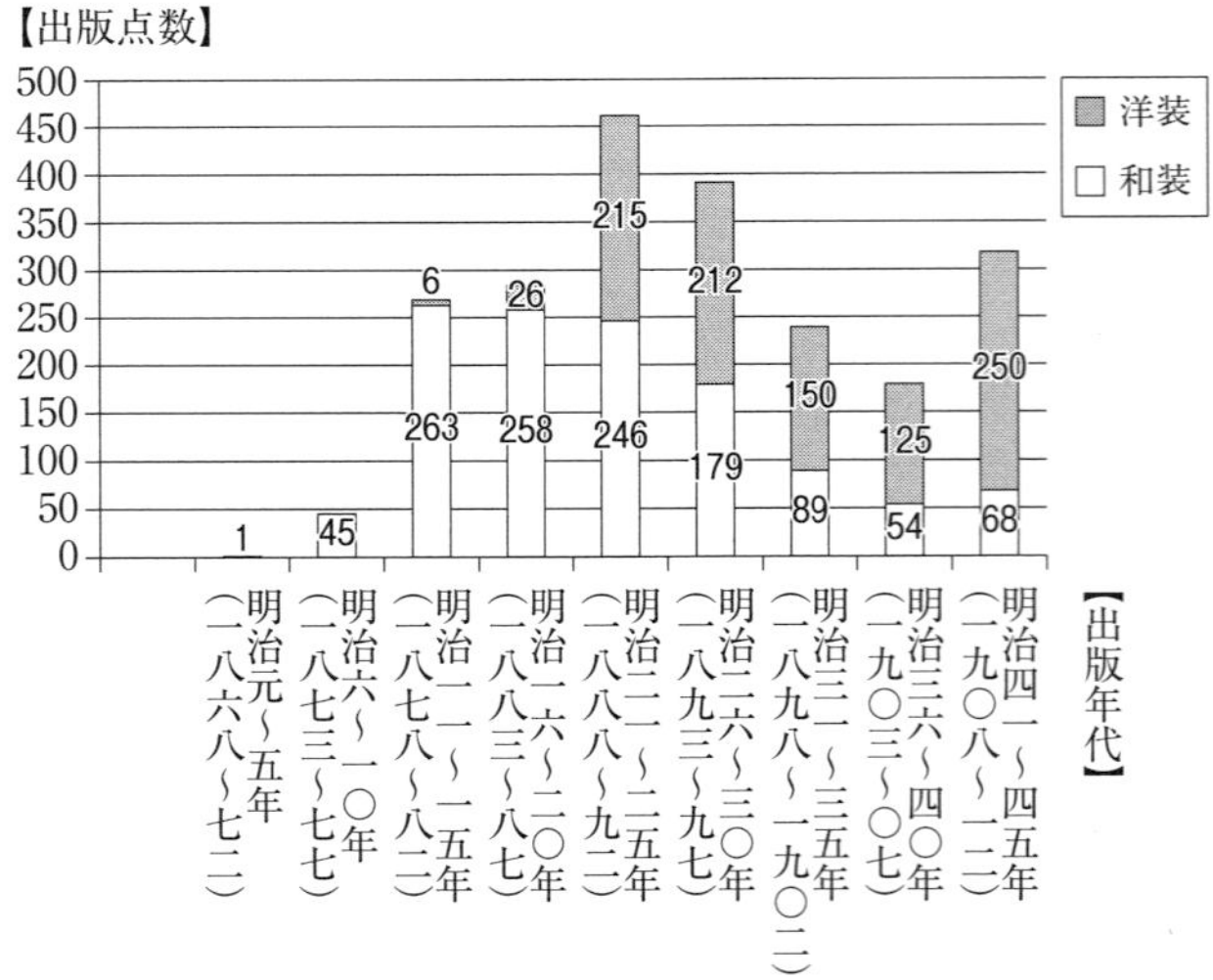

図５－４　明治期の京都における仏書出版状況（和装／洋装別）

る両面印刷が可能な洋紙と、複雑に大量の紙を綴じ合わせ得る洋装製本は、日本の伝統的な書物の世界に激変をもたらした。明治一〇年（一八七七）に活版・洋装仕立てで出版された『改正西国立志編』が、七六四頁を一冊にまとめていたように、これ以後、書物は一個の巨大な知識保管庫として機能し始める。そして、本棚に縦置きされるようになった洋装本は、これまた和装本にはなかった背表紙や目次を頼りに、何度も再読され、近代的な

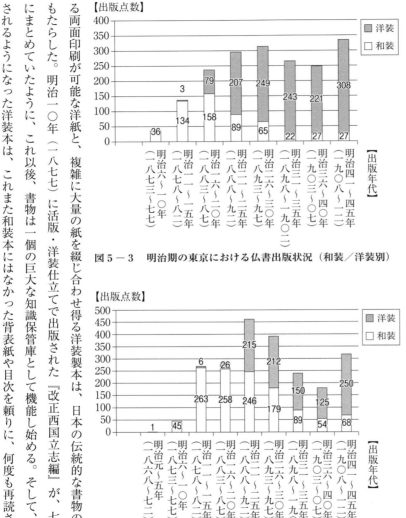

反復読書の習慣が確立されていったわけである。

活版による両面印刷と洋装の複雑な綴じ込み技術が相俟って、日本近代の出版文化を激変させたという紅野の指摘は、「物の本」と活版印刷の関係を探る本章にとっても極めて示唆的である。活版印刷のみに焦点を合わせると、その特徴は大量の情報を迅速に複製できる点に集約され、硬派な学問書である「物の本」の印刷に活版を導入する積極的な理由はみえにくい。しかし、一冊の書物に収載する情報量を飛躍的に増大させることも新技術の特徴であったと捉えるならば、「物の本」を取り扱う出版社にとって、西洋流印刷術の導入は是が非でも実現させたい課題となるはずだからである。

もっとも、図五―三・図五―四で確認すると、予想に反して、洋装製本と活版印刷の導入はあまり連動していない。明治一六～二〇年の東京で、早くも活版が木版を凌駕することは既に述べたが、同時期の洋装本はむしろ和装本に圧倒されている。京都における和装本の根強さは、東京よりさらに顕著である。何しろ和装・洋装の拮抗状態は、明治二〇年代後半まで延々と続き、三〇年代に至っても三〇パーセント程度の仏書は和装仕立てで出版され続けている。

活版印刷と洋装製本の導入にこのような時間差が生じる具体的な要因は、活版を用いながら紙の表面のみ印刷し、二つ折りで綴じる活版・和装仕立ての本が、明治期に多く製造されたことによる。収載される情報量は間違いなく洋装の方が多く、なおかつ両面印刷できる活版は洋装と元々親和的であるのに、なぜ仏書の出版社は両技術を併せて導入しなかったのだろうか。活版印刷に比べて洋装製本の技術習得がより困難を伴ったからという推測ももちろん可能である。しかし、結論を先取りするならば、一つの出版社が同時期に活版・洋装本と活版・和装本の両方を出版している事例も多く存在する。そうであれば、洋装の技術を持ちながら、敢えて和装仕立てを選び取ったと考えるしかない。右のような選択が行われた理由を解き明かすには、洋装本のかたちに着目してその画期性を読み取った紅野に倣い、今度は和装本の仏書がその物質性ゆえにどのように読まれたかを地道に探っていくしかないだろう[21]。

さて、以上のように本節では、明治期に出版された仏書の数量分析を行ってきたわけだが、それによって幾つかの重要な論点が浮き彫りになった。本章の考察を進める上で土台となるのは、木版や和装といった日本の伝統的な印刷術が、明治以降も根強く残っていく事実であり、また、出版ジャンルや出版地の違いにより、新技術の導入をめぐる動向に如実な差異が生じる点である。さらに、西洋流の印刷術といっても、活版印刷と洋装製本とでは、その受容にかなりの時間差がある点も見逃せない。しかし、筆者が何よりも重視したいのは、活版や洋装が圧倒的な利便性ゆえに否応なく普及したものではなく、出版社の主体的な判断によって選び取られたらしい点である。それでは、活版か木版か、洋装か和装かの選択がなされる際、出版社の判断基準はどこにあったのだろうか。次節以降では、いよいよ個々の出版社に焦点を当てて、彼らの主体的判断の内実に迫ってみたい。

第二節　東京の仏教系出版社とその戦略

（一）新技術の導入と伝統的技術の固守

東京で出版された仏書が、比較的円滑に西洋流の印刷術を取り入れていく様子は既に明らかにした。そこで次に、そのような東京における仏書出版の担い手を、上位一〇社に絞って具体的に列挙してみた（表五―一）。まず

表５－１　明治期の東京における仏書出版状況（出版社別）

出版社名	創業時期	明治期に出版した仏書の点数					全仏書中の割合
擁万閣（森江書店）	江戸時代末期	178点	和装	95点	木版	86点	約10％
			洋装	83点	活版	92点	
鴻盟社	明治15年（1882）	151点	和装	38点	木版	10点	約８％
			洋装	113点	活版	141点	
哲学書院	明治20年（1887）	105点	和装	3点	木版	1点	約６％
			洋装	102点	活版	104点	
光融館	明治23年（1890）	52点	和装	11点	木版	1点	約３％
			洋装	41点	活版	51点	
千鍾房（須原屋）	江戸時代前期	46点	和装	39点	木版	30点	約２％
			洋装	7点	活版	16点	
大村屋書店	江戸時代末期	44点	和装	43点	木版	42点	約２％
			洋装	1点	活版	2点	
博文堂	明治20年（1887）	38点	和装	0点	木版	0点	約２％
			洋装	38点	活版	38点	
国母社	明治21年（1888）	33点	和装	0点	木版	0点	約２％
			洋装	33点	活版	33点	
文明堂	明治30年代	33点	和装	0点	木版	0点	約２％
			洋装	33点	活版	33点	
無我山房	明治37年（1904）	31点	和装	0点	木版	0点	約２％
			洋装	31点	活版	31点	
上記以外の出版社	－	1157点	和装	329点	木版	215点	約62％
			洋装	828点	活版	942点	

この表から指摘したいのは、東京における仏教系出版社の多くが、主力となる商品を活版本・木版本のいずれか一方に特化させている点である。

例えば、鴻盟社・哲学書院・光融館などは、明らかに活版本を主力商品とした出版社である。ただし鴻盟社の場合、先に紹介したような活版・和装本も比較的多く出版しているが、その理由は後ほど検討したい。また、仏教系ではないのだが、日本初の総合雑誌『太陽』を創刊した大手出版社博文館も、石倉重継著の『成田山名所図会』・『日光名所図会』といった一般向けの参詣案内を盛んに出版しているため、表五―一に姿を現す。出版した仏書の形態は、明治新時代を象徴するように全て活版・洋装本となっている。

他方、千鍾房（須原屋）や大村屋書店は、木版本を主力商品にすえる出版社とみて良い。なお、東京の仏教系出版社では最大手に位置する擁万閣のみ例外的に、出版した仏書のなかで活版本と木版本、あるいは洋装本と和装本の割合が相半ばしている。ただ、擁万閣は明治二〇年代の初めまで盛んに木版・和装本を販売し、それ以降もっぱら活版・洋装本を取り扱うようになるので、時代の流れを感じ取り、途中から経営方針を転換したケースと捉えておきたい。

さて、東京の仏教系出版社が、木版印刷・和装製本の伝統を守り抜いたものと、活版印刷・洋装製本の新技術に飛びついたものに二極分化している理由は、ある程度容易に推測できる。というのも、伝統的技術に特化した出版社は、後に方針転換した擁万閣も含め、全て江戸時代に創業を開始しているからである。千鍾房が『武鑑』の出版で隆盛を誇った須原屋茂兵衛であることは指摘するまでもないが、(22)大村屋書店も文久年間（一八六一～一八六四）にはその存在が確認されるし、擁万閣店主の森江佐七も慶応年間（一八六五～一八六八）の江戸城下で山口屋佐七として営業を開始した人物とみて間違いない。(23)つまり、千鍾房・大村屋書店・擁万閣は、木版が当たり前の江戸時代に、既に仏書出版の実績を積み重ねていたわけである。

もっとも、老舗にありがちな保守主義により、新技術の性能を理解できなかったという単純な問題でもない。というのも、彼らが取り扱う主力商品には、経本・声明本・在家勤行集など、仏教徒の読書実践と強固に結び付けられた書物が存在したからである。経本が読経の際の利便性を考慮し、現在もなお折本のかたちを守って出版されていることは、周知の事実であろう。声明本や在家勤行集の場合、袋綴じで製本されることも多いが、やはり読誦の際の読みやすさを考えて半丁に二行や四行といった贅沢な版面構成を取るため、活版印刷には馴染まない書物であった。つまり、江戸時代から続く仏教系出版社にとって、最も安定した売り上げが見込まれる商品は経本などであり、使用方法が独特なそれらの書物を簡単に活版化・洋装化するわけにはいかなかったのである。

ただし、木版で出版し続けるべき書物が経本・声明本・在家勤行集ぐらいであったならば、表五―一に示される木版本の割合は高すぎる。そこで、老舗の仏教系出版社が販売した木版・和装本に、さらなる考察を加えてみたい。取り上げるのは、擁万閣が明治二二年（一八八九）に出版した『科注仏説孝子経注解』という木版・和装本である（図五―五）。同書は、江戸時代の学僧普門円通の著作に、明治時代になって渡辺霊苗が注解を施したものだが、実際にはさらに多くの人々が関与している。すなわち、同書をめくっていくと、まず曹洞宗大本山総持寺の貫主畔上楳仙（法雲普蓋）が題辞を書き、同じく総持寺の西堂森田悟由が題詩を付し、続いて曹洞宗大学林の総監辻顕高が序文を書き、最後に曹洞宗務局員の村上泰音が跋文を書いている。和装本に触れた経験のある方であれば、仏書のみならず多くの「物の本」が、文字の大きさも書体も異なる多様な題辞・題詩・序文・跋文で彩られていることをご存知だろう。(24)『科注仏説孝子経注解』もまた、その伝統を引き継ぎ、書き手の筆跡を思い

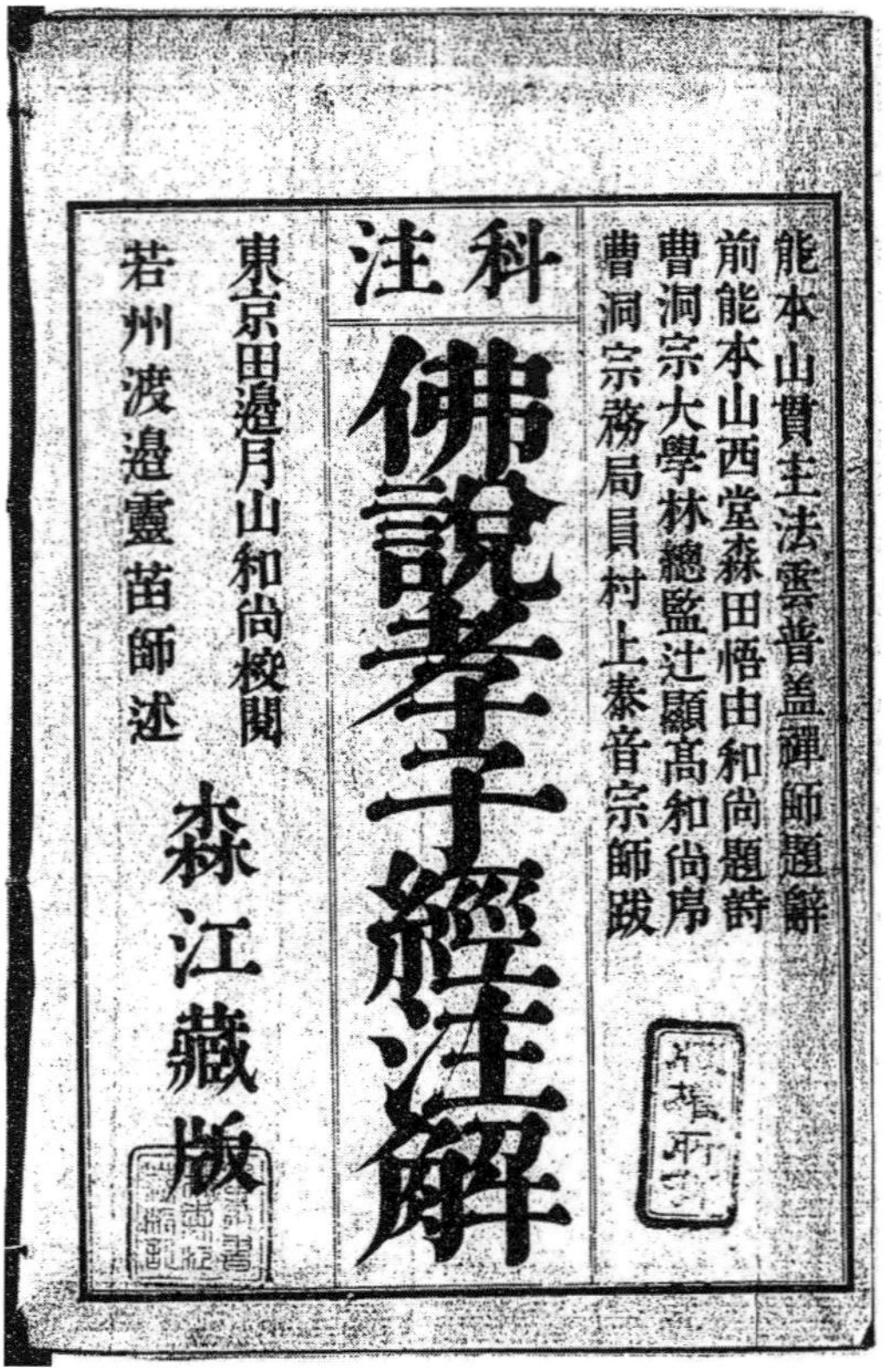
能本山貫主法雲普益禪師題辭
前能本山西堂森田悟由和尚題詩
曹洞宗大學林總監辻顯高和尚序
曹洞宗務局員村上泰音宗師跋

科注

佛說孝子經注解

東京田邉月山和尚校閲
若州渡邉靈苗師述

森江藏版

図５－５　『科注仏説孝子経注解』 出典：国立国会図書館ウェブサイト（https://dl.ndl.go.jp/pid/818094/1/2）

起こさせる字体で題辞・序文・跋文を付す書物であった。明治以降の画一的な金属活字で、書物にこうした装飾を施すことが不可能なのはいうまでもない。

付言しておくと、筆者はここで、自筆の題辞や序跋文を付す書物が活版印刷では作成しづらいという事実のみを指摘したかったわけではない。より強調したかったのは、総持寺の貫首や曹洞宗大学林の総監に題辞・序文を依頼し、仏書の販売促進を図ろうとする擁万閣の出版戦略である。こうした権威は曹洞宗に属する僧侶限定で威力を発揮するわけだから、老舗出版社はコアな読者層に着実に売りさばくべく、出版活動を行っていたとみて良い。彼らが活版という大量複製技術に興味を示さず、木版・和装本の出版に特化していったのも当然であった。

以上のように固定客が付いている木版・和装仕立ての仏書に頼って、明治前期に手堅い売り上げを確保していったのが擁万閣である。擁万閣は、『標註法眼禅師十規論』を出版する際には「禅宗書林」、『浄土初学鈔』を出版する際には「浄土宗御用書肆」と巧みに名乗りを使い分け、仏教諸宗の専門書を独占的に出版していった。ちなみに、既述の『科注仏説孝子経注解』を出版する際には「諸宗仏籍御経類出版製本調進所」を名乗っている。幕末に創業した擁万閣店主の森江佐七が、仏教諸宗本山と京都の御用書肆ほど濃密な関係を取り結んでいたとは考えにくいが、そもそも仏書専門の出版社が少ない東京という環境は、仏書出版の独占を目論む擁万閣にとって有利に働いたのだろう。しかも、既述の通り擁万閣は、明治後期になると鋭敏な感覚で活版印刷・洋装製本も導入したため、仏書専門出版社としての地位はますます盤石なものになっていったわけである。

他方、大村屋書店は浄土宗、千鍾房は日蓮宗と比較的明白に宗派的特色を打ち出して仏書出版を行っていたが、元々京都のように仏書の需要自体が多くない東京で、あまりに購読層を限定する商売が不利に働くことも当然あり得た。明治一〇～二〇年代にかけて年間二～三点程度の地道な仏書出版を続けていた大村屋書店であったが、明治三九年（一九〇六）に出版された『浄土伝燈総系譜　下巻』以降、その活動は確認できなくなる。[25] 千鍾房も同様に、明治四〇年代以降の仏書出版は年間二～三点程度にとどまっている。ただ、江戸時代の千鍾房は、あらゆるジャンルの書物を取り扱ってきた最大手の本屋であり、明治初頭にも『太政官日誌』や『官員録』といった政府刊行物の取り扱いを任せられているから、仏書に特化して衰退したという評価は当てはまらない。むしろ、活版印刷・洋装製本を導入した新興出版社に政府刊行物の取り扱いを奪われた千鍾房にとって、[26] 細々と経営を続ける最後の砦が、木版印刷・和装製本に親和的な仏書であったともいえよう。

さて、以上のように、読経などの実践と強く結び付いていた仏書は、活版印刷・洋装製本という技術を容易に導入しにくいジャンルであった。しかし、東京のように元々仏書の需要が少なく、なおかつ新聞・雑誌などのジャンルにおいて急速な新技術の導入が進む土地柄では、伝統的技術の固守のみで経営を安定させることは叶わず、江戸時代以来の老舗出版社は次第に姿を消していった。それでは、明治一五年（一八八二）に創業した鴻盟社を筆頭として、表五―一に登場する東京の複数の新興出版社は、いかなる戦略を持っていち早く新技術を導入したのだろうか。以下、創業期の様相が明確に分かる哲学書院を事例として、活版・洋装仕立てで仏書が作られていく具体像に迫ってみたい。

（二）啓蒙思想の器としての活版・洋装本

哲学書院は、明治時代を代表する啓蒙思想家井上円了（一八五八～一九一九）によって創業された。越後長岡の慈光寺（浄土真宗大谷派）に生まれた円了は、東本願寺の援助を受けて東京大学文学部哲学科に学んだが、仏教界の再活性化を望む彼の活動が一宗派内部に収まることはなかった。明治二〇年（一八八七）に哲学館を設立した円了は、一宗一派に囚われず、有志の学徒を対象とした哲学教育に取り組み始める。そして同年、私利私欲に囚われない哲学書の出版を目的として哲学書院を設立し、郷里から呼び寄せた弟の円成に経営を任せるのである(27)。

以上のように、当初から自著の発信を主要な目的の一つとして設立された哲学書院で、円了はどのような書物を出版していったのだろうか。哲学書院の戦略を探る格好の素材は、その設立と同時に活版・洋装仕立てで出版された『仏教活論序論』である。以下にその「緒言」を引用してみたい(28)。

一、余夙ニ仏教ノ世間ニ振ハサルヲ慨シ、自ラ其再興ヲ任シテ独力実究スルコト已ニ十数年、近頃始メテ其教ノ泰西講スル所ノ理哲諸学ノ原理ニ符合スルヲ発見シ、之ヲ世上ニ開示セント欲シテ爰ニ一大論ヲ起草スルニ至ル、名ケテ仏教活論ト称ス、先ツ第一ニ其端緒ヲ叙述シテ真理ノ性質、仏教ノ組織ヲ略明シ、題シテ仏教活論序論ト云フ、本論ニ入ルノ階梯ニ備フルモノ、ミ（中略）

一、今仏教ハ愚俗ノ間ニ行ハレ、愚僧ノ手ニ伝ハルヲ以テ弊習頗ル多ク、畢竟野蛮ノ教法タルヲ免レス、故ヲ以テ其教ハ日ニ月ニ衰滅セントスルノ状アリ、是レ余カ大ニ慨嘆スル所ニシテ真理ノ為ニ飽マテ此教ヲ護持シ、国家ノ為メニ飽マテ其弊ヲ改良セント欲スルナリ、然レトモ其護持改良ノ方法ハ余敢テ当時ノ僧侶ト共ニ謀ルノ意ナシ、何者当時ノ僧侶ハ大抵無学無識無気力ニシテ、仮令之レト共ニ謀ルモ、其志ヲ遂クルコト能ハサルハ必然ナリ、故ニ余ハ世間ノ学者才子中苟モ真理ヲ愛シ国家ヲ護スルノ志ヲ有スルモノアラハ、之ト共ニ其力ヲ尽サンコトヲ期シ、併セテ学者才子ニ対シテ僧侶ノ外ニ其教ノ真理ヲ求メラレンコトヲ望ムナリ

一、余生来頑僻ノ性アリテ、其自ラ盟フ所人ノ為メニ序ヲ作ラス、人ニ乞フテ序ヲ作ラシメス、人ノ為メニ文ヲ飾ラス、人ニ乞フテ文ヲ飾ラシメス、故ニ其述フル所ノ文モ其著ス所ノ書モ、通常民間ニ行ハル、所ノモノト大ニ其性質ヲ異ニシ、之ヲ読ムモノ容易ク余ノ一僻人タルヲ知ルヘシ（後略）

最初に述べられるのは、仏教がヨーロッパ哲学の原理と合致し、絶対的真理を有するという主張である。円了思想の根幹をなすと思われるこうした主張の意義については分厚い研究蓄積があるが[29]、本章では思想発信の手法に重点を置いて分析したいので、ひとまず円了の緒言に明治前期特有の啓蒙主義的な雰囲気を確認した上で、話を先に進めよう。

右の引用のなかで筆者が特に注目したいのは、次々と展開される辛辣な僧侶批判である。円了は、当時の僧侶

を無学にして無気力であるとまで言い切り、世間の学者・才子に僧侶の理屈の外にある真理の探究を呼びかける。こうした主張は、一宗一派に囚われず、哲学館という開かれた学びの場を創設した円了の姿勢と一致する。つまり、彼が哲学書院から最初に出版した『仏教活論序論』は、特定宗派の僧侶に向けて出版された木版・和装仕立ての仏書とは異なり、宗派の枠組みを越え、積極的に一般読者の獲得を目指す仏書であった。円了が同書の製造方法として、迅速な大量複製を可能とする活版印刷・洋装製本を選択したのも当然であろう。

ちなみに、さらに緒言を読み進めると、円了は、他人の著作に序文を書いてやることもなければ、自分の著作に他人の序文を付すこともないという、興味深い主張を行っている。円了が自嘲しているように、それは彼の頑固な性格にもよるのだろうが、啓蒙主義的な思想を広く一般読者に発信しようとする円了の姿勢を踏まえるならば、もう少し意図的な出版戦略を読み取ることも可能ではないだろうか。そこで次に、『仏教活論序論』の続編として明治二三年（一八九〇）に出版された『仏教活論本論第二編』の「序言」を取り上げ、著作への序文（著名人の推薦文）付与を頑なに拒む円了が、何に対抗心を燃やしていたのかを探ってみよう。(30)

一、余カ仏教ノ研究ハ、師ニツイテ其伝ヲ得タルニアラス、宗門ニ入リテ其流ヲ汲ミタルニアラス、独学独修セルモノナレハ、其論述スル所自カラ世間相伝ノ流義及ヒ説明ト異ナル所アルヘシ、且ツ余ハ本編中ニ述フルカ如ク、仏教ノ全理ヲ組織シテ一科ノ学トナスモノナレハ、世間註釈的学風ヲ追フモノト其見解ヲ異ニスルハ必然ナリ、然ルニ余カ目的トスル所ハ仏教ヲ知ルモノニ仏教ヲ知ラシメントスルニアラス、仏教ヲ知ラサルモノニ知ラシメントスルニアレハ、余ハ従来ノ註釈的学風ニテハ到底此目的ヲ達シ難キヲ知リ、自ラ進テ学理的ニ研究スル針路ヲ開クニ至レリ

（傍線は引用者による）

ここから読み取り得るように、どうやら円了が批判を加えたかったのは実際に無知蒙昧な僧侶というわけでも

なかったらしい。むしろ彼が問題視したのは、所属する宗派の先学を疑うことなく「註釈的学風」で教学を学び、世俗の変化に無関心な僧侶であった。円了や村上専精（一八五一～一九二九）ら明治前期の仏教思想家を取り上げた岡田正彦は、訓詁的なテクスト読解にこだわらず、達意的に仏教教理を解説する点に、彼らの特徴を見出している。[31] 仏教を知らない者へ仏教を教えるという『仏教活論本論第二編』の主張が、岡田の指摘に符合するのは明らかだろう。ちなみに、円了が目の敵にした「註釈的学風」の仏書は、既述のように宗教界の権威たちが題辞や序跋文を付し、老舗出版社から木版・和装本のかたちで出版されることが多かった。それを踏まえるならば、円了がごてごてと飾り立てた序文を好まず、なるべく簡素に自らの著作を作り上げたのも合点がいく。画一的な金属活字や、簡素な洋装仕立ての採用は、円了にとって単なる利便性の追求に留まらず、むしろ昔ながらの仏書と決別するための決意表明であった。

決意表明といういささか大げさな表現を用いたが、実際に哲学書院から出版される仏書のかたちは、明治前期の社会にとって画期的過ぎるものであった。というのも、『仏教活論本論第二編』の「序言」はさらに以下のように続くからである。

一、先般破邪活論ハ、四号文字ニシテ印刷シタレトモ、其携帯ノ不便ナルヲ以テ、之ヲ五号文字ニ縮刷シテ有志ニ配布スルコトトナセリ、然ルニ本書ノ如キハ、一層字数増加セルヲ以テ、初メヨリ読者ノ便ヲ計リ、五号文字ニテ印刷スルコトニ定メリ、読者幸ニ前編ト其体裁ノ異ナルヲ怪ム勿レ

四号活字・五号活字が、それぞれポイント活字の何に該当するかは議論が分かれるようだが、[32] ここでは四号をおおよそ一四ポイント、五号をおおよそ一〇・五ポイントと考えておこう。つまり、五号は我々現代人にとって最も馴染み深い活字であり、四号は通常の書物に用いるには大き過ぎる活字ということになる。

しかし、長く木版印刷に慣れ親しんできた明治前期の人々にとってみれば、細身の金属活字は四号でさえ読みづらいものであった。そこで、当初多くの活版本には四号活字が用いられ、しかも字間には煩瑣をいとわず二分もしくは四分のスペースが入れられた[33]。明治二〇年に出版された『仏教活論序論』も、当時の主流にならって四号活字を採用し、字間も十分に空けられたわけだが、円了は携帯に不便であるという理由からすかさず五号活字を採用し、翌年に縮刷版を出した。引用史料によれば、それは「有志ニ配布」されたもののことだが、現存する縮刷版にはしっかりと定価も付いている。初版の『仏教活論序論』が一大ベストセラーとなったことで自信を深めたのであろう。初版で四五銭に設定されていた定価は、縮刷版では一〇銭まで値下げされ、さらなる流布が目指された[34]。そして、明治二三年に出された『仏教活論本論第二編』に至ると、通常版・縮刷版の売り分けさえなされなくなり、全てが五号活字で出版されるようになったのである。もちろん、こうした哲学書院の本作りに読みづらさを感じた読者も多かったと思われる。しかし、近代的合理主義を理想とする円了は、迷うことなく自らが信じる仏書のかたちを追い求めていった。

さてここまで、仏書における活版印刷・洋装製本の導入を、井上円了という人物の革新性に着目して述べてきた。しかし、明治前期にいち早く活版・洋装を選び取った出版社・著者たちは、方向性に多少の違いはあれ、いずれも円了と相通じる目的意識を有していた。例えば、哲学書院に先んじて創業された鴻盟社の場合、明治一七年（一八八四）に創業者の大内青巒（一八四五～一九一八）が自ら筆を取り、『仏教大意』という活版・洋装本を出版している。その「例言」は以下の通りである[35]。

一、本編載録する所の諸師の法話、版本中より抄録せし者あり、又写伝せし者を謄録したるあり、漢文を演譯したる者あり、俗語を修飾したる者あり、語句もとより一定せず、且つ編者の意を以て間々折衷せし者

あり、読者怪むこと勿れ

一、本編中夾註に係る者は皆編者の手に出つ、而して法数名目等、或は教家常途の言に異なる者あり、是れ偏へに初めて仏教の書を読む者をして解了し易からしめんが為なり、読者これを諒察したまへ

（傍線は引用者による）

『仏教大意』は、慈雲飲光（一七一八〜一八〇五）・優陀那日輝（一八〇〇〜一八五九）ら江戸時代の著名な学僧によってなされた法話を幾つか引用し、そこに青巒が簡単な解説を付した仏教入門書である。青巒は、諸法話のレベルや表現がまちまちであること、時として自らの注釈が割り込むことをあらかじめ読者に断っているわけだが、興味深いのはその注釈に対する彼の捉え方である。青巒は、自分で付した注釈が仏教界の一般的な見解と異なる可能性を示唆した上で、それは仏教初心者にも理解しやすいようにかみ砕いて解説したからだと弁明する。守旧的な僧侶に厳しい批判を浴びせつつ『仏教活論』を著した円了に比べて、拍子抜けするほど穏当な主張であるが、青巒もやはり円了同様に、達意的な仏教教理の解説を目指していた[36]。

当初木版・和装本を盛んに出版していた擁万閣が、後に主力商品を活版・洋装本へシフトさせることは既に述べたが、その先駆的なものとして明治二一年（一八八八）に出版された高岡保『仏教便覧』にも注目してみたい。同書の「例言」は以下の通りである[37]。

一、本編著述ノ要旨ハ、偏ヘニ世ノ無宗教者ノ為ニ仏教ノ何者タルヲ示シ、或ハ既ニ仏教ノ門ニ入ル初学者ノ為ニ聊カ仏教ノ大意ヲ述べ、専ラ了解シ易カラシムルヲ以テ主トス、故ニ文中或ハ卑言乱語ヲ用ヒ記事ノ卑近ニ亘ル者少カラス、読者咎ムルコト勿レ

一、且予本編ヲ草スルニ当テ、間々先輩諸師ノ高論卓説ヲ引用セルコト尠シトセズ、而シテ之ヲ演説筆記ヨ

リ謄録セシ者アリ、論説中ヨリ抄出セシ者アリ、文体語句固ヨリ一様ナラズ、看官之ヲ諒セヨ

（傍線は引用者による）

ここで高岡保が宣言するのも、仏教に関心のない者や初学者に対して、平易な言葉で教理を説くのだという著述の狙いである。その問題意識は、井上円了や大内青巒ともぴったり重なる。すなわち、僧侶向けの経典注釈書出版にいそしんできた擁万閣は、明治二〇年代に入って高岡保のような達意的仏教解説の書き手を得るやいなや、木版・和装本から活版・洋装本へ商品のスタイルも刷新させたわけである。

最後に、仏書出版会が明治一九年（一八八六）に活版・洋装仕立てで出版した吉谷覚寿『仏教大旨』も取り上げておきたい(38)。詳しくは後述するが、吉谷覚寿（一八四三〜一九一四）は浄土真宗大谷派の寺院に生まれ、高倉学寮の重鎮となった学僧である(39)。明治二三年（一八九〇）以降、本拠を京都へ移す覚寿だが、この時期は大谷派東京教校の校長を務めており、その関係で仏書出版会に同書の執筆を依頼されたものと思われる。覚寿が「緒言」のなかで述べる著述目的は以下の通りである。

凡ソ仏教ハ幽玄広博ニシテ輙ク其旨趣ヲ了知シカタシ、固ヨリ各宗部内ニ在リテ其宗義ヲ弘通センカ為ニ展転稟承スルトコロノ経論章疏ハ夥果無数ナレトモ、或ハ広クシテ繁ニ過キ、或ハ略ニシテ備サナラス、亦ハ其文意深妙ニシテ、苟クモ其門ニ入リテ師伝ヲ承ルニアラサレハ達解スルニ由ナシ、故ニ仏教新学ノ輩一日瞭然容易ニ其大旨ヲ知ルニ適スルノ書甚タ多カラス、之ニ由リテ予豫テ爰ニ意ヲ措キ、輙ク仏教ノ大意ヲ解スルニ便ナラ令ンカ為ニ、聊諸宗ノ典籍ヲ披閲シ、簡略ニ其要旨ヲ録シ、漸次ヲ歴テ之ヲ令知会雑誌ニ掲載シ已レリ、然ニ該誌タルヤ唯会員ニ局リコレヲ頒ツノミニシテ、普ク世ニ公布セサレハ、随テ亦其饒益スルトコロノ区域モ狭隘ナリト云ヘシ、然ルニ頃日仏書出版会社阿部準輔氏右雑誌中ニ散在セル仏教大旨ヲ捃拾

シテ之ヲ別冊トナシ、博ク世間ニ布衍センコトヲ懇請セラル、之ニ由リテ這般コレヲ抜出シ、其繁冗ヲ删リ、其闕漏ヲ補ヒ、且ツ訂正ヲ加ヘテ之ヲ別行スルコトトナセリ、若此微挙ソノ功虚シカラスシテ仏教拡張ノ一助トナラハ幸ヒ最モ甚シト謂フヘキノミ

（傍線は引用者による）

覚寿は、これまで「仏教新学ノ輩」が仏教の大意を知ろうとするには、詳細に過ぎる注釈書や、簡易に過ぎる概略書しかなかったと嘆く。そこで、自ら諸宗の典籍を博捜し、適度なレベルの入門書を著したわけである。ちなみに、京都へ移った覚寿は、彼が釈義を施さなかった聖教はないと称されるような浄土真宗教学の探究者となった。もちろん達意的な教理解説を放棄したわけではないが、発信の方向性からいえば、覚寿の著作はもっぱら浄土真宗教学を学ぶ僧侶向けのものになっていった。しかし、『仏教大旨』という活版・洋装本を出した時点でみれば、覚寿の目標は誰にでも分かる概説書を著述するところにあり、その姿勢は井上円了とも一致している。何しろ覚寿は、浄土真宗本願寺派の有志僧侶によって創刊された『令知会雑誌』のなかで、何度も仏教の大意を概説していたものの、それでは広く世間に触れることがないため、『仏教大旨』の出版に踏み切ったのである。覚寿にとって「仏教新学ノ輩」は、仏教へ関心を示そうとしない一般大衆までも含み込む言葉であった。

さて、ここまで幾つかの仏書を挙げ、それらが活版・洋装本として出版される意味を探ってきたが、結局明白になったのは、明治前期に一般向けの仏教概説書が盛んに出版された事実だけのようにも思われる。しかし、この時期に概説書以外の仏書が、まるで出版されなかったわけではない。昔ながらの経典注釈書は、老舗出版社からまだ木版・和装仕立てで出版され続けていた。そうであれば、敢えて概説書ばかりを選び、活版・洋装仕立てというスタイルを採用していったところに、出版社や著者の強い志向性を読み取ることも可能であろう。江戸時代以来、特定宗派に属する僧侶・信者をコアな購読層としてきた仏書が、一般の仏教初心者に向けて発信される

ことは、明治前期の革新的な動向であった。井上円了を始め、達意的な仏教教理の解説を目指した出版社・著者は、売れる部数だけ販売する木版・和装本の出版戦略ときっぱり決別すべく、敢えて活版・洋装本を選び取ったのである。もちろん、これらの概説書全てが、活版印刷でなければまにあわないほどのベストセラーになったわけではない。しかし彼らは、啓蒙主義的な思想を載せるに相応しい器として、活版・洋装仕立てにその意義を見出していたといえる。

（三）情報発信の迅速化と新技術の限界

以上、明治前期の東京で盛んに著された仏教教理の達意的な解説書と、大量複製が可能な活版印刷・洋装製本との親和性について指摘した。しかし、仏書出版界が新技術を導入する上で、もう一つ忘れてならないのは、情報の迅速な文字化という活版の機能である。というのも、明治一〇年代後半から全国各地で仏教演説が開催されると、それらを傍聴筆記した演説集が、盛んに活版・洋装仕立てで出版され始めるからである。仏教演説については、池田英俊[40]や星野靖二[41]の優れた分析があるので、以下ではそれらを参照しつつ、新技術導入のもう一つの背景を探ってみたい。

まず仏教演説の普及に大きな役割を果たした大内青巒について簡単に触れておこう。青巒は幕末期に仙台藩士の息子として生まれ、幼少期に全国各地の曹洞宗寺院で修行を積むが、後には還俗し在家主義に基づく仏教の発展に尽力した人物である。青巒の活動は幅広く、明治八年（一八七五）の仏教系新聞『明教新誌』創刊や、翌九年の活版印刷所秀英舎創業、明治一二年（一八七九）の仏教系結社和敬会創設、そして既述の鴻盟社創業などが挙げられる。

多彩に過ぎる青巒の活動だが、新しいメディアの活用による仏教の発信という視角でみれば、そこに一貫性を見出すことも可能である[42]。すなわち、和敬会は当初仏教諸宗の結束そのものを目的とする結社であったが、次第に仏教演説会を開催する母体として機能し始める。そして、それらの演説は『明教新誌』のような新聞・雑誌に掲載されることでより広く発信され、代表的な演説に関しては鴻盟社が演説集を編んで出版することもあった[43]。右のような出版活動を堅実に下支えしたのが、活版印刷所秀英社である[44]。つまり、自らの思想を発信すべく哲学書院を立ち上げた井上円了同様、青巒も自分たちの結社が開催した仏教演説を広く発信するために、新聞・出版社・活版印刷所を次々と整備していったのである。

ちなみに星野靖二によると、青巒は自らの仏教演説を、従来の講義とも説教とも異なるものと位置付けていた。講義とは、特定宗派の僧侶を対象とし、伝統的な仏典の解釈を行うものである。説教とは、特定宗派の信者を対象とし、譬え話を交えつつ信心の高揚を促すものである。これらに対して演説は、不特定多数の聴衆を対象とするものであり、時には無関心な者を仏教へ誘導する必要もある。そこで演説には、そもそも仏教とは何かという議論が不可欠となる。演説に以上のような意義付けを行う青巒の立場が、仏教を知らぬ者へ仏教を説かんとする井上円了の姿勢と合致するのは明らかである。こうした仏教演説が文字化され、演説集として出版される時、大量複製を可能とする活版印刷・洋装製本が採用されたことはいうまでもない。

もっとも、仏教演説集が活版印刷を利用したのには、もう一つ別の理由もあった。ここで、実際に仏教演説集が編まれる様子を、鴻盟社から明治二一年（一八八八）に出版された今村金治郎編『三家演説』の「緒言」によって再現してみよう[45]。

本年五月五日、東京府麻布曹洞宗大学林の生徒一同発起して原坦山老師、大内青巒居士、佐治実然先生の三

大家を林中に招請し、仏教大演説を開筵せしに、四来の参聴実におびたゝしく、余も亦た友人松川某と共に登林して確実なる教理を快活なる弁論に運転せらるゝをまのあたり聴聞したりしか、松川某ハ固より速記法熟達の人なるを以て三大家の演説を一言も漏らさす悉く筆記せしかは、余も亦た之を謄写して一本を蔵せしに、来りて伝写を請ふ者頗る多く、遂に印刷発行を勧誘する者少からさるに依り、這回三大家の允准を得て之を活字に附し、同志に分て伝写の労を省くに至たれり、

『三家演説』に限らず、多くの演説集や新聞・雑誌のなかに収録されることになった仏教演説は、明治前期の日本社会にようやく浸透しつつあった速記術を利用して文字化された。ちなみに、今村金治郎は創業者大内青巒の跡を継いで鴻盟社の経営に当たった人物であるから、彼が演説会に速記法の名手松川某を伴っていたのは、もちろん後の出版を見越してのことであろう。それでは、そもそも速記者を使ってまで、仏教演説の文字化に迅速性が求められたのはなぜだろうか。同じく鴻盟社が明治一七年（一八八四）に出版した広井円瑞編『学術宗教青巒居士演説集　第一篇』の「凡例」を読むと、演説が開催からまをおかず文字化されていった意味も察せられる。[46][47]

一、本集明治七年以来八・九年間の演説を得るに随て輯録せし者なれは、其説或は陳腐に属し、或は時機に闊なるも多かるべし、故に毎章題下に年月を附記せり、読者幸に其年月を記憶して而して其説を閲読したまへ

同書は、和敬会を始めとする仏教系結社において青巒が行ってきた演説を、まとめて収載したものである。しかし広井円瑞は、一〇年近く経た今や、名手青巒の演説といえども陳腐なものになり果て、あるいは時機を逸した発言になっているのではないかと危惧する。不特定多数の聴衆を惹き付けるべく、時事ネタもふんだんに盛り込んで展開される演説は、わずかな歳月によって時代遅れとなる危険性をはらんでいた。だからこそ、演説集の

出版には何よりも迅速性が求められ、講釈師の語りを文字化して人気を博した講談速記本のように[48]、臨場感を売りとして読者のもとに届けられたのである。

江戸時代の僧侶養成機関である仏教諸宗檀林では、高名な学僧の講義が文字化され、時にはそれが木版本として出版されることもあった。しかし、それらの講録と仏教演説集が全くの別物であることは明らかだろう。学僧やその門人が繰り返し校閲することで出来上がった講録は、それ自体ある種の正典として長く権威化されていった[49]。他方、仏教演説集は、活版ですばやく文字化され、広く一般読者の反響を得ることこそ、最大の目的だったのである。

もちろん筆者は、対照的な性格を持つ講録と仏教演説集に対し、いずれが優れているかの判定を下したいわけではない。文明開化を象徴するような仏教演説集であっても、やはりその性格はプラスに働くこともあれば、マイナスに働くこともあり得る。例えば、擁万閣が明治二二年（一八八九）に出版した富田実英編『万国霊智学会総長ヲルコット氏演説』は、以下のような編集者の言葉から始まっている[50]。

此書ハ欧米ニ於テ仏教篤信ノ泰斗ト称セラルオルコット君ガ、西京・東京等ニテ理学的・化学的・哲学的・道徳上ニ対照シテ愉快ニ釈教ノ実理ヲ詳論シ、及ヒ歴史・成蹟・聖書等ニ徴シテ活潑ニ耶蘇教ノ非道理ヲ弁駁シ、完全無瑕ナル仏教ノ真理ヲ演説セラレタルヲ傍聴筆記シ、或ハ聚集シタルモノニテ（概ネ談話等ハ掲ゲズ）、或ハ聞キ漏レ、或ハ書キ錯リナキヲ保セズ、看読諸君子ヨ、請フ之ヲ恕セヨ、然リ而シテ此書ヲ一読セバ、氏ガ積年仏書ヲ研究シ、其蘊奥ヲ叩キ、以テ釈教ヲ篤信セラレタル卓見活識、殊ニ今回渡来ノ目的、況ンヤ其活達廓落タル精神ヲ識知スルニ足ル、之ヲ閲読セラルル諸君子ヨ、宜シク其鉄腸熱情ノ存在スル所ヲ諒セヨここではもちろんオルコット演説の素晴らしさも顕彰されている。しかし、それ以上に目に付いてしまうのが、傍聴筆記に基づく同書に誤字脱字が多いといういきなりの弁明である。実はこのような序文は明治前期の仏教演説集にお馴染みのものでもあった。情報の迅速性を求め、急ピッチで作られる演説集の場合、その代償として誤記の多さは覚悟しなければならなかった。

なお、明治期の読者が誤字脱字への不信感を抱いたのは、傍聴筆記される演説集に対してだけではなかった。京都の護法館が明治二六年（一八九三）に出版した前田学『改悔文活用説教』には、以下のような「凡例」が付されている[51]。

一、活版ハ烏焉馬ノ嫌ナキヲ保シカタシ、縦令正誤スト雖モ詳カナラス、其顛例、或ハ傍訓、或ハ清濁、或ハ漢呉音訓等深ク注意シ、特ニ説教ハ一言ノ弁過全分ノ笑ヲ招ク、看官諒焉

同書では、活版本全般に対象を広げた上で、烏焉馬（＝文字の書き誤り）の危惧が注意喚起される。現代人にとって、あらかじめ準備しておいた活字で版面を構成する活版はより信頼し得る印刷術であり、面倒な板木印刻作業を伴う木版こそ誤字脱字の生じやすいものと認識されている。しかし、既述のような木版本の作られ方を念頭に置くと、右のような危惧にはうなずかされる点もある。つまり、明治前期の書物購読層にとって、誤記の少ない書物とは、繰り返し校閲がなされ、慎重に出版される経典注釈書のような木版本であった。それに対し、時流に乗って大量出版される活版本は、文字情報の正確さでいえば、全般的に見劣りする書物だったのである。

もちろん、誤字脱字への不信感は、活字を組む際に丁寧な校閲を行えば解消し得るが、江戸時代に木版で出版されていた仏書を忠実に活版で復元しようとする時、どうしても解決し得ない難題が発生することもあった。四時染香書院が明治二二年（一八八九）に出版した『真宗仮名聖教』は、そのような難題に突き当たった事例で

ある。(52)そもそも『真宗仮名聖教』とは、『末燈鈔』・『口伝鈔』・『歎異抄』といった浄土真宗依用の和語聖教三九部を収録し、文化八年（一八一一）に東本願寺が出版したものである。江戸時代には全一三巻で出版されていた権威ある聖教集成を、活版印刷・洋装製本の技術によって一〇九〇頁一冊にまとめ上げたわけだから、仏書出版界の快挙と呼ぶべきものであろう。しかし、四時染香書院が同書の冒頭に付した「凡例」には、そのような自賛の言葉は載せられていない。

一、本書出版ハ専ラ軽便ヲ旨トスルカ故ニ、丁数ノ如キハ旧本ニ随フ能ハス、故ニ欄外ニ旧本ノ丁付ヲ記シ、以テ捜索ニ便ニス

一、本書ハ旧本ノ儘一字一点ヲ加セスト雖モ、元ヨリ木版ニ非サレバ、活版ヲ以テ印刷シ能ハサル箇所ハ少多省略スル所ナシト云ヘカラス、請フ之諒セヨ

一から板木を彫る木版印刷なら、いかなる旧字・異体字・特殊記号も表現できないものはない。しかし、元々難字の使用が多い仏教経典を、黎明期の活版技術で復元することには無理が多かった。そこで、活版印刷の弱点を自己申告するかのような弁明が冒頭に付されたのである。出版社や編者が自らその限界を吐露するぐらいだから、読者にとって活版本への不信感はより根強いものであったと予想される。平易な表現で綴られる概説書や、口語をそのまま文字化した演説集ならともかく、専門的な仏教経典やその注釈書を出版する上で、活版という技術にはまだ改善すべき課題が多かった。

（四）施本と新技術の親和性

右のような状況下、活版印刷によって盛んに出版された一連の書物が存在する。それは施本である。施本（も

しくは施印）は、お盆や彼岸の際に寺院が信徒へ小冊子を無料配布する慣習として現代社会に生き残っているが、その歴史は古く、江戸時代から民間教導を目的として行われていた。[53]もちろん、江戸時代の施本事業は木版刷りで行われていたわけだが、明治二〇年代以降、活版印刷・洋装製本の技術を有する出版社が施本用小冊子の印刷に参入してくる。例えば、明治二四年（一八九一）に開導書院が出版した長岡乗薫編『真俗叢書』は、その「緒言」において以下のような出版経緯を述べている。[54]

今度我祖先已来有縁の道場なる東照寺も修繕全く落成を告たるに依り、現住井上善教師、本年四月廿六日より五日間遷仏の大法会を執行せらるゝに際し、この小冊子を同朋に頒ち、聊か報恩の経営に供せんと欲す、この法会に詣でらるゝ善男善女、能熟読ありて予が微志のあるところを諒し、現当二世の幸福を得玉はん事を希望す

明治廿四年四月　　　　　　　　　　施本主　東京　小林利兵衛

これによると『真俗叢書』は、東照寺の遷仏法要に当たり、有力信徒の小林利兵衛が出版し、出席者に無料頒布した施本であった。私財を投じた出版が仏恩への報謝になるという施本主の主張は、施本行為にお馴染みのものである。ちなみに、同書は問答形式を用いた平易な言葉で記され、善男善女を読書へと誘う工夫の痕跡も垣間見られる。

なお、こうした施本を旧慣の残存と軽く扱うわけにはいかない。というのも、啓蒙的思想の発信母体となった哲学書院や鴻盟社も、施本の出版を奨励しているからである。例えば、哲学書院は明治二四年に、有名な蓮如の五帖御文を一冊の活版・洋装本にまとめて出版しているが、[55]その末尾には以下のような文章が載っている。

一、右五帖一部八十通は、蓮如上人信徒へ附与せられたる書簡を集めたるものなれば、其心得にて拝読せら

るべし

一、有志の方々、此御書を以て施本の料に充てられてはとて、可成低価に活版に附し、なほ紙型をもとりおき、何時にても低価に調製し得らるゝようにいたし置たれは、少し多くの部数を望まるゝならは、今後は何時にても其需めに応すへし、外教者などが経文を多く施すを見ても、仏書の施本肝要たるへきことなり

五帖御文という真宗の聖典を大胆にも活版・洋装仕立てで出版した哲学書院には、それを施本として各地の寺院で無料頒布してもらうという狙いがあった。そこで、なるべく安い価格設定にできるように、誤字脱字への不信感が払拭されていない活版・洋装を敢えて選択し、しかも紙型（紙製の鋳型）を保存して、いつ大量の購入依頼があっても対処可能な体制を整えたのである。

施本に対する積極的な姿勢は、鴻盟社も変わるところはない。例えば、明治二七年（一八九四）に出版された横井見明編『仏教信徒の心得』の末尾には、前年に出版された高田道見編『因果の枝折』の広告が載せられており、その出版事情を窺うことができる[56]。

通俗問答　因果の枝折　壱部定価金三銭・郵税三冊迄金弐銭

●御注意、拾部以上五拾部以下壱部弐銭五厘の割○五拾部以上百部以下壱部弐銭の割○百部以上は総て壱部壱銭五厘の割にて御誂文に応す、但し前金に非ざれは御誂文あるも送本不仕●見本は郵券五銭御封入なれば直に送本可仕候○為替振込は東京芝口郵便支局宛○郵券代用は一割増の事

法も財と成り財も法と成るが故に、財法二施の功徳円満するものなり、依て法施を為すに暇ま無き御寺院様は、財を以て法施に代へ玉ふの便法は一に施本の事業にあるを信す、又在家篤信の諸君にして同志を誘引し玉ふの方便も、亦唯施本の一事に有るを信す、故に施本用の書籍は通仏教にして短ならす長ならさる肝心要

め の物に限る、弊社茲に見る所あり、著者に依頼して本書の編述を乞ひ、以て護法家諸君の求に応せんとす、檀家信徒への御年玉としては、箸御札等の雑品に勝さること万々なり、製本既に出来す、伏して乞ふ陸続購求して御施本あらんことを

ここから、明治前期に行われた施本の実態を明瞭に窺うことができる。まず『因果の枝折』は全四〇頁・定価三銭の活版・洋装本であるが、大量に注文するほど安くなり、一〇〇部以上だと半額の一銭五厘になる。施本には大量部数が必要となるため、この割引システムは施本主にとってありがたいサービスである。もっとも、代金が前払いされなければ、郵送しないことも明記されている。

次に施本の趣旨であるが、施本主となった寺院が私財を投じて平易な仏教概説書を頒布し、信徒に信心獲得を促す行為と位置付けられる。そこで、施本の内容は、仏教全般について触れ、なおかつ簡略にも過ぎず繁雑にも過ぎない必要があるが、鴻盟社刊行の仏書こそ最もその役目を果たし得るとされる。なるほど、創業者の大内青巒を始め、仏教演説の名手を何人も抱える鴻盟社にとって、施本の執筆者を探すことは、さほど困難な仕事ではなかっただろう。そしてこの出版広告は、信徒へのお年玉なら、箸やお札ではなく、鴻盟社製の施本に限りますよと締め括られる。

井上円了・大内青巒という二人の啓蒙思想家がそれぞれに創設した哲学書院と鴻盟社は、施本行為を仏教再活性化の柱にすえるとともに、自社の経営を支える資金源としても期待していたのである。ちなみに、こうした小冊子が私家版や地方出版として出回っている可能性を想定するなら、当然明治期に出版された施本の実数は国立国会図書館所蔵本で確認できるものよりさらに多くなるだろう。我々の想像以上に施本は大量生産されており、明治前期の日本社会が活版印刷や洋装製本という新技術を受け入れる上で、無視し得ない役割を果たしていたと

いえよう。

以上、東京の仏書出版界が、比較的円滑に活版印刷・洋装製本を導入していく背景を探ってみた。後述する京都の場合と比べると、東京において井上円了や大内青巒といった啓蒙思想家が活躍し、新たに出版社まで立ち上げたのは、新技術導入に大きな影響を及ぼしたと考えられる。彼らは、仏教を知らない人々にまで自らの思想を発信しようとする志向性を持っており、一般読者に開かれた知識を載せる新しい器として活版・洋装本を積極的に利用した。

もっとも、活版印刷は難字の多い仏教経典を出版しづらいといった弱点も有しており、あらゆる仏書が活版化・洋装化を果たしていったわけではない。活版印刷と洋装製本が相俟って、書物を巨大な知識保管庫にしていくという紅野謙介の指摘は卓見というべきだが、明治前期の仏書出版界には必ずしも当てはまらない。むしろ、率先して活版・洋装を取り入れたのは、達意的に仏教教理を解説する概説書であり、また口語をそのまま文字化した演説集であった。お盆や彼岸に際して大量に頒布された施本用小冊子も、現在我々が考えている以上に、新技術の浸透には一役買ったと考えられる。東京の仏書出版界は、これら専門的でも大部でもない仏書によって、活版印刷・洋装製本の地ならしを行い、その上で木版印刷・和装製本を徐々に時代遅れの技術へと追いやっていったのである。

第三節　京都の老舗出版社と活版印刷・洋装製本

さて前節では、多くの啓蒙思想家が活躍した東京で、いち早く活版印刷・洋装製本という新技術が導入されていく過程を検証した。もちろん、速やかな新技術導入の一方で、読経などの読書実践と密接な関係を持つ経本や在家勤行集が、容易に活版化・洋装化しなかったことも同時に指摘した。また、哲学書院や鴻盟社が盛んに出版した活版・洋装本は、仏教概説書や演説集、施本用小冊子といった特定のジャンルに集中しており、専門的な仏教経典の出版には、木版・和装が根強く用いられていたことも明らかになった。しかし、東京の仏書出版界を全般的に見渡すと、伝統的技術に執着した旧勢力が、西洋流印刷術を取り入れた新興勢力に追いやられていくわけで、その図式は通説に大きな書き換えを迫るものでないともいえる。

また、第一節で図五—三・図五—四を提示したことにより、仏教系出版社がたとえ活版印刷を導入しても、洋装製本までは導入せず、活版とあまり相性の良くない和装製本にこだわり続けるという不思議な現象も明らかになっていた。しかし、前節の考察では、右のような現象が起こる理由は、十分に解明し切れていない。そこで本節では、東京よりも活版印刷の定着に遅れをみせ、洋装製本の導入については活版以上に拒否感を示した京都の仏書出版界に分析の手を伸ばしていきたい。

まずは京都における仏書出版の担い手を上位一〇社に絞って表五—二に列挙し、新技術の定着が遅れた理由を探ってみる。表五—二から端的に読み取り得るのは、京都の仏書出版界が顕著な寡占状態に置かれていた事実である。既に表五—一で確認したように、東京では新旧様々な出版社の参入がみられたため、上位一〇社から出版された仏書は、明治期に東京で出版された全仏書の四〇パーセント弱に過ぎない。それに対して、京都の場合だと上位一〇社が出版した仏書は、全体の六五パーセント程度を占めている。その理由は、老舗出版社が、江戸時代から変わることなく、特定宗派や特定寺院の御用書肆として盤石の地位を保持してきたからである。表五—二に挙げられているものでいえば、西村九郎右衛門の護法館と、その分家である西村七兵衛の法蔵館は、東本願寺

表５－２　明治期の京都における仏書出版状況（出版社別）

出版社名	創業時期	明治期に出版した仏書の点数					全仏書中の割合
護法館	江戸時代前期	378点	和装	284点	木版	217点	約17％
			洋装	94点	活版	161点	
法蔵館	江戸時代末期	338点	和装	118点	木版	87点	約15％
			洋装	220点	活版	251点	
顕道書院	明治23年（1890）	175点	和装	36点	木版	27点	約８％
			洋装	139点	活版	148点	
興教書院	明治22年（1889）	149点	和装	26点	木版	11点	約７％
			洋装	123点	活版	138点	
永田文昌堂	江戸時代前期	119点	和装	107点	木版	98点	約５％
			洋装	12点	活版	21点	
松栢堂（出雲寺）	江戸時代前期	72点	和装	59点	木版	56点	約３％
			洋装	13点	活版	16点	
沢田文栄堂（法文館）	江戸時代末期	64点	和装	42点	木版	36点	約３％
			洋装	22点	活版	28点	
平楽寺	江戸時代前期	64点	和装	51点	木版	40点	約３％
			洋装	13点	活版	24点	
一切経印房／貝葉書院	江戸時代中期	40点	和装	17点	木版	6点	約２％
			洋装	23点	活版	34点	
真宗高倉大学寮	―	32点	和装	30点	木版	1点	約１％
			洋装	2点	活版	31点	
上記以外の出版社	―	756点	和装	433点	木版	314点	約35％
			洋装	323点	活版	442点	

版社だったわけである。(57)

関係の仏書を独占的に取り扱ってきた。他方、永田調兵衛の文昌堂は、西本願寺の御用書肆として有名である。また、沢田友五郎の文栄堂は、浄土宗の知恩院と関係が深いし、村上勘兵衛の平楽寺も日蓮宗諸檀林に長らく教学書を提供してきた。つまり、明治時代の京都で仏書出版の主力を担ったのは、江戸時代から脈々と続く老舗出版社だったわけである。(57)

それでは、京都で活版・洋装という新技術が容易に定着しなかったのは、老舗出版社が木版・和装という伝統的な技術に固執したためなのだろうか。試みに表五―二に挙げられている幾つかの出版社を取り上げ、初めて新技術が導入された年を確認してみよう。活版印刷のみの導入でいえば、老舗の対応は極めてすばやかった。文昌堂は明治一〇年（一八七七）に超然『仰信余筆』を活版・和装仕立てで出版しているし、護法館も翌年に東条義門『三部経和語説』を同じく活版・和装仕立てで出版している。(58)洋装製本も併せた新技術の導入でいえば、平楽寺が明治二〇年（一八八七）に出版した加古義一編『両翁問答新教のめざまし』が早い事例である。同書は内容的にも問答形式で平易に仏教教理を説く斬新なものであった。(59)また、文栄堂は明治二二年（一八八九）に活版・洋装本を四点出版しているが、そのうちの一つに当たる『仏教演説筆記』は、神智学協会会長ヘンリー・スティール・オルコットの初来日を記念し、演説を傍聴筆記したものであった。(60)以上、新技術の導入に関して、東京・京都間に決定的な時間差はない。なおかつ、内容面に注目しても、概説的な仏教解説や演説の傍聴筆記など、その斬新さにおいて哲学書院や鴻盟社から出版された仏書と近似的な商品を多く出版している。

こうした京都の老舗出版社のなかでも、群を抜いて革新的だったのが法蔵館である。井上円了が明治二〇年に自ら哲学書院を創業し、『仏教活論序論』を出版して仏教界に衝撃を与えたことは既に述べた。そして、その円了にとってもう一つのベストセラーである『真理金針』を、同年に京都で出版したのが法蔵館である。(61)老舗ながら鋭敏に新時代の流れを感じ取った法蔵館は、活版・洋装仕立てという新しい器に載せて、この記念碑的作品を発信した。

ちなみに、この時期の法蔵館館主は二代目西村七平であるが、実際にその人柄は進取の気象に富んでいたらしい。[62]『真理金針』のヒットで活版印刷の普及を急務と感じたためか、西村七平は印刷所の整備にまで自ら力を尽くしている。その経緯は、法蔵館五代目西村七兵衛の述べるところによると、以下の通りであった。[63]

明治二四年には法蔵館で活版印刷業を開始しました。それまでは木版印刷でして桜の板を彫って版木を作り、墨をつけて和紙をあてバレンで刷っていました。現在では京都に多くの印刷所がありますが、当時は印刷所がなかったので自分の家の中に活版工場をつくり印刷を始めたわけです。これによりそれまでの百部単位の刷りから、一挙に千部、万部という大量印刷が可能になりました。しかしびっくりするのは七、八年で印刷業をやめていることです。なぜかというと、京都にたくさん印刷業者ができてきたので、本来の出版業に戻って印刷は人にまかせるということで、転換をはかったようです。

話の本筋からは少しそれるが、後半部分の指摘は新技術導入の具体像に踏み込むもので、なかなか興味深い。明治時代に活版印刷が木版印刷を駆逐できた理由として良く挙げられるのは、印刷可能部数の増加・印刷速度の高速化とともに、印刷経費の削減である。鈴木淳によれば、活版印刷にかかる経費は、木版印刷の場合と比較して実に三分の一程度とされている。[64]ただし、これは仕事を請け負ってくれる活版印刷所が十分に存在し、なおかつ活版の利点を生かし得る大量部数の注文が継続的にある場合の試算であろう。新聞・雑誌ならともかく、そもそも発行部数が限られる仏書を、まだ印刷所が少ない時点で無理に活版印刷しても、飛躍的な低コスト化が実現できたとは考えにくい。[65]京都の仏書出版界において、経費削減のために活版印刷の導入が進むのは、五代目西村七兵衛が指摘するように、印刷所が叢生し始めた明治三〇年代以降のことであろう。本章でここまで印刷経費の削減を理由とした活版印刷の普及を論じなかったのは、右のような想定によっている。

それはさておき、二代目西村七平の先進性は、井上円了や大内青巒に劣るものでなかった。また、彼ほどではないにせよ、他の京都の老舗出版社も、活版印刷・洋装製本を初めて導入した時期に注目すれば、新技術にそこまで鈍感であったとはいえない。しかし、初導入以降の動向を追うと、京都の老舗出版社は、明らかに東京の新興出版社とは異なる特徴を示していく。すなわち、一方で活版・洋装本を出版しつつ、他方でそれ以上に多くの木版・和装本を出版し続け、さらに活版・和装本という一見ちぐはぐな出版形態にもこだわりをみせていくのである。

革新的な内容の仏書を、意外にも早い段階から活版・洋装仕立てで出していた京都の老舗出版社は、なぜ同時並行的に伝統的技術にこだわった仏書を出版し続けたのだろうか。その理由を探るべく、東本願寺と深い関わりを持つ護法館と法藏館に注目してみたい。両出版社から刊行された仏書を概観すると、何人かの著者が繰り返し登場することに気付かされる。代表格として、明治二〇年代から真宗高倉大学寮の嗣講（学寮で講師に次ぐ立場）を務め、明治三〇年（一八九七）に真宗大学初代学監となった占部観順（一八二四～一九一〇）を挙げておきたい。[66]

護法館・法藏館から出版された観順の著作は、他の学僧の講述を校閲したものや、自分の講述を門人に校閲させたものも含めて、実に二七点存在する（表五―三）。また、明治三四年（一九〇一）に真宗高倉大学寮の講師にまで昇り詰めた吉谷覚寿の場合も、右の条件で数えると五二点の著作が存在する（表五―四）。東京の出版社から刊行された覚寿の著作が先述した仏書出版会の『仏教大旨』一点、観順に至っては〇点であることを考えると、彼らが京都においていかに大きな期待をかけられていたかが分かる。

表５－３　護法館・法蔵館から出版された占部観順の著作（※講述・校閲も含む）

書名	著者名	出版年	出版社	出版形態
正信偈大意二十題纈英	占部観順	明治10年(1877)	法蔵館	木版／和装
正信偈大意分科	占部観順	明治10年(1877)	法蔵館	木版／和装
改悔文集説	占部観順他講述、西村九郎右衛門編	明治16年(1883)	護法館	活版／和装
改悔文集説	占部観順他講述、西村九郎右衛門編	明治16年(1883)	護法館	木版／和装
訓点真宗三部経科本	占部観順編	明治19年(1886)	法蔵館	木版／和装
教行信証分科	占部観順	明治22年(1889)	護法館	木版／和装
安心評義弁金剛針	占部観順	明治25年(1892)	法蔵館	活版／洋装
観経玄義分講義	深励講述、占部観順校閲	明治26年(1893)	護法館	木版／和装
仏説無量寿経講義	深励講述、占部観順校閲	明治26年(1893)	護法館	活版／和装
安心評義弁金剛針後篇	占部観順	明治26年(1893)	法蔵館	木版／和装
阿弥陀経講義	深励講述、占部観順校閲	明治27年(1894)	護法館	活版／和装
愚禿鈔講義	深励講述、占部観順校閲	明治27年(1894)	護法館	活版／和装
正信偈大意分科	占部観順	明治27年(1894)	護法館	活版／和装
御垂示頂戴録	占部観順	明治27年(1894)	法蔵館	木版／和装
仏説観無量寿経講義	深励講述、占部観順校閲	明治28年(1895)	護法館	活版／和装
真宗亡者現世祈祷問答	占部観順	明治28年(1895)	法蔵館	活版／和装
観経序分義講義	深励講述、占部観順校閲	明治29年(1896)	護法館	木版／和装
教行信証文類講義	霊暀講述、占部観順校閲	明治29年(1896)	護法館	活版／和装
二種深信講義	義譲講述、占部観順校閲	明治29年(1896)	護法館	活版／和装
二種深信略述	占部観順	明治29年(1896)	法蔵館	木版／和装
破塵問対	占部観順	明治29年(1896)	法蔵館	木版／和装
選択集廿五個異同弁	深励講述、占部観順校閲	明治30年(1897)	護法館	活版／洋装
観経散善義講義	深励講述、占部観順校閲	明治30年(1897)	護法館	木版／和装
浄土論註講述	深励講述、占部観順校閲	明治30年(1897)	護法館	活版／和装
観経定善義講義	深励講述、占部観順校閲	明治30年(1897)	護法館	木版／和装
補正選択集閑古録	占部観順	明治30年(1897)	法蔵館	木版／和装
改悔文聞書	深励講述、占部観順校閲	明治31年(1898)	護法館	木版／和装

表5－4　護法館・法蔵館から出版された吉谷覚寿の著作（※校閲も含む）

書名	著者名	出版年	出版社	出版形態
明治諸宗綱要	吉谷覚寿	明治23年(1890)	法蔵館	活版／洋装
三帖和讃講述	吉谷覚寿	明治24年(1891)	法蔵館	活版／洋装
改悔文大意	吉谷覚寿	明治24年(1891)	法蔵館	木版／和装
正信偈講述	吉谷覚寿	明治25年(1892)	法蔵館	活版／洋装
八宗綱要鈔講述	吉谷覚寿	明治27年(1894)	法蔵館	活版／和装
原人論講述	吉谷覚寿	明治28年(1895)	法蔵館	活版／和装
三国仏法伝通縁起講述	吉谷覚寿	明治29年(1896)	法蔵館	活版／洋装
大乗起信論義記略解	吉谷覚寿	明治30年(1897)	法蔵館	活版／洋装
天台四教儀集註略解	吉谷覚寿	明治31年(1898)	法蔵館	活版／洋装
華厳五教章講義	秀存講述、吉谷覚寿校閲	明治32年(1899)	護法館	木版／和装
大無量寿経講述	吉谷覚寿	明治33年(1900)	護法館	活版／和装
観無量寿経講述	吉谷覚寿	明治33年(1900)	護法館	活版／和装
阿弥陀経講述	吉谷覚寿	明治33年(1900)	護法館	活版／和装
御文歓喜鈔	慧空講述、吉谷覚寿校閲	明治33年(1900)	護法館	活版／和装
安心道のしらべ百ヶ条	細川千巌遺稿、吉谷覚寿校閲	明治34年(1901)	法蔵館	活版／和装
浄土三経往生文類略述	吉谷覚寿	明治36年(1903)	護法館	木版／和装
尊号真像銘文略述	吉谷覚寿	明治36年(1903)	護法館	木版／和装
一念多念証文略述	吉谷覚寿	明治36年(1903)	護法館	木版／和装
唯信鈔文意略述	吉谷覚寿	明治36年(1903)	護法館	木版／和装
歎異鈔略述	吉谷覚寿	明治37年(1904)	護法館	木版／和装
口伝鈔略述	吉谷覚寿	明治38年(1905)	護法館	活版／和装
改邪鈔略述	吉谷覚寿	明治38年(1905)	護法館	活版／和装
執持鈔略述	吉谷覚寿	明治38年(1905)	護法館	活版／和装
最要鈔略述	吉谷覚寿	明治38年(1905)	護法館	活版／和装
本願鈔略述	吉谷覚寿	明治38年(1905)	護法館	活版／和装
末燈鈔略述	吉谷覚寿	明治38年(1905)	護法館	木版／和装

浄土和讃略述	吉谷覚寿	明治38年(1905)	護法館	活版／洋装
高僧和讃略述	吉谷覚寿	明治38年(1905)	護法館	活版／洋装
正像末和讃略述	吉谷覚寿	明治38年(1905)	護法館	活版／洋装
願願鈔略述	吉谷覚寿	明治38年(1905)	護法館	活版／和装
出世元意略述	吉谷覚寿	明治38年(1905)	護法館	活版／和装
浄土真要鈔略述	吉谷覚寿	明治39年(1906)	護法館	活版／和装
諸神本懐集略述	吉谷覚寿	明治39年(1906)	護法館	活版／和装
破邪顕正鈔略述	吉谷覚寿	明治40年(1907)	護法館	活版／和装
顕名鈔略述	吉谷覚寿	明治40年(1907)	護法館	活版／和装
教行信証大意略述	吉谷覚寿	明治40年(1907)	護法館	活版／和装
決智鈔略述	吉谷覚寿	明治40年(1907)	護法館	活版／和装
存覚法語略述	吉谷覚寿	明治40年(1907)	護法館	活版／和装
持名鈔略述	吉谷覚寿	明治41年(1908)	護法館	活版／和装
蓮如上人御一代記聞書略述	吉谷覚寿	明治41年(1908)	護法館	活版／和装
女人往生聞書略述	吉谷覚寿	明治41年(1908)	護法館	活版／和装
正信偈大意略述	吉谷覚寿	明治42年(1909)	護法館	活版／和装
歩船鈔略述	吉谷覚寿	明治42年(1909)	護法館	活版／和装
浄土見聞集略述	吉谷覚寿	明治42年(1909)	護法館	活版／和装
法華問答略述	吉谷覚寿	明治42年(1909)	護法館	活版／和装
報恩記略述	吉谷覚寿	明治42年(1909)	護法館	活版／和装
安心決定鈔略述	吉谷覚寿	明治42年(1909)	護法館	活版／和装
後世物語聞書略述	吉谷覚寿	明治42年(1909)	護法館	活版／和装
蓮如上人御一代記聞書	吉谷覚寿校閲	明治43年(1910)	護法館	木版／和装
五帖一部御文講述	吉谷覚寿	明治43年(1910)	法蔵館	活版／洋装
御俗姓御文講述	吉谷覚寿	明治44年(1911)	護法館	活版／洋装
真宗安心詮要	吉谷覚寿	明治44年(1911)	法蔵館	活版／洋装

もちろん、護法館の西村九郎右衛門が、江戸時代に東本願寺の御用書肆であった経緯から考えると、浄土真宗大谷派の著名な学僧に著述の依頼がなされるのは当然といえる。ただ、観順や覚寿を単なる高僧とみるのではなく、多くの門人を抱える教学指導者と捉えなければ、東京でほとんど注目されない彼らに護法館・法蔵館がかけた期待の大きさは理解できない。例えば観順は、深励（一七四九～一八一七）の講述を自ら校閲して盛んに護法館から出版している。江戸時代を代表する学寮講師[67]の講述に、現在の嗣講が校閲を加えて出版しているのである。浄土真宗大谷派の所化僧（修行中の僧侶）にとって、それは是が非でも購入すべき書物であった。

もっとも、表五—三をみれば分かるように、盛んに出版されていた観順の著作は、明治三一年（一八九八）を境としてぱったり姿を消す。というのも、真宗大学学監の要職に就いた観順に対して、彼の唱える学説を異安心（異端的解釈）ではないかと批判する声が高まり、明治三二年（一八九九）には遂に東本願寺より学監免職・嗣講休職の処分が下されたからである[68]。その一方で、これまで以上に護法館・法蔵館から出版されたのが吉谷覚寿の著作である。観順異義事件の解決に努め、教学指導者としての権威を高めた覚寿は、浄土三部経や正信念仏偈を始め、あらゆる真宗依用の書物に略述を施していった。現役の学寮講師が記す聖教解説は、これまた浄土真宗大谷派の所化僧にとって、格好の参考書になっていった。

以上の事例から分かるように、両出版社は、真宗大谷派の所化僧なら必ず購入する手堅い商品として、観順や覚寿らの著作を出版していたわけである。もちろん、それは東京の千鍾房や大村屋書店も採用した出版戦略である。しかし、ここまで確認してきたところによれば、売れる数だけ出版するという戦略において、京都の出版社は東京の出版社より一枚も二枚も上手だった。何しろ東西本願寺と西村九郎右衛門や永田調兵衛の結び付きは、江戸時代以来の濃密なものであったから、教団内部で地歩を築く教学指導者への著述依頼は彼らにとって得意中の得意であった。また、僧侶養成機関が京都に一元化されている東西本願寺の場合、全国各地から集う数百名の僧侶に一斉に仏書を売りさばけるという優位性もあった[69]。同じような出版戦略を取っても、京都で見込まれる売り上げは、東京のケースを大きく上回っていたのである。

こうしてみると、京都の老舗出版社が、伝統的な印刷術に固執した理由も明確になる。彼らは、活版・洋装という新技術により、一宗一派にこだわらない思想の発信も確かに行っていた。しかし、哲学館で思想の受け皿を育成しつつ、哲学書院で革新的・啓蒙的な思想の発信を行った井上円了[70]のように、護法館や法蔵館が活版・洋装本の購読層を効率良く確保できていたわけではない。むしろ、老舗出版社が経営を安定させるためには、教団内部の教学指導者へ著述を依頼し、所化僧に向けた仏書を出版する方が、より確実な戦略であった。そこで彼らは、仏書個々の性格を考慮しつつ、時に活版・洋装仕立てを大胆に取り入れ、時に木版・和装仕立てを堅実に維持し、その都度より相応しいスタイルで出版を行ったのである。京都の老舗出版社が、伝統的技術にも新技術にも特化することなく営業を続けたのは、以上のような理由によると考えられる。

なお、所化僧に向けた仏書は、木版・和装を守って出版されることもあれば、試みに活版・洋装で出版されることもあったが、明治二〇～三〇年代に最も好まれたのが活版・和装仕立てである。護法館や法蔵館から出版された仏書にもこの形態は多いが、より顕著な事例は真宗高倉大学寮の蔵版本である（表五—一二）。真宗高倉大学寮は明治二九年（一八九六）から明治四〇年（一九〇七）にかけて存在した教学研鑽組織だが、そのあいだに三二点の安居講録を出版している[71]。興味深いことに、これらのほぼ全てが活版・和装本である。僧侶が学習参考書とした仏書に、活版・和装仕立てというスタイルが好まれたのはなぜだろうか。

それを解き明かすには、明治前期の僧侶が実践していた学習方法に着目しなければならない。江戸時代から伝統的な教学研鑽に励んできた彼らにとって、書物を丹念に読むとは、すなわち毛筆で直接書き込みを施すことであった。古書店の店主として多くの和本に接してきた橋口侯之介は、以下のような指摘を行っている。(72)

和本にはさまざまな書き入れが入っているが、句読点はもっとも初歩的で、基本にすぎない。漢文には訓点がついてさらに読解の助けになるが、書き込まれるのはそれで終わらない。それ以上のことは手書きで書き入れられたのである。原典には入っていないこれらは、あくまでも読者が入れるものだった。（中略）和本の書き入れは個人的な自己主張をとうとうと入れるのではなく、ある種の客観性をともなう規範があったものと思われる。

橋口のこうした指摘は、江戸時代に中央檀林で基礎的な宗派教学を学んだ僧侶たちにも見事に当てはまる。というのも、本書第一部第二章・第三章で取り上げた大慶や、本書第二部第六章で取り上げる円識（一七九三～一八五二）・龍猛（一八七一～一九三五）は、同じく西本願寺学林で学んだ浄土真宗学僧であるが、彼らの蔵書には、人名・地名なら傍線、書名なら四角囲いなど、一定の規則に基づいた書き込みが施されているからである。木版・和装本時代の僧侶たちは、同じ宗派に属する者であれば、誰もが共有している規則に則って書物に書き込みを施し、教学研鑽に励んでいたことになる。

しかし、金属活字によって隙間なく版面が構成された活版本に、木版本同様の書き込みを施すのは難しい。また、薄手の洋紙に両面印刷を施した洋装本であれば、そもそも毛筆で直接書き込みを行うのも困難であろう。つまり、活版・洋装本とは、僧侶の伝統的な学習実践に照らし合わせて考えると、いささか不便な書物だったのである。もっとも、安居講録のように、一時期に大量の部数を必要とする仏書には、活版の大量複製・高速印刷能力も不可欠である。そこで、活版を用いながらなるべく形態を木版に近づけるために編み出された工夫が、活版・和装仕立てだったといえる。実際、学寮での教学研鑽に使用されるような仏書は、匡郭（本文を記すための枠線）を施して欄外の余白を多く確保し、字間・行間も十分に取って書き込み式の学習に耐え得るかたちを整えている。明治二〇～三〇年代に多く出版された活版・和装本は、伝統的技術と新技術を無理やり折衷した失敗作ではなく、老舗出版社が僧侶の学習実践を的確に配慮して生み出した出版形態だったと評価できよう。

なお、東京の鴻盟社から出版された仏書にも、実はこの形態を取るものが多い。というのも、哲学館を自ら立ち上げた井上円了と異なり、大内青巒は啓蒙的な仏教演説を行いつつ、伝統的な教学研鑽組織である曹洞宗大学林にも大きな期待をかけていた[73]。学林で教学研鑽する所化僧向けの商品を取り扱うからこそ、鴻盟社が出版した仏書には、一五一点中三八点と比較的多くの和装本が含まれることになったと考えられる（表五―一）。

さて、ここまでの考察を簡単に振り返っておこう。京都の老舗出版社は、数値的にみれば、東京の新興出版社に比べて、伝統的技術を固守する側面が強い。しかし、それはただ感情的に新技術を拒否したからではない。江戸時代以来、特定の宗派や寺院と濃密な結び付きを有していた老舗出版社にとって、教団内部の教学指導者が著す仏書は、少部数ながら確実な売り上げが見込まれる大切な商品であった。そこで、時に活版・洋装仕立ての斬新な仏書を発信しつつ、伝統的な木版・和装仕立ての仏書も修行中の僧侶に向けて出版され続けた。また、僧侶の学習スタイルを考慮すると、活版・洋装本は書き込みに不便な書物であった。そのため、大量複製・高速印刷という活版の利点は生かしつつ、匡郭の設定や字間・行間の余白についてはなるべく木版本の体裁を残し、活版・和装本が出版された。こうして京都の仏書出版界は、根強く木版本を出し続け、なかんずく和装本にこだわりを持つという特徴を帯びていったのである。

第四節　京都の新興出版社とその戦略

（一）顕道書院と施本の販売

前節の考察で、京都の仏書出版界における伝統固守の姿勢は、江戸時代以来続く老舗出版社と仏教諸宗本山との濃密な結び付きに基づくことが明らかとなった。しかし、再び表五―二に目をやると、それだけでは解決し得ない問題に気付かされる。京都の仏書出版界が寡占状態をベースとし、限られた数の出版社だけで、特定宗派から生み出される利益を配分していたとするならば、新興出版社の参入は極めて難しいはずである。さらにいえば、全出版書の四〇パーセント以上を仏書が占めていた江戸時代前半期を経て、地域寺院に基礎的な仏教経典が備蓄された後半期になると、仏書出版自体は明らかな停滞状況へ突入する。西村九郎右衛門や村上勘兵衛といった老舗が特定宗派の御用書肆となり、何とか経営を維持していたのが、江戸時代後期段階における仏書出版界の実情であろう(74)。しかし、そのような魅力を失いつつある仏書出版界に、なぜか明治二〇年代に入って二つの新興出版社が姿を現す。松田甚左衛門(75)の顕道書院と、清水精一郎の興教書院である。両出版社は、どのような戦略を持ち、京都の仏書出版界に新規参入したのだろうか。

まず顕道書院に注目してみよう。というのも、顕道書院が明治二三年（一八九〇）の創業から翌年までに出版した仏書は、かなり特徴的なものだからである。その特徴は、内容面での革新性ではなく、頁数や価格設定に求められる。顕道書院は創業から二年間で三三点という精力的な出版を行っているが、そのうち二六点までが活

表５－５　顕道書院が明治23年（創業）から明治25年までに刊行した仏書

書名	著者等	出版年	出版形態	備考	５銭以下	50頁以下
真宗俗問	足利義山	明治23年(1890)	活版／洋装		×	○
新年之吉語	赤松連城（松田甚左衛門編）	明治23年(1890)	活版／洋装	施本適当書類	○	○
通俗仏教対話	安国清	明治23年(1890)	活版／洋装		×	×
蓮如上人御一代記聞書略解	僧朗（松田甚左衛門編）	明治23年(1890)	木版／和装		×	×
安心ほこりたたき	慧鶴（松田甚左衛門編）	明治24年(1891)	活版／洋装	施本適当書類	○	○
一休禅師道歌集	松田甚左衛門編	明治24年(1891)	活版／洋装	施本適当書類	○	○
一休叢話	藤井正真編	明治24年(1891)	活版／洋装		×	×
因果のかゝみ	松田甚左衛門編	明治24年(1891)	活版／洋装	施本適当書類	○	○
懐中正信偈和讃	—	明治24年(1891)	木版／和装		×	×
家内相続	僧純（松田甚左衛門編）	明治24年(1891)	活版／洋装	施本適当書類	○	○
歓喜の詞	赤松連城（松田甚左衛門編）	明治24年(1891)	活版／洋装	施本適当書類	○	○
見真大師旧跡七不思議略縁起	松田甚左衛門編	明治24年(1891)	活版／洋装	施本適当書類	○	○
昨夢盧談	僧樸（松田甚左衛門編）	明治24年(1891)	活版／洋装	施本適当書類	○	○
宗教汎論	鎌田淵海	明治24年(1891)	活版／洋装		×	×
十種用心	松田甚左衛門編	明治24年(1891)	活版／洋装	施本適当書類	○	○
信後の相続	松田甚左衛門編	明治24年(1891)	活版／洋装	施本適当書類	○	○
真宗安心問答	松田甚左衛門編	明治24年(1891)	活版／洋装	施本適当書類	○	○
新撰改良活用説教	佐々木量俊編	明治24年(1891)	活版／洋装		×	×
新年の仏法	大内青巒（松田甚左衛門編）	明治24年(1891)	活版／洋装	施本適当書類	○	○
新年の法話	南条文雄	明治24年(1891)	活版／洋装	施本適当書類	○	○
存覚法語鈔	佐竹潭瑞編	明治24年(1891)	活版／洋装	施本適当書類	○	○
大無量寿経世人段略解	加藤正廓編	明治24年(1891)	活版／洋装	施本適当書類	○	○
仏教少年演説	鎌田淵海	明治24年(1891)	活版／洋装		○	○
仏教大意	中西牛郎	明治24年(1891)	活版／洋装		○	○

仏事禁酒　法のすゞ	松田甚左衛門編	明治24年(1891)	活版／洋装	施本適当書類	○	○
弁円略縁起・花見岡蛇身成仏由来	松田甚左衛門編	明治24年(1891)	活版／洋装	施本適当書類	○	○
報恩の鏡	僧純（松田甚左衛門編）	明治24年(1891)	活版／洋装	施本適当書類	○	○
法の道しば	僧純（松田甚左衛門編）	明治24年(1891)	活版／洋装	施本適当書類	○	○
法の近道	松田甚左衛門編	明治24年(1891)	活版／洋装	施本適当書類	○	○
もとめよや	弘中唯見（松田甚左衛門編）	明治24年(1891)	活版／洋装	施本適当書類	○	○
越前吉崎嫁をどし略縁起	松田甚左衛門編	明治24年(1891)	活版／洋装	施本適当書類	○	○
蓮如上人御詠歌　法のかたみ	松田甚左衛門編	明治24年(1891)	活版／洋装	施本適当書類	○	○
和訳原人論	宗密	明治24年(1891)	活版／洋装		○	○
見真大師降誕会のよろこび	井上佳恵	明治25年(1892)	活版／洋装	施本適当書類	○	○
博多名産こころの花	七里恒順（松田甚左衛門編）	明治25年(1892)	活版／洋装	施本適当書類	○	○
御裁断御消息法話	椿原了義	明治25年(1892)	木版／和装		×	×
勤行正信偈和讃	—	明治25年(1892)	活版／洋装	施本適当書類	○	○
三帖和讃略解	佐々木量俊	明治25年(1892)	活版／洋装		×	×
四題蹄筌	麻生超海	明治25年(1892)	活版／洋装		×	×
庄松ありのままの記	松田善六編	明治25年(1892)	木版／和装		○	○
真宗学統源流略譜	若英	明治25年(1892)	活版／洋装		×	×
真宗勤行集	—	明治25年(1892)	活版／洋装		×	×
タノムタスケタマヘ考	原口針水	明治25年(1892)	木版／和装		×	×
通俗仏教百科全書	長岡乗薫編	明治25年(1892)	活版／洋装		×	×
通俗仏教大討論会	鎌田淵海	明治25年(1892)	活版／洋装		×	×
年頭の法話	松田甚左衛門編	明治25年(1892)	活版／洋装	施本適当書類	○	○

版・洋装仕立てで価格五銭以下・頁数五〇頁以下という小冊子なのである（表五―五）。なぜ顕道書院は、創業早々に小冊子ばかりを大量出版したのだろうか。明治二四年（一八九一）に出版された松田甚左衛門編『安心ほこりたたき』の表紙裏をみると、その出版戦略がはっきりと分かる。[76]

施本のすゝめ

蓮如上人の御教化にも四海の信心の人は皆兄弟との仰せもあれは、友同行の御方へ施本の必要なる事を御勧め申します、今より十一ヶ年前に有名なる藤島了穏師に耶蘇教無道理並に国害論の小冊子の著述を願ひ、全国に百万冊余も施本致した、それ故全国有志者よりも五千何百円の喜捨金もありました事もありますか、今日となりてわ、はや耶蘇教の道理にかなわぬ事はとなたも御承知でありますから、今よりは我仏教の本城を確固にし、我人の信心を堅固ならしめ、報恩の行をつとめまする様に導く書物の必要なる時節となりましたに付て、祖師聖人報恩講御取越の法席や、又は親族の法事営みの時に於て、御供養と唱へて赤飯、或は饅頭抔の類を参詣の諸人へ分ち与へる習慣は、京となく田舎となく何れの地にも致す事なるが、食物ばかりではのこり多ひではありませんか、中興様の毎月両度の御文にはたゞ酒飯茶なんとばかりにてみな〳〵退散せり、これは仏法の本意にはしかるへからさる次第なりと御気付もあれは、同しことならは其場限りの御供養ではなくて、見れはみるほどあじのでる御供養に致したきものであります、幸に本院にて有志の方が御用に適当した小冊子、則ち赤飯代や饅頭代位ひて何十部でも何百部でもありがたひ施本の物が沢山に拵へてありますゆへ、代金と共に御申込あれば、極々廉価で何時にても送りますゆへ、是迄の習慣を改めて一の小冊子を参詣人へ分ち与へられれば、其場限りにも非す、一人の喜ひにもあらず、展転に之を読み、小き書物を貰ふて大きな功徳を頂き、少しの遣ひものして多くの利益を与へる一の好方便なれば、有志信徒の方々は深く心を用

ひられて旧慣的の御供養を改め、時勢的の御供養に改良あらん事を御すゝめ申します

そもそも『安心ほこりたたき』とは、江戸時代の禅僧白隠慧鶴が平易な言葉で仏道を説いたものであり、既に他の出版社でも商品化されていた。しかし、顕道書院の新しさは、同書を施本用小冊子として売り出した点にある。施本とは、種々の法要に際し、寺院や有力信徒が参詣者へ小冊子を無料配布する慣習である。短期間に大量の複製を準備しなければならない施本行為に当たって、東京の出版社が、活版・洋装という新技術を採用していたことは、本章でも確認済みである。ただし、顕道書院の場合、その事業規模が違っていた。事前に大量の施本用小冊子を準備し、注文があれば複製して次々郵送するというのが、顕道書院の立てた計画である。ちなみに、顕道書院から出版された幾つかの書物には、末尾に出版広告が載せられており、そこから「施本適当書類」として売り出された商品を特定することができる。(77) 創業からわずか二年間で顕道書院が取り揃えた「施本適当書類」は、表五―五で確認できるように二三点であった。

ちなみに、『安心ほこりたたき』の「施本のすゝめ」に登場する『耶蘇教之無道理』と『耶蘇教国害論』は、明治一四年（一八八一）にそれぞれ布部常七と斎藤吾一郎が出版したものである。(78) 施本主は「有志同行」としか記されていないが、あるいは松田甚左衛門も施本行為に関わっており、この経験をきっかけとして、施本用小冊子を主力商品とする顕道書院の立ち上げに思い至ったのかもしれない。

なお、『安心ほこりたたき』がそうであるように、著名な学僧の法話を元ネタとし、創業者松田甚左衛門自身が編集に当たるのは、顕道書院から出版された施本用小冊子の定番である。元ネタは故人のものとは限らず、赤松連城や大内青巒など明治時代を代表する仏教思想家に執筆を依頼する場合もあった。老若男女に無料頒布される施本であるから、いずれの場合も内容は簡潔にして平易である。価格は廉価に設定され、『安心ほこりたたき』

も一部一銭で販売された。ただし、一〇〇部以上購入した者には特別割引があり、さらに三〇〇部以上購入した者には施本主の名前を印刷してくれるという特別サービスも用意されていた。

以上、創業時の顕道書院が取った出版戦略とは、施本用小冊子の印刷請負に特化することであった。老舗出版社による寡占状態が京都における仏書出版界の一大特徴であるが、そこに新規参入した顕道書院にとって、右のような選択は非常に賢明なものだったといえる。特定宗派のための仏書が老舗出版社に独占されているとしても、施本用小冊子であれば誰に気兼ねすることもなく出版できる。その上、寺院や有力信徒が全て買い取ってくれる施本は、売れ残りの損失を考慮しなくて済むため、堅実な資本蓄積を期待できる。ちなみに、顕道書院が創業当初から積極的に活版印刷・洋装製本という新技術を導入していることにも注目したい。専門的な仏書を一字一句違えず製造する技術としては、まだ活版印刷に不安要素も多かったが、平易な内容の小冊子を短期間で大量複製する施本の場合、新技術の特性を最大限に生かして収益につなげられたからである。こうして施本行為のもたらす利潤に気付いた松田甚左衛門は、日本初にして唯一の施本専門出版社顕道書院を立ち上げたのである。

もちろん、東京でも複数の出版社が施本用小冊子を副業的に取り扱っていたように、京都でも顕道書院の他にこれを売り出す出版社は存在した。例えば、法蔵館が明治二八年（一八九五）に出版した信暁『三帖和讃講話正像末和讃』の末尾には、以下のような宣伝広告が載せられている。(79)

●施本の利益を勧告す

宗祖大師も御和讃に他力ノ信ノエンヒトハ仏恩報ゼンタメニトテ如来二種ノ廻向ヲ十方ニヒトシクヒロムベシと仰せられた如く、信徒諸君御法を弘むるは僧侶方に任さずに、信徒は信徒だけの充分力を尽して、此真俗二諦の御法りを十方に弘めねばなりませむ、其弘めようはどうかと云へば、此有益なる小冊子を施本する

> のが第一であります（中略）中興上人も毎月両度の御文にも、タヾ酒飯茶ナンドバカリニテミナ〳〵退散セリ、コレハ仏法ノ本意ニハシカルベカラザル次第ナリと御気付もあれば、同じことなら其場限りの御供養ではなくて見れば見る程あじのでる御供養と致したきものであります、本館は数年以前より施本小冊子を数十種出版致、広く内外へ弘め居りしに、我本山の御再建や又種々出版事業多望にして充分弘むること能はざりしに、御本山にをかせられても両御堂も落成し、今日に至ては教学布教拡張の折なり、又帝国版図の広がるに従ひ、本館に於も一増御法拡張の一助として続々仏書の出版に力を尽し、有益なる書籍を廉価に販売するを以て諸君の御引立増々厚く蒙り、故に館務多忙にて施本を弘むること能わざる故に、今般本館へ施本出版部を置き、編輯課に係員を増し、続々施本適当の有益なる小冊子を出版す、某書林にをいては御法の為と主張しながら施本小冊子を高価に販売致し居り候へ共、本館は真誠に国家の為に多少を不論、元価にて広く販売仕候間、信徒諸君何卒旧習的の御供養を改め、時勢的の御供養に改良あらん事を切望す

ここでも、顕道書院の広告と酷似するかたちで、施本の効能が宣伝されている。ちなみに、この宣伝文の後には法蔵館が用意したという施本用小冊子の数々が載せられており、価格も一部六厘と破格の安さである。仏法のためと主張して施本用小冊子を高額で販売する「某書林」が顕道書院を指すかどうかは良く分からないが、なるほど法蔵館は利益を度外視して施本事業に関わっているようにみえる。ただし、施本用小冊子として紹介された書物には、明治二二年（一八八九）に定価五銭で出版された藤堂潤明『二諦の教へ』なども含まれており[80]、顕道書院のように周到な計画でこれらが準備されたとは考えがたい。むしろ、顕道書院の成功によって、施本用小冊子の印刷請負を重要な収入源と捉え始めた法蔵館が、以前から出版していた幾つかの小冊子を選び、施本用に廉価で売り出したと考えるのが妥当ではなかろうか。つまり、明治二〇年代後半には、施本事業への関与が出版社

に大きな利潤をもたらすものとして着実に認められてきたわけである。

さて、施本用小冊子の販売に特化して京都の仏書出版界に新規参入した松田甚左衛門であったが、顕道書院の活躍は施本印刷請負のみにとどまるものではなかった。明治二五年（一八九二）に創業三周年記念として出版された鎌田淵海『通俗仏教大討論会』が、恐らく顕道書院にとって一大転換点になった書物と考えられるため、以下ではその特徴を確認してみたい。(81)

討論会開会の主意

頃は明治廿五年十月中旬某日、顕道居士（松田甚左衛門のこと―引用者注）勇気勃々たる壮年百余名を従へ、余（鎌田淵海のこと―引用者注）が寓居に押し寄せ来り、大声疾呼して曰く、先生御内かと、下婢其多勢に驚きびつくり仰天して正気を失ひ、真坂様に倒れしかば、一同其卑怯を嘲りつゝ、直に余が室に入り来り、顕道居士先づ進み出でて陳べける様、光陰流れて矢の如く、一昨春顕道書院を開設して、仏教書籍の出版に従事せしより最早満三ヶ年に及びました、年月尚浅く居士の熱心尚深からざるにも抱わらす、幸にも上は仏祖の御加被力を辱ふし、下は同行善智識の御引立により、今日の盛大を見るに至りしこと実に歓喜に堪へないことです、就ては聊さか満三週年の祝意を表し度存じます、先生若し何にか好き御考案どもあれば承けたまわり度と、余之に答へて曰く、我仏教社会の印刷術に拙なる、誰れか慨嘆せざるものあらんや、然るに顕道書院夙に茲に見る所あり、先づ挺で、百科の印刷に従事せしこと誰か又喜悦せざるものあらんや、而して其第三週年を祝せんとすること、之れ実に余が歓喜に堪へざる所なり、左りながら突然其策を問はれては、甚だ迷惑に存ずるなり、請ふ先づ来訪諸君の意見を聞かんと、茲に於て顕道居士一策を案し出し云ひける様、当時宗教上に於ける疑問百出するも未だ曽て明解を与へられたる良書なき様に考へますから、此等疑義に渉り居る所の大問題を提出して、一場の大討論会を開き、先生の御裁決を仰き、而して其始末を筆記に御認め被下候はゞ、弊院は非常廉価を以て製本し、平素愛顧の読者に酬ひ、以て第三週年の祝意に代へませふと、余其美挙を賛し、奮て議長の任に当り、バサ〳〵採決を与へ、此の一編を結了せり、何分討論のことなれば運筆意に任せざることなきにあらされども、是ぞ討論会の本色なれば読者若し運筆の拙なきと拙議の尽さゞるとを以て著者を責むることなくんば幸甚

松田甚左衛門は、顕道書院の創業三周年に当たって、仏教界を驚かせる記念行事が開催できないものか、日々計画を練っていた。そこで、顕道書院から『宗教汎論』などの著作も出版していた鎌田淵海に相談を持ちかけ、昨今百出する宗教上の疑問を大いに議論すべく討論会を開催した。そして、その内容を傍聴筆記し、全一九一頁を一冊一〇銭の廉価で売り出したのが、『通俗仏教大討論会』なのである。交わされた議論の内容は、以下のようなものである。

討論開会の号報あるや否や、百余名の出席議員は各揃の洋服を着、胸には「仏教大討論会」と云へる記章を閃かし、手にハ「ハンカチーフ」を持、威張かへりて出来る有様は恰も虱の行列に異ならず、やがて席定まるや議長は泰然として起立し、徐かに陳て曰く「唯今より諸君の御討議に預度ハ国家に於ける宗教の利害と申す大問題であります、抑も此宗教と申す語は至て広ひ意味でありますから、仏教は勿論のこと、耶蘇も皆此中に含んであることゝして御討論ありたし」と云畢るや否や、一番議員起て曰く、宗教は元来国家の厄介物なり、貴重なる金銀を費やして堂塔寺院を建立し、而して数多の僧尼を坐食せしめ、御負に此等僧尼の虚説に欺かれ、年中之が為に費もの実に少からず、若此僧尼を養ふ金銭を以て警察の費用に充て、又彼堂塔寺院を以て学校或ハ病院に充るなれば、国家の利益は実に少からぬことです、故に一日も早く彼堂塔寺

院を改めて学校又ハ病院となし、百余万の僧尼には還俗せしむるか、又は打殺して仕舞ねばならぬと陳べ了りて満場を見渡し、二・三本許の小鬚を捻り、先登第一の雄弁家を気取り、揚々として坐に着たりしかば、満場其議論に伏し一人の反対するものなし、茲に於て議長ハ大喝一声して曰く、嗚呼満場の諸君よ、諸君は一番議員の説に伏したるか、又は之を駁するの材料を持たざるか、余は実に諸君の無気力なるに驚きました、今余ハ諸君に交りて一番議員の説を駁しますから、此駁論を以て直に議長の裁決と心得られんことを願ひます（後略）

討論会には、「議長」の鎌田淵海を始め、一〇〇名以上の「議員」が出席した。洋服を着して、胸に記章、手にハンカチーフという「議員」の出で立ちは、明治二三年（一八九〇）に開院式が行われた帝国議会を模しているのであろう。もっとも討論会自体は、仏教に批判的な出席議員の意見を、議長の鎌田淵海がおもむろに制して「裁決」を下すという裁判所のごとき雰囲気で進められている。読者は臨場感あふれるこの傍聴筆記を、いわば仏教演説集のように読んで、昨今の宗教上の諸問題に触れたわけである。

以上のように、斬新な企画で創業三周年を飾った顕道書院であったが、『通俗仏教大討論会』は実際にかなりの売り上げを記録したと考えられる。というのも、翌年に出版された中山電響編『孝行道の話』の末尾には、以下のような広告が載せられているからである。(82)

第三版　通俗　仏教大討論会

洋装頗美本紙数弐百頁

印刷料金拾銭・郵税金四銭（中略）

此書は昨年十一月本院開院以来第三週年に相当するを以て、聊か購読諸君へ謝せんが為め、特別印刷料を以て発売せしに、豈図らんや非常に江湖の喝采を得て、既に第二版も売尽せり、猶頻りに申込有之に付、遂に第三版を発兌せり、此際至急申込ありたし

施本用小冊子の販売に特化し、着々と地歩を固めてきた顕道書院にとって、『通俗仏教大討論会』の出版は社運をかけた新たな挑戦であった。そして、その挑戦は成功裡に終わる。討論会の傍聴筆記というかたちを取り、初学者へ分かりやすく仏教の意義を説いた同書は注目の的となり、繰り返し増刷されるまでに至ったのである。こうして顕道書院は、施本専門出版社という立場を脱却し、押しも押されもせぬ仏教系出版社へと成長を遂げることになった。

（二）興教書院と説教台本の販売

さて、施本専門出版社というスタンスで新規参入を試みた顕道書院に対し、明治二二年（一八八九）に清水精一郎が創業した興教書院は、どのような戦略を持っていたのだろうか。興教書院が創業から五年にわたって活版・洋装本のみを出版している点や、出版された書物のなかに仏教改革論者として有名な中西牛郎[83]の『宗教大勢論』・『新仏教論』が含まれている点[84]から推測すると、清水精一郎が思い描いた戦略は、東京の哲学書院のように革新的仏教思想を新しい器に載せて出版するところにあったと推察される。

もっとも、哲学書院の井上円了が、哲学館という思想発信の場を併せ持っていたのに対し、そうした拠点を持たない興教書院が、不特定多数の読者へ常に話題沸騰の書物を提供し続けることは楽な作業ではなかった。そこで興教書院は、明治二六年（一八九三）から出版開始となった説教学全書シリーズによって、ドル箱商品の開拓を目指していった。翌年に出版された佐々木慧雲編『真宗大意』の末尾には、同シリーズの第一編である坂田慈

香編『校正標註勧導簿照』の新刊広告が載せられているため、[85]そこから興教書院の戦略を探っていきたい。

●説教学全書　第一編実価三拾銭　郵税六銭　五百ページ余

人智開発し、宇宙百般の学日を逐ひ歳を累ねて改良進歩すると共に、諸般の学術講究の方法亦自ら迂闊の旧習を改め、務めて簡便に従はんとす、是れ勢の自然なり、特に現今は活版の便利大に開け、広巻大冊のもの之を縮刷し、以て千里必携の要件となす

今此の説教学全書は、古今有名の説教を集録し、以て古人説教の模範を示し、古きを蘊ねて新しきを知らしめ、益々教導の好良材を集め、編を逐ひ巻を積み、続々出版せんとするものなり、先其が第一編として如達師勧導薄書（照カ）元本二十冊を縮刷、尚次編には能弁博識なる粟津義圭師等の説教書を出版す

『勧導簿照』は、菅原智洞（如達）が著した説教台本である。智洞は江戸時代を代表する説教の名手であったから、同書も既に木版本として出版されていた。しかし、それは全二〇巻という大部の書であり、携帯するにはいささか不便なものであった。そこで、活版印刷・洋装製本の技術を用い、四八九頁を全一冊にまとめたのが、興教書院の『校正標註勧導簿照』ということになる。つまり、説教学全書シリーズの狙いとは、既に木版本で出版されているものの、携帯に不便な説教台本を、縮刷して出版し直すところにあった。

ちなみに、同シリーズ続編の候補として名を挙げられている粟津義圭も、智洞同様に、江戸時代を代表する説教の名手であった。右の出版予告はしっかり守られ、義圭の説教台本六点（『帳中五十座法談・巻懐五十座法談』・『浄土和讃法話』など）が、明治二六年（一八九三）から同二九年（一八九六）にかけて説教学全書シリーズとして縮刷出版された（表五―六）。

説教学全書というタイトルで大部な説教台本を縮刷出版していく試みは、全く同じ年に法蔵館でも始められて

表5－6　興教書院から出版された説教学全書

書名	著者	出版年	出版形態	頁数
校正標註勧導簿照 （説教学全書第1編）	菅原智洞述、 坂田慈香編	明治26年（1893）	活版／洋装	489頁
帳中五十座法談・ 巻懐五十座法談 （説教学全書第2編）	粟津義圭述、 浜口恵璋編	明治26年（1893）	活版／洋装	344頁
四十八願喚鈔 （説教学全書第3編）	粟津義圭述、 浜口恵璋編	明治27年（1894）	活版／洋装	134頁
浄土和讃法話 （説教学全書第4編）	粟津義圭述、 木全義順編	明治27年（1894）	活版／洋装	332頁
正信念仏偈勧則 （説教学全書第5編）	粟津義圭述、 佐々木翠村編	明治29年（1896）	活版／洋装	333頁
高僧和讃開導 （説教学全書第6編）	粟津義圭述、 松下研正編	明治29年（1896）	活版／洋装	280頁
正像末和讃可説 （説教学全書第7編）	粟津義圭述、 松下研正編	明治29年（1896）	活版／洋装	312頁

表5－7　法蔵館から出版された説教学全書

書名	著者	出版年	出版形態	頁数
通俗元亨釈書和解 （説教学全書第1編）	恵空編	明治26年（1893）	活版／洋装	868頁 （全3冊）
三国合類説法大因縁集 （説教学全書第2編）	西村七平編	明治26年（1893）	活版／洋装	前編337頁 後編266頁
譬喩因縁法味愛楽談1編 （説教学全書第3編）	鈴木慶哉編	明治27年（1894）	活版／洋装	195頁
譬喩因縁通俗礦石集 （説教学全書第4編）	西村七平編	明治27年（1894）	活版／洋装	前編281頁 後編177頁
十善法語 （説教学全書第5編）	慈雲飲光	明治28年（1895）	活版／洋装	325頁
譬喩因縁法味愛楽談2編 （説教学全書第6編）	鈴木慶哉編	明治28年（1895）	活版／洋装	214頁
三帖和讃講話 （説教学全書第7編）	信暁	明治28年（1895）	活版／洋装	874頁 （全3冊）

いた（表五―七）。その第一弾は明治二六年（一八九三）に出版された『通俗元亨釈書和解』である。同年に出版された楠潜龍『八宗綱要鈔啓蒙録　地』の末尾に、同書の新刊広告が載せられているため[86]、そこから法蔵館の戦略を確認してみよう。

●●新刊広告●●

法蔵館説教学全書第一編

通俗元亨釈書和解　定価金一円五十銭・郵税金十二銭

原本全廿三冊、縮刷合本全三冊、五号活字、平かな付、拾五行四十字詰（割註六号）、活字凡九百頁、本篇が伝智、慧解、浄禅、感進、忍行、明戒、檀興、方応、力遊、願雑（古徳、王臣、士庶、尼女、神仙、霊怪）、資治表、志（学修、度受、諸宗、会儀、封職）、寺僧、音芸（経師、声明、唱導、念仏）、拾異、黜争、序説、附略例、智通論等と欄を分ちたる一大著述にして、学仏徒に洪益を与へつゝありしことは今更喋々を要せすとも、大方諸君の熟知し給ふ所なり、然りと雖も原本は二拾三巻の大本なれば、諸君か甚だ携帯に不便を感し給ふ所なるべし、又此が和解の購読し易からしむるものありと雖、版木既に磨滅し、字形明瞭ならさるを以て、往々購読の望を絶つもの尠なからず、弊館之を遺憾とするや久し、乃ち頃日愈々縮刷出版し、全部出来せり、定価金一円五拾銭の処、特別減価金壱円、郵税共を以て発売頒布し、大方諸君の便益に供す、希くば愛法の諸氏幸に一読の労を取り玉へ

『通俗元亨釈書和解』は、虎関師錬（一二七八～一三四六）が著した日本初の仏教通史に、江戸時代の学僧恵空が注釈を加えたものである。しかし、取り上げた著作の違いを除けば、興教書院と法蔵館の狙いは見事に一致している。説教学全書として出版された書物は、いずれも僧侶にとって有意義な説教の良材といえる。しかし、江

戸時代に出版された木版本は大部であり、携帯するには不便であった。そこで、活版印刷・洋装製本を用いて縮刷し、携帯の利便性を向上させたわけである。

時を同じくして興教書院と法蔵館が行った説教台本の縮刷化は、仏書出版界に大きな変化をもたらした。というのも、仏教系出版社が活版印刷・洋装製本をいち早く取り入れて出版したのは、概説書や演説集、施本用小冊子など比較的薄手の書物であった。これらの仏書は、不特定多数の初学者を購読層に想定したり、世間の流行をふんだんに盛り込んで編集されたりしたため、どうしても大量複製や高速印刷が必要となり、結果として新技術の早期導入へとつながったものである。

他方で、説教学全書シリーズが、活版・洋装本として出版された背景は大きく異なる。これらの商品の場合、大量複製や高速印刷の必要は必ずしも高くなかった。もちろん、興教書院や法蔵館が、説教学全書の売り込みにあまり熱心でなかったなどと述べたいわけではない。しかし、説教台本の縮刷化という時点で、想定し得る購読層はあくまで僧侶に限定されている。しかも、江戸時代に木版本として出版済みの説教台本を、わざわざ選んで出版し直したわけだから、既に所蔵している大寺院も少なくなかっただろう。説教学全書シリーズが、井上円了の『真理金針』・『仏教活論序論』のように、新規購読層を開拓して大ヒットする可能性は当初から希薄であった。

興教書院や法蔵館が、そのような書物をシリーズ化までして出版し続けた理由は、新刊広告で述べられた通りである。江戸時代に木版本として出版された説教台本は、大部にしてかつ高価であった。それゆえ今までとても所蔵できなかった寺院に対して、活版印刷・洋装製本を用いて手軽なサイズに作り直し、新たな購入を促したのが説教学全書シリーズなのである。もちろん、古い木版本を所蔵している寺院であっても、数十冊の書物が一冊に縮刷されれば、普段使いや遊学時の携帯用に買い調えておくことはあり得たであろう。

つまり、僧侶という限定的な購読層を想定しつつ、活版印刷・洋装製本という新技術によって、彼らに新たな購買欲を芽生えさせようとしたのが、説教学全書の出版戦略であった。大量の文字情報をコンパクトにまとめる活版印刷・洋装製本の効能は、現代人にとってみればもはや自明のものである。しかし、明治期の仏書出版界においても、最初にその効能に着目したのは、読者の購買欲に対して敏感なアンテナを張りめぐらしていた興教書院であった。だからこそ興教書院は老舗ひしめく京都の仏書出版界に新規参入し、いち早く地歩を固めることができたのである。もちろん、老舗出版社の方も、このような絶好の商機に対して無関心だったわけではない。興教書院が説教学全書の刊行を開始した明治二六年（一八九三）には、法蔵館も全く同じタイトルで説教台本の縮刷化を企画し、僧侶たちの新たな要望に対する応答に努めていった。

さて、活版印刷・洋装製本を用いることで、大部の仏書を縮刷した興教書院・法蔵館であったが、こうした試みは説教台本のみにとどまるものではなかった。仏書の縮刷化を象徴する事例として、興教書院がやはり明治二六年に出版した佐々木慧雲編『縮刷真宗法要』に注目してみよう。同書の冒頭では、「真宗法要再刻ノ言」として以下のような主張がなされている(87)。

真宗法要ノ浄土真宗ニ於ケル肝要ノ聖教タルハ今更ラニ茲ニ之ヲ云フヲ要セス、只再刻ニ就テノ一言ヲ陳ヘサルヲ得ス、抑モ此書ノ本山版ノ外ニ俗ニ町版ト称スルモノ一・二ニシテ止ラス、然レトモ巻ヲ八ニ分チ帙ヲ二ニ為ス、概ネ皆是ナリ、而シテ此書一タヒ監獄囚徒ニ拝見ヲ許サル、所トナリテヨリ以来、首ヲ接イテ翹望スルモノ日ニ倍々多キヲ加フ、去ルニ獄則トシテ書籍ノ差入ハ一度ニ一冊ニ限ルヲ以テ、巻帙ヲ多分ニスルモノ、或ハ初冊ハ読得テ次冊ヲ読得サル等ノ憾アリ、依リテ今縮冊シテ一冊ト為シ、之カ用ニ供セヨトノ監獄教誨師ノ再刻ヲ促スニ任セ、爰ニ再刻ヲ為シヌ、元ヨリ活版ニ附スルハ誤植ノ恐アルヲ以テ発行者ノ快トセサル所ナレトモ、縮冊軽便ヲ主トスルヲ以テ万カ一ノ誤植ノ罪ハ発行者之ヲ犯シテ多クノ人ヲ利セシメントス、故ニ殊更ニ専任ノ校正者ヲ置キ、充分校合ニ注意セシメ上板ス、原本ハ龍谷蔵版ノ大本ニ拠リ、巻尾ノ校異ハ各ソノ現文ノ上ニ標註ト為シ、句切ニハ、点ヲ附シ、丁数ハ大本ノ丁数ヲ欄上ニ記シ、行中」印ヲ以テ之ヲ明瞭ニス、以上ノ趣意ヲ以テ再刻シ傍ラ他ノ人ニ販売シテ法楽ノ用ニ供スルト云爾

明治二十六年四月十日

発行者識

既述の通り、明治前期の仏書購読層には、経典注釈書など専門性の高い仏書の活版化に対して、誤植の発生を危惧する傾向が少なからず存在した。まして『真宗法要』は、西本願寺法主の命によって真宗依用の和語聖教三九部を収録し、明和二年（一七六五）に出版された本山お墨付きの聖教集成である。(88)そこで興教書院の清水精一郎は、『真宗法要』の縮刷出版に際して、活版印刷が誤植につながる可能性をあらかじめ弁明している。もっとも、同じ活版本であっても傍聴筆記を利用した仏教演説集などと異なり、『縮刷真宗法要』には専任の校正者が置かれ、底本である西本願寺蔵版本と丹念に照合しつつ版面が作成された。活版だから誤植が生じるという危惧は、現代人にとってみれば杞憂にしかみえないわけだが、それだけ当時の購読層に、活版への不信感が根強くあったのだろう。

ただし清水精一郎は、「縮冊軽便」な聖教集成こそ、今一番求められている仏書であるという確信も同時に表明している。彼は『真宗法要』の縮刷によって何を実現させようとしたのだろうか。ちなみに、明治二七年（一八九四）に出版された佐々木慧雲編『真宗大意』末尾の新刊広告によると、(89)この縮刷版は、上等製本なら一一八七頁を全一冊にまとめ、並製本なら四分冊で販売することとなっていた。最大でも四分冊にとどめたのは、「真宗法要再刻ノ言」によれば監獄教誨師の要請に基づいている。監獄教誨とは宗教者が監獄内で受刑者の徳育を行

表５－８　『真宗法要』の出版状況

書名	出版年	出版社 or 出版人	出版形態	寸法	冊数	定価
和語真宗法要	明和２年(1765)	西本願寺	木版／和装	縦：約28cm×横：約20cm	６秩31冊	
和語真宗法要	明治11年(1878)	大谷光尊	木版／和装	縦：約17cm×横：約12cm	２秩８冊	１円12銭
和語真宗法要	明治23年(1890)	護法館（西村九郎右衛門）	木版／和装	縦：約17cm×横：約12cm	２秩８冊	２円
縮刷真宗法要	明治26年(1893)	興教書院（清水精一郎）	活版／洋装	縦：約19cm×横：約13cm	１秩４冊	80銭
頭書真宗法要	明治33年(1900)	仏教図書出版株式会社（西村七平）	活版／洋装	縦：約20cm×横：約15cm	１秩４冊	不明

うものだが、繁田真爾の指摘によれば、明治二〇年代半ばは浄土真宗大谷派ならびに本願寺派の教誨師が急速にその勢力を伸ばしていく時期に当たる。(90) 彼らにとって、平易な和語で記された『真宗法要』収録の諸聖教は、是非とも受刑者に読ませたい書物であったが、困ったことに興教書院版以前のものは二帙八冊が一般的であった。帙とは書物の損傷を防ぐための覆いであるが、監獄に差し入れ可能な書物は、最低でも一帙にまとめられたものまでであり、二帙に分かれている『真宗法要』は、半分だけしか持ち込めなかったのである。

ここで、実際に『真宗法要』が出版されてきた経緯を確認してみよう。そもそも明和二年（一七六五）に出版された当初の『真宗法要』は三一冊に分冊されており、六帙にまとめられていた。西本願寺は、末寺から要請があれば、通常より薄手の薄様紙を用い、一三分冊で下付することもあったが、江戸時代にこれ以上『真宗法要』の縮刷化が進むことはなかった。しかし、明治一一年（一八七八）に当時西本願寺法主であった大谷光尊が出版した『真宗法要』は、形状こそ江戸時代と同じ木版・和装仕立てであったが、二帙八分冊にまとめられており、一気に縮刷化を進展させた。なお、江戸時代に出版された『真宗法要』は、縦が約二八センチメートル、横が約二〇センチメートルの大本サイズであったが、大谷光尊版は、縦が約一七センチメートル、横が約一二センチメートルの小本サイズとなり、縮刷化とともに小型化も進展した[91]。明治二三年（一八九〇）に護法館から出版された『真宗法要』も、木版・和装仕立てで二帙八冊と状態は全く同じである。清水精一郎が「町版」と述べた時に念頭に置いていたのは恐らくこの護法館版であろう。つまり、江戸時代に出版された六帙三一冊の『真宗法要』と比べれば、この時点で縮刷化は進んでいたわけである（表五―八）。もっとも、監獄に持ち込むには、それでもまだ大部であるため、興教書院は遂に最も権威のある聖教集成の活版化・洋装化に踏み切り、これを一気に一帙四冊（上等製本すれば一冊）まで縮刷したことになる。

以上のように、『縮刷真宗法要』出版の背後には、縮刷を究極まで推し進めることにより、監獄への差し入れを可能にさせるという具体性に富む事情が存在したわけである。もっとも、同書が清水精一郎の主張通り、もっぱら監獄教誨用としてのみ活用されたとは考えがたい。というのも、万波寿子が指摘するように、大部の仏書を縮刷化・軽量化させていく動向は、既に江戸時代後期には始まっていたからである[92]。万波によれば、『教行信証』の注釈書である『六要鈔』や、『真宗法要』の注釈書である『真宗法要典拠』など、修行中の僧侶にとって重要な参考書となる幾つかの書物は、江戸時代後期に西本願寺によって小本化されている。正しい知識を寺院の経蔵に保存するという観点からすれば、これらの書物は権威ある大本サイズで出版されるのが相応しい。しかし、地方私塾への遊学が盛んに行われるようになると、僧侶たちは仏書に携帯の利便性を強く求め始める。こうした僧侶の要望に応えるかたちで、西本願寺による経典注釈書の小本化が行われたことになる。

以上のような万波の指摘を踏まえるならば、『縮刷真宗法要』の出版事情を、清水精一郎の言葉通り、監獄教誨への対処という理由だけで捉えてしまうのはやや短絡的だろう。むしろ、修行僧が携帯することを配慮して

『真宗法要』の縮刷化・軽量化は絶えず進められてきたのであり、興教書院は活版印刷・洋装製本の導入により、従来からの方針を究極までに推し進めたといえる。ここで、改めて江戸時代に出版された『真宗法要』と、興教書院が出版した『縮刷真宗法要』を見比べると、同じなのは収載される文字情報のみであり、他の側面では全く異質物であることに気付かされる。当初『真宗法要』は三一冊に分冊されていたが、興教書院版はわずか四分冊であり、やや高額な上製本を希望すれば一一八七頁を全一冊にまとめることもできた。しかも、大本の『真宗法要』に比べ、縮刷版は縦が約一九センチメートル、横が約一三センチメートルと寸法も小さく、版面も細身の金属活字を用いて整然と構成されていた。明治時代の読者にとって、両者は全く別の書物に映ったことだろう。紅野謙介によれば、活版印刷と洋装製本の導入により、近代の書物は巨大な容量を有する記憶装置になったという。(93)この指摘は、『縮刷真宗法要』にもそのまま当てはめることができる。興教書院は、誤植を多発させる活版印刷への購読者の根強い不信感を感じ取りつつ、収載し得る情報量を飛躍的に増大させる西洋流印刷術の可能性に賭けたのである。

興教書院や法蔵館の成功に促され、大部の仏書を活版印刷・洋装製本で縮刷化する試みは、やがて仏書出版界全体へと及んでいくが、これは画期的な出来事であった。というのも、仏書出版に関していえば、西洋流印刷術の導入は、概説書や演説集など大量複製・高速印刷の特徴を最大限に生かし得る分野で限定的に進められてきたからである。経典注釈書など専門性が高く、かつ出版部数が限られる書物の場合、早急に新技術を導入する必然性は少なく、むしろ木版印刷・和装製本を用いる傾向が根強く続いていた。しかし、縮刷化の進展は、文字情報の多い専門的な仏書にこそ、活版印刷・洋装製本が最適であるという価値転換をもたらした。

もちろん、『縮刷真宗法要』が江戸時代に出版された大本の丁数をいちいち欄上に注記していることから推測できるように、木版・和装本は最後に頼るべき原典としての価値をなおも保持し続けた。しかし、言い方を変えるならば、活版・洋装仕立ての縮刷版こそ普段使いの書物として頻用されることになっていったのであり、木版・和装本は経蔵の奥底に死蔵される時代遅れの存在へと追いやられていった。こうして明治三〇～四〇年代にもなると、伝統的印刷術を堅守する仏書は、折本経典や僧侶の学習実践を配慮した活版・和装本のみという状況が遂に到来したのである。

おわりに

さて本章では、明治期における活版印刷の到来が日本の伝統的な印刷術を急激に衰退させたという通説に疑義を呈し、仏書出版を事例としてその再検討を行った。結果として、通説に一大転換を迫るまでには至らなかったものの、江戸時代に築き上げられた伝統が、新技術導入の速度を鈍化させた側面は明らかにできた。

例えば、仏教系出版社にとってドル箱商品であった経本や在家勤行集は、読経実践と濃密な結び付きを有するため、明治時代末期に至るまでなかなか活版印刷や洋装製本の導入を果たし得なかった。また、専門性の高い経典注釈書も、木版印刷によって難字・異体字の問題を乗り越えてきた前史を持つため、少なくとも明治二〇年代までは、活版印刷の導入に強い抵抗を示した。

書物に直接書き込みを行う僧侶の伝統的な学習方法も、活版印刷や洋装製本を導入するに当たって、大きな障害となった。両面に印刷を施す洋装製本では、毛筆による直接書き込みが困難な上、金属活字によって整然と作られる版面も、書き込みに必要な字間・行間を、木版とは比べものにならないほど減少させたからである。そこで、東京の鴻盟社や京都の護法館は、活版印刷を導入しつつも、片面だけ印刷して袋綴じにし、匡郭を設け字間・行間も十分に取った活版・和装本を、盛んに出版したのである。(94)

もちろん、新しい技術の導入が、新たな商機を生み、なおかつ書物の内容まで刷新させていくのは、今も昔も同じである。東京の新興出版社である哲学書院は、創業者井上円了らの啓蒙的な思想を載せるに相応しい新たな器として活版印刷・洋装製本を積極的に採用し、多数のベストセラーを出版していった。創業者大内青巒らの仏教演説集を出版した鴻盟社も、活版印刷の導入によって、臨場感あふれる演説の文字化に成功した。京都の顕道書院が、活版印刷・洋装製本をいち早く取り入れることで、施本用小冊子の迅速な調達に成功し、老舗ひしめく仏書出版界に新規参入したことも特筆すべき出来事であろう。

もっとも、明治二〇年代までの仏書出版界において、活版印刷や洋装製本の導入が、存亡をかけた不可避的選択などではなかったことも言明しておきたい。新しい活版印刷・洋装製本も、伝統的な木版印刷・和装製本も、この時点では各出版社が仏書個々の性格を良く配慮した上で採用する選択肢の一つに過ぎなかったのである。

こうした状況を激変させる転換点となったのが、京都の興教書院や法蔵館によって明治二〇年代後半から進められた説教台本の縮刷出版である。この試みにより、数十冊に分冊されていた文字情報が、たった一冊にまとめられ始めると、西洋流印刷術の圧倒的な利便性は知れ渡り、活版印刷が誤植を頻発させるという仏書購読層の危惧も次第に払拭されていく。そして明治三〇～四〇年代になると、概説書だろうが専門書だろうが関係なく、仏書の出版方法は活版印刷・洋装製本が当たり前となっていくのである。

以上のように本章では、仏教系出版社に焦点を絞ることにより、活版印刷や洋装製本が引き起こす新旧勢力の対立・葛藤や、新技術の導入に伴う仏教知そのものの変容を、鮮明に描き出すことができた。近代仏書出版史はこれまで豊富な先行研究を蓄積してきた分野とはいえないため[95]、そこに幾つかの重要な論点を提起した本章は、「近代仏書出版史序説」というタイトルに相応しい役割を果たし得たと考えている。もっとも、素材を狭く絞り込んだことにより、みえにくくなった側面も多々ある。例えば、明治期の東京で最大手の総合出版社といえる博文館が、仏書出版においても大きな役割を果たしていたように、仏書という出版ジャンルが完全に専門分化して存在しているわけではない。仏書出版界の葛藤や変容が、他の出版ジャンルとどのような相互影響下で進展したかは、重要な論点といえよう。

ちなみに横田冬彦によると、武家国家である江戸幕府は、学問や文化の独占によって国家の正統性を主張しなかったため、仏教諸宗の本山や神道・陰陽道の本所、華道・茶道の家元など、多数の文化的権威が江戸時代の社会に併存することになった[96]。そのなかでも仏教諸宗と結託して独自の出版文化を形成し、明治期における西洋流印刷術の独走を拒んだのが、京都の護法館や文昌堂などの老舗出版社であったといえよう。そこで、横田の指摘を踏まえるなら、文化的権威と結託して利益を確保してきた他の出版ジャンル（儒書・歌書・医書など）でも、仏書に類似した出版界の葛藤や変容は、相互に連動しつつ展開していったと考えられる。その具体像については後考を俟つ他ないが、今回仏書出版界を素材として明らかにした動向が、特異事例でないことはひとまず強調しておきたい。

また本章では、東京・京都という商業出版の二大拠点を検討対象として取り上げ、もっぱら出版社や著者の戦略に焦点を合わせるかたちで考察を進めたため、仏書を受容する側の動向がみえにくくなった点にも言及しておこう。読者という存在が書物を成り立たせる不可欠の要素であることはいうまでもないが[97]、本章で紹介した種々の仏書、例えば活版・洋装仕立てで出版された井上円了の仏教概説書や大内青巒の仏教演説集、あるいは活版・

和装仕立てで出版された占部観順や吉谷覚寿の経典注釈書に関して、それらが個々の読者によってどのように受容されたかという点にまで迫る作業は、ほとんど実施できなかった。活版印刷・洋装製本という新技術の導入に際して、東京よりも京都の出版社で根強い抵抗が存在したことは既述の通りである。それでは、個々の読者の購入という側面にまで踏み込んだ場合、活版・洋装本への警戒や蔑視、その一方での期待や憧憬はどのように現れてくるのだろうか。また、中央檀林で学んだ所化僧が、文献考証主義的な価値観を郷里にもたらすといった中央―地方の関係性は、近代日本社会においてどのように継承されたり、変容を強いられたりしたのだろうか。次章では、再び特定の寺院に残された蔵書に着目することで、仏書の読者に肉薄し、活版印刷や洋装製本といった新技術が地域社会に与えた影響力の具体像を解き明かしてみたい。

【註】

（1）井原西鶴とその商業主義的な戦略については、中嶋隆『西鶴と元禄メディア　その戦略と展開』（日本放送出版協会、一九九四年）に詳しい。
（2）江戸時代の絵草紙販売については、鈴木俊幸『絵草紙屋　江戸の浮世絵ショップ』（平凡社、二〇一〇年）に詳しい。
（3）三都の書肆と地方の書肆との連携による往来物販売については、鈴木俊幸『江戸の読書熱　自学する読者と書籍流通』（平凡社、二〇〇七年）に詳しい。
（4）引野亨輔「幕末／明治前期の仏書出版」（岩田真美・桐原健真編『カミとホトケの幕末維新―交錯する宗教世界―』法蔵館、二〇一八年）。
（5）石井研堂『明治事物起原』（橋南堂、一九〇八年）八四～八八頁。なお、これ以後現在に至るまで、川田久長『活版印刷史』（印刷学会出版部、一九八一年）、印刷博物館編『印刷博物館開館三周年記念企画展「活字文明開化―本木昌造が築いた近代」図録』（凸版印刷株式会社　印刷博物館、二〇〇三年）、鈴木広光『日本語活字印刷史』（名古屋大学出版会、二〇一五年）など、日本近代出版史研究が着々と成果を挙げたことにより、本木昌造中心史観ともいうべき『明治事物起原』の理解は既に刷新されている。例えば川田は明治初期の日本に本木系以外の多様な活字鋳造の試みが存在したことを指摘しているし、鈴木もヨーロッパや中国で積み上げられてきた漢字活字の発達史のなかに本木の日本語活字製造を位置付けている。これらが貴重な成果であるのは言うまでもないが、筆者としては、日本近代出版史における活版印刷の位置付け自体を本章で再検討してみたいと考えている。

（6）ロジェ・シャルチエ『読書の文化史　テクスト・書物・読解』（新曜社、一九九二年、福井憲彦訳）六六～七一頁。

（7）註（5）印刷博物館編前掲書一二〇～一三一頁。なお、これらに加えて、電胎法により複雑な文字の母型を迅速に量産できるようになったことも、活版印刷が日本社会に浸透する上で有利な条件となった。

（8）鈴木淳『日本の近代15　新技術の社会誌』（中央公論新社、一九九九年）三七～五八頁。

（9）永嶺重敏『〈読書国民〉の誕生　明治30年代の活字メディアと読書文化』（日本エディタースクール出版部、二〇〇四年）三～四六頁。

（10）橋口侯之介『和本への招待─日本人と書物の歴史』（角川学芸出版、二〇一一年）一七〇～二一三頁。

（11）蒔田稲城『京阪書籍商史』（出版タイムス社、一九二九年）一〇八～一二五頁。

（12）佐野眞一『だれが「本」を殺すのか』（プレジデント社、二〇〇一年）三九六～四四八頁、津野海太郎『電子本をバカにするなかれ　書物史の第三の革命』（国書刊行会、二〇一〇年）、山田順『出版大崩壊　電子書籍の罠』（文芸春秋、二〇一一年）など参照。

（13）『国立国会図書館所蔵明治期刊行図書目録　第一巻』（紀伊国屋書店、一九七一年）二〇一～四八二頁。なお、木版・活版の区分は国立国会図書館デジタルコレクションを活用して行い、判別しにくいものについては適宜現物にも当たって確認した。

（14）ＮＤＬ入門編集委員会編『国立国会図書館入門』（三一書房、一九九八年）一一四～一四五頁。

(15) 註(9)に同じ。
(16) 反町茂雄編『紙魚の昔がたり　明治大正篇』(八木書店、一九九〇年)二一~二二頁。
(17)『国立国会図書館所蔵明治期刊行図書目録　第四巻』(紀伊国屋書店、一九七三年)三二三~三七二頁。試みに明治二六~三五年に出版された和歌関連の書物を調べると、全一八二点のうち七五点(約四一パーセント)が木版本であり、その割合は同時期に京都で出版された木版本の仏書(約一五パーセント)をも大きく上回っていた。なお、明治三六~四五年に出版された和歌関連の書物は全一二八点あり、そのうち木版本は一六点(約一三パーセント)であった。和歌関連の書物に限っていえば、明治三〇年代後半に至ってようやく活版印刷を用いた出版方法が標準になったといえる。
(18)『国立国会図書館所蔵明治期刊行図書目録　第三巻』(紀伊国屋書店、一九七三年)一一〇~一三二頁。試みに明治二一~四五年に出版された物理・化学関連の書物を調べると、全九七点のうち木版本はわずか二点に過ぎなかった。なお、明治一一~二〇年に出版された物理・化学関連の書物は全三六点だが、そのうち活版本は一五点(約四二パーセント)あり、仏書や歌書よりも早く活版印刷を導入している様相が窺われる。
(19) 作図の方法は註(13)に準じた。
(20) 紅野謙介『書物の近代　メディアの文学史』(ちくま学芸文庫、一九九九年)一三~四四頁。
(21) 書物という研究素材を、収載された文字情報だけではなく、物質的な形態からも読み解く手法は、シャルチエが註(6)前掲書のなかでその必要性を喚起したものである。『江戸の思想第五号　読書の社会史』(ぺりかん社、一九九六年)や、鈴木俊幸編『シリーズ〈本の文化史〉2　書籍の宇宙』(平凡社、二〇一五年)からも学ぶべき点が多かった。なお、本書では僧侶の読書実践に結び付けるかたちで和装仕立ての根強い残存という現象を読み解いていく予定である。ただし、佐藤秀夫『ノートや鉛筆が学校を変えた』(平凡社、一九八八年)三六~一二八頁で指摘されているように、洋装仕立てに用いる洋紙の供給量が明治前半期の日本においてそこまで安定的でなかったことも、併せて考慮に入れておく必要があるだろう。
(22) 今田洋三『江戸の本屋さん　近世文化史の側面』(日本放送出版協会、一九七七年)、藤實久美子『江戸の武家名鑑武鑑と出版競争』（吉川弘文館、二〇〇八年）など参照。
(23) 井上和雄『増訂慶長以来書賈集覧』（高尾書店、一九七〇年）二四頁ならびに一〇二頁。
(24) 木版本に付された題辞・序跋文、なかんずくその書体がもたらす効果については、岩坪充雄「本の文化と文字環境」（若尾政希編『シリーズ〈本の文化史〉3　書籍文化とその基底』平凡社、二〇一五年）の指摘が示唆に富んでいる。なお、明治二〇年（一八八七）に千鍾房から出版された『増補冠註法界次第初門』が、活版印刷を導入しながら、題辞のみ木版刷りして和装に仕立てているように、著名人の自筆を感じさせる題辞・序跋文の存在は、老舗出版社にとって新技術の導入以上に重要視されるものであった。
(25) もっとも、明治三四年（一九〇一）に大村屋書店が出版した『浄土宗経論宗疏録』の序文において、店主宇田惣兵衛は来年古稀を迎える老齢とされているから、単純な経営悪化による閉店というより、店主の高齢化に伴う撤退であった可能性も高い。
(26) 註(22)今田前掲書一九六～二〇〇頁。
(27) 以上、井上円了と哲学館・哲学書院については、『東洋大学百年史　通史編Ⅰ』（東洋大学、一九九三年）五六～一一四頁参照。
(28) 井上円了『仏教活論序論』（哲学書院、一八八七年）一～五頁。
(29) 柏原祐泉『日本近世近代仏教史の研究』（平楽寺書店、一九六九年）三二三～三五二頁、池田英俊『明治の新仏教運動』（吉川弘文館、一九七六年）二二七～二六三頁、末木文美士『近代日本の思想・再考Ⅰ　明治思想家論』（トランスビュー、二〇〇四年）四三～六一頁、岡田正彦「宗教研究のヴィジョンと近代仏教論―「仏意」と「仏説」―」（『季刊日本思想史』七五、二〇〇九年）など。
(30) 井上円了『仏教活論本論第二編』（哲学書院、一八九〇年）一～四頁。
(31) 註(29)岡田前掲論文。
(32) 板倉雅宣『号数活字サイズの謎』（朗文堂、二〇〇四年）。

(33)片塩二朗『秀英体研究』（大日本印刷株式会社、二〇〇四年）二九〇～三七三頁。
(34)井上円了『縮刷仏教活論序論』（哲学書院、一八八八年）。
(35)大内青巒編『仏教大意』（鴻盟社、一八八四年）。
(36)もっとも、盟友の加藤恵証（浄土真宗本願寺派）が『仏教大意』の跋文で述べるところによると、青巒は不立文字を根幹とする曹洞宗寺院で学んだ人物であったため、当初は同書の作成に乗り気でなかった。すなわち、恵証が簡略な仏教入門書の執筆を懇望したところ、「天地万物即ち是れ仏法なり（中略）若し夫れ強て其大意を文字言句の上に求めんとならは南無阿弥陀仏の六字にして足れり、妙法蓮華経の五字にして足れり（中略）何そ煩はしく其書を求むることを為さんや」と逆に叱咤した。しかし、真宗僧侶である恵証がなおも食い下がり「尊論の如きは是れ上代利根の談のみ、今や機智劣弱世人概ね瑣末に区々たり、若し先生の議論を以て当世に臨まは嗚呼此迷蒙を如何せん」と問い詰めたところ、笑って小冊子を手渡してくれた。これが『仏教大意』の出版につながったというのである。恵証が「若し徒らに此書に止まりて而して更に進む所なくんは蓋し又此書の罪人なり」と跋文を締め括っているところから分かるように、青巒の最終的な目標は、初学者をより専門的な知識へ導くことにあった。なお、大内青巒と加藤恵証の関係については、谷川穣『明治前期の教育・教化・仏教』（思文閣出版、二〇〇八年）二二一～二五九頁、星野靖二『近代日本の宗教概念　宗教者の言葉と近代』（有志舎、二〇一二年）七一～九二頁に学ぶところが多かった。
(37)高岡保『仏教便覧』（擁万閣、一八八八年）。
(38)吉谷覚寿『仏教大旨』（仏書出版会、一八八六年）。
(39)以下、吉谷覚寿については、『続真宗大系　第二〇巻』（真宗典籍刊行会、一九四一年）一五四頁を参照した。
(40)池田英俊『明治仏教教会・結社史の研究』（刀水書房、一九九四年）七七～九七頁。
(41)註(36)星野前掲書七一～九二頁。
(42)こうした視角については、大谷栄一『近代仏教というメディア　出版と社会活動』（ぺりかん社、二〇二〇年）三五～五八頁に学ぶところが多かった。

(43) 例えば、大内青巒の代表的著作『尊皇奉仏論』（鴻盟社、一八八九年）も、同年に仏教政治団体である尊皇奉仏大同団を立ち上げるに当たり、実施された仏教演説を文字化したものである。

(44) なお、秀英舎は昭和一〇年（一九三五）に日清印刷と合併して大日本印刷株式会社となり現在に至っているが、『七十五年の歩み　大日本印刷株式会社史』（大日本印刷株式会社、一九五二年）でも述べられるように、当初の経営はけっして順調なものではなかった。『明教新誌』の発行母体となるべく、大内青巒ら四名の有志によって創業された秀英舎が、自転車操業状態を脱して経営を安定させるのは、本章でも紹介した明治時代のベストセラー『西国立志編』を、活版・洋装仕立てで再版した明治一〇年（一八七七）以降のことである。

(45) 今村金治郎編『三家演説』（鴻盟社、一八八八年）一〜二頁。

(46) 稲田雅洋『自由民権の文化史—新しい政治文化の誕生』（筑摩書房、二〇〇〇年）三三四〜三三六頁参照。

(47) 広井円瑞編『学術宗教青巒居士演説集　第一篇』（鴻盟社、一八八四年）。

(48) 明治期の講談速記本については、足立巻一『立川文庫の英雄たち』（文和書房、一九〇八年）に詳しい。

(49) 後述する京都の仏教系出版社顕道書院が明治二四年（一八九一）に出版した鎌田淵海『宗教汎論』には、真宗本願寺派の重鎮赤松連城が以下のような興味深い序文を付している。「鎌田淵海君一日其著する所の宗教汎論を携へ来て余に示して曰く、将に世に公にせんとす、意見あらは之を聞かんと、後数日君復来り訪ふ、余已に一読す、乃ち之を返し且謂て曰く、此冊内外に亘り真俗ニ通し論する所頗る弘く益する所少なからず、但字句の如きは精錬を欠く者なきに非すと雖、速に活刷に附し、以て世に問んには如かず、従来邦人の著書を公にするや、率ね鄭重に過く、誤を伝るを恐るゝは好すへしと雖、時期を失するを免れす、自ら他の指教を受るを得す、亦他を啓発することなし、方今印刷の器械大に備り、迅速の用に供す、復昔日梨棗に縷刻して年月を消費するの比に非す、則今日の著書を公にするは猶議案を議場に提出するか如し、読者或は賛成を表し、或は修正を加へ、以て完全の法案と為すことを得、今君の汎論世上或は許多の修正を加る者なきを保せす、君宜く其議する所を聞き、捨つへきを捨て、採るへきを採り、删補以て再版に附して可なりと」連城は『宗教汎論』の文章に不満がないわけではなかった。しかし、これまで仏書の出版があまりに慎重過ぎたことを振り返り、速やかに活版印刷し、世間の評判を聞いてはどうかと勧めたのである。ここで連城が述べている、何度も校閲を繰り返して、ようやく出版される仏書とは、恐らく江戸時代以来の伝統的な経典注釈書のたぐいを念頭に置いているのだろう。それらに対する連城の否定的な姿勢は、当時の仏書出版界の動向を窺う上でも示唆的なものといえる。

(50) 富田実英編『万国霊智学会総長ヲルコット氏演説』(擁万閣、一八八九年)一～二頁。なお、ヘンリー・スティール・オルコットの来日が日本仏教に与えた影響については、吉永進一『神智学と仏教』(法藏館、二〇二一年)一八〇～二一一頁に詳しい。

(51) 前田学『改悔文活用説教』(護法館、一八九三年)五～六頁。

(52) 伊藤清九郎編『真宗仮名聖教』(四時染香書院、一八八九年)。

(53) 江戸時代における施本の実例分析としては、ニールス・ファンステーンパール「『丙午縁起』解読・翻刻―近世における施印伝播の一例として―」(『書物・出版と社会変容』一四、二〇一三年)が参考になる。

(54) 長岡乗薫編『真俗叢書』(開導書院、一八九一年)一頁。

(55) 高頭康太編『御文』(哲学書院、一八九一年)。

(56) 横井見明編『仏教信徒の心得』(鴻盟社、一八九四年)五二頁。ちなみに、同書自体も全五二頁・定価四銭の活版・洋装本であり、その平易な内容からみても施本用小冊子として販売された可能性が高い。

(57) なお、表五―二には顕道書院・興教書院という二つの新興出版社も登場しているのだが、これらについては次節で本格的な検討を加えるため、ひとまず考察の対象外としておく。

(58) 超然『仰信余筆』(文昌堂、一八七七年)、東条義門『三部経和語説』(護法館、一八七八年)。

(59) 加古義一編『両翁問答新教のめざまし』(平楽寺、一八八七年)。

(60) 大久保一枝編『仏教演説筆記』(文栄堂、一八八九年)。

(61) 井上円了『真理金針初篇』・同『真理金針続篇』・同『真理金針続々篇』(いずれも法藏館、一八八七年)。なお、三篇とも仏教系新聞『明教新誌』に連載された後、まとめて出版された。
(62) 西村明編『仏教書出版三六〇年』（法蔵館、一九七八年）一四〜二四頁。
(63) 西村七兵衛「老舗出版社の歩みから見る近代京都の出版史」（『図書館きょうと』四〇、二〇〇三年）。
(64) 註(8)に同じ。
(65) 例えば護法館は、明治一六年（一八八三）に占部観順『改悔文集説』をまず活版・和装本（五一丁）で出版し、同年中に木版・和装本（六四丁）でも出版しているが、それぞれの値段は二五銭と三〇銭であり、圧倒的な差は生じていない。他方、菅龍貫が明治二〇年（一八八七）に出版した『真宗必携考信録』と、山内正次郎が明治二一年に出版した『真宗事物起原典拠考信録』は、いずれも江戸時代の学僧玄智が著した『考信録』を底本とするが、木版・和装本の前者が各々五〇丁〜八〇丁程度の五分冊なのに対して、活版・洋装本の後者は一冊全五四〇頁と形状に大きな違いがある。そして、前者が五冊合わせて二円五〇銭するのに対して、後者の価格は二分の一以下の一円に抑えられている。このように明治前期における書物の価格決定は複雑な性格を帯びているため、とにかく活版を導入すれば低コスト化につながるといった安易な結論は避けなければならない。
(66) 『真宗人名辞典』（法蔵館、一九九九年、柏原祐泉・薗田香融・平松令三監修）三六頁。なお、『大谷大学百年史』（大谷大学、二〇〇一年）三〜三三一頁によれば、真宗大谷派の僧侶養成機関は寛文五年（一六六五）に創設された学寮に由来するが、近代化に伴い明治二九年（一八九六）には宗乗を学ぶ真宗大学と宗義の研鑽に努める真宗高倉大学寮に分かれ、さらに明治三四年（一九〇一）には真宗大学が東京巣鴨に移転するなど、複雑な経緯をたどった。真宗大学が再び京都へ戻り、真宗高倉大学寮と合併して真宗大谷大学となるのは明治四四年（一九一一）のことである。
(67) 註(39)前掲書九〇〜一〇八頁。
(68) なお、占部観順の異安心騒動については、井上見淳『「たすけたまへ」―三業帰命説の源泉と展開―』の浄土教』（法蔵館、二〇二二年）二五九〜三二〇頁で網羅的な検討が加えられている。
(69) 足利瑞義編『龍谷大学三百年史』（龍谷大学出版部、一九三九年）四七七〜四八一頁。

(70) なお、註(27)前掲書九七～一一頁によると、哲学館は通学できない者のために、哲学書院発行の『哲学館講義録』を定期購読させる通信教育システムまで整備していた。その意味でいえば、哲学書院もただやみくもに革新的・啓蒙的な思想を発信していたわけではなく、信頼できる書物購読層の確保に日々尽力していたことになる。
(71) なお、印刷は法蔵館などの出版社に請け負わせた上で、非売品扱いとしている。
(72) 橋口侯之介『江戸の本屋と本づくり　続和本入門』(平凡社、二〇一一年) 二三八～二四二頁。
(73) 大内青巒が『冠註唯識二十論述記』や『冠註倶舎論頌釈疏校本』といった曹洞宗大学林蔵版本を自ら編集し、鴻盟社から活版・和装仕立てで出版している事実は、彼の大学林に対する期待を裏付けている。
(74) 引野亨輔「講釈と出版のあいだ」(島薗進・高埜利彦・林淳・若尾政希編『シリーズ日本人と宗教　第五巻　書物・メディアと社会』春秋社、二〇一五年)。
(75) 松田甚左衛門は篤信的な浄土真宗本願寺派の在家信者でもあった。明治新時代に彼が行った在家信者の組織化や俗人向けの仏教系学校設立などについては、中西直樹『近代西本願寺を支えた在家信者―評伝松田甚左衛門』(法蔵館、二〇一七年) に詳しい。
(76) 松田甚左衛門編『安心ほこりたたき』(顕道書院、一八九一年)。
(77) 松田甚左衛門編『念仏行者渡世のかがみ』(顕道書院、一八九四年)、小泉了諦『三世安楽手引草』(顕道書院、一八九四年) など。
(78) 『耶蘇教之無道理』一～三編 (布部常七、一八八一年)、『耶蘇教国害論』(斎藤吾一郎、一八八一年)。
(79) 信暁『三帖和讃講話　正像末和讃』(法蔵館、一八九五年)。
(80) 藤堂潤明『二諦の教へ』(法蔵館、一八八九年)。
(81) 鎌田淵海『通俗仏教大討論会』(顕道書院、一八九二年) 一～四頁。
(82) 中山電響編『孝行道の話』(顕道書院、一八九三年)。
(83) 中西牛郎については、註(36)星野前掲書一一二～一三〇頁、大谷栄一『近代仏教という視座　戦争・アジア・社会主義』（ぺりかん社、二〇一二年）四二〜七〇頁に詳しい。
(84) 中西牛郎『宗教大勢論』（興教書院、一八九一年）、同『新仏教論』（興教書院、一八九二年）。
(85) 佐々木慧雲編『真宗大意』（興教書院、一八九四年）。
(86) 楠潜龍『八宗綱要鈔啓蒙録　地』（法蔵館、一八九三年）。
(87) 佐々木慧雲編『縮刷真宗法要』（興教書院、一八九三年）。
(88) 江戸時代における『真宗法要』出版の経緯については、万波寿子『近世仏書の文化史―西本願寺教団の出版メディア―』（法蔵館、二〇一八年）一二三〜一六一頁に詳しい。
(89) 註(85)に同じ。
(90) 繁田真爾『「悪」と統治の日本近代―道徳・宗教・監獄教誨』（法蔵館、二〇一九年）一九五〜二六六頁。
(91) 和装本の書型については、中野三敏『書誌学談義　江戸の板本』（岩波書店、一九九五年）六〇〜六九頁を参照した。
(92) 註(88)万波前掲書二〇八〜二六〇頁。
(93) 註(20)に同じ。
(94) なお、このような学習方法と出版形態の関係性について、より詳細な検討を行うには、註(21)佐藤前掲書一九四〜二六五頁や中公文庫編集部『文房具の研究　万年筆と鉛筆』（中央公論社、一九九六年）、国立歴史民俗博物館編『企画展示　万年筆の生活誌』（歴史民俗博物館振興会、二〇一六年）などの先行研究によりつつ、日本近代社会における筆記用具の変化に注目することも、必須の作業となってくる。これらの研究が明らかにしているように、新政府は当初、毛筆こそ日本社会における正規の筆記手段であるという方針を堅守し、明治九年（一八七六）に公文書作成時の「洋製ノ墨汁（インキ）」使用を禁じた。しかし、明治末期から大正初期にかけて、国産万年筆の品質向上が急速に進むとともに、政府も明治四一年（一九〇八）には、それに連動するように公文書へのインキ使用を解禁した。また、黒鉛粉を筆記に利用する鉛筆は、現在の三菱鉛筆株式会社創業者である眞崎仁六（一八四八〜一九二五）が明治二〇年（一八八七）から国内製造に着手し、明治三四年（一九〇一）に逓信省の局用鉛筆へと採用されたことで、国産鉛筆の量産化を推し進めた。以上のような万年筆・鉛筆の社会普及は、当初守旧派に敬遠されながらも、徐々に文明開化の象徴へと評価を転換させていった点で、活版印刷・洋装製本の普及過程とも似通っており興味深い。そして、新たな印刷術と筆記用具とが日本社会に深く浸透していったことにより、僧侶の伝統的な学習方法も明治末頃から一気にその姿を変えていったものと思われる。

(95)そうしたなかでも、安食文雄『二〇世紀の仏教メディア発掘』（鳥影社、二〇〇二年）は、近現代社会に確かな足跡を残す仏教メディアに焦点を当てた先駆的な研究成果といえる。また近年では、中西直樹・近藤俊太郎編『令知会と明治仏教』（不二出版、二〇一七年）、赤松徹眞編『『反省会雑誌』とその周辺』（法藏館、二〇一八年）、岩田真美・中西直樹編『仏教婦人雑誌の創刊』（法藏館、二〇一九年）、註(42)大谷前掲書三五～一一四頁など、近代の仏教雑誌を取り上げた貴重な研究成果が続々と登場しつつある。

(96)横田冬彦「芸能・文化と〈身分的周縁〉」（久留島浩他編『シリーズ近世の身分的周縁5　身分を問い直す』吉川弘文館、二〇〇〇年）。また、渡辺浩『東アジアの王権と思想』（東京大学出版会、一九九七年）一一五～一四一頁においても、同様の指摘がなされている。

(97)研究素材としての読者とその重要性については、横田冬彦『日本近世書物文化史の研究』（岩波書店、二〇一八年）一～二四頁の提言が示唆に富んでいる。

第六章　経蔵のなかの「近世」と「近代」

はじめに

前章では、明治時代の東京と京都に注目することによって、活版印刷・洋装製本で作られた書物が、時に粗悪品のごとき評価を与えられながら、着々と社会へ浸透していく具体像を浮かび上がらせてみた。そうした考察を踏まえて、本章では西洋由来の新技術が地域社会のすみずみへとどのように浸透していくのか、また個々の読者が新技術の浸透によっていかなる思想的な影響を受けるのかを、考察してみようと考えている。しかし、いきなり本題へと切り込む前に、以下のような筆者の個人体験を紹介しておきたい。

長く江戸時代の仏教史を専門としてきた筆者にとって、地域寺院の経蔵は、研究素材の宝庫と呼ぶべき場所である。[1] ちなみに、こうした古文書調査において心掛けるべき点は、貴重史料・稀少史料の掘り起こしばかりに気を取られることなく、まとまりとしての史料群にしっかりと目を向けることであろう。[2] 江戸時代を専門としているから、近代史料は取り扱わないとか、仏教史を専門としているから、村政関連の史料が出てきても無視するといった態度は、古文書調査において取るべきものではない。筆者もまた、経蔵のなかに残された史料群の全体像に目配りしつつ、調査を行ってきたつもりである。ただ、調査に割き得る時間には限りがあるため、いかなる場合も全ての史料に同等の力を注げるわけではない。例えば、経蔵の一方に『大日本仏教全書』や『真宗全書』を整然と陳列した棚があり、他方にいかにも古そうな和本（和装本）を平積みした棚がある場合、やはり筆者としては、前者の確認作業を早々に終えて、後者の整理に集中することになる。

つまり、ここではほとんど無意識に、陳列された洋装本を「近代」の書物、平積みされた和装本を「前近代」の書物とみなす筆者の選別意識が働いているわけである。もっとも、実際の古文書調査では、こうした選別意識に見事に裏切られることも少なくない。というのも、本書第二部第五章で述べたように、明治以降にも木版印刷や和装製本といった伝統的な技術を用いて刊行された仏書が、相当数存在しているからである。そこで、喜び勇んで調査した和本の山が、後に集計してみると半数以上近代の出版物であったという事態も、時には起こり得る。以上は、和本という形態によって勝手に近世以前と近代以後との境界線を引いてしまった筆者の失敗談なのだが、翻って良く考えてみると、この事実はなかなか興味深い。なぜこうした書物は、いかにも前近代の出版物を思い起こさせる姿で、明治以降に刊行されたのだろうか。

本書第二部第五章で、筆者は既に以下のような指摘を行っている。本木昌造らの活躍によって日本社会に活版印刷が導入されると、木版印刷・和装製本といった伝統的な印刷術は、急速に衰退したと考えられてきた。しかし、出版ジャンルを細かく分けて分析すると、こうした通説的理解はあまりに一面的であることが判明する。例えば、江戸時代まで専門的な学問書の代表格であった仏書を例にとると、東京の仏教系出版社はいち早く活版印刷や洋装製本を導入していく。しかし、それは井上円了や大内青巒といった啓蒙的な仏教思想家が、自ら出版社を創設して、新技術による新たな購読層の開拓を図ったためである。しかも、明治前期には、彼らの意図に反して、読者の側が誤字脱字の多い活版本を忌避する場合も多かった。他方、京都の老舗出版社は、広く諸宗の僧俗が買い求める折本の仏教経典や、各宗派の修行僧向けの教学書などを、明治後期まで根強く木版・和装本のかたちで出版し続けた。これらの仏書は、経典の読誦や書き込みを伴う修学など、伝統的な諸実践と固く結び付いており、書物の体裁をいきなり活版・洋装本に変えてしまうと、従来の機能を維持できなかったからである。

以上のような指摘は、あくまで出版社の動向に着目して導き出されたものである。しかし、前述したような寺院蔵書の所蔵状況に注目するならば、新技術の導入や、伝統的技術への固執が意味するところを、受容者の視点からも探り得るのではないだろうか。そこで本章では、地域寺院の経蔵のなかに入り込み、近世的なものと近代的なものが交叉する場面に迫ってみたい。

第一節　安芸国下蒲刈島弘願寺の環境と蔵書形成

さて、筆者が本章の素材として選んだのは、安芸国下蒲刈島（現、広島県呉市）に存在する弘願寺（浄土真宗本願寺派）の経蔵である。地図六―一に示したように、下蒲刈島は、瀬戸内海の中ほどに位置する小島である。西廻り海運で賑わう江戸時代の瀬戸内において、繁栄を享受した島であり、上蒲刈島と合わせた人口は、宝永三年（一七〇六）の六九〇軒・三一四八人から文化年間（一八〇四～一八一八）に一二四六軒・六三〇九人へ倍増している。そのなかでも弘願寺のあった三之瀬町はとりわけ交通の要所であり、江戸時代を通じて広島藩から海駅に指定されている。[3]

弘願寺は、対岸の賀茂郡川尻村（現、広島県呉市）に存在する古刹光明寺（西本願寺直参）の末寺であったから、

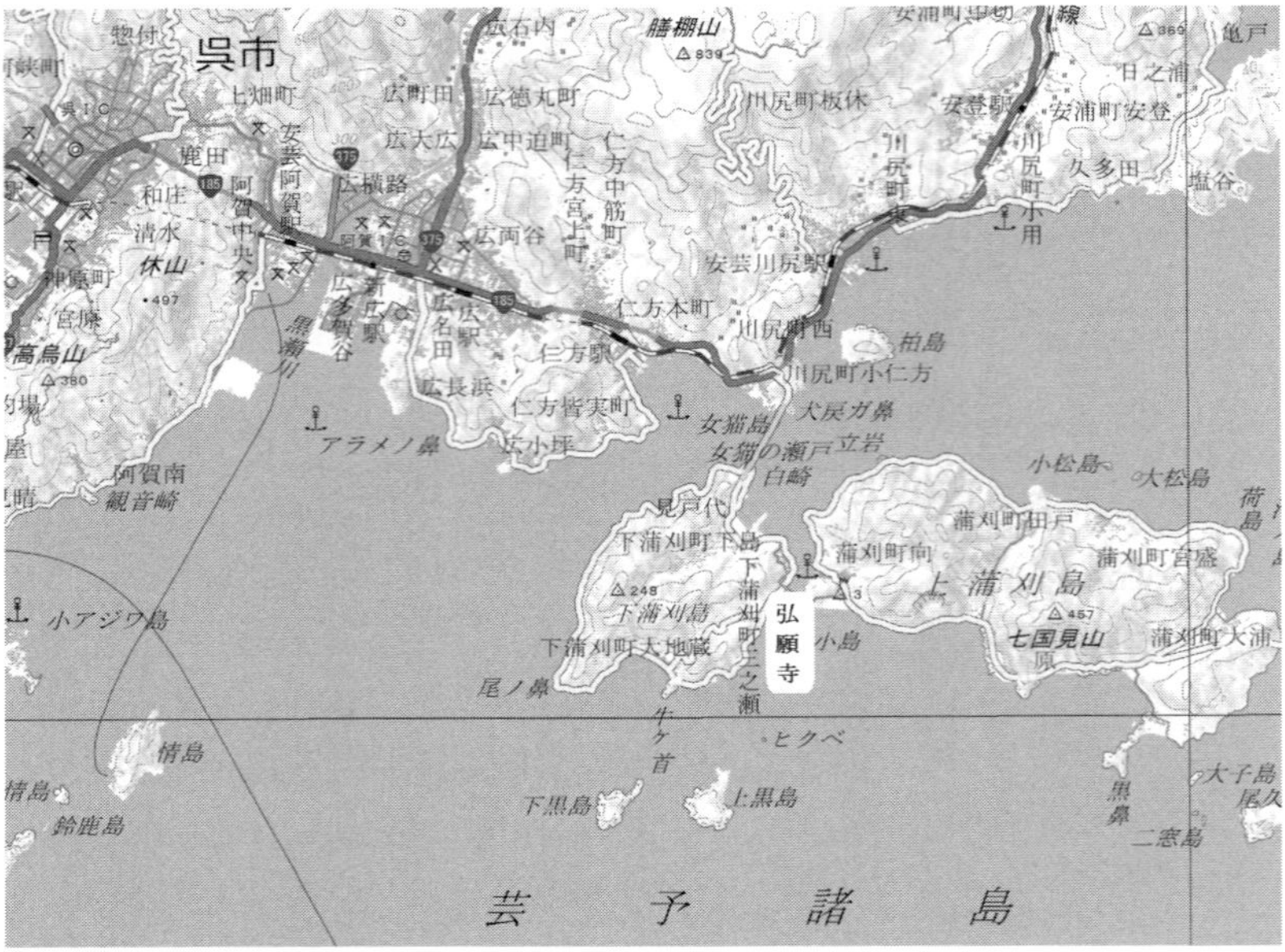

地図6－1　安芸国蒲刈島弘願寺の位置（国土地理院電子地形図20万オンラインを加工）

寺格は決して高くない。[4] しかし、在家信者が出家して、こうした中規模寺院に入寺し、学僧として大成していくのは、芸備地域の浄土真宗における一つの特徴とされる[5]。実際弘願寺にも、幕末から大正期にかけて、元在家信者であった二人の僧侶が入寺し、教学研究に尽力していった。その一人目が円識である[6]。

円識は、寛政五年（一七九三）に広島城下で生まれた。一八歳にして出家し、浄土真宗筑前学派の高名な学僧である宝雲に弟子入りしている。当初の法名は、宝雲から一字もらって宝乗と名乗った。その後、広島に戻って芸轍（安芸国出身の浄土真宗学僧）の一人である雲幢に師事するが、二六歳にして芸轍のなかでも独特の学風を有する僧叡の学塾石泉社に入り、石泉門下の三傑と称されるまでになった。文政一二年（一八二九）に弘願寺の住職崇乗の聟養子となり、学塾樹心斎を設けて、長く後進の育成にいそしんだ。弘化四年（一八四七）には西本願寺から学林監事に任ぜられたが、中風を患い嘉永五年（一八五二）に六〇歳で没した。これらの功績が認められ、明治三四年（一九〇一）には学林の学階最高位である勧学を贈位されている。後述するように、円識の入寺は、弘願寺における蔵書形成の第一の画期になった。

なお、円識の長男である永野天順は、順調に成長して弘願寺の跡を継いだが、天順の長男である法城は、僧籍に入ることを嫌い、大学南校（東京大学の源流の一つ）で法律を学んで裁判官になった。[7] そこで天順は、天真という聟養子を取って跡を継がせたが、この天真も早世したため、再び龍猛という聟養子を取ることになった。そして、この龍猛もまた、円識同様に教学研究に邁進していった。[8]

龍猛は、明治四年（一八七一）に下蒲刈島の西隣にある倉橋島（現、広島県呉市）の尾立浦で生まれた。旧姓は宗永である。その後、明治二〇～三〇年代にかけて、浄土真宗豊前学派の巨匠と称された東陽円月に弟子入りして研鑽を積むと、帰郷して賀茂郡志和堀（現、広島県東広島市）にある照栄寺（浄土真宗本願寺派）の住職になった。この時、名乗りも井口龍猛と変えている。大正元年（一九一二）には仏教大学（後の龍谷大学）の講師になり、教学研究者としての活躍を開始するが、前述のごとく天真の早世により、請われて弘願寺の住職になったと考えられる。[9] この時、龍猛収集の仏書が大量に持ち込まれたため、彼の入寺もまた、弘願寺における蔵書形成の第二の画期になった。

こうしてみると、弘願寺では、芸轍の流れを汲む円識の代に江戸時代的な仏教知の収集が図られ、明治一桁生まれの龍猛の代に新時代に合った仏教知の追加収集が試みられ、これら二層の知識が経蔵のなかに混在していると予想される。つまり、江戸時代に蓄積された地域寺院の書物知が、明治以降にどのように継承され、また変容させられたかを探ろうとする本章にとって、弘願寺蔵書は格好の素材となり得るわけである。

第二節　明治二六年弘願寺蔵書目録の分析

（一）目録書式から探る蔵書分類意識

さて、本節ではいよいよ弘願寺蔵書の具体的分析に入っていくが、ここで蔵書分析が抱える難しさに言及しておきたい。江戸時代の書物史研究をリードする若尾政希によると、蔵書の安易な分類は、それらに近代的な価値判断を加え、同時代的な書物知の意味を読み取りづらくする作業でもある[10]。例えば、軍書を黄表紙や読本とともに娯楽本のジャンルに入れ、「娯楽本〇〇パーセント」と数値化してしまうと、軍書が近世人の政治常識形成に果たした大きな役割を見失うことにつながるわけである。

幸い弘願寺には、「天保二年東郭蔵書目録[11]」と「明治二六年弘願寺蔵書目録[12]」という二つの蔵書目録が現存しているため、安易に近代的な価値判断に流されることなく、これらの史料から、努めて蔵書収集当時の価値観抽出を試みてみたい。

まずは「天保二年東郭蔵書目録」であるが、東郭散人は円識の雅号なので、円識作成の蔵書目録と考えて間違いない。ただし、天保二年（一八三一）といえば、円識が崇乗の婿養子となってまだ三年目であり、正式に弘願寺の住職を引き継いでもいない時期である。当然目録作成後も蔵書収集は続いたと考えられ、単純に「明治二六年弘願寺蔵書目録」と比較しただけで、円識収集の蔵書群とその後の蔵書集積過程を復元することはできない。そもそも、「天保二年東郭蔵書目録」に書き上げられた書名のうち、現在散佚したと考えられるものも多くあり、全二三五部五四二冊のなかで現存蔵書と照合できたのは六〇パーセント程度であった。しかも、この目録の形態は、書名と部数・冊数を書き上げただけのシンプルなものなので、散佚してしまった書物については、著者情報や入手年代はもちろん、写本・版本の別さえ確定できない。そこで、「天保二年東郭蔵書目録」については、適宜参考資料として活用する程度に留めたい。

次に「明治二六年弘願寺蔵書目録」であるが、時期的にいえば、婿養子として弘願寺に入った永野天真、あるいは先代住職の天順によって作成されたものであろう。この目録に書き上げられた全四二一部九四〇冊の書名のうち、九〇パーセント以上は現存蔵書と照合可能であり、一点一点についてかなり詳細な書誌情報を得ることができる。そこで本節では、「明治二六年弘願寺蔵書目録」を中心的な検討素材として、近世から近代へと変貌を遂げる寺院蔵書の具体像に迫っていきたい。

さて、この蔵書目録を分析する上で、まず注目されるのは、書道のお手本として有名な千字文の天・地・玄・黄・宇・宙・洪・荒・日・月・盈・昃・辰・宿・列という冒頭一五文字が、蔵書を分類する際の符号として用いられている点である（ただし、後述するように目録末尾には、千字文で分類されることなく書き上げられた追加の書名も存在する）。千字文による蔵書分類は、既に「天保二年東郭蔵書目録」の段階でもみられ、こちらは天から辰までの一三文字を用いている。ちなみに、現存する弘願寺蔵書にも、表紙に墨字で千字文の一字書き入れを施したものが存在し、目録との照合作業を行う上で有益であった（図六―一、図六―二）。

さて、千字文を用いた蔵書分類は、日本では中世から行われてきた伝統的なものだが[13]、ここからどのような分類意識を読み取ることができるだろうか。まず天部に区分された蔵書を確認すると、そこには『教行信証』など浄土真宗において聖教とされる書物一四部（そのうち一三部は版本）が名を列ねている。次に地部から宙部には、浄土真宗教学に関する講釈の聴聞録など一七〇余部の写本があり、そこに三〇余部の版本が混じる。洪部から月部には、唯識論など浄土真宗にとって余乗（他宗の教え）に当たる書物が版本を中心に四〇余部存在する。盈部から列部には、儒書・歌書など仏書以外の書物が版本を中心に七〇余部存在し、そこに明治以降に購入された一般書や説教台本など二〇余部が混じる。

千字文によって分類された「明治二六年弘願寺蔵書目録」の書名は、この列部で一区切りとなるわけだが、目録の記載自体はさらに七丁にわたって続いていく。そこで、列部以降の内容についても検討を加えていきたい。

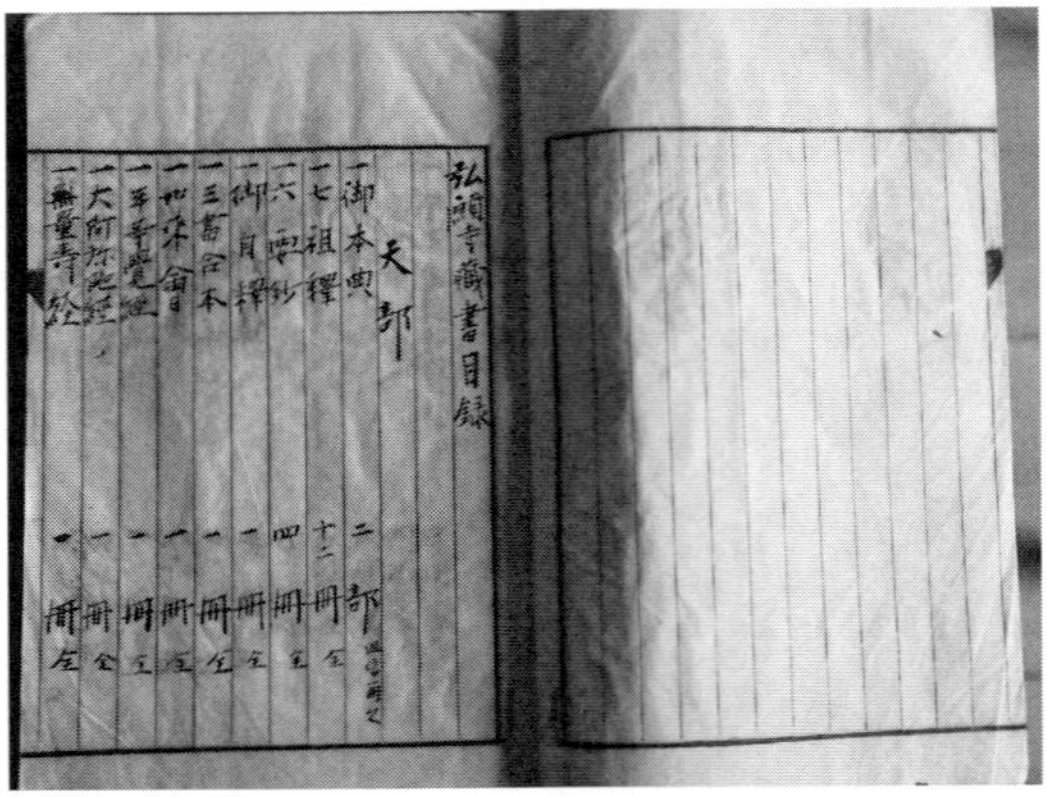

図６－１　明治26年弘願寺蔵書目録

図６－２　「天」の一字書き入れが入った弘願寺蔵書

列部のすぐ後には「石泉僧叡和上撰述書入蔵目録」という部門が設けられ、一二部四八冊の書物が列記されている。一二部全てが僧叡著作の写本であり、そのうち一〇部は残された署名などから円識によって筆写されたことが分かる。既述の通り、円識は弘願寺歴代住職のなかでも最も著名な学僧であり、僧叡は円識の師匠に当たる。そのため、これら一二部の写本は、弘願寺蔵書のなかでも特別なものとみなされ、目録上でも別置されることになったのであろう。もっとも、弘願寺に現存する僧叡著作の写本を確認してみると、表紙に「石泉」や「僧叡」といった特別な書き入れは施されておらず、多くの場合、「明治二六年弘願寺蔵書目録」作成以前から施されていたとおぼしき「地」・「玄」・「黄」・「辰」などの一字書き入れがそのまま残されていた。これらも元々は千字文によって分類される蔵書の一部だったわけである。

「石泉僧叡和上撰述書入蔵目録」という部門の後には、五〇余部の書名が千字文によって分類されることなく列記されている。それらの書名を、現存する弘願寺蔵書と照らし合わせてみたところ、興味深い事実が判明した。すなわちここには、表紙に「明治廿七年一月三十日求之、弘願寺蔵」と書き込まれた『十益耳底残記』[14]など、「明治二六年弘願寺蔵書目録」の史料名にそぐわない書物が含まれていたのである。つまり、千字文によって分類されていない五〇余部の書名は、明治二六年（一八九三）段階で一度目録作成を済ませた後に、追加で登録した書名と考えられるのではないだろうか。もっとも、追加された書名の全てに、現在も千字文による分類が施されていないというわけではない。例えば、『三経往生文類略釈』[15]や『一念多念証文略釈』[16]は、「明治二六年弘願寺蔵書目録」上では追加された書名に過ぎないが、現存する弘願寺蔵書のなかでその状態を確認してみると、いずれも表紙に朱字で「黄」の一字書き入れが施されている。つまり、弘願寺では「明治二六年弘願寺蔵書目録」作成以降も、新たに加えられた蔵書に対して、千字文による分類を適宜行い続けていたことになる。ちなみに、既

図6－3　一字書き入れが「辰」から「宿」に変更された弘願寺蔵書

存の千字文分類において、地部から宙部に浄土真宗教学に関する講釈の聴聞録が多いことは先に述べた通りだが、新たに地部から宙部のあいだに位置する黄部へと組み込まれた両書も確かにその条件に当てはまっている。

最後に少々細かい分析になるが、「明治二六年弘願寺蔵書目録」の末尾には、朱字によって宿部二〇余部と宙部三〇余部の書名が加えられていることも指摘しておきたい[17]。これらのうち、宿部追加分には明治二七年（一八九四）刊行の『道徳学大原論』や、明治三六年（一九〇三）刊行の『文類聚鈔略解』といった書名も含まれているため、「明治二六年弘願寺蔵書目録」が作成された後、追加で登録された書名というわけではなく、既に一度登場した書名を重複記載したものも半数以上に及ぶ。もっとも、全てが追加登録された書名というわけではなく、既に一度登場した書名を重複記載したものも半数以上に及ぶ。例えば、宿部追加分に記載されている『古今集遠かゝみ』は、辰部において既に記載されている書名である[18]。そこで、現存する弘願寺蔵書のなかで同書の状態を確認してみたところ、墨字で記されていた「辰」の一字書き入れには取り消し線が引かれ、新たに朱字で「宿」の一字書き入れが施されていた（図六―三）。つまりここでは、辰部に区分されていた書物を、宿部に移し替える作業が行われたことになる。宙部追加分でも同じような現象を確認することができる。例えば、宙部追加分のうち『教導記』は、宇部に既に記載されている書名であるが、その書名には朱字で取り消し線が引かれている。そこで、現存する弘願寺蔵書のなかで同書の状態を確認してみたところ、墨字で記されていた「宇」の一字書き入れに取り消し線が引かれ、新たに朱字で「宙」の一字書き入れが施されていた[19]。

やはり弘願寺蔵書における千字文分類は、「明治二六年弘願寺蔵書目録」の作成以降も適宜進められており、新たな一字書き入れには朱字を使用するのが規則であったと分かる。

さて、かなり細かく「明治二六年弘願寺蔵書目録」の史料的性格を探ってみたが、ここから読み取り得る弘願寺歴代住職の蔵書分類意識とはいかなるものであろうか。『教行信証』や『真宗法要』など本山西本願寺も認める聖教類（主に版本）が天部を構成するのは、円識が作成した「天保二年東郭蔵書目録」から変わることのない浄土真宗寺院ならではの価値基準といえる。その後に続くのが、浄土真宗教学に関する講釈の聴聞録（主に写本）であり、たとえ版本であっても浄土系以外の仏書（いわゆる余乗）は、筆写された聴聞録よりも後に配置される。こうした価値基準のなかでは、当然ながら仏書以外の書物（儒書や歌書など）は目録の最後尾に配置されることになる。

以上のようにまとめると、浄土真宗寺院の蔵書分類意識は、いかにも明確に固まっていたように思われるが、問題はそこまで単純ではない。実際、現存する弘願寺蔵書のなかには、貼り紙や取り消し線によって千字文の一字書き入れを変更している事例が多くあり、「天保二年東郭蔵書目録」段階、「明治二六年弘願寺蔵書目録」段階、現存する蔵書で分類が全て異なっているものまである。[20] 文献考証技術の洗練度や余乗への精通度など歴代住職の修学状況にも影響されつつ、[21] 地域寺院における仏書の価値付けは揺れ動いていくものであった。

また、「天保二年東郭蔵書目録」段階では存在しなかったものだが、菅原智洞著『浄土勧化言々海』と粟津義圭著『阿弥陀経依正譚』が、「明治二六年弘願寺蔵書目録」のなかでそれぞれ宿部と列部に配置されていることも興味深い。これらの仏書は、江戸時代の浄土真宗僧侶が唱導用テキストとして重宝したものであり、浄土真宗聖教の平易な解説書としての機能も持っていたが、[22] 目録上では『徂徠先生学則』や『鳩翁道話』といった仏書以外の蔵書に混じって書き上げられたわけである。関山和夫の指摘によれば、前近代の仏教界は「法芸一如」の雰

図６－４　弘願寺の蔵書印
（朱文方印「安芸郡蒲刈島弘願寺」）

図６－５　弘願寺の蔵書印
（朱文円印「広島県安芸郡三之瀬永野」）

囲気を強く残していたため、庶民教化に秀でた唱導僧は教学にも精通する学僧として尊敬されていた[23]。ところが、江戸時代を通じて唱導の技芸化が進展すると、唱導僧と学僧を区別し、前者を軽視する傾向も次第に生まれた[24]。浄土真宗僧侶にとって必須の唱導用テキストを、宿部や列部に配置する弘願寺住職たちの蔵書分類意識も、こうした社会風潮の影響を受けたものと考えられる。中国の四部分類（書物を経・史・子・集に分ける伝統的分類法）に象徴されるように、前近代における書物の分類作業が、不動の価値観を打ち立てようとする学問的営為であったことは間違いない[25]。ただし、弘願寺という地域寺院で行われた分類作業に関していえば、それは住職の世代交代に伴って生じる教学理解の差異や、実用性と学術性のあいだで揺らぐ価値観など、様々な要素に影響を受けながら、構築と改変を繰り返していたと捉えておくのが妥当であろう[26]。

「明治二六年弘願寺蔵書目録」から歴代住職たちの蔵書分類意識を探り出す上で、もう一つ参考になりそうなものが、「安芸郡蒲刈島弘願寺」の朱文方印（図六―四）や、「広島県安芸郡三之瀬永野」の朱文円印（図六―五）

など幾つかの蔵書印である。このうち朱文方印は、恐らく江戸時代から存在した最も古い弘願寺の蔵書印である。他方、朱文円印は、「広島県」という地名を使用している点からすれば、明治四年（一八七一）の廃藩置県以降に登場した蔵書印と考えられる。もっとも、「明治二六年弘願寺蔵書目録」に書名が記載されている弘願寺蔵書で、これらの蔵書印の押印状況を確認してみたところ、廃藩置県以前だと朱文方印、廃藩置県以後だと朱文円印といった時期による使い分け傾向はほとんど見出せなかった[27]。

また、朱文方印が「弘願寺」という寺のための蔵書、朱文円印が「永野」という家のための蔵書に割り振られている可能性も探ってみたが、結論からいえば、押された蔵書印と蔵書内容のあいだに何らかの関連性を見出すのも難しそうである。例えば、既述の『三経往生文類略釈』と『一念多念証文略釈』は、いずれも西本願寺学林で勧学を務めた遠藤玄雄[28]によって明治一〇年代に著された浄土真宗の教学書であるが、前者には「広島県安芸郡三之瀬永野」の朱文円印が、後者には「安芸郡蒲刈島弘願寺」の朱文方印が押されており、出版時期も内容も似通った両書にそれぞれ朱文円印と朱文方印が割り振られた理由は、現時点で不明という他ない。

ただ、蔵書目録に書名が記載されている弘願寺蔵書のなかにも、蔵書印が押されていないものは一〇〇部以上存在するので、蔵書印を押して慎重に管理していたものと、それ以外のものとを区分する上で良い目印にはなる。例えば、「明治二六年弘願寺蔵書目録」に書き上げられている現存蔵書のうち、写本七五パーセント程度に蔵書印が押されており、版本七五パーセント程度にも同じく蔵書印が押されている。つまり、写本か版本かで、蔵書の重要性を区別する意識は、この時点で存在していないことが分かる。他方、仏書とそれ以外の書物とで比較すると、蔵書印を押していないものは明らかに後者に集中しており、千字文分類でいえば辰・宿・列、さらに千字文を付していない追加分に対して、蔵書印を押して管理する意識は乏しかったと分かる。

図6－6　弘願寺の蔵書印
（朱文方印「永野蔵書」）

図6－7　弘願寺の蔵書印
（朱文方印「安芸弘願寺蔵書之印」）

なお、弘願寺蔵書のなかには、後述するように「明治二六年弘願寺蔵書目録」に登録されていないものも多数存在しており、そのなかでも龍猛が住職就任時に持ち込んだと推測される蔵書の量は膨大である。龍猛によって収集された蔵書は、彼の署名や個人印によってある程度特定できるが、それらには「安芸郡蒲刈島弘願寺」の朱文方印や「広島県安芸郡三之瀬永野」の朱文円印は一切押されていなかった。その代わりに、事例的にはわずかであるが、「永野蔵書」の朱文方印（図六―六）と「安芸弘願寺蔵書之印」の朱文方印（図六―七）という二つの新たな蔵書印を確認することができた。ちなみに、「明治二六年弘願寺蔵書目録」に記載されている蔵書には、これらの蔵書印は押されていない。そこで、蔵書印に注目することによって、龍猛入寺以前と龍猛入寺以後の蔵書区分がある程度可能であることを、あらかじめ指摘しておきたい。

（二）目録記載書名と現存蔵書の照合

以上、「明治二六年弘願寺蔵書目録」の史料的な性格を把握した上で、いよいよそこから垣間見える近世・近代移行期における蔵書所有意識の変容を探ってみよう。分析方法としては、ひとまず目録記載書名のうち、現存する弘願寺蔵書と照合可能なものの確定作業を行った。そして、それらの現存蔵書を、明治以前に作成された写本、明治以前に刊行された版本、明治以後に作成された写本、明治以後に刊行された版本の四つに区分してみたのが表六―一ということになる。

表6―1　「明治26年弘願寺蔵書目録」にみる弘願寺蔵書（全体の内訳）

分類	部数	パーセンテージ
明治以前に作成された写本	190部	45.13%
明治以前に刊行された版本	145部	34.44%
明治以後に作成された写本	10部	2.38%
明治以後に刊行された版本	47部	11.16%
現在所在不明の蔵書	29部	6.89%

ところで、この目録が完成した明治二六年（一八九三）は、日本史上の著名な出来事でいえば、第五回帝国議会が開催された年であり、翌年には日清戦争が勃発する。より細かく仏教史的な出来事で表現すると、井上円了・大内青巒ら啓蒙的仏教思想家の活動は既に活発化しているが、清沢満之の精神主義提唱や境野黄洋らに主導された新仏教運動はいまだ顕在化していないといった状況を思い浮かべることができよう(29)。いずれにせよ文明開化の言葉に象徴される新時代の風潮は、十分社会に浸透していた時期であるが、表六―一をみる限り、弘願寺の経蔵のなかには、そうした文化的・思想的革新はあまり感じられない。何しろ「明治二六年弘願寺蔵書目録」の四五パーセント程度を占めるのは明治以前に作成された写本、それに次ぐ三四パーセント程度を占めるのは明治以前に刊行された版本であり、明治以後に作成された写本と明治以後に刊行された版本は、両者合わせて一五パーセントに満たないからである。

しかも、表六―二で明治以後に刊行された版本の内訳をみると、七六パーセン

表6－2　「明治26年弘願寺蔵書目録」にみる弘願寺蔵書（明治以後に刊行された版本の内訳）

分類	部数	パーセンテージ
木版・和装本	36部	76.60%
活版・和装本	7部	14.89%
活版・洋装本	4部	8.51%

ト以上が木版・和装本である。つまり、刊行時期が明治以後というだけで、実態的にみれば江戸時代以来の印刷術を使用した本ということになる。「明治二六年弘願寺蔵書目録」に書き上げられた書名のうち、活版印刷・洋装製本を用いて刊行された書物は、現在所在不明の二九部を除けば、わずか四部しか存在しない。ちなみに、その一つが井上円了著の『真理金針　続編』（山本活版所、一八八六年）である。『真理金針』は、西洋哲学の理論を踏まえつつ仏教とキリスト教を比較したものであり、同じく井上円了著の『仏教活論』とともに、近代仏教の金字塔と称すべき著作である[30]。ここから、弘願寺における新思潮の受容が、わずかながらも読み取れる。ただ同じく活版・洋装本として、クリストリーブ著・倉田繁太郎訳の『耶蘇教奇跡論』（十字屋書舗、一八八二年）や『新約全書』（日本横浜印行、一八八二年）などキリスト教関連の書物がまとめて存在することにも注意が必要であろう[31]。つまり、明治前期の地方住職が抱えていたキリスト教への保守的な警戒心が、『真理金針』という新思潮の受容に一役買った可能性も否定できないのである。

それでは「明治二六年弘願寺蔵書目録」において、江戸時代に集積された蔵書群の位置付けがここまで大きくなるのはなぜだろうか。注目したいのは、版本を上回って存在する明治以前作成の写本である。ここで精力的に和本研究を進めている橋口侯之介の統計調査を紹介しておくと、江戸時代に流通した書物は、本屋が出版した版本（町版）の量三分の一、本屋が出版に関与しない版本（私家版）の量三分の一、写本の量三分の一程度で、互いに拮抗状態にあったとされている[32]。つまり、商業出版が成立したとはいえ、江戸時代に版本が写本を圧倒することはなかったのであり[33]、「明治二六年弘願寺蔵書目録」に版本より多く写本が書き上げられていることを、そこまで珍しい事例と強調する必要はない。もっとも、弘願寺蔵書に占める写本の割合は、近世社会に大量の写本が流通していた事実のみを、単純に示すものではない。というのも、明治以前に作成された写本一九〇部のうち、分かるものだけでも一二五部に円識もしくは宝乗（筑前遊学時の円識の法名）の署名が付されているからである。つまり、明治二六年時点の弘願寺蔵書は、円識筆写本を中核として構成されていたことが分かる。

ここで、少し回り道となるが、江戸時代における仏教諸宗檀林と地方学塾、なかんずく西本願寺学林と浄土真宗の地方学派について触れておきたい。檀林とは、仏教寺院内に設けられた僧侶養成機関のことであるが、浄土宗関東十八檀林に代表される近世檀林に絞っていえば、その特徴は、宗派ごとに分立され、自宗僧侶の育成を第一義としていた点に求められる。[34] 西本願寺の場合、寛永一六年（一六三九）に本山敷地内に設けられた学寮（後に学林と改称）が一元的に自宗僧侶の養成を担い、安居（全国の修行僧が檀林に集って学問研鑽に励む行事）の期間には千人以上が懸席する隆盛を誇った。[35] ところが、寛政年間（一七八九〜一八〇一）に西本願寺最大の異安心事件とされる三業惑乱が激化し始めると、当時学林の能化（学頭職）であった智洞の教え（三業帰命説）を、在野学僧たちが異安心であると糾弾し始める事態になった。この騒動は、遂には江戸幕府の介入を招き、西本願寺も文化三年（一八〇六）に三業帰命説を異安心であると宣言した。本来なら絶対的な教学指導者であるべき能化の唱える学説が、異安心として断罪されたのである。この衝撃的な事件の後、西本願寺は一人の能化に教学上の権限を集中させる従来の制度を改めることになり、新たに学階の最高位として設定された勧学には、必ず複数の僧侶が就任する決まりになった。しかし、複数の勧学に学林を統括させる制度は、結果的に学林そのものの権威低下を引き起こしていった。三業惑乱の決着後、学林に懸席する修行僧の数は減少し、本格的な教学研究は在野学僧たちの開いた学塾へ遊学して行うという地方学派の乱立状態が出現したのである。

既に触れたように、円識や龍猛は長期にわたって地方遊学を行い、学僧としての名を高めた後に住職となっている。その背景には、近世後期の浄土真宗における地方学派の興隆があったといえよう。ところで、千人規模の修行僧に講義を行う能化の場合、その著作や講義録が京都の本屋によって刊行されることは珍しくなかった。しかし、三業惑乱後は、地方学派ごとに細かな見解の相違を競い合う風潮が強まったため、地元では高名な学塾指導者であっても、その著作が三都の本屋から大々的に刊行されることは少なくなる。円識の師匠であり、芸轍の泰斗と称された僧叡の場合も、四〇部以上ある著作は、江戸時代を通じて全く刊行されていない(36)。ここでようやく話を元に戻すと、円識の精力的な筆写作業とは、実は地方学塾指導者の刊行されていない著作を写し取る行為であった。それを証明するように、円識が作成した写本には、師匠の僧叡を始め、雲幢や大瀛ら芸轍の著作が多く含まれている。こうした地道な師説の祖述行為こそ、円識や龍猛といった地方遊学を行う修行僧にとって、学問研鑽の根幹であったといえよう(37)。

ちなみに、明治時代における永野天順や天真は、既に触れた勧学贈位の西本願寺への働きかけや、五〇年忌法要の開催など、円識の顕彰活動を積極的に展開しており(38)、円識作成の写本もまた、彼らにとって誇るべき先学の遺産であった。こうして結果的に弘願寺蔵書の性格は、円識によって集められた江戸時代的な書物知を、後継者たちが明治以降も大切に守り抜いていくものへと決定付けられていったのである。

さて、それでは弘願寺では、明治新時代を迎えたことによる蔵書の変化は全く見出せないのだろうか。数値化すると木版・和装本としか示されない部分に、実は意外な変化が生じている。「明治二六年弘願寺蔵書目録」の末尾に、千字文を付すことなく書き上げられた追加分の書名が存在することは既に触れた。そして、その追加分には、「小本御法要」、「小本本典」、「小本三書合本」など、「小本」を冠する幾つかの書名を確認することができる。「御法要」とは『真宗法要』、「本典」とは『教行信証』、「三書合本」とは『浄土文類聚鈔』・『愚禿鈔』・『入出二門偈』の合綴本を指すものと考えられるが、まずはこのうち『真宗法要』という書物に着目して、近世・近代移行期に経蔵のなかで起こった変化を探ってみよう。

『真宗法要』とは、『末燈鈔』・『口伝鈔』・『歎異抄』など三九部の和語聖教を収録した全六帙三一冊の聖教集成である。宝暦一一年（一七六一）に宗祖親鸞五百回忌記念として計画された西本願寺肝いりの出版事業であり、明和二年（一七六五）に刊行にこぎつけると、銀一八〇匁（一両六〇匁換算で金三両）の冥加金を納めた末寺に本山から下げ渡すという方針で流通していった[39]。もっとも、高額な冥加金を考慮してか、一帙ずつ分けて下付することも可能とされており、その場合の冥加金は一帙三〇匁と定められている[40]。弘願寺でも、『真宗法要』の書名は「天保二年東郭蔵書目録」段階から天部に登場しており、重要視されている書物であるが、六帙まとめて下付申請することは叶わなかったらしく、一・二帙合わせて九冊のみの部分所持となっている[41]。その後も弘願寺が三帙目以降の『真宗法要』を入手することはなく、「明治二六年弘願寺蔵書目録」の天部にも「一、法要第一・二帙八（九カ）冊未完」と部分所持であることを自覚した記載がなされている。

それでは、同目録の末尾に記される「一、小本御法要二部四帙」は、何を指しているのだろうか。弘願寺に現存する『真宗法要』と照合しつつ、さらに考察を進めてみよう。既に確認したように、弘願寺には、明和二年刊行の『真宗法要』一・二帙合わせて九冊が現存する[42]。表紙には天の一字書き入れが施されており、これが「天保二年東郭蔵書目録」段階から書き上げられていた蔵書に当たることは間違いない。その寸法は、縦約二八センチメートル・横約一九センチメートルの大本サイズである。江戸時代の書物は、内容に対応しておおまかな判型が定まっていたので、西本願寺お墨付きの聖教集成である『真宗法要』が、権威のある大本サイズで刊行されたの

表6－3　弘願寺蔵書に現存している『真宗法要』

版年	冊数	寸法	明治26年目録における分類	蔵書印・書き入れなど	備考
明和2年(1765)	2帙9冊	縦：約28cm×横：約19cm(大本)	千字文分類の天部に配置	表紙見返しに、朱文方印「安芸郡蒲刈島弘願寺」を押印	全6帙31冊のうち、2帙9冊分のみ
明治11年(1878)	2帙8冊	縦：約17cm×横：約12cm(中本)	千字文分類を行っていない追加分	一丁目などに、朱文方印「安芸郡蒲刈島弘願寺」を押印／表紙見返しに、墨字で「広島県安芸国安芸郡弘願寺永埜法城」と書き入れあり	
明治11年(1878)	2帙8冊	縦：約17cm×横：約12cm(中本)	※明治26年目録に記載なし	表紙題簽に、朱文円印「宗永」を押印	

は当然であろう[43]。

ところが弘願寺には、これとは寸法の異なる『真宗法要』が、二部現存している[44]。いずれも縦約一七センチメートル・横約一二センチメートルの中本サイズ、冊数も全二帙八冊に圧縮されており、明治一一年（一八七八）に西本願寺二一世の大谷光尊を出版人として刊行されたものである（表六―三）。そのうち一部には、「広島県安芸国安芸郡弘願寺永埜法城」の書き入れがあり、「安芸郡蒲刈島弘願寺」の朱文方印が押されている。「明治二六年弘願寺蔵書目録」に記載される「小本御法要二部四帙」のうち二帙分と考えて間違いなかろう[45]。また、もう一部には、表紙に「宗永」という小さな個人印（朱文円印）が押されている。「明治二六年弘願寺蔵書目録」に、宗永（後の永野）龍猛の所持物を書き上げることはあり得ない。それゆえ、これは龍猛の入寺に際して新たに持ち込まれたものであり、弘願寺には明治二六年時点でもう一部中本サイズの『真宗法要』が存在していたと考えられる。このもう一部の中本サイズが、現在散佚してしまった理由は定かでない。しかし、高額な上に大部の聖教集成であり、江戸時代の弘願寺では部分所持しか叶わなかった『真宗法要』は、とにかく明治以降になると急速な小型化を遂げ、複数部所持されることさえ可能になっていたわけである。

「明治二六年弘願寺蔵書目録」に記された「小本本典」や「小本三書合本」についても、現存する弘願寺蔵書と照らし合わせてみると、『真宗法要』同様の事情を指摘することが可能である。例えば「本典」すなわち『教行信証』であるが、浄土真宗寺院にとって最重要というべきこの書物は、弘願寺に大本サイズで二部現存しており、いずれにも天の一字書き入れが施されている。「明治二六年弘願寺蔵書目録」の天部に記載された「御本典二部」と考えて間違いない[46]。また、『浄土文類聚鈔』・『愚禿鈔』・『入出二門偈』という三つの仏書は、江戸時代の教学研究において多用されたものであり、そのため修行僧の要望に応えるかたちで京都の本屋から刊行されたのが三書合綴本である[47]。こちらも大本サイズで二部現存するが[48]、「明治二六年弘願寺蔵書目録」の天部に記された「三書合本一冊」に該当するのは、「東郭円識所蔵」の署名が付されたものであろう。もう一部には「宗永龍猛所有」の署名が付されているので、龍猛の入寺に際して新たに持ち込まれたものと考えられる。

以上のように、『教行信証』や三書合綴本も、『真宗法要』同様に江戸時代には大本サイズで大切に保管されていたわけだが、明治以降に仏書の小型化が進むと、所有のスタイルが一気に変化していく。すなわち、中本サイズの『教行信証』は弘願寺に三部現存しており[49]、同じく中本サイズの三書合冊本はなんと五部も現存しているのである[50]。これらの書物には、「法城」や「龍猛」の署名、あるいは「永野」や「宗永」の個人印（朱文円印）を付すものが多いが、他には「永野鎮雄」の署名を付すものもある。鎮雄は法城の六男で、龍猛の跡を継いで弘願寺の住職となった人物である[51]。つまり、明治以降に中本サイズの仏書が多く流通し始めると、教学研究の基礎となるような聖教類は、修行僧個々人に一部ずつ買い与えられていたことになる。江戸時代の仏書は大本サイズが基本であり、文字通り寺院蔵書として経蔵のなかに大切に保管されていた。しかし、明治時代になると、普段使い用の中本サイズが増え、仏書に対する個人所有意識も高まりつつあったといえよう。

ちなみに、近年仏書出版の文化史研究を精力的に進めている万波寿子によれば、仏書の小型化や縮刷化は、幕末期には既に生じていた傾向である(52)。というのも、既に触れた通り、同時期の西本願寺教団では、地方学塾への遊学が大いに流行していたわけであり、中本サイズに小型化したり、薄様（薄く漉いた和紙）を用いて冊数を減らしたりすることは、仏書を携帯可能で魅力的な商品へ変える妙案だったからである。この事実は、明治期における印刷術の変容を評価する上で、重要なポイントである。すなわち、書物の入手が容易になり、個人所有意識が高まるという一見近代的な変容は、幕末期には既に萌芽しており、その連続性のなかで明治以降に中本サイズの仏書増加がみられたのである。

蔵書印・書き入れなど	備考
表紙見返しに、朱文方印「安芸郡蒲刈島弘願寺」の押印／表紙見返しに、墨字で「三十六年一月入庫」の書き入れ	弘願寺では4刷を明治36年(1903)に購入
表紙見返しに、墨字で「三十六年一月入庫」の書き入れ／裏表紙に、墨字で「永野蔵書」の書き入れ	弘願寺では3刷を明治36年(1903)に購入
なし	

なお、「明治二六年弘願寺蔵書目録」をみると、仏書の小型化・縮刷化は、あくまで木版印刷・和装製本という伝統的な技術によって果たされているわけだが、明治二〇年代後半になると、仏教系出版社は、いよいよ活版印刷・洋装製本という新技術を用いて、幕末期以来の継続課題に応えることになった。その動向を「明治二六年弘願寺蔵書目録」には記録されない現存蔵書によって探ると、注目されるのが『校正標註勧導簿照』という書物である(53)。同書冒頭に記される「刻勧導簿照縁起」によれば、『勧導簿照』の著者は唱導説教の名手と称された浄土真宗の僧侶菅原智洞である。智洞の代表作であった『勧導簿照』は、江戸時代に木版・和装本として刊行されたものの、それは集事部一〇巻、集喩部二巻、集義部五巻、集文部

表６－４　弘願寺蔵書のなかの説教学全書

書名	著者	版年	出版社	寸法	冊数・頁数
校正標註勧導簿照（説教学全書第一編）	菅原智洞	明治31年（1898）	興教書院	縦：約19cm×横：約13cm	１冊490頁
帳中五十座法談・巻懐五十座法談（説教学全書第二編）	粟津義圭	明治33年（1900）	興教書院	縦：約19cm×横：約13cm	１冊344頁
三国合類説教大因縁集（説教学全書第十一編）	西村七平編	明治32年（1899）	仏教書院	縦：約19cm×横：約13cm	２冊前編337頁／後編266頁

三巻の全四部二〇巻という大部の仏書であった。そこで、明治二六年に興教書院を中心とする京都の仏教系出版社が、説教学全書の第一編と銘打ち、『勧導簿照』を活版・洋装本のかたちで刊行した。全四部二〇巻だった『勧導簿照』は、新技術の活用によって、一冊（四九〇頁）にまとめられ、大きさも縦約一九センチメートル・横約一三センチメートルに小型化した。つまり、説教学全書という出版企画は、江戸時代に既に刊行されていた大部の説教台本を、西洋流の新技術によって限界まで小型化・縮刷化させる試みだったといえよう。

ちなみに、弘願寺に残る『校正標註勧導簿照』は、既に四刷目に入った明治三一年（一八九八）版である。また、説教学全書の第二編に当たる『帳中五十座法談・巻懐五十座法談』も、弘願寺に現存している[54]。こちらは、菅原智洞と並び称される粟津義圭の二つの著作を、活版・洋装本として一冊（三四四頁）にまとめたものである。最初に刊行されたのは明治二六年だが、弘願寺には三刷目に入った明治三三年（一九〇〇）版が残されている（表六―四）。日々信徒に説法を行う地域寺院の住職にとって、携帯が容易な説教学全書は重宝すべきものであったため、何度も増刷を繰り返してロングセラー商品になっていたわけである。

こうして明治三〇年代になると、説教学全書のような仏書を一つの足がかりとして、活版・洋装本が普及することになった。少なくとも地域寺院の経蔵からみる限り、西洋流の新たな印刷術は、闇雲に伝統や慣習を破壊しながら定着したわけではなく、むしろ江戸時代から続く課題に巧みに応えるかたちで、徐々に僧侶たちの承認を得ていったといえる。

第三節　龍猛収集蔵書の分析

さて、ここまで「明治二六年弘願寺蔵書目録」によりつつ、近世・近代移行期における書物知の変容を探ってきたが、この目録は現存する弘願寺蔵書の全体像を示すものではない。当然天順や天真は、明治二六年（一八九三）以降も蔵書収集を続けたわけであるし、それ以上に、大正初期に入寺した龍猛が、地方遊学中に収集した大量の書物を弘願寺に持ち込むことになったからである。維新直後に生まれ、明治後半期に地方学塾や仏教大学で教学研鑽に努めた龍猛の意識は、やはり天順や天真とは異なっていたと予想される。残念ながら龍猛自身が作成した蔵書目録は弘願寺には存在しないものの、「龍猛」の署名や「宗永」・「井口」・「龍猛」の個人印は現存蔵書にこまめに付されており、全三四五部五九六冊を確認することができた[55]。そこで、これらの龍猛収集蔵書から、書物知の近代的変容を探ってみたい。

やはりここでも、まずは全三四五部の蔵書を、明治以前に作成された写本、明治以前に刊行された版本、明治以後に作成された写本、明治以後に刊行された版本の四つに区分してみた（表六―五）。明治生まれの龍猛が収集した蔵書であるので、明治以後に作成された写本と明治以後に刊行された版本が全体の九五パーセント以上を占めている[56]。版本と写本の割合をみると、版本六〇パーセント程度に、写本四〇パーセント程度であり、写本の価値はいまだ健在のようにみえる。しかし、龍猛収集蔵書のなかの写本は、「明治二六年弘願寺蔵書目録」において中核的位置を占めていた円識筆写本とは、性格を異にしている。なぜなら、これらの写本には三〇パーセント程度しか蔵書印が押されておらず、八〇パーセント以上に蔵書印が押されている版本と比べて、明らかに蔵書としての価値付けが低いからである(57)。東陽円月門下のあいだで行われた会読の記録を丹念に記録した写本など、興味深い史料も散見されるのだが、龍猛にとって多くの写本は、備忘のための書き取りというような位置付けであったと考えられる。もし彼が蔵書目録を作成していたならば、蔵書印を欠くこうした写本は、そもそも記載されなかった可能性が高い。なお、明治以後に写本の価値が急落する理由については、本節の後半でさらに詳しい考察を加える予定である。

表6－5　龍猛の署名や個人印が付されている弘願寺蔵書（全体の内訳）

分類	部数	パーセンテージ
明治以前に作成された写本	3部	0.87%
明治以前に刊行された版本	13部	3.77%
明治以後に作成された写本	135部	39.13%
明治以後に刊行された版本	194部	56.23%

次に表六―六から、明治以後に刊行された版本の内訳を細かく分析すると、木版・和装本の割合は二五パーセント程度に留まり、活版・和装本と活版・洋装本の割合はそれぞれ四〇パーセント足らずで互いに拮抗している。龍猛の蔵書収集は、大正前期ぐらいまで続いているので、活版・洋装本が最も多いのは自然なことといえる。そのなかには、先に指摘したような大部の教学書を縮刷したものもあるし、井上円了・大内青巒・中西牛郎・加藤咄堂らの啓蒙的著作も散見される。こうした新思潮に対する積極的な受容姿勢は、「明治二六年弘願寺蔵書目録」から読み取り得る保守的な姿勢とは明白に異なる。

ただ、明治二〇年代以降、木版・和装本の取り扱いが激減していくという出版界全体の動向を踏まえると(58)、龍猛収集蔵書においてそれらがまだ二五パーセント程度

表6－6　龍猛の署名や個人印が付されている弘願寺蔵書（明治以後に刊行された版本の内訳）

分類	部数	パーセンテージ
木版・和装本	48部	24.74%
活版・和装本	72部	37.11%
活版・洋装本	74部	38.14%

存在する点には、注目しておいても良いだろう。しかも、こうした木版・和装本の多くは、西本願寺教団における教学指導者の著作であり、永田文昌堂など江戸時代から仏書を専門に取り扱ってきた出版社によって刊行されている。この事実は、京都の老舗出版社が、得意先である修行僧たちの要望に応えるべく、伝統的な印刷術にこだわり続けたという本書第二部第五章の指摘を、受容者側の史料から裏付けたものといえる。

さらに表六―六のなかで最も気になるのは、活版・洋装本に迫る勢いで、活版・和装本が存在する点である。活版・和装本とは、活版印刷を用いながら、片面のみに印刷を施し、和装製本（袋綴じ）で刊行された書物である。日本の伝統的な印刷術と西洋流の印刷術が奇妙に混在するものだが、具体的な事例をみると、この形態には過渡期的の一言では済まされない特徴がある。例えば、龍猛収集蔵書のなかには、『三経論題義灯』という活版・和装本が存在する(59)。上巻は明治二七年（一八九四）、下巻は翌二八年（一八九五）に刊行されており、出版社は京都の顕道書院である。活版印刷という新技術を導入している同書だが、内実は江戸時代以来の伝統を濃厚に受け継いでいる。

というのも、『三経論題義灯』は、江戸時代に西本願寺学林で勧学にまで昇り詰めた慧海の口演内容を基礎とし、それを自らも後に勧学となった門人足利義山がまとめ直した講義録だからである。このタイプの書物は江戸時代から仏教諸宗檀林で大量に作成されたものだが、多くの門人を抱える勧学の講義録は、刊行すれば一定の売り上げが見込まれる。そこで顕道書院は、活版印刷を導入することで印刷経費を抑え、安価な商品の大量製造を図ったのであろう。ただし、守旧的な修行僧たちにとって、学林での教材といえば木版・和装本が定番であったから、伝統に固執する彼らの欲求を満たすため、和装本という形態は守られたわけである。ちなみに、『三経論題義灯』には、明治期の西本願寺改革に心血を注いだ島地黙雷が題辞を寄せており、題辞部分のみ木版印刷が用いられている。その理由は明らかであろう。題辞は本人の筆跡を感じさせる木版印刷だからこそ権威を発揮するものであり、金属活字を用いたのでは修行僧たちの購買欲を削いでしまうからである(60)。

以上のように仏書を中心にみれば、活版・和装本とは、修行僧向けの教学書を刊行する際、なるべく従来の格式を崩さないために選択された折衷方式だったと推測される。そのことを裏付けるように、龍猛収集蔵書のなかの活版・和装本は、その大半が藤島了穏・内田寛寧・前田慧雲・足利義山・東陽円月ら西本願寺学林で勧学にまで昇り詰めた学僧(61)によって著されたものである（表六―七）。さらに興味深いことに、こうした活版・和装本の多くは、縦約二二〜二三センチメートル・横約一五〜一六センチメートルの半紙本サイズで刊行されている。『教行信証』や『真宗法要』など、浄土真宗教学の基礎となる聖教類が、明治時代になると、半紙本よりさらに小さい中本サイズで次々と刊行されたことは既に触れた。しかし、この場合の中本サイズは、前提として大本サイズを経蔵のなかで大切に保管し、それとは別に普段使いするものだからこそ、小型化が許容されたと考えられる。他方、『三経論題義灯』を始めとする活版・和装本は、学林の指導者たちが著した教材であった。そのため、やはりここでも格式を尊ぶ修行僧たちの要望を満たすために、半紙本サイズが選択されたのであろう。実際江戸時代における半紙本とは、大本と比べれば格式は落ちるものの、やや通俗的な専門書であれば十分に刊行できる判型だったからである(62)。

もっとも活版・和装本は、修行僧たちの保守性に叶うことだけを目的として選ばれたわけではなく、彼らの修学実践のためにも不可欠であった。何しろ、江戸時代の仏教諸宗檀林における修学スタイルは、余白の多い木

表6－7　龍猛収集蔵書のなかの主な活版・和装本

書名	著者	版年	出版社	寸法
歩船鈔講義	藤島了穏	明治15年 (1882)	前田慧雲(出版人)	縦：約22cm× 横：約15cm（半紙本）
宗要開関 (前編)	内田寛寧	明治15年 (1882)	松岡観水(出版人)	縦：約23cm× 横：約16cm（半紙本）
宗要開関 (後編)	内田寛寧	明治23年 (1890)	永田文昌堂	縦：約23cm× 横：約16cm（半紙本）
観経玄義分記	僧朗述 前田慧雲校	明治27年 (1894)	興教書院	縦：約23cm× 横：約16cm（半紙本）
観経序分義記	僧朗述 前田慧雲校	明治27年 (1894)	興教書院	縦：約23cm× 横：約16cm（半紙本）
観経定善義記	僧朗述 前田慧雲校	明治27年 (1894)	興教書院	縦：約23cm× 横：約16cm（半紙本）
観経散善義記	僧朗述 前田慧雲校	明治27年 (1894)	興教書院	縦：約23cm× 横：約16cm（半紙本）
三経論題義灯	慧海述 足利義山校	明治28年 (1895)	顕道書院	縦：約23cm× 横：約16cm（半紙本）
本典仰信録	東陽円月	明治30年 (1897)	興教書院	縦：約23cm× 横：約16cm（半紙本）
タノムタスケ タマヘ義	東陽円月	明治31年 (1898)	興教書院	縦：約23cm× 横：約16cm（半紙本）
本願成就論要 四十題	東陽円月	明治33年 (1900)	仏教図書出版	縦：約23cm× 横：約16cm（半紙本）
二河譬喩詳解	東陽円月	明治34年 (1901)	法蔵館	縦：約19cm× 横：約13cm（中本）
安楽集略解	東陽円月	明治34年 (1901)	仏教図書出版	縦：約23cm× 横：約16cm（半紙本）
文類聚鈔略解	足利義山編	明治36年 (1903)	興教書院	縦：約23cm× 横：約16cm（半紙本）

版・和装本に、毛筆で直接書き込みを行いながら進められるものであった。弘願寺に残る江戸時代の木版・和装本を確認してみても、人名・地名に施す傍線、引用書名に施す四角囲いなど、一定の規則に基づいて丹念な書き込みが行われている。

他方、金属活字で余白の少ない版面を作り、なおかつ薄手の洋紙両面に印刷を施す活版・洋装本が幅を利かせ始めると、このような修学実践はみられなくなる。実際弘願寺に残る活版・洋装本でも、江戸時代的な書き込みの痕跡は如実に減少している。そもそも、仏教とは何かを広く一般民衆に問いかける井上円了らの啓蒙的著作を思い浮かべれば、そうした仏書と細かな語義解釈を書き込んでいく伝統的な修学スタイルとが、不釣り合いなことは明白である。ただし、同じく明治時代に出版された仏書であっても、活版・和装本の場合、毛筆で直接書き込みを行う修学実践は、木版・和装本と何ら変わることなく継承されている。つまり、一見すると日本の伝統的な技術と西洋流の新技術がちぐはぐに混在しているだけの活版・和装本は、修行僧の修学スタイルを維持させるという観点からすれば、極めて配慮の行き届いた商品だったわけである。

近年盛んに近代仏教の捉え直しを進めている大谷栄一によれば[63]、明治期に伝統教団の宗派主義的閉鎖性や一般社会への発信力の低さを批判し、次々と生成・展開した「新しい仏教」を目指す運動とは、二〇～三〇代の若き在家信者・僧侶による異議申し立てのユースカルチャーであった。もっとも、こうした一連の運動は、大谷自身が指摘するように、あくまで伝統教団の大きな存在感を前提としたものでもある。本章の考察で明らかになったように、同じく明治生まれの僧侶でも、龍猛のように経典の語義解釈にこだわりながら伝統的学問研鑽を進める者はまだ多かった。これからの近代仏教研究は、両者が社会のなかで占める位置や相互に与えた影響にも目を向けつつ、多角的に進める必要があるだろう。

以上のように龍猛は、宗派主義を超えた通仏教的結束や在家信者主体の改革運動が求められる明治時代において、旧来の宗派的枠組みに縛られて、修学実践を行っていた[64]。ただし、より厳密にいえば、龍猛を縛っていたのは江戸時代当初からの西本願寺学林という枠組みではない。江戸時代の京都に仏教宗派ごとの御用書肆が誕生し、諸宗檀林と密接に結び付いて仏書出版を牛耳っていたことは、本書第一部第一章で既に述べた通りである。地方学塾の指導者が自著の出版を企てた場合でも、自宗の御用書肆に頼み込んで刊行にこぎつけるのが常であった。ところが、先に取り上げた龍猛収集の活版・和装本七二部のうち、一一部は大分県、一一部は広島県の地方活版所から刊行されているのである。これら少なからぬ量の活版・和装本は、なぜ京都や東京ではなく、地方の活版所から刊行されたのだろうか。

話題はまた本筋からそれるが、ここで大前提として、明治期における地方活版所の設立事情を確認しておこう。活版印刷というと、新聞や大衆雑誌の大量製造を担うことで、日本の近代社会へと浸透していったイメージが強い。しかし、この技術を真っ先に必要としたのはむしろ明治新政府や各県庁であった。長文の法令を迅速かつ正確に国民へと周知させるには、どうしても木版印刷では限界があったからである。そこで明治一〇年代には、地方官庁の各種刊行物を印刷させるべく、日本の主要な地方都市に続々と活版所が設立されていった[65]。そして、このような社会環境を生かして、江戸時代には刊行され得なかった仏書が、活版・和装本のかたちで盛んに刊行されていく。

例えば、芸轍の泰斗と称された僧叡の著作が、江戸時代を通じて全く刊行されていないことは既に触れた。地方学派ごとで細かな教学理解の相違を競い合っていては、地元でいかに高名な学僧の著作でも、まとまった売り上げを期待しにくいというのが、未刊行の理由であろう。もっとも、そもそも木版印刷には膨大な経費がかかるわけで、[66]刊行しようにも地方学塾では費用負担できないという事情もあったと思われる。ところが、右に述べたように、地方都市に活版所が設立され始めると、板木作成などの手間を省いた活版印刷が身近なものとなっていく。僧叡の流れを汲む学僧是山恵覚は、こうした環境変化を鋭敏に読み取った一人である。[67]恵覚は、安政四年（一八五七）に備後国世羅郡東大田（現、広島県世羅町）の真行寺（浄土真宗本願寺派）で生まれたが、やがて自坊のなかに光宣寮という地方学塾を開き、明治二八年（一八九五）から明治三二年（一八九九）にかけて、僧叡を始めとする芸轍の著作を次々刊行していった。江戸時代の弘願寺において、写本のかたちで大切に保管されていた『愚禿鈔義記』・『往生要集偏帰箋』・『三帖和讃観海篇』などの僧叡著作は、明治時代になると、光宣寮の活躍により、版本として入手することが可能になった。

ちなみに、こうした光宣寮出版の仏書が、広島の地方活版所に依頼して印刷されつつ、全て半紙本サイズの活版・和装本という形態を取っていることは興味深い。つまり、是山恵覚もまた、京都の仏教系出版社同様に、活版印刷を選んで出版経費の節減に努めつつ、和装製本を併用することで、修行僧の修学スタイルに対応する配慮をみせたわけである。同じく広島の地に生まれた龍猛は、以上のような恵覚の出版事業に賛同する気持ちが強かったのであろう。光宣寮出版の仏書を九部も収集している。これが弘願寺蔵書のなかに、広島県の地方活版所から刊行された活版・和装本が多い理由の一つである。

他方、大分県の地方活版所から刊行された活版・和装本には、龍猛の師匠である東陽円月が大きく関係している。[68]円月は、西本願寺学林の勧学になった人物なので、本来ならその著作は京都の老舗出版社から大々的に刊行されて然るべきものである。しかし、明治二三年（一八九〇）に円月が行った安居講義は、異安心の疑いによって本山の取り調べを受けることとなり、同年停講を命じられた円月は、故郷の豊前西光寺へ帰った。その後、円月は東陽学寮で後進の指導に努め、龍猛を含む多くの門人を育て上げたわけである。本山から停講処分を受けたとはいえ、門人たちにとって円月は偉大な師匠である。そこで、彼らは地元の活版所に依頼して、円月の講義録を次々と刊行していった。龍猛収集蔵書のなかに存在する、大分県の地方活版所から刊行された和装・活版本一一部は、こうして刊行された円月の著作であり、そのことを裏付けるように刊行年は全て明治二三年以降となっている。刊行に携わった門人たちの心情を探るべく、弘願寺現存蔵書のなかから『浄土論略解』（出版人高井佐市、一八九六年）の「緒言」を引用しておくと以下の通りである。(69)

東陽和尚乗桂校に在ること十余年、退帰して又数年を歴たり、その間七祖の論釈を通講すること再三に及へり、自西自東来て講席に列なるものその数頗る多し、茲に在寮の同侶相詢りて、講本を空く蠹魚の為に烏有となさんこと遺憾に堪へす、これを出版して各自に笈に収めて帰らは啻に我輩独りその義旨を味ふのみならす、各地の社友にこれを頒布し、将来に伝へて永く不朽に維持せんことと不亦可乎とて、これを活刷に付すること、はなれり、和尚の此書を講せしや古今の諸説を取捨してこれを論せられたれは、学者これに依て講究せは容易本論正意の所在を発明するに至らんと云爾

明治二十九年三月　　東陽学寮在　谷本信忠

円月の門人である谷本信忠は、東陽学寮で学ぶ諸門人が師匠の講義を不朽のものとして保持し、また帰郷後も知人たちに頒布できるよう、講義録出版を思い立ったとする。彼の熱意は、地方学塾で濃密な関係を持った師匠への思慕に基づいており、江戸時代であれば個人的な努力のみでこのような出版事業を実現させるのは難しかったと考えられる。しかし、小規模な出版を安価な費用で引き受けてくれる地方活版所が普及したことにより、『浄土論略解』を始めとする円月の著作は次々と大分県で刊行され、門人たちも自らの故郷へ師匠の著作を持ち

帰ることが可能になったのである。

既に触れたように、近世後期の西本願寺教団では、学林の権威が低下し、修学の拠点は各地に開設された学塾へと移っていたが、だからといって資金も乏しければ大手版元とのコネクションも持たない地方学塾が、簡単に仏書出版の担い手になり得たわけではない。だからこそ、地方学塾で学ぶ円識のような学僧たちは、師匠の著作を丹念に筆写し、蔵書の中核としてきた。ところが、明治時代になって地方活版所の開設が進むと、木版印刷時代よりも出版事業が手頃で身近なものとなり、地方学塾単位で門人たちに頒布する仏書まで刊行できるようになっていく。明治時代の特徴として仏書の個人所有化を挙げておいたが、個人化したのは所有だけではなく、情報発信もまたより小さな単位で行い得るようになっていたわけである。明治以後における写本が、保管すべき大切な教学書としての価値を失い、あくまで備忘のための存在へと化していくのには、以上のような出版行為の簡易化も一役買っていたと考えるべきだろう。

おわりに

さて、最後に本章の主張を、印刷術の転換という観点から一般化してみよう。従来の出版史研究において、西洋流の新しい印刷術は、江戸時代の文化的伝統を暴力的に改変するものと捉えられがちであった。しかし、仏書に着目した本章の考察によって、こうした通説的理解の見直しは、ある程度果たし得たと自負している。すなわち、新技術導入の成果とされる書物の小型化・縮刷化は、実際には幕末期の地方遊学隆盛に伴い、既に試行錯誤が始まっていたものである。そして、多くの購読層が待ち望んでいた携帯性の向上を最も効率的に実現したからこそ、活版・洋装本は地域寺院の住職にも受け入れられたのである。もっとも、全ての仏書が新技術を一律に導入したわけではない。僧侶の修学スタイルは、和装本という書物の形態と緊密に結び付いていたため、教学指導者の著作を刊行する際には、彼らの希望に応えるべく、活版・和装本という折衷方式がわざわざ選び取られることもあった。

次に、印刷術の転換や書物の形態変化が、仏教知そのものを変容させたかどうかについても、問うてみよう。実はこれこそ、本章で最も試みたい考察だったわけだが、分析範囲が一地方寺院の経蔵に限られていることもあり、議論の一般化はなかなか難しい。例えば、明治以降に弘願寺で進められた蔵書収集から、宗派的枠組みを脱却しようとする変革意識や、在家信者を巻き込んでいこうとする啓蒙主義は、あまり読み取れない。ただ、それが弘願寺歴代住職の個性に基づくものなのか、同時代の多くの地方寺院に通底する傾向なのか、現時点では、全く見極め切れていない[70]。より広い視座に立つなら、在家信者が発信する革新的知識や、大学という新たな教育制度に支えられる近代的知識[71]と、地方寺院の経蔵に蓄えられた知識が、どのような関係性を生み出していくかも、気になるところである。今後、さらなる事例発掘を行い、本章の試みを発展させていきたい。

もっとも、もう少し基底的な部分に目を向けると、弘願寺の一事例からでも、明治時代に入って書物知に着々と変容がもたらされていることは読み取り得る。文学研究の立場から書籍の出版・流通システムに幅広い提言を行ってきた鈴木俊幸によれば、書物への絶対的な憧憬こそ、江戸時代の出版業界を成り立たせる根幹であったという。なるほど、そうした環境下にあるから、江戸時代の本屋は、時間経過に伴う値崩れを危惧することなく、長い時間をかけて安定的に書物を売りさばくことができた[72]。ところが、かつて経蔵のなかに大切に保管されていた仏書も、明治時代になると小型化・縮刷化が進み、次第に普段使いの消耗品へと変化していく。書物に記されることで揺らがぬ価値を誇示していた仏教知も、それに合わせて変化せざるを得なかっただろう。

さらにいえば、変化したのは所有意識だけではない。出版行為自体も、明治時代に入ると、限られた教学指導者しか関与できない特別なものではなくなる。すなわち、主要都市に地方活版所の設立が相次ぐと、地方学塾レベルで著作の刊行が盛行するのである。知識の所有のみならず、情報の発信もまた、身近なものへと変わりつつあった(73)。

翻って考えると、現代社会は、電子書籍の登場によって、書物の持ち運びやすさや情報の自己発信力が、究極まで高められた時代である。我々は、このあまりに大きな変化に時として激しい嫌悪や危惧まで抱きつつ、やがて到来する新時代を展望しているわけである(74)。しかし、書物の世界に革新的変化をもたらしたのは、いうまでもなく電子書籍だけではない。洋装製本や活版印刷の導入とともに、書物を気軽に携帯する行為や、より私的なレベルで書物を刊行する行為は、着々と萌芽しており、弘願寺の住職たちも、そうした環境変化を着実に自分のものとしつつ、新たな仏教知のあり方を模索していたのである。

【註】

（1）そうした地域寺院の経蔵調査に基づいて作成された典型的な研究成果が、本書第一部第二章や第三章ということになる。

（2）例えば、白水智『古文書はいかに歴史を描くのか　フィールドワークがつなぐ過去と未来』（NHK出版、二〇一五年）は、実際に行われた調査履歴を丹念に紹介しつつ、まとまりとしての史料群に目を向けることでみえる豊かな歴史像について言及しており、学ぶところが多い。

（3）『下蒲刈町史　図説通史編』（呉市役所、二〇〇七年）三三一～三五四頁。

（4）『下蒲刈町史　資料編』（呉市役所、二〇〇四年）一七八～一八〇頁。
（5）鳥鼠義卿『芸備の真宗学侶』（飯田印刷所、一九六六年）、児玉識『近世真宗の展開過程―西日本を中心として―』（吉川弘文館、一九七六年）。
（6）以下、円識の事績については、井上哲雄『真宗本派学僧逸伝』（永田文昌堂、一九七九年）三五～三六頁や註（4）前掲書三八〇～三八三頁を参照した。
（7）『永野重雄回想録』（新日本製鉄株式会社、一九八五年）六五一～六五二頁。
（8）以下、龍猛の事績については、註（6）井上前掲書三二一頁を参照した。
（9）弘願寺蔵書のなかで、永野龍猛という名乗りが確認できる最も年紀の古い事例は、笹岡操『家庭看護法』（大日本愛人会、一九二〇年、資料番号：南外上一〇列一段―八）の表紙に記された「大正九年五月廿八日、永野龍猛」という署名である。他方、大正五年（一九一六）から翌六年（一九一七）にかけて発行された『六条学報』一八一号・一八三号・一八五号には、井口龍猛の名前で学術論文が掲載されている。これらによって推測するに、龍猛が弘願寺に入寺したのは大正六年から大正九年（一九二〇）のあいだと考えられる。
（10）若尾政希「『書物の思想史』研究序説―近世の一上層農民の思想形成と書物―」（『一橋論叢』一三四―四、二〇〇五年）。
（11）資料番号：右奥本棚上一―三。
（12）資料番号：南外上六列二段―一五。
（13）小川剛生『中世の書物と学問』（山川出版社、二〇〇九年）四七頁。
（14）資料番号：南外下一列二段―六。
（15）資料番号：南外下四列三段―一三。
（16）資料番号：南外下四列三段―一二。
（17）なお、先に記した地部から宙部の部数と、盈部から列部の部数は、これらの追加分も加えて集計したものである。
（18）なお、辰部では単に「古今集」と記載されているが、後述するような一字書き入れの修正状況から推測するならば、同じ書物を指すものと考えて間違いない。

(19) 資料番号：南外下一列一段—二〇。

(20) 例えば、資料番号：南内下五列二段—三の『教観綱宗』は、天台の教相判釈に関する書物だが、「天保二年東郭蔵書目録」では玄部に配置されており、「明治二六年弘願寺蔵書目録」で月部に移り、現存する蔵書では「月」の一字書き入れが消され、朱字で「宿」の一字書き入れが新たに施されている。

(21) 註(6)井上前掲書三五頁によれば、円識は僧叡の下で華厳・天台・真言など仏教諸宗の教学理解に努めた博学の僧侶であった。当然ながら、そのような円識と、天順・天真とでは、修学に用いる仏書に対する意識もかなり異なっていたと考えられる。

(22) 菅原智洞や粟津義圭の唱導用テキスト（勧化本）が、江戸時代の仏教界に与えた影響については、後小路薫『勧化本の研究』（和泉書院、二〇一〇年）に詳しい。

(23) 関山和夫『説教の歴史的研究』（法蔵館、一九七三年）一九三〜二三五頁。なお、「法芸一如」を象徴する存在が、唱導の達人であると同時に、朝廷から紫衣を許される高僧でもあった安楽庵策伝（一五五四〜一六四二）ということになる。

(24) 引野亨輔「講釈と出版のあいだ」（島薗進・高埜利彦・林淳・若尾政希編『シリーズ日本人と宗教　第五巻　書物・メディアと社会』春秋社、二〇一五年）。

(25) 註(13)小川前掲書四四〜六五頁。

(26) ちなみに、「明治二六年弘願寺蔵書目録」の末尾に朱字で書き上げられた書名についていえば、宿部追加分は一文字前の辰部から、宙部追加部は一文字前の宇部からというように、千字文の連続する文字のあいだで頻繁に分類変更が行われている。恐らくこれは、天部・地部などの部門そのものに、浄土真宗の聖教や余乗の仏書などの意味付けを行っていたのではなく、配架場所と対応関係を持たせつつ天部・地部などの分類を行っていたため、生じた現象であろう。時を経て蔵書が増加していくと、例えば浄土真宗教学に関する講釈の聴聞録を配架すべき宇部の配架場所が手狭になり、一斉に宙部への変更が行われたというわけである。教学上の価値変容のみならず、配架をめぐる極めて現実的な課題も、蔵書分類のあり方に少なからぬ影響を及ぼしていた。

(27) 後述するように、「明治二六年弘願寺蔵書目録」には、明治以前に作成された写本と明治以前に刊行された版本が合わせて三三五部存在するが、このうち朱文方印のみ押されているものは二一七部、朱文円印のみ押されているものは一二部、両方押されているものは二二部、蔵書印が押されていないものは八四部であった。また、明治以後に作成された写本と明治以後に刊行された版本は合わせて五七部存在するが、このうち朱文方印のみ押されているものは二五部、朱文円印のみ押されているものは七部、両方押されているものは三部、蔵書印が押されていないものは二二部であった。

(28) 遠藤玄雄の事績については、註(6)井上前掲書九二～九三頁に詳しい。

(29) 明治二〇年代後半における仏教界の動向については、池田英俊『明治の新仏教運動』(吉川弘文館、一九七六年)、柏原祐泉『日本仏教史　近代』(吉川弘文館、一九九〇年)などに詳しい。

(30) 三浦節夫『井上円了―日本近代の先駆者の生涯と思想』(教育評論社、二〇一六年)一六七～二一二頁。

(31) 「明治二六年弘願寺蔵書目録」に書き上げられた活版・洋装本のうち、残りの一つは、ショウペンハウアー著・中江兆民訳の『道徳学大原論』(一二三館、一八九四年)である。

(32) 橋口侯之介『江戸の本屋と本づくり　続和本入門』(平凡社、二〇一一年)二五一～二七四頁。

(33) なお、藤實久美子『近世書籍文化論　史料論的アプローチ』(吉川弘文館、二〇〇六年)では、出版統制に抵触する書物の流通を可能にさせる点や、秘伝的知識の授受を円滑にさせる点など、写本にしか果たせない役割が指摘されており、版本と写本が共存する近世社会の存立構造を考える上で示唆的である。

(34) 西村玲『近世仏教論』(法蔵館、二〇一八年)五～七九頁。

(35) 以下、西本願寺学寮(後の学林)の歴史については、『龍谷大学三百五十年史　通史編　上巻』(龍谷大学、二〇〇〇年)七～三七二頁を参照した。

(36) 刊行の有無は、国文学研究資料館国書データベースで確認した。

(37) ちなみに、引野亨輔「近世真宗学僧の「遺書」争奪戦―〝書物の時代〟と学統継承のかたち―」（『福山大学人間文化学部紀要』一三、二〇一三年）では、芸轍の一学派である芿園学派の僧侶たちが、師匠大瀛の死後、師説を記した直筆写本の継承権をめぐって紛糾する様相に着目してみた。こうした状況もまた、三業惑乱以降の地方学派乱立と、それに伴う過度な師説祖述傾向を象徴するものといえる。

(38) 註(4)前掲書三八〇～三八九頁。

(39) 万波寿子『近世仏書の文化史―西本願寺教団の出版メディア―』（法蔵館、二〇一八年）一二五～一六一頁。

(40) 千葉乗隆『真宗教団の組織と制度』（同朋舎、一九七八年）所収の「本願寺通記」三九一頁によった。

(41) 「天保二年東郭蔵書目録」の時点で、既に「一、法要第一・二帙八（九カ）冊」と記されているので、後に散佚したわけではなく、一・二帙のみの下付を願い出ていたことが分かる。

(42) 資料番号：南内下追加六三。

(43) 橋口侯之介『和本入門　千年生きる書物の世界』（平凡社、二〇一一年）七〇～七三頁。

(44) 資料番号：南内下追加一八・一九。

(45) なお、「明治二六年弘願寺蔵書目録」において「小本〇〇」と記載されている書物は、中野三敏『書誌学談義　江戸の板本』（岩波書店、一九九五年）六〇～六九頁など、現在の書誌学的な知識に照らし合わせるならば全て中本サイズに該当する。

(46) 資料番号：南内下追加四・一四。なお、このうち一部は二冊目を欠いているが、「明治二六年弘願寺蔵書目録」の天部でも「一、御本典二部　但信一冊欠」と記されており、二部とも目録に対応する蔵書であることが分かる。

(47) 註(39)万波前掲書五七～六三頁。

(48) 資料番号：南内下追加九・一〇。

(49) 資料番号：南内下追加二八・三一・四〇。

(50) 資料番号：南内下追加三二・三三・三四・三五・三六。

(51) 註(7)前掲書六五三頁。なお、余談であるが、法城の長男に当たる永野護は第二次岸信介内閣で運輸大臣を務めた政治家、二男に当たる永野重雄は新日本製鉄の初代会長になった実業家というように、永野家からは政界・財界で活躍する人物が多く出た。六男の鎮雄も弘願寺を継職しつつ、後には参議院議員を一期務めている。

(52) 註(39)万波前掲書二〇八～二六三頁。

(53) 資料番号：南外上一列二段―二。

(54) 資料番号：南外上一列一段―四。

(55) なお、既述のように、「永野蔵書」の朱文方印や「安芸弘願寺蔵書之印」の朱文方印からも、龍猛入寺以後の蔵書を判別することは可能である。ただし、これらの蔵書印は、永野鎮雄などの署名とともに押されていることもあるため、龍猛によって収集されたか、さらに後の弘願寺住職によって収集されたかを判別することはできない。ここでは、龍猛個人の蔵書収集傾向を分析したかったため、蔵書の判別はあくまで彼の署名や個人印に依拠して行った。当然ながら、こうして判別した龍猛収集蔵書のなかには、「明治二六年弘願寺蔵書目録」に書名を書き上げられているものは一切存在しない。

(56) 明治以前に刊行された版本は、重要な教学書を古書として購入したか、地方遊学時に先輩僧侶から譲り受けたものと考えられる。また、明治以前に作成された写本は、いずれも弘化年間（一八四四～一八四八）に筆写されており、こちらも遊学時に先輩僧侶から譲り受けたものである可能性が高い。

(57) なお、写本に押されるのは、例外なく「宗永」・「井口」・「龍猛」などの個人印であり、版本の場合も、「永野蔵書」の朱文方印や「安芸弘願寺蔵書之印」の朱文方印との併用が若干みられるものの、大半は個人印である。龍猛の代に、寺院蔵書に対する個人所有意識は、さらに進展したわけである。

(58) 反町茂雄編『紙魚の昔がたり　明治大正篇』（八木書店、一九九〇年）一九～二二頁。

(59) 資料番号：南外下三列三段―一七・一八。

(60) 岩坪充雄「本の文化と文字環境」（若尾政希編『シリーズ〈本の文化史〉3　書籍文化とその基底』平凡社、二〇一五年）では、木版印刷主流の江戸時代において、題辞や序跋文の書体が、書物の価値付けに決定的な役割を果たしていたと指摘されている。明治期に刊行された仏書において、題辞や序跋文のみ木版印刷を使用している事例が少なからずあるのも、岩坪が指摘する江戸時代的な慣習を継承しているためであろう。

(61) 西本願寺学林における彼らの学階については、それぞれ註(6)井上前掲書の三二二頁、五二頁、一五頁、五八頁、三一頁で確認した。

(62) 註(43)に同じ。

(63) 大谷栄一『近代仏教という視座　戦争・アジア・社会主義』（ぺりかん社、二〇一二年）四二～七〇頁。

(64) ちなみに、龍猛収集蔵書のなかで、明治以後に刊行された版本の出版社に着目してみると、興教書院二九部、顕道書院二三部、永田文昌堂二一部と京都の仏教系出版社が上位を占めており、同じ京都でも護法館は七部、法蔵館は九部と振るわない。本書第二部第五章で取り上げたように、明治時代に護法館が刊行した仏書は三七八部、法蔵館が刊行した仏書は三三八点であり、顕道書院の一七五部、興教書院の一四九部、永田文昌堂の一一九部を圧倒しており、右の数値は一見すると違和感を生じさせるものである。ただし、弘願寺が浄土真宗本願寺派の寺院であり、永田文昌堂が西本願寺の御用書肆、護法館・法蔵館が東本願寺の御用書肆であったことを踏まえると、龍猛の蔵書収集はまさしく旧来の宗派的枠組みに縛られるものであったことが分かる。

(65) 鈴木淳『日本の近代15　新技術の社会史』（中央公論新社、一九九九年）四一～六二頁。

(66) 註(32)橋口前掲書八九～一四〇頁によれば、四〇丁の私家版を木版印刷で三〇〇部作成するのに、銀七〇〇匁（一両六〇匁換算で金約一二両）程度の経費が必要となる。

(67) 以下、是山恵覚の事績については、註(6)井上前掲書二一～二三頁を参照した。

(68) 以下、東陽円月の事績については、註(6)井上前掲書三一～三五頁を参照した。

(69) 資料番号：南外下九列一段―二〇。

(70) 中西直樹『新仏教とは何であったか―近代仏教改革のゆくえ―』（法蔵館、二〇一八年）によれば、明治期に華々しく展開した諸仏教改革は、大正期に入ると下火になり、旧来の宗派的枠組みが再強化されていったという。中西の指摘する宗派主義の再強化が、地域寺院に伏在した保守主義を基盤とするものなのか否か、今後も慎重に検討を進めていきたい。

(71) 近代的な大学制度と諸宗教の関係については、江島尚俊・三浦周・松野智章編『シリーズ大学と宗教Ⅰ　近代日本の大学と宗教』（法藏館、二〇一四年）が、最新の成果を掲載しており、学ぶところが多い。

(72) 鈴木俊幸『近世読者とそのゆくえ　読書と書籍流通の近世・近代』（平凡社、二〇一七年）。

(73) こうした変化の延長上に、大谷栄一『近代仏教というメディア　出版と社会活動』（ぺりかん社、二〇二〇年）三五～五八頁で指摘されるような、新たなメディア（新聞・雑誌や演説集）を用いた仏教知の発信が登場していくと考えられる。

(74) 例えば、山田順『出版大崩壊　電子書籍の罠』（文春新書、二〇一一年）は、電子書籍のもたらす世界を、ゴミのようなコンテンツが際限なく増え、名作とゴミの区別がつかなくなる世界であると、辛辣に評価している。

終章　寺院蔵書からみた日本の出版文化と社会変容

第一節　江戸時代前期における商業出版の成立とその特異性

本書序章で述べておいたように、筆者が江戸時代前期・明治時代前期という情報伝達手段の発展にとっての二つの画期に着目して考察を進めたのは、以下のような狙いがあったためである。我々は、ともすれば今現在起こっている革新（例えば「ＩＴ革命」）を特別視し、そこから生じた社会変容を、これまで経験したことのないものとみなしがちである。しかし、新技術の導入に伴い、知識の万人への開放やその一方での極端な偏在が生じること、あるいはまた既存の知識世界を固守しようとする勢力が新技術そのものへの反発を強めることは、そこまで珍しい現象ではない。そうであれば、書物の印刷技術や販売・流通方法が急速な発展を遂げた江戸時代前期や明治時代前期に焦点を当てることで、情報化社会を生きる我々も参照し得る社会変容のパターンが浮かび上がるのではないか。

右のような問題設定の有効性については、本書各章での考察を終えた現時点でも、疑いを抱いているわけではない。しかし、江戸時代前期における民間書肆の動向に注目した第一部第一章で明確になったのが、むしろ現代とは異質な商業出版のあり方であったことも否定できない。なぜならば、江戸時代前期の京都で続々と誕生した民間書肆は、仏教諸宗の本山や儒学の主流学派などと個々別々に結び付きを深め、それらの文化的権威が保有する門人集団を書物購読層と見込んで、経営を安定化させていったからである。例えば、日蓮宗教団と結び付きを深めた村上勘兵衛は、檀林での修学に欠かせない仏書に関して教団側から情報提供を受け、檀林懸席中の僧侶であれば確実に購入する「檀林教科書」を売りさばいていった。もちろん、基礎的な教学書を多くの所化僧（修行中の僧侶）が刊本のかたちで手にすることになったわけだから、中世段階の口伝・秘伝的な修学方法は大きな変容を遂げたものの、仏教諸宗の本山による知識独占のあり方は、より中央集権的な性格を強めて再編されたともみなし得る。つまり、商業出版がもたらす知識の開放という作用は、少なくとも江戸時代においては、当初から既存の知的特権層による強い規制の下で進展していったのである。

もっとも、個々の書物に即して丹念な分析を行うと、商業出版成立後の仏書出版活動は、仏教本山から情報提供を受けた御用書肆による「檀林教科書」販売という側面のみにはとどまらないことが分かる。というのも、たとえ特定の仏教本山と濃密な関係を築き上げている御用書肆たちであっても、売れる本の販売を至上命題とする商業出版の普遍的な性格は保持していたからである。中世段階では選ばれた者のみに伝授されてきた仏書が、商業出版の成立した江戸時代に商品として大量に複製・販売されていったことは、本書のなかで繰り返し確認した。しかし、こうした秘伝書の公開が、すべからく仏教本山の管理下で行われたわけではない。例えば第一部第一章で取り上げたように、民間書肆による精力的な通俗仏書の出版活動は、著者を親鸞・覚如・蓮如といった浄土真宗の歴代宗主に仮託した偽書の氾濫を生み出し、浄土真宗教団から厳しい非難を浴びせられることになった。江戸時代の仏教界を特徴付ける精緻な文献考証主義は、商業出版がもたらした偽書に対する仏教教団側の危機感を踏み台にして発展したといっても良い。

日本社会における商業出版成立の衝撃を以上のように把握してみると、本書序章で紹介した中国宋代の士大夫層や一六世紀ヨーロッパの人文主義者が表明した危機感との類似性を読み取ることもできる。何しろ彼らもまた、商業出版によってもたらされた大量の通俗的な印刷物を、自分たちが築き上げてきた学術的な世界の質的低下につながるものとして、時に敵視したからである。整版印刷や活版印刷、あるいはそれらを活用した商業出版の成立など、情報伝達に飛躍的な進歩をもたらすはずの新技術が、既存の学術的な世界を改変させるものとして、知識人層から不信の目を向けられることは、地域や時代を越えて普遍的な出来事のようである。

ただし、著者を親鸞・覚如・蓮如などの歴代宗主に仮託した偽書が、西本願寺の学林や東本願寺の学寮など閉鎖的な教学研鑽機関を拠点として、徹底的な真偽判断を加えられていったことも見逃してはならない。すなわち、商業出版によってもたらされた誤謬を含む書物知は、学術的な世界に広く共通する厄介事として問題視されたわけではなく、あくまで個々の仏教宗派（あるいは西本願寺派・東本願寺派といった同一宗派内のさらに細分化された諸派）の内部問題として処理されたことになる。(1)

一方で御用書肆が「檀林教科書」を高い完成度で所化僧に提供しつつ、他方で仏教諸宗教団が偽書の刊行・流布に警戒の目を光らせるという商業出版のもたらした複雑な社会動向について、本書では仏教教団と民間書肆の二者関係にとどめることなく、その背後に存在する個々の読者にも目配せして考察を進めた。地域寺院の蔵書を活用して、仏教教団・民間書肆・仏書購読層が織りなす関係性に迫ったのが本書の最大の特徴といえる。そこで、以下では読者分析に主眼を置いた本書第一部第二章〜第四章の研究成果にも言及しておきたい。

地域寺院の蔵書から最初にみえてきたのは、江戸時代前期に整備された仏教諸宗の中央檀林（僧侶養成機関）

が、所化僧たちに及ぼした大きな影響力である。何しろ、稀少な古写本から最新の刊本に至るまで、中央檀林が保有する書物知の質と量は圧倒的であった。そこで、檀林で行われる諸本比較などの具体的な作業は、所化僧が文献考証の大切さを自覚する上で、欠かすことのできない貴重な体験となった。実際、長きにわたる大和国での遊学を経て大東坊に大量の蔵書をもたらした大慶も、西本願寺学林における修学体験を決定的な契機として、蔵書収集活動を活発化させていたことが分かる。例えば、大慶が収集した仏書のなかには、著者を歴代宗主に仮託した偽書が幾つも存在している。そして、それらの偽書には、西本願寺学林の先輩である僧樸の著作『真宗法要蔵外諸書管窺録』に学びつつ、厳格な真偽判断の書き込みが施されている。学林における修学を通じて、民間書肆の出版する仏書に多くの誤謬が含まれていることを痛感した大慶は、敢えて偽書を購入し、そこから逆照射して正統なる浄土真宗の教えに精通しようと努めたのである。

ただし、大慶の読書実践は、西本願寺学林で確立された価値観の受容や模倣のみに終始していたわけではない。西本願寺は明和二年（一七六五）に『真宗法要』を出版し、本山お墨付きの聖教がいかなるものであるかを明確に示した。大慶は『真宗法要』に収録された三九部の聖教についても熱心な読み解きを行っているが、そのうち存覚著『報恩記』については、報恩・孝養・追善などの言葉を多用するため、浄土真宗の教えにいまだ精通していない者には誤読されやすい書物だと、遠慮のない批判的評価を下している。商業出版の誕生が時に偽書の氾濫を生むことになり、そうした事態に対処すべく、仏教諸宗教団内で文献考証のテクニックが鍛え上げられていくことは既に述べた通りである。しかし、その成果（例えば浄土真宗系の仏書に対する真偽判断など）が中央檀林において独占管理されるべきものとみなされず、むしろ文献考証の作法を身に付けた個々の学僧たちによって絶えず更新されるべきものと自認されていたことは、注目しておいて良かろう。岡村敬二『江戸の蔵書家たち』によれば、考証・校勘を必須とする国学の流行に伴い、江戸時代後期の民間社会に数万巻の古典籍を有する蔵書家たちが次々誕生したとされる[2]。長らく西本願寺学林に懸席して文献考証主義の意識を高め、大量の蔵書を収集することになった大慶も、岡村が指摘したような民間国学者と相通ずる使命感を持っていたと捉え得る。

さらにいえば、大慶ら浄土真宗西本願寺派の学僧たちが、文献考証から得られた成果を秘匿することなく、知識共有に努めている点も、岡村が指摘する民間国学者のネットワークと相通ずるものがある。本書第一部第三章で述べたように、大慶は日々の「批判的読書」の成果である『非正統伝』を、惜しみなく先輩学僧の玄智に提供し、浄土真宗高田派の親鸞伝である『高田親鸞聖人正統伝』の偽妄性を論駁することに努めた。また、仰誓が著した『真宗法要典拠』に感銘を受け、誰に頼まれたわけでもなく増補案の作成を進めた大慶は、その成果を仰誓の息子である履善に躊躇なく託している。

文献考証の成果が、大慶から履善へ、さらには超然へと連綿と受け継がれ、『真宗法要典拠』という注釈書の出版につながっていく経緯は、現代人である我々にとっても、なかなか感動的な出来事である。ただし、大慶らの文献考証における共同作業が、西本願寺学林で学び、正統なる聖教への価値観を一致させている者たちのやや閉鎖的な営為であったことも否定できない。本書第一部第四章でも確認したように、学林での集団的な読書から逸脱し、聖教を異端的に読み解く僧侶が現れると、大慶や履善の精緻な文献考証は、異端排斥のための武器へと転じることになった。

また、たとえ異端的な読み解きを意図しない者であっても、俗人信徒が仏書を読むという行為そのものに、大慶や履善は否定的な見解を示していた[3]。俗人信徒の読書制限を「僧侶ノ私ニアラス、御本山御作法ノ制也」と明言する大慶の態度は、権威主義的な雰囲気さえ漂わせるものだが、それもまた江戸時代的な商業出版のあり方を踏まえて理解する必要がある。江戸時代の商業出版は、民間書肆が仏教本山や儒教の有力学派といった文化的権威と個々別々に結び付き、安定的な売り上げを確保していくところにその特徴を有していた。もっとも、特定宗派の御用書肆であっても、その出版活動を仏教教団側が完全に掌握・制御できていたわけではない。著者を歴代宗主に仮託するような偽書が流布した場合、考証主義的な作法を身に付けた学僧たちが、臨機応変に真偽判断を加えて対処するしかなかった。逆にいえば、いまだ考証主義的な作法を身に付けていない俗人信徒たちの読書は、大慶のような学僧の目には、それ自体が異端的な読み解きを生み出す危険なものに映ったのであろう。なお、当然のことではあるが、西本願寺学林で学んだ者であっても、全ての僧侶が大慶と同レベルの考証主義的な意識を芽生えさせたわけではない。だからこそ、大東坊二〇代住職の栄了は、叔父の大慶が『非正統伝』という論駁書まで著してその偽妄性を糾弾した浄土真宗高田派の親鸞伝『高田親鸞聖人正統伝』を、自らが行う絵解き講釈の話材として積極的に活用する姿勢さえみせたのである。

こうしてみると、個々の読者もまた、民間書肆が仏教諸宗の本山と結託する江戸時代特有の商業出版のあり方に大きな影響を受けながら、読書実践を行っていたことが分かる。例えば、商業出版の成立は生み出される書物そのものに過度の通俗化をもたらしがちであるが、江戸時代に関していえば、御用書肆と仏教本山の結託によってその傾向が一定程度抑えられた。また、商業出版の成立によって引き起こされた偽書の氾濫といった事態に対しても、仏教諸宗檀林における文献考証主義の高まりに支えられつつ、内部処理的に解決の道が模索された。文献考証の成果は、同一宗派内では積極的に共有されたが、考証主義的な学僧たちのなかには、中央檀林での学びの共有を大前提とする閉鎖的な仲間意識を持つ者も多かった。そして、学びの体験を共有し得ない俗人信徒たちは、こうした文献考証主義の共同体から排除される傾向が強かった[4]。

平田国学における知識交流のあり方を分析した吉田麻子によれば、平田篤胤とその門人たちが展開した出版活動は、敢えて既存の民間書肆に依存せず、各地の支援者に資金面でも学術面でも協力を求めながら行われた独特なものであった。そして、個々の読者を直接出版に関わらせていく平田国学の公開性の強い活動は、閉鎖的な宗教セクトにはない知の共鳴を生み出すことになったとされる[5]。以上のような平田国学の事例と比較すると、大慶ら浄土真宗僧侶によって作り出された文献考証ネットワークの位置付けが非常に明確になる。例えば、『真宗法要典拠』の増補作業に当たって協力関係を結んだ大慶と履善の場合、両者のあいだに同じ師匠の下で学んだといった学派意識は存在せず[6]、その点からすると、彼らのネットワーク形成を文献考証の志を同じくする者同士の開かれたものと評価することもできる。ただし、ここまで繰り返し述べてきたように、浄土真宗僧侶によって築き上げられたネットワークは、中央檀林における学びの共有を大前提としたやや閉鎖的なものでもあった。商業出版の成立した江戸時代初期から、御用書肆と諸宗教団との結託によって刊本の緻密な質保証がなされてきた仏教界において、その構造を突き崩し、公開性の高い文献考証ネットワークを築き上げることは難事業だったわけである。

第二節　明治時代前期における活版印刷の導入と社会変容

前節で述べた江戸時代的な商業出版のあり方を、出版業者・著者・読者の三者関係に注目してまとめ直しておくと、おおよそ以下のようになるだろう。江戸時代初期の京都で次々と創業した民間書肆たちは、仏教諸宗本山に代表される文化的権威と個々別々に結託し、安定的な売り上げを確保した。中央檀林で使用する「檀林教科書」の情報が、仏教教団から御用書肆へとあらかじめ提供されていた可能性を念頭に置くならば、書肆に対して著者（檀林の指導者）を推薦し、さらには書物購読層（檀林に懸席する所化僧）も斡旋できる仏教教団側の発言力は絶大なものであったと推測される。ロジェ・シャルチエが鋭く指摘したように、書物とはあくまで著者ではなく出版業者によって作られるモノである。[7]ただし、少なくとも江戸時代前期に関していえば、仏書という商品は仏教教団側の意向を強く反映するかたちで作成され、御用書肆側の介入は低く抑えられる傾向にあった。

もっとも、たとえ御用書肆であっても、売れる本の販売を至上命題とする商業出版の性格は保持していたため、仏教教団にとって好ましからざる書物（例えば、著者を歴代宗主に仮託した偽書）が商業出版を介して流布してしまう可能性も常に存在した。そこで、民間書肆と教団のあいだの緊張関係に促されるかたちで、仏教諸宗の中央檀林では精緻な文献考証に基づく刊行仏書の真偽判断が盛行することになった。

こうした文献考証主義への強い意識は、中央檀林での学びを通じて、地域寺院の住職たちにも着々と浸透していった。個々の僧侶が仏書を批判的に読み解くことで蓄積された成果は、文献考証の志を同じくする者のあいだで共有され、新たな著作の誕生につながることもあった。もっとも、大慶・履善の事例をみる限り、彼らの文献考証作業には、西本願寺学林での学びを共有する者同士の閉鎖的な仲間意識が付随しており、その成果は時として異端とされた者の排斥に活用された。また、文献考証主義的な意識を強く持つ学僧からは、そうした作法を身に付けていない者の「誤読」を恐れるあまり、俗人信徒の読書実践を制限せよとする主張も提起された。

それでは、以上で述べた江戸時代的な出版業者・著者・読者の三者関係は、明治時代前期に至ってどのように変容したのだろうか。本書第二部第五章で確認したように、産業革命を経たヨーロッパの活版印刷技術は、動力印刷機械の導入に伴う印刷速度の向上や、電胎法（化学変化を利用した活字鋳造法）の導入に伴う金属活字鋳造の効率化など、技術面で飛躍的な発展を遂げていた。そこで、ヨーロッパから最新の印刷技術を取り入れた明治時代の出版界においても、江戸時代以来の伝統的な商業出版のあり方は、大きく変容していくことになった。

その典型的な姿を見出すことができるのは、明治新時代の東京で新たに出版活動を開始した哲学書院と鴻盟社である。両出版社はそれぞれ井上円了、大内青巒という明治仏教界を代表する啓蒙思想家によって創業され、仏教を初めて学ぶ者、仏教に関心を持たない者に向けて、達意的な内容の書物を数多く出版したところに特徴を持っている。例えば、井上円了は浄土真宗大谷派の寺院に生まれながら、江戸時代に東本願寺の学寮で行われてきたような「註釈的学風」を批判し、僧籍を持たない世間一般の学者・才子と宗教の真理を探究すべく哲学館という学びの場を創設した。そして、自らの主張をより多くの人々へ発信するために、哲学書院という出版社を立ち上げて、誰もが理解できる仏書の普及に努めたわけである。一般庶民に開放された教えの発信という点でいえば、大内青巒も負けてはいない。青巒は演説の名手として数々の仏教演説を行ったが、それは特定宗派の僧侶に対して仏典の解釈を示す講義でもなければ、俗人信徒に対して信心の高揚を促す説教でもなく、不特定多数の人々に対して仏教の何たるかを教え示す新しいタイプの語りであった。そして、青巒が行った仏教演説は時に鴻盟社を通じて出版され、直接演説会に参加できなかった人々をも、読者として取り込んでいくことになった。

以上のように、哲学書院や鴻盟社によって試みられた出版活動の方向性が、中央檀林で学ぶ所化僧を最大の書物購読層とみなす江戸時代的な仏書出版と、対照的なものであることは明らかだろう。これまでとは規模の異なる読者の獲得を目指す明治新時代の出版活動には、当然ながら膨大な量の商品を事前に準備しておくことが必要とされる。そこで、哲学書院や鴻盟社は、達意的な仏教入門書の出版方法として、活版印刷や洋装製本といった新技術をいち早く導入することになった。仏書に注目しながら明治時代の出版動向を探ると、啓蒙思想家たちが革新的な思想を載せる器として新技術（活版印刷や洋装製本）を選択し、旧来とは全く異なる書物購読層に向けて発信を行う様子が垣間見られて興味深い。もちろん、このような購読層の拡大を狙った新技術の積極的導入は、仏書出版に限られたことではなく、新聞や大衆雑誌など他の出版ジャンルにおいても確認できる明治時代の全般的な動向であった(8)。

もっとも、哲学書院や鴻盟社が活版・洋装本に革新的な思想を載せるに相応しい器としての性格を見出していたとしても、全ての読者が同様の感覚を共有できたわけではない。例えば、演説の名手であった大内青巒が、速記術を用いて演説内容を文字化し、鴻盟社から出版していたことは既述の通りである。しかし、情報の迅速性が重視される演説集は、それゆえ誤記の多い書物という負の印象を合わせ持つことも多かった。さらにいえば、明治時代の読者たちは、何も演説集に対してだけ不信感を抱いていたわけではない。専門的な経典注釈書の場合も、難字を多用するため、慣れない活版印刷の使用が誤記の多発につながる可能性は否定できなかった。江戸時代から木版本の仏書に親しんできた読者のなかには、専門性の高い仏書を活版・洋装仕立てで出版することへの抵抗感が、根強く残り続けたと考えられる。

ただ、以上のような事実を、近代日本における新技術導入の不徹底や限界と捉えるべきではない。最新技術が社会に定着していく場合、例えば馬から鉄道へ、飛脚から電信へといった表現に象徴されるように、圧倒的な利便性の差に基づく急激な変化がイメージされがちである。しかし、現代でいえば電子書籍の導入がまさにそうであるように、最新技術が実際に社会のなかで利便性を発揮するためには、旧来の技術を支えてきた社会システムとの対決や、新しい技術の効能を的確に理解できる受容層の増加など、幾つもの条件を乗り越えていく必要がある。活版・洋装仕立ての仏書が、それを文明開化の象徴とみなす井上円了や大内青巒の意図とは異なり、木版・

和装仕立ての仏書よりやや格の下がる安物・粗悪品として受容されがちだったことには、新技術の受容をめぐる歴史的な必然性が存在していたのである。(9) ちなみに、巻子本が取り扱いの難しさを理由として折本・冊子本に取って代わられる際にも、日本の貴族階級のなかでは、姿を消しつつある巻子本こそ正式な書物であるという意識が強固に残ったとされる。(10) 明治時代においてもこれと同様に、活版・洋装仕立ての仏書は、一部の僧侶から安価な粗悪品とあなどられる側面を有しつつ、通俗的な読み物として新たな購読層を開拓し、徐々に利便性を認められていったのである。

現代人の目には文明開化の象徴としか映らなくなった活版印刷導入の多義的な実態は、施本の販売に着目することで、より鮮明に浮かび上がってくる。本書第二部第五章でも述べたように、施本とは寺院を訪れる信徒などに対して無料配布された小冊子のことである。民間教導を目的とした施本事業は、江戸時代から木版印刷を用いて行われていたが、明治二〇年代頃からは、この事業に活版印刷や洋装製本を利用する出版業者が増加していった。というのも、安価な小冊子をすばやく大量に準備しておく必要がある施本事業は、新技術とのあいだに高い親和性を有していたからである。例えば、明治二〇年代に京都の出版業界へと新規参入した顕道書院は、施本用小冊子を活版印刷・洋装製本の技術で効率的に販売し、着実な成長を遂げていった。そして、その顕道書院が販売した施本には、赤飯や饅頭を信徒に配る「旧慣的の御供養」を廃止し、活版印刷された施本を配る「時勢的の御供養」へ改良せよという宣伝文句が記されている。受け取る側の信徒たちにしてみれば安価な小冊子に過ぎない施本を、顕道書院は最先端の進物として持ち上げ、自社の利潤追求と新技術の信用性向上とを同時に行っていたのである。明治時代における新技術の浸透が、このように実益と理念を織り交ぜながら進められたことは、注目しておいて良かろう。(11)

さて、活版・洋装仕立ての仏書を実際に手にした読者の反応が、文明開化への称讃一色ではなかったにせよ、明治時代前期における新技術導入の衝撃が、日本の出版業界全体にとって、その伝統を根底から覆していく強烈なものであったことは間違いない。何しろ、東京で新たに創業された哲学書院や鴻盟社の出版戦略は、あらかじめ檀林の所化僧を購読層として掌握しておく江戸時代的なものとは異なり、仏書のなかに達意的な内容をふんだんに盛り込んで、これまで仏教に関心を持たなかった人々まで新たに購読層として取り込んでいこうとするものだったからである。それでは、仏教諸宗本山が抱える門人集団を購読層と見込んで行われていた従来型の仏書出版は、明治時代になると書肆に利益をもたらすものとはみなされなくなり、急速に衰退してしまったのだろうか。本書第二部第六章では、弘願寺の蔵書から近世・近代移行期の僧侶が行った読書実践を分析したので、本書第二部第五章で分析した京都の老舗書肆の動向とも照らし合わせつつ、新技術が既存の知的特権層に与えた影響の具体像をまとめ直しておきたい。

弘願寺の蔵書は、豊前の東陽学寮や京都の仏教大学（後の龍谷大学）で本格的に教学研鑽を積んだ龍猛の入寺（大正初め頃）以前と以後とで、その内容も大きく変質するが、いずれに注目しても京都の老舗書肆から木版・和装本や活版・和装本を数多く購入している点では共通している。しかも、龍猛が収集した仏書の場合、永田文昌堂から出版されたものが最も多い。浄土真宗本願寺派に属する龍猛が、西本願寺の御用書肆である文昌堂の商品を盛んに購入するという江戸時代的な関係性が、明治時代になっても根強く生き残っているわけである。

もっとも、龍猛自身は、仏教大学で教鞭をとったことのある教養人らしく、井上円了・大内青巒といった啓蒙知識人の著作にも関心を示しており、革新的な思想を拒否する保守的な人物だったわけではない。それでも龍猛が和装本にこだわりをみせた一つの理由は、江戸時代に築き上げられた文献考証主義的な修学スタイル（井上円了が批判した「註釈的学風」）に最も適合的なかたちを持っていたからであろう。江戸時代の仏教諸宗檀林では、字間・行間をぜいたくに確保して袋綴じで製本された和装本のかたちに依拠しつつ、そこに毛筆で丹念な書き込みを施していく文献考証の作法が発展した。そして、弘願寺蔵書に注目すると、それが江戸時代のものでも明治時代のものでも、木版・和装本である限り、伝統的な修学スタイルは守られている。以上のように仏書の形態にこだわって考えてみると、明治時代の僧侶を木版印刷や和装製本といった旧来の技術に強く執着させたものの正体とは、革新的な思想自体への反発ではなく、身体に染みついた慣習的な学習方法であったともいえる。

ちなみに、一定の規則に基づいて書物に丹念な書き込みを施していく文献考証の作法は、弘願寺に数多く所蔵されている活版・和装本でも、しっかりと維持されている。本書第二部第五章では、紙面上の文字配置も製本の体裁も一見すると木版・和装本とそっくりな活版・和装本が、伝統的技術と新技術を無理やり折衷させた失敗作ではなく、むしろ僧侶の学習方法を熟慮した老舗書肆工夫の商品であった可能性を指摘した。そして、弘願寺蔵書によって、活版・和装本の具体的な読者を探ってみても、やはりそれは僧侶の身体に染みついた文献考証の作法を生かし得る魅力的な学習教材であったことが明らかになる。

なお、僧侶が教学研鑽に用いるような講義録であれば、その購読層はかなり限られたものになるが、もう少し幅広く読まれた仏書のなかにも、木版印刷や和装製本など伝統的な技法を必要とした事例は存在する。例えば、僧侶が読経に用いる折本形態の経本や、俗人信徒が法会に持参する在家勤行集などは、その典型である。これらの仏書は読誦という実践と密接に結び付いていたため、たとえ価格を抑えることができるとしても、細身の金属活字を用い、薄手の西洋紙に両面印刷してしまうわけにはいかなかった。江戸時代から長く仏書出版に携わってきた書肆にとってみれば、着実に一定部数売りさばき得る経本や在家勤行集はドル箱商品である。そこで、京都の老舗書肆たちは、新技術の利便性を十分に自覚しつつ、特定ジャンルの仏書については敢えて伝統的技術による商品作りを継続させたのだと考えられる。

以上のように、たとえ明治時代前期の東京で創業された哲学書院や鴻盟社が、従来とは規模の異なる書物購読層の開拓を試みたとしても、それによって仏教諸宗本山と結託して仏書を売りさばく老舗書肆の出版戦略が、完全に姿を消すことはなかった。しかし、明治新時代に老舗書肆から出版された仏書も、ひたすら伝統的な形態を守り抜くことだけで、売り上げを確保していたわけではない。弘願寺蔵書を素材として、明治時代に生じた仏書の変化を探ってみると、興味深いのは着々と小型化が進んでいることである。江戸時代の仏書はその高い格式を主張すべく大本サイズで出版されることが多かった。しかし、明治時代前期に次々と弘願寺に持ち込まれた『教行信証』や『真宗法要』などの基本的な教学書は、いずれも中本サイズに小型化され、これまでよりも確実に携帯しやすいものへと変化していた。というのも、盛んに地方学塾へ遊学する幕末期以降の僧侶にとって、小型で携帯しやすい仏書は極めて魅力的なものだったからである。こうして古くから地域寺院に所蔵されていた大本サイズの仏書は、次第に経蔵の奥深くで死蔵されるようになり、修行中の僧侶は小型化された仏書を個々に所有して教学研鑽に励むこととなった。

しかし、少し考えてみれば思い至るように、携帯しにくい大部の仏書を最も効率的に小型化できる技術は、紙面にびっしりと小さな文字情報を詰め込める活版印刷であり、両面印刷した千頁以上の紙を一冊に綴じ込むことのできる洋装製本である。その事実に着目した京都の興教書院と法蔵館は、明治二〇年代後半に説教学全書と銘打った一連の仏書を次々と出版していった。説教学全書は、江戸時代に数十冊の木版・和装本として出版されていた説教台本を、活版印刷・洋装製本を用いて携帯可能なサイズに小型化し、僧侶向けに売り出したものである。

明治三〇年代に入ると、弘願寺蔵書のなかにも、これらの説教学全書が複数入り込んでいくことになる。恐らくこの頃には、僧侶のなかでも膨大な情報を一冊にまとめ得る活版・洋装本の利便性を評価する風潮が少しずつ高まり、普段使いされる修学用の仏書にも活版・洋装仕立てのものが入り込むようになったと考えられる。

僧侶の活版・洋装本使用をめぐる以上のような動向は、新技術が社会に浸透する際の条件を考える上でも示唆的である。日本社会に定着をみた新技術のなかには、圧倒的な利便性によって従来の社会システムを暴力的に解体・再編して浸透したものもあれば、在地社会に元から潜在していた要望に巧みに応えるかたちで浸透したものもある。仏書出版に活版印刷・洋装製本といった新技術が導入されていく過程に注目すると、実は後者の条件が上手く働いていたことに気付かされる。というのも、仏書の小型化自体は、遊学を希望する僧侶たちによって、幕末には既に強く要望されていたものであり、活版印刷や洋装製本は、老舗書肆によって長く取り組まれてきた工夫に技術的な梃子入れをしたに過ぎないからである。明治時代になると、いかめしい寺院の蔵書印を押した大本サイズの仏書が減って、小さな個人印を押した中本サイズの仏書が増えていくわけだから、その変化のなかに近代的個人主義の萌芽といった歴史の大きな流れを読み取ってみたい誘惑にも駆られる。しかし、遊学の盛行に伴う携帯の利便性が、仏書の小型化を促すきっかけになっていたことを念頭に置くならば、書物所有の個人単位化と、思想形成に直結する読書行為の個人主義化とは、厳密に切り分けて考察を進めるべきだろう。

例えば、本書第一部第四章で取り上げた霊昌は、西本願寺学林における集団的な文献考証のあり方に馴染めず、沈思黙考型の個人的読書を繰り返すうちに、本山から異安心として糾弾されることになった。それでは、明治時代に進展した仏書を個人の所有物とみなす意識は、集団的読書をひたすら解体へと導き、霊昌以上に自由な読み解きを行う僧侶の増加へと直結したのだろうか。こうした疑問に検討を加える上で興味深い事実は、弘願寺に地方活版所で印刷された活版・和装本が数多く所蔵されていることである。例えば光宣寮は、安芸国の学僧是山恵覚が自坊のなかに設けた地方学塾であるが、この光宣寮では明治二八年（一八九五）から明治三二年（一八九九）にかけて、僧叡や大瀛など江戸時代に活躍した芸轍の著作が次々と刊行された。そして、僧叡の愛弟子である円識がかつて住職を務めた弘願寺でも、光宣寮出版の仏書が九部所蔵されている。また東陽学寮は、西本願寺学林の勧学にまでなった東陽円月が、故郷の大分に帰って開いた学塾であるが、この東陽学寮の門人たちも、明治二三年（一八九〇）以降に大分の地方活版所から師匠の著作を盛んに出版した。そして、東陽学寮で研鑽を積んだ龍猛を住職とする弘願寺でも、やはり大分で出版された東陽円月の著作が一一部所蔵されているわけである。

民間書肆が仏教諸宗本山と個別に結託し、檀林で学ぶ所化僧に向けて仏書を出版していた江戸時代であれば、たとえ門人たちが熱望したとしても、地方学塾の指導者が書いた著作を、京都の大手書肆から出版してもらうことには困難が伴った。しかし、明治時代に地方活版所が増加していくと、巨大な門人集団を抱える中央檀林の指導者でなくとも、より小さな単位で出版活動に携わることが容易になった。つまり明治時代には、書物の所有が個人単位化するとともに、書物の発信も小規模化しており、龍猛を始めとする弘願寺の住職は、そのような地方活版所の印刷物のうち、自らに関わりの深いもの（僧叡の著作や東陽円月の著作）を積極的に収集していたのである。そうであれば、活版印刷・洋装製本の導入によって促進された書物所有の個人単位化ならびに書物発信の小規模化を、既存の集団的読書（例えば中央檀林での修学）を解体へ追い込むものとのみ捉えるのではなく、新たな読書共同体への再編をもたらすものと捉えることも可能であろう。池田英俊『明治仏教教会・結社史の研究』によれば、仏教界の刷新・再編が求められた明治時代に、多様な理念を掲げる仏教系結社が、大小様々な規模で創設された[12]。それでは、地方学塾を拠点にして進められることが多かった有志の僧侶による出版活動は、池田が指摘したような結社の創設とどのように関わっているのだろうか。特に東陽学寮の場合、自ら主体的に出版企画を立ち上げた門人も存在するため、そこにどのような連帯感が生み出されていくかは、かなり興味深い問題である。本書では、光宣寮や東陽学寮の出版活動について具体的な検討はほとんど行い得なかったが、出版の簡易化がもたらす読書共同体の再編については、引き続き追いかけてみたいと考えている。[13]

第三節　残された課題

本書に残された課題は多い。例えば、本書第一部第四章では、異端的な読書を警戒する江戸時代の浄土真宗学僧たちについて取り上げ、彼らが俗人信徒の読書行為そのものに対して、極めて抑圧的であったことを指摘した。それを受けて、本書第二部第五章では、「世間ノ学者才子」にこそ自著の読者となることを求めた明治時代の啓蒙思想家（例えば井上円了）の主張を紹介し、さらに本書第二部第六章では、文献考証的な学習方法を守り抜くため、伝統的な仏書のかたちに固執する明治時代の僧侶についても触れた。もっとも、伝統的な文献考証の作法を身に付け、なおかつ近代的な宗門大学でも学んだ地域寺院の住職（例えば龍猛）が、井上円了の主張するような革新的思想に触れて、どのような反発・葛藤や共感を示したかという点は、本書ではほとんど言及できていない。星野靖二によれば、明治時代の仏教者は、仏教に無関心な者へ仏教の何たるかを説き示す新たな語りを展開させていった。[14]また、大谷栄一によれば、明治時代以降の僧侶は、伝統的な教団組織から飛び出して外部（帝国大学や宗門大学）で新たな学びを得、再び寺院へ戻ってくるところにその特徴があるとされる。[15]両氏の優れた近代仏教理解を踏まえるならば、やはり本書第二部第六章でも、江戸時代的な慣習を血肉化した龍猛が、明治時代の新たな思想潮流に触れることで芽生えさせた心情や行動様式の変化にも、もう少し肉薄すべきであったかと思う。この点は本書にとって最も大きな積み残し課題であろう。

もっとも、一人の研究者が取り組み得る研究課題には当然限りもあるため、積み残した課題を次々とここに列挙することは差し控えたい。以下では、あくまで筆者がこれから実際に取り組もうと考えている検討素材を二つほど挙げて、本書の締め括りとしておく。

本書第一部では、僧侶の読書実践を考察するに当たって、江戸時代に着々と増加していった民衆的読者の存在を重視する横田冬彦の研究成果に学び[16]、必ず存在したであろう俗人信徒の読書行為を強く意識して分析を進めた。例えば第三章では、著者を歴代宗主に仮託した偽書に厳格な真偽判断を下していく浄土真宗僧侶（例えば大慶）に注目してみたが、彼のなかには俗人信徒の「誤読」＝異端的な読み解きに対する警戒心が確かに存在していた。また第四章では、西本願寺学林での集団的読書から離脱して聖教の自由な読み解きを進めていく僧侶（霊昌）と、それを異安心であると糾弾する僧侶（大慶と履善）の論争を取り上げたが、この論争のなかで読書によって引き起こされる異安心を危惧した大慶や履善は、「御本山御作法ノ制」を盾に取って、俗人信徒による聖教の読書を全般的に禁じる主張を展開していった。

以上のように、本書では僧侶の視線を介して民衆的読者の確かな成長を読み取ることができたわけだが、中央檀林で文献考証の作法を身に付けた僧侶と俗人信徒とのあいだで、具体的な読書実践にどのような差異が生じるのかといった問題にまでは、踏み込むことができなかった。江戸時代に仏書を読み解いた俗人信徒の具体的な姿に迫りたいと考えるようになった筆者は、二〇二〇～二〇二三年度にＪＳＰＳ科研費２０Ｋ００９３２の助成を受け[17]、江戸時代中後期に羽前国村山地域における浄土真宗門徒の中心的な存在であった溝延村工藤家の古文書調査を行った。その目録作成段階で判明したことだが、工藤家にも著者を歴代宗主に仮託した偽書が数点所蔵されている。そして、寛政年間（一七八九～一八〇一）に当主工藤儀七が記した諸記録から、儀七の読書実践の具体像も分析できそうである。そこで、今後は工藤家文書の分析を進め、俗人信徒の読書と、文献考証主義的な学僧の読書との相違点・相似点をさらに明確にしていきたい。

また、本書第二部第五章で明治時代前期の仏書出版活動を取り上げる際、筆者が最も注目していたのは、活版印刷・洋装製本といった新技術の導入によって、伝統的な出版業界にいかなる変容がもたらされるかという点であった。そこで第五章では、江戸時代から仏教系出版業者の拠点であった京都と、明治時代に西洋流の文物が最も早く流入した東京とで、出版活動の比較分析を行ったわけである。新技術の導入に対する意識の違いを浮き彫りにする上で、このような比較分析は有効な手法であったと考えているが、その一方で、見えづらくなった部分もある。というのも、本書第二部第六章で具体的に地域寺院の蔵書から明治時代前期の書物受容を考察してみたところ、意外にも地方活版所による小規模出版活動が確かな存在感を示していたからである。

明治新時代における活版印刷の導入といえば、都市部（なかんずく東京）で集中的に行われる書物の大量製造と結び付けて考えられがちである。しかし、地方官庁の各種刊行物を印刷させるべく、日本の主要な地方都市に設立された活版所は、江戸時代には不可能であった地域ごとの小規模出版を可能にさせる側面も持っていたのである。[18]以上のような出版状況を念頭に置いた上で、『国立国会図書館所蔵明治期刊行図書目録』を改めて調べてみると、大分の長洲活版所や広島の洗心書房、金沢の近八書房など、明治時代になってから特徴的な仏書出版活動を始めた地方出版業者の存在に気付かされる。こうした地方出版業者に焦点を合わせるならば、本書第二部第五章で描き出したような商業出版の変容過程に対して、いかなる書き加えが可能となるだろうか。引き続き考察を進め、本書の研究成果にさらなる新視点を付加していきたい。

以上に述べた今後の課題を端的にまとめると、筆者がこれまで研究の本丸と定めてきた地域寺院の経蔵から一度飛び出して、新たな素材を模索することと表現できるかもしれない。大谷栄一が指摘するように、明治時代の多くの僧侶たちは寺院から飛び出して挑戦的に学び、その上で再び寺院に戻って新たな語りの発信に努めた。明治時代の僧侶たちの真摯な姿勢に自らを当てはめるのもおこがましいが、やはり筆者としても、地域寺院の経蔵のなかからだけでは窺い得ない新視点の掘り起こしに努め、それによって寺院蔵書の社会史にさらなる研究の厚みを加えていきたいと考えている。

【註】

（1）江戸時代の仏教僧のなかに、宗派仏教の閉鎖的な性格に囚われない者が全く存在しなかったわけではない。末木文美士『近世思想と仏教』（法蔵館、二〇二三年）一二七～二一一頁では、華厳宗の復興に尽力しつつ、著作の刊行を通して浄土宗・浄土真宗・禅宗・日蓮宗とオープンな論争を繰り広げた鳳潭僧濬の活動が詳しく取り上げられている。

（2）岡村敬二『江戸の蔵書家たち』（講談社、一九九六年）八～七七頁。

（3）ただし、大慶によって主張された俗人信徒の読書制限が、商業出版の盛行する江戸時代に貫徹されていたわけではない。例えば、松金直美「近世後期真宗道場における文化受容―越中国射水郡葛葉村名苗家蔵書を素材として―」（澤博勝・高埜利彦編『近世の宗教と社会3』吉川弘文館、二〇〇八年）では、百姓身分でありながら道場主として世襲的に浄土真宗道場の管理に当たった越中国射水郡葛葉村名苗家の蔵書収集が取り上げられている。松金の指摘によれば、名苗家には刊本・写本合わせて八〇部ほどの仏書が現存しており、そこには浄土真宗の教えとしては異端的なものも含まれていた。江戸時代の俗人信徒における仏書を介した学びが、法話の聴聞を介した学びや日々の仏教儀礼を介した学びなどと、どのような階層構造を形成しつつ存在していたのかという問題は、今後も蔵書分析の成果を積み重ね、丹念に検証していく必要がある。

（4）なお、引野亨輔「江戸時代における通俗仏書の出版と宗派意識」（『書物・出版と社会変容』二九、二〇二二年）で詳述しているように、江戸時代に出版された仏書のなかには、宗派の枠を超え、広く俗人信徒に読まれることを企図した経典注釈書も多く存在している。ただし、そのような通俗的経典注釈書も、中後期以降には中央檀林で学んだ学僧の梃子入れによって宗派性を強く盛り込んだものへと改変され、俗人信徒による自由な読み解きの可能性は狭められることになった。

（5）吉田麻子『知の共鳴　平田篤胤をめぐる書物の社会史』（ぺりかん社、二〇一二年）九〜四七頁。

（6）井上哲雄『真宗本派学僧逸伝』（永田文昌堂、一九七九年）二〇七〜二〇八頁ならびに三一六〜三一七頁。

（7）ロジェ・シャルチエ『書物の秩序』（筑摩書房、一九九六年、長谷川輝夫訳）一九〜五四頁。

（8）永嶺重敏『〈読書国民〉の誕生　明治30年代の活字メディアと読書文化』（日本エディタースクール出版部、二〇〇四年）特に三一〜七八頁。

（9）こうした新技術受容をめぐる複雑な社会動向については、鈴木淳『日本の近代15　新技術の社会誌』（中央公論新社、一九九九年）から学ぶところが多かった。

（10）橋口侯之介『和本への招待―日本人と書物の歴史』（角川学芸出版、二〇一一年）二九〜六四頁。

（11）なお、谷川穣「文明開化」（山口輝臣・福家崇洋編『思想史講義【明治篇Ⅰ】』筑摩書房、二〇二二年）では、文明開化という言葉が明治時代に有していた多義性について詳述されており、学ぶところが多い。

（12）池田英俊『明治仏教教会・結社史の研究』（刀水書房、一九九四年）。

（13）明治時代に盛んに出版された仏教系雑誌とその社会的影響力については、安食文雄『二〇世紀の仏教メディア発掘』（鳥影社、二〇〇二年）が先駆的な考察を行っている。また、仏教に関するものではないが、赤江達也『「紙上の教会」と日本近代―無教会キリスト教の歴史社会学』（岩波書店、二〇一三年）は、内村鑑三によって提唱された無教会キリスト教が、『聖書之研究』を始めとする出版物とその読者に支えられた宗教活動であったことを指摘しており、学ぶところが多い。
(14) 星野靖二『近代日本の宗教概念　宗教者の言葉と近代』(有志舎、二〇一二年)七一～九二頁。
(15) 大谷栄一『近代仏教というメディア　出版と社会活動』(ぺりかん社、二〇二〇年)五～三一頁。
(16) 横田冬彦『日本近世書物文化史の研究』(岩波書店、二〇一八年)。
(17) 研究課題名は「近世中後期の在村知識人と文化環境に関する基礎的研究(基盤研究C)」。なお、工藤家文書の調査に当たっては、松金直美氏(調査当時、真宗大谷派教学研究所研究員)にご同行頂き、多岐にわたってご協力・ご助言を頂いた。
(18)『国立国会図書館所蔵明治期刊行図書目録　第一巻』(紀伊国屋書店、一九七一年)二〇一～四八二頁。

あとがき

二〇〇六年のある春の日のこと、僕は少し憂鬱な気持ちで車を運転していた。僕が教員生活を開始した福山大学は、中国地方における浄土真宗最初の拠点とされる沼隈光照寺とほど近い場所に位置している。そこで、休みを生かして光照寺周辺の浄土真宗寺院を訪ね、寺院蔵書の残存状況を調査しようと思い立ったのである。この時の僕が少し憂鬱な気持ちだったのは、滑舌の悪い僕の授業を退屈そうに聞く福山大学生の顔を思い浮かべていたからでもなければ、沼隈半島の曲がりくねった山道を上り下りするのが僕の運転技術ではちょっと辛かったからでもない。そもそも古文書調査と呼ばれるものは、字面だけ見ればいかにも意義深い雰囲気を漂わせているが、要するに個人のお宅で大切に保管されている記録をほじくり出し、歴史的に価値があるとかないとか、勝手にあげつらうことである。当然ながら所蔵者にとって迷惑な行為である場合も多い。当時の僕のように飛び込みでお寺を訪問して「経蔵のなかを見せてもらえませんか？」などと話しかけていたのでは、お宝泥棒と勘違いされて早々に追い返されることも多かった。つまり、僕はこの後に我が身へ降りかかるであろう難事を予想して、少し憂鬱な気持ちを抑え切れなかったわけである。

しかし、結果からいうと、この日の調査は、僕の研究生活を大きく切り拓くような記念すべき出来事になった。というのも、僕が最初に訪れた寺院こそ、本書で何度も登場した藁江大東坊だったからである。僕が訪問した時、あいにくご住職の那須逸雄氏は留守であったが、境内のお掃除をされていた坊守（浄土真宗における住職の妻）の那須昱子氏には僕の話に熱心に耳を傾けて頂き、「住職の許可が出れば」という条件で経蔵の調査もご承諾頂いた。今思い返してみると、ろくにスーツも着こなせていない当時の僕は、成績の上がらない営業マンといった雰囲気だったので、きっと坊守も「私が話を聞いてあげなくては」という憐愍の情を抱かれたのではないかと思う。その後、無事に住職の許可も下りたため、二〇〇六年の夏に一〇回以上に及ぶ調査を行い、その成果は二〇〇七年発行の『書物・出版と社会変容』三号に「近世真宗僧侶の集書と学問―備後国沼隈郡大東坊を素材として―」と題して発表した。ところが、大東坊の経蔵である麟閣（※現在は納骨堂として使用）の修復工事に伴って新たな蔵書が見付かるという嬉しい誤算が発生したため、二〇一〇年の冬に追加調査を行い、その成果は二〇一一年発行の『福山大学人間文化学部紀要』一一号に「文字化する宗教知のゆくえ―備後国沼隈郡大東坊を事例として―」と題して発表した。

これらの論文の効果もあってか、僕はその後も幾つかの寺院で蔵書調査を行う機会に恵まれたが、広島大学の小池聖一氏・石田雅春氏からお誘いを受けて二〇一三年に調査させて頂いた蒲刈弘願寺の寺院蔵書は、近世的な書物知と近代的な書物知が混じり合う極めて興味深いものであった。ちなみに、この時に僕は、大学時代の指導教員である頼祺一先生を除けば唯一、ひそかに心の師と仰いでいる児玉識先生（故人）と、最初にして最後の合同調査を行うこともできた。弘願寺には、その後もご住職の永野正道氏・坊守の永野典子氏に無理をお願いし、単独で追加調査を行い、二〇一九年発行の『日本仏教綜合研究』一七号に「経蔵のなかの近世と近代―印刷技術の近代化と仏教知の変容―」と題する論文を発表することができた。もっとも、同年にお亡くなりになった児玉先生に、調査の成果をお読み頂くことは叶わなかった。僕がもっと迅速に史料分析を進めていれば、いつものように児玉先生から夜中の電話があり、厳しくも温かい読後の感想を頂けたのではないかと、それだけが心残りである。

ともあれ本書は、大東坊と弘願寺での調査がなければ、半分にも満たない枚数にとどまっていたはずのものである。ご面倒も多い古文書調査を快く受け入れて頂いた両寺のご住職・坊守には感謝してもし切れない思いである。自分の研究が、幾つものご厚意に支えられて成り立っていることを肝に銘じて、今後も貴重な史料の掘り起こしに尽力していきたい。

なお、本書の出版は、僕が九年間お世話になった福山大学を退職し、千葉大学へと移ったその年、僕の研究室を直接お訪ね頂いた塙書房の寺島正行氏からご提案頂いて、実現へとこぎつけたものである。その間、僕の体調不良や二〇一九年の東北大学への転出、さらには二〇二〇年からの新型コロナウイルス騒動と、執筆困難の言い訳を次々と繰り出していく僕に、適度な間隔で活を入れ続けてくれた寺島氏にも最後に謝意を述べさせて頂きたい。

二〇二四年八月

引野亨輔

引 野 亨 輔（ひきの・きょうすけ）

略歴
1974年5月　兵庫県に生まれる
1997年　広島大学文学部史学科卒業
2002年　広島大学大学院文学研究科博士課程後期修了
2003年　日本学術振興会特別研究員（PD）
2004年　福山大学人間文化学部講師
2013年　千葉大学文学部准教授
2019年　東北大学大学院文学研究科准教授

主要著書・論文
『近世宗教世界における普遍と特殊―真宗信仰を素材として―』（法蔵館、2007年）
「江戸時代の地誌編纂と地域意識」（『歴史評論』790号、2016年）
「仏教書と民衆の近世」（『現代思想』46巻16号、2018年）
「牢人たちの忠義―近世武士の倫理観と歴史意識」（『史学研究』305号、2020年）
『近世仏教資料叢書　第1巻　通俗仏書の出版と民衆仏教』（臨川書店、2024年）

近世《きんせい》・近代寺院蔵書《きんだいじいんぞうしょ》の社会史《しゃかいし》

2024年12月10日　第1版第1刷

著　者　引 野 亨 輔
発行者　白 石 タ イ
発行所　株式会社　塙 書 房
〒113-0033　東京都文京区本郷6丁目26-12
電話　03(3812)5821
FAX　03(3811)0617
振替　00100-6-8782

亜細亜印刷・弘伸製本

定価はケースに表示してあります。落丁本・乱丁本はお取替えいたします。
 ISBN978-4-8273-1357-4 C3021

索　引

※章節タイトル、図書・論文名に含まれる語句は採っていない。
人名・寺院名：表中の編著者名は省略した。
書名・史料名：表中の書名・史料名は省略した。
　「浄土三部経」・「三帖和讃」など、集合名で採ったものがある。
研究者名：典拠を示す際の編者や、校注者、訳者としてのみ登場する研究者名は省略した。

事項索引

こ

さ

し

せ

た

ち

つ

て

な

に

ね

の

は

人名・寺院名索引

ち

と

な

に

ね

は

ふ

へ

ほ

ま

む

も

や

よ

り

書名・史料名索引

研究者名索引